Myriam Bienenstock

Cohen und Rosenzweig

VERLAG KARL ALBER

Myriam Bienenstock

Cohen und Rosenzweig

Ihre Auseinandersetzung mit dem deutschen Idealismus

Verlag Karl Alber Freiburg / München

Myriam Bienenstock

Cohen and Rosenzweig

Their controversy about German Idealism

Hermann Cohen (1842–1918) and Franz Rosenzweig (1886–1929), who rank amongst the most important Jewish thinkers of modern times, also were first-rate connoisseurs of German idealism: Cohen played a decisive part in the shaping of the neo-Kantian school of critical idealism, and Rosenzweig's *Hegel and the State* (*Hegel und der Staat*) is, up to this day, a standard reference work for Hegel specialists, which has lost none of its relevance.

The aim of this book is to shed light upon the strategies and procedures used by Hermann Cohen and Franz Rosenzweig in order to reclaim the central figures and ideas of German idealism for their own intellectual heritage – while, at the same time, critically questioning them. This study examines the adequacy of their philosophical interpretations, especially with respect to aesthetics and ethics, and the impact of their theses upon their contemporaries and their successors.

Cohen and Rosenzweig often disagreed: on German idealism, on historical and political questions, but also on the fundamental principles of religion and of Jewish thought. This book purports to bring out the difference between their positions and the controversy between them, which both have wide-ranging implications, up to this day.

The Author:

Myriam Bienenstock, Professor of philosophy at François Rabelais University in Tours (France), has also lived and taught many years at the Hebrew University of Jerusalem. She was the President of the International Rosenzweig Society (from 2006 to 2012) and also a Member of the Board of the Hermann Cohen Society, presided by Helmut Holzhey. She specializes in the study of German Idealism and Modern Jewish Thought. A complete list of her books and essays can be found on her website: http://mbienenstock.free.fr.

Myriam Bienenstock

Cohen und Rosenzweig

Ihre Auseinandersetzung mit dem deutschen Idealismus

Hermann Cohen (1842–1918) und Franz Rosenzweig (1886–1929) werden zu Recht zu den wichtigsten jüdischen Denkern der Neuzeit gezählt. Sie sind auch erstrangige Kenner des klassischen deutschen Idealismus gewesen: Cohen hat die neukantianische Schule des kritischen Idealismus entscheidend mitgestaltet, und mit seinem Buch *Hegel und der Staat* veröffentlichte Rosenzweig ein Standardwerk, das an Aktualität bis heute nichts verloren hat.

Ziel dieses Buchs ist es, die Vorgehensweisen und Strategien zu klären, die Cohen und Rosenzweig benutzten, um sich das Denken der zentralen Gestalten des deutschen Idealismus anzueignen, dessen Gehalt aber auch kritisch zu befragen. Diese Studie überprüft die Angemessenheit ihrer philosophischen Auslegungen, insbesondere bezüglich der Ästhetik und der Ethik, und den Einfluss ihrer Thesen auf ihre Zeitgenossen und Nachfolger.

Cohen und Rosenzweig sind aber oft verschiedener Meinung gewesen, sowohl im Hinblick auf den deutschen Idealismus als auch über geschichtliche und politische Fragen, über Grundprinzipien der Religion und des jüdischen Denkens. Dieses Buch nimmt sich vor, die Differenz zwischen ihren Positionen und ihre Auseinandersetzung herauszustellen, welche bis heute weitreichende Folgen hat.

Die Autorin:

Myriam Bienenstock, seit 1997 Professorin für Philosophie an der Universität François Rabelais in Tours, hat sich der Erforschung des deutschen Idealismus und der modernen jüdischen Philosophie gewidmet. Sie lebte und lehrte lange Jahre in Jerusalem. Von 2006 bis 2012 war sie Präsidentin der Internationalen Rosenzweig Gesellschaft. Unter der Präsidentschaft von Helmut Holzhey hatte sie auch im Vorstand der Cohen Gesellschaft gewirkt. Eine vollständige Liste ihrer Bücher und Aufsätze findet sich auf ihrer Internetseite: http://mbienenstock.free.fr.

MIX
Papier aus verantwortungsvollen Quellen
FSC® C083411

Originalausgabe

www.verlag-alber.de

Satz: SatzWeise GmbH, Trier
Herstellung: CPI books GmbH, Leck

Printed in Germany

ISBN 978-3-495-48680-1

Inhalt

Vorwort

Das Buch, das dieser deutschsprachigen Ausgabe zugrunde liegt, *Cohen face à Rosenzweig. Débat sur la pensée allemande*, erschien Ende März 2009, pünktlich zum großen Rosenzweig-Kongress, den ich als damalige Präsidentin der *Internationalen Rosenzweig Gesellschaft* in Paris organisieren durfte, und zwar in der von Jean-François Courtine geleiteten Reihe »Histoire de la Philosophie«, bei Vrin in Paris. Die Entscheidung, diesem Buch auch eine deutsche Ausgabe an die Seite zu stellen, hatte ich damals schon gefasst und der Vrin-Verlag und der Reihenherausgeber haben eine solche von Anfang an vertraglich autorisiert. Durch vielfältige Aufgaben sind seitdem fast neun arbeitsreiche Jahre vergangen. Schon dadurch verstand es sich von selbst, dass ich mich nicht damit begnügen konnte, die französische Ausgabe einfach ins Deutsche zu übersetzen oder übersetzen zu lassen (zu den Übersetzungsfragen siehe unten), denn einerseits blieb mein Nachdenken über das Thema des Buches, zu dem ich auch an vielen Orten Vorträge halten und Diskussionen führen konnte, ja nicht auf dem Stand von 2008/2009 stehen. Andererseits hatte ich durch mehrere Gastprofessuren an deutschsprachigen Universitäten die Gelegenheit, mich weiter in die deutschen Diskussionskontexte zu vertiefen und meine Forschungsergebnisse darin besser zu verorten. Neuere Einsichten zu Cohen und zu Rosenzweig und eine bessere Kenntnis der deutschen Debatten haben mich dazu gebracht, große Teile des älteren Manuskripts für das Buch, das ich hier vorlegen darf, stark zu überarbeiten, ja, teilweise neu zu schreiben – und dadurch den Verlag Karl Alber und seinen Leiter, Lukas Trabert, lange auf meinen Text warten zu lassen und damit auf eine Geduldsprobe zu stellen. Ich hoffe aber und glaube auch, dass sich die langwierige Umarbeitung gelohnt hat, auch wenn darüber am Ende die Leser entscheiden müssen.

Die praktische Vorgehensweise bei der Vorbereitung des deutschen Manuskripts war nicht immer leicht: Zunächst hatte ich geglaubt, aktualisierend bearbeitete Kapitel einfach von Dritten übersetzen lassen zu können. So haben folgende Personen Abschnitte für mich übersetzt: mein Gatte, Norbert Waszek (Einleitung), Dieter Hornig (Kapitel I, II, III und IV), Stephanie Baumann (Kapitel VII). Da die inhaltliche Überarbeitung aber immer weiter ging, sind diese ersten Übersetzungen indessen bald wieder ›veraltet‹ – den Übersetzern sei dennoch für ihre Mühe gedankt! Am Ende habe ich mich aber entschlossen, für die restlichen Kapitel anders vorzugehen: ich habe selbst auf Deutsch geschrieben, bin den deutschen Text dann aber noch einmal mit Muttersprachlern durchgegangen und habe deren Anmerkungen und Korrekturen in einer Schlussredaktion berücksichtigt. Aus dieser Phase verdient Christoph Kasten ein besonderes Lob, der alle Kapitel noch einmal gründlich gelesen und mit sprachlichen, aber auch inhaltlichen Fragen und Anmerkungen mit Scharfsinn und einem Interesse, das bis zur letzten Seite des Texts nicht abnahm, versehen hat. Mehr als einmal hat mich der Versuch, auf seine Fragen zu antworten, zu ausführlicheren Erklärungen geführt – auch davon wird das neue Buch gewonnen haben!

Die vielen Kolleginnen und Kollegen, Freunde, fördernden Gesellschaften und Institutionen, die mich in diesen Jahren unterstützt haben, und in deren Schuld ich dadurch stehe, kann ich nicht alle namentlich erwähnen, doch will ich ihnen wenigstens meinen herzlichen Dank aussprechen. Ludwig Siep ist der allererste, der mir noch zur Zeit, als ich an der Hebräischen Universität in Jerusalem lehrte, eine friedlichere Beziehung zu Deutschland ermöglichte und eine Unterstützung gewährte, die sich die langen Jahre der deutsch-französischen Zusammenarbeit hindurch bis zur prestigereichen Mercator-Professur in Münster und noch heute bewährt – ihm möchte ich hier meine Anerkennung aussprechen. Reibungslos verlief in Frankfurt/Main meine erste Gastprofessur in Deutschland, unter dem doppelten Zeichen von Martin Buber und Friedrich Hölderlin – dafür bin ich Hermann Deuser und auch Gerhard Kurz besonders dankbar. Helmut Holzhey, Gründer der Hermann Cohen Gesellschaft in Zürich; Wolfdietrich Schmied-Kowarzik, Gründer der Internationalen Rosenzweig-Gesellschaft, haben mir die Tore der deutschsprachigen Forschung zu Cohen und Rosenzweig ganz weit geöffnet, und sind auch persönliche Freunde geworden. Schließlich bin ich Christina von Braun dafür dankbar, mir einen einjährigen und unvergesslichen Aufenthalt als Gastprofessorin an der Humboldt-Universität in Berlin ermöglicht zu haben.

Das ANR-DFG Programm, das ich in Tours in den Jahren 2008–2010 leiten durfte, hat einen erheblichen Teil der Übersetzungskosten und des Druckkostenzuschusses gewährt. Herrn Lukas Trabert und seinen Mitarbeiterinnen im Alber-Verlag danke ich für die Aufnahme des Bandes in ihr Verlagsprogramm und, wie bereits erwähnt, für die lange Geduld. Auch wenn mir bewusst ist, dass eine Studie, welche dokumentiert, wie stark Hermann Cohen und Franz Rosenzweig unter dem Einfluss des deutschen Idealismus standen, noch immer unzeitgemäß ist, möchte ich hoffen, dass bessere Zeiten kommen werden – und meine Mühe nicht umsonst gewesen ist. Nun blicke ich den Reaktionen der Leser gespannt entgegen.

Meinem Gatten, Norbert Waszek, der alle meine Abenteuer der Dialektik geteilt hat, sei dieses Buch zum 30. Hochzeitstag gewidmet.

Paris, den 11. Februar 2018
Myriam Bienenstock
Email: myriam.bienenstock@gmail.com
Webseite: http://mbienenstock.free.fr

Einleitung

Im Sommer des Jahres 1914 arbeitete Franz Rosenzweig in Berlin an der Druckfassung seiner Doktorarbeit über *Hegel und der Staat*, die zwei Jahre vorher in Freiburg geprüft und als Dissertation genehmigt worden war.[1] Bei seiner Arbeit an den Handschriften der Preußischen Staatsbibliothek entdeckte er im Katalog eine »Abhandlung über Ethik«, welche die Bibliothek im März 1913 bei einer Versteigerung erworben hatte. Als sich Rosenzweig das entsprechende Manuskript ansah, stellte er fest, dass es zwar nicht signiert, aber durchaus in Hegels Handschrift verfasst war. Als ausgezeichneter Kenner des Deutschen Idealismus war Rosenzweig von seinem Fund zutiefst bewegt: das einzige, beidseitig beschriebene Folioblatt handelt von viel mehr und von ganz anderen Gegenständen als der Ethik! Die ganze Zukunft der deutschen Philosophie ist bereits darin in großen Linien enthalten: eine spekulative Physik – diejenige des jungen Schellings; eine revolutionäre politische Lehre; eine Philosophie der Geschichte; eine ästhetische Theorie; eine Philosophie der Mythologie ... Rosenzweig gab dem Text den Namen, mit welchem er noch heute bezeichnet wird: das »älteste Systemprogramm des deutschen Idealismus«. Er schrieb dem Dokument auch einen Verfasser zu: der eigentliche Autor wäre nicht Hegel gewesen, sondern Schelling, auch wenn Hegel den Text in seiner vorliegenden Form niedergeschrieben oder kopiert hätte.[2]

---

[1] Die Dissertation war von dem Historiker Friedrich Meinecke an der Universität Freiburg betreut worden. Das Promotionsverfahren wurde im Sommer 1912 abgeschlossen. Rosenzweig hat seine Dissertation anschließend noch gründlich überarbeitet und das daraus entstandene Buch konnte erst nach dem Krieg, im Jahre 1920, in zwei Bänden im Verlag Oldenbourg, München und Berlin, erscheinen.

[2] Rosenzweig ließ es sich nicht nehmen, seine Entdeckung auch selbst herauszugeben und den Text dabei mit einem längeren Kommentar zu versehen. Im Sommer 1914 bereitete er diese Edition vor, die zuerst unter dem Titel »Das älteste Systemprogramm des deutschen Idealismus. Ein handschriftlicher Fund« als 5. Abhandlung in den *Sitzungsberichten der Heidelberger Akademie der Wissenschaften, Philosophisch-historische Klasse* (1917) erschien. Der Text wurde verschiedentlich nach-

Nicht nur der Titel, den Rosenzweig dem Manuskript gegeben hat, blieb unangefochten, sondern auch die darin enthaltene, weitergehende These, dass es sich bei der Philosophie des Deutschen Idealismus um ein Systemprogramm handle, erfreut sich bis heute breiter Zustimmung. Sie bestünde nicht so sehr in einer Ethik als vielmehr in einem System: es ginge dabei also um eine systematische Philosophie, eine Philosophie des Systems. Die einzige Frage, um die seitdem immer wieder intensiv diskutiert wird, ist diejenige nach dem Autor des Manuskripts. Rosenzweigs These, nach welcher Schelling – und nicht Hegel – der eigentliche Autor des Textes gewesen sei, ist verschiedentlich und mit Nachdruck in Frage gestellt worden.[3] Ist die Frage nach dem Autor aber wirklich entscheidend? Zeigt die fortdauernde Diskussion dieser Frage, mit den überzeugenden Argumenten, die darin für den einen oder anderen Autor aufgeboten werden, nicht gerade, dass die von Rosenzweig entdeckte Handschrift Themen und Thesen artikuliert, die von mehreren zeitgenössischen Autoren getragen wurden, und nicht die spezifischen Ansichten eines einzelnen Philosophen?

Mit dem Programm dieser geistigen Strömung, die unter dem Namen ›Deutscher Idealismus‹ bekannt ist, wurden nicht nur die größten Namen der deutschen Philosophie von Kant bis Hegel assoziiert, sondern auch diejenigen der bedeutendsten Dichter und Schriftsteller: Friedrich Schiller, der ein begeisterter Leser Kants und ein hervorragender Gesprächspartner Fichtes war; Herder und Goethe, die geistige Ziehväter von Schelling wie von Hegel waren; und nicht zuletzt Hölderlin mit seinem Freundeskreis. Das Manuskript, das Rosenzweig entdeckte und herausgab, dokumentiert die Interaktion zwischen diesen Autoren, es zeichnet also eine ganze Kultur nach. Deswegen war der junge Historiker, der Rosenzweig damals war, bei dessen Lektüre so bewegt. Die Erregung, die er dabei 1914 spürte, sollte noch Jahre später nachwirken, so zum Beispiel in den Zeilen, die Rosenzweig am 15. April 1918 an seine Mutter schrieb: »Daß grade ich das Schellingianum gefunden habe, ist ein ganz merk-

---

gedruckt, u.a. in: Rosenzweig, GS III, 3–44 und in dem Band *Mythologie der Vernunft. Hegels »ältestes Systemprogramm« des deutschen Idealismus*, hg. von Ch. Jamme und Helmut Schneider. Frankfurt am Main 1984, 79–125, der auch sonst viele Informationen über das Manuskript und seine Editions- und Interpretationsgeschichte bietet.

[3] Die bereits zitierte Edition, *Mythologie der Vernunft*, dokumentiert den Streit um die Autorschaft mit den wichtigsten Beiträgen, die bis 1984 erschienen sind.

würdiger Zufall (der sich aber in der Geschichte solcher Entdeckungen öfter gezeigt hat – daß der Fund gerade dann und gerade von dem gemacht wird, der dazu bestimmt ist).«[4]

Der Satz ist in mehrfacher Hinsicht bedeutungsträchtig, nicht zuletzt wegen des Kontextes, in welchem er steht: nämlich im Rahmen seiner Ausführungen über einen Nachruf auf Hermann Cohen, der elf Tage vorher verstorben war.[5] In dem genannten Brief an seine Mutter reagiert Rosenzweig auf diesen Nachruf und schreibt darüber:

> Daß Cohen viel hegelianischer war als er wußte, ist viel gesagt worden und richtig. Aber für mich war gerade das Hegelianische an ihm das was ich nicht schlucken konnte. So wenig bei Cohen wie bei Hegel selbst. Ich bin ja Antihegelianer (und Antifichteaner); *meine* Schutzheiligen unter den Vier sind Kant und – vor allem – Schelling.[6]

Es war gerade in diesem Zusammenhang, dass Rosenzweig auf seine Entdeckung des ›Systemprogramms‹ eingeht. Gegenüber dem bedeutenden Interpreten von Kant und dem Deutschen Idealismus, der Hermann Cohen war, weist Rosenzweig auf einen seiner bevorzugten Texte hin; und er verteidigt seine eigene Bewertung der ganzen Bewegung.

Seine Beurteilung unterscheidet sich sehr von derjenigen Hermann Cohens: der neukantianische Philosoph, einer der Begründer der Marburger Schule, hätte das »älteste Systemprogramm des deutschen Idealismus« gewiss nicht so in den Vordergrund gerückt, noch hätte er unter den Vertretern des Deutschen Idealismus dieselben »Schutzheiligen« wie Rosenzweig gewählt, um dasjenige zu verkörpern, was er selbst am meisten an dieser Bewegung schätzte: nämlich Kant, dem er bekanntlich zahlreiche Studien und Kommentare gewidmet hatte.[7] Aus Cohen einen »Hegelianer« zu machen, wie sich Rosenzweig nicht scheut, dies in dem Brief an seine Mutter zu tun, ist von Seiten des jungen Mannes fast eine Beleidigung, wenn man berücksichtigt, welch kritische Haltungen er selbst dem »Hegelianismus« gegenüber schon zu diesem Zeitpunkt einnahm und vertei-

---

4 Rosenzweig, GS I.1, 538.

5 Es geht um den Nachruf, »Hermann Cohen«, der am Abend des 4. Aprils 1918 in der *Vossischen Zeitung* erschienen war und dessen Autor lediglich mit der Abkürzung »S. R.« genannt war. – Cohen war am selben Tag in Berlin gestorben.

6 Rosenzweig, GS I.1, 538.

7 Vgl. Literaturhinweise S. 279 f.

digte.[8] Dennoch gibt Rosenzweig hier denjenigen Recht, die damals bei Cohen Thesen zu sehen glaubten, die sich dem Hegelianismus annäherten.[9] Was er damit zeigen möchte, ist zunächst zweifellos, dass er mit Cohens politischen Ideen nicht einverstanden ist: er glaubte, Cohens Verhältnis zu Preußen und zum Staat – dem preußischen Staat, kritisieren zu müssen; vermutlich wohl auch Cohens Philosophie der Geschichte. Doch dürfte es ein Fehler sein zu glauben, dass Rosenzweigs Kritik an Cohen nur die politischen und geschichtlichen Ideen des neukantianischen Philosophen berühre. Sie war vielmehr auf Cohens philosophisches Projekt als Ganzes ausgerichtet und in vorderster Linie stand dabei dessen Absicht, ein System errichten zu wollen: und zwar ein vollständiges System, in der Art des »ältesten Systemprogramms des deutschen Idealismus«. In Cohens System selbst zielte Rosenzweigs Kritik dann in ganz besonderer Weise auf die Ethik ab. Cohen hatte in deren Zentrum das Gesetz gerückt: den moralischen Imperativ, verstanden als Sitten*gesetz*. Rosenzweig ist mit dieser Auffassung gar nicht einverstanden. Er scheint diese Art, die Ethik aufzufassen – die Ethik als Gesetz –, sogar für einen der fragwürdigsten Teile der Philosophie Kants zu halten: Für ihn scheint es gerade diese Konzeption der Ethik zu sein, wodurch Kant bereits Hegels Philosophie der Geschichte und der Politik ankündigen würde.[10] Der Ethik im Kantischen Sinne will Rosenzweig eine Konzeption des moralischen Imperativs entgegenstellen, die ganz in der religiösen Offenbarung gründet: die Offenbarung, die dem Menschen, als Individuum, vom göttlichen Gebote gebracht wurde; eine ›Metaethik‹, von der er dachte, sie besäße eine stärkere Übereinstimmung mit der jüdischen Tradition.

---

8 Vgl. Rosenzweig, GS I.1, 113 und unsere Ausführungen hierzu S. 42; und im Kap. 4, insbes. S. 131, 135 f..

9 Der Autor des Nachrufs in der *Vossischen Zeitung* (4. April 1918, 2. und 3. Spalte) hatte darüber Folgendes geschrieben: »Obwohl durch und durch Metaphysiker und in wichtigen Grundfragen Plato und Hegel weit näherstehend als Kant, hat Cohen sich doch immer als legitimen Siegelbewahrer und Verwalter des Kantischen Geisteserbes betrachtet.«

10 Siehe z. B. *Stern*, 11 f.: »gerade bei Kant hat durch die Formulierung des Sittengesetzes als der allgemeingültigen Tat wieder der Begriff des All über das Eins des Menschen den Sieg davongetragen; so versank das – wie er den Freiheitsbegriff genial bezeichnete – ›Wunder in der Erscheinungswelt‹ mit einer gewissen historischen Folgerichtigkeit bei den Nachkantianern wieder in dem Wunder der Erscheinungswelt; Kant selbst steht bei Hegels Weltgeschichtsbegriff Pate, nicht bloß in seinen staats-

Rosenzweig kritisiert auch die Weise, auf welche Cohen das Verhältnis von Ethik und Religion charakterisiert, und ebenso die ganze Konzeption der Religion, die Cohen entwickelt hatte, zumindest in einigen seiner Schriften. In dem bereits zitierten Brief vom 15. April 1918 wirft Rosenzweig seinem Meister auf diesem Gebiet fehlende Folgerichtigkeit vor: »Ich habe das sichere, durch Anzeichen gestützte, Gefühl daß Cohens Religionsphilosophie keine glatte Konsequenz seines übrigen Systems ist, sondern etwas wie eine neue Phase.«[11]

Dieses Urteil sollte Rosenzweig auch in der Einleitung wiederholen, die er mehr als fünf Jahre später für die posthume Ausgabe von Cohens *Jüdischen Schriften* verfasste, welche 1924 in drei Bänden erschien.[12] Als Rosenzweig in seiner Einleitung Cohens Denkweg zum System nachzeichnet und die drei systematischen Hauptwerke anführt – *Logik der reinen Erkenntnis, Ethik des reinen Willens,* und *Ästhetik des reinen Gefühls* –, weist er darauf hin, dass die *Ästhetik* von den drei Werken als letzte – sie erschien 1912 – entstanden ist. In diesem Zusammenhang wirft er die Frage auf, ob kein Problem darin bestünde, wie Cohen den dritten Teil seines Systems verstanden habe. Es scheint ihm kein Zufall zu sein, sondern bedeutungsträchtig, dass das Erscheinen des dritten Teils, also der *Ästhetik*, zeitlich mit seinem Umzug und Übergang von Marburg nach Berlin übereinstimmt, denn in Berlin sollte Cohen seine Religionsphilosophie an der *Hochschule für die Wissenschaft des Judentums* unterrichten. Rosenzweig stellt auch die Fragen, wofür die *Ästhetik* bei Cohen stehen würde, und was sie eigentlich enthielt. – Rosenzweig äußert sich dazu sehr entschieden: für ihn hat Cohen alles in dies letzte Buch abgeschoben, was er anderweitig nicht in seinem System unterbringen konnte, alles was Rosenzweig als »Überschüsse« bezeichnet! Dennoch sei ihm immer noch ein »Überschuß« verblieben, der sich in die Ästhetik selbst nicht habe integrieren lassen: die Religion. In seinen Berliner Jahren hätte sich Cohen also der Religion zugewandt.[13]

Es ist aufschlussreich hier festzuhalten, dass ein anderer bedeutender Schüler Cohens – kein geringerer als Ernst Cassirer, der sicher zu den ersten und wichtigsten Schülern Cohens gehört –, als er, in

und geschichtsphilosophischen Ansätzen, sondern schon in den ethischen Grundbegriffen.«

11 Rosenzweig, GS I.1, 538.

12 In: Cohen, JS I, XIII-LXIV. Rosenzweigs Einleitung ist heute leichter zugänglich in: Rosenzweig, GS III, 177–223.

13 Rosenzweig, GS III, 204.

seiner Trauerrede auf der Beerdigung seines Lehrers, das Denken Cohens in seiner Ganzheit zu charakterisieren sucht, sich ebenfalls auf einen Punkt bezieht, der im Zusammenhang mit der Ästhetik steht. Cassirer rief damals die folgende Stelle aus Kants *Kritik der Urteilskraft* ins Gedächtnis:

> Vielleicht gibt es keine erhabenere Stelle im Gesetzbuche der Juden, als das Gebot: ›Du sollst Dir kein Bildnis machen, noch irgend ein Gleichnis, weder dessen was im Himmel, noch auf der Erden, noch unter der Erden ist‹ usw.[14]

um daran die Bemerkung zu knüpfen, dass Cohen »die Erhabenheit dieses Wortes ganz« gefühlt habe, weil »auch seine Lehre auf einem völlig unsinnlichen und unbildlichen Grunde ruht.«[15] Cassirers Hinweis ist sehr gedrängt, jedenfalls zu kurz, um eine angemessene Beurteilung der großen Bedeutung zu erlauben, welche dem biblischen Gebot im Denken Cohens zukommt. Was er denn wirklich in diesem Gebot sah, ist die Frage, die sich im Anschluss an Cassirer stellen lässt. – Sicher viel mehr und vermutlich auch etwas anderes als eine erhöhte Bewertung des »unsinnlichen und unbildlichen«, also des abstrakten Denkens. Zwischen der Haltung, die Cohen den Gegenständen gegenüber einnimmt, welche die Ästhetik berühren, und derjenigen, die er im Hinblick auf die Religion bezieht, besteht ein enger Zusammenhang: Rosenzweig hatte sicher recht, wenn er diese Verbindung betont. Interpretierte er diesen Zusammenhang aber richtig, wenn er darin die Bestätigung einer ›Wende‹ in Cohens Denken sah, eine ›Kehre‹ in Richtung der Religion, genauer in Richtung des Judentums? War dies aber wirklich Cohens Denkweg, oder sollte man in dieser Deutung nicht eher eine Beschreibung von Rosenzweigs eigener Laufbahn sehen, die er bei seinem Lehrer wiederzufinden glaubt?

Die Einleitung, die Rosenzweig zu Cohens *Jüdischen Schriften* verfasste, ist in vielfacher Hinsicht ein bemerkenswerter Text, weil darin ein ergreifendes Porträt Cohens entworfen wird, aber auch, weil sie eine genaue und intelligente Analyse von der geistigen Entwicklung Cohens bietet. Auch übte diese Einleitung einen bedeutenden geschichtlichen Einfluss aus – und zwar in doppelter Hinsicht: es gelang ihr nicht nur, aus Rosenzweig den eigentlichen Erben von Cohen

[14] Kant, *Kritik der Urteilskraft*, §29 Allgemeine Anmerkung, in: Kant, AA V, 274.

[15] Ernst Cassirer, Hermann Cohen. Worte gesprochen an seinem Grabe am 7. April 1918 [1918 veröffentlicht in: *Neue Jüdische Monatshefte*], hier zitiert nach dem Nachruck in: *Hermann Cohen*, hg. von Helmut Holzhey, Frankfurt am Main 1994, 67–74, hier 70.

zu machen, für alles, was das jüdische Denken anbetrifft, sondern es ist ihr auch zu einem erheblichen Teil zu verdanken, dass Cohen niemals ganz vergessen wurde, weder in den schwierigen Jahren des Aufstiegs der Nazibewegung, noch in der Zeit nach dem Zweiten Weltkrieg.[16] Dennoch war es gerade diese Einleitung, welche die heute so verbreitete und doch so falsche Tendenz eröffnete, Cohens Nachdenken über die Religion dem religiösen Denken Rosenzweigs anzugleichen, ja, die beiden zu vermischen. Natürlich wollte Rosenzweig in dieser Darstellung seinem Lehrer an der Berliner *Lehranstalt für die Wissenschaft des Judentums* Lob und Dank aussprechen; so kam er aber fast notwendig dazu, dasjenige stärker zu betonen, was ihn mit Cohen verband, als diejenigen Aspekte, welche ihre Denkweisen unterschieden und trennten. Er zwang sich fast dazu, Cohen als einen Vorläufer derjenigen Philosophie der Religion darzustellen, die er selbst verbreiten wollte. Dieses Bild setzte sich in der Folge sehr leicht durch, nicht nur im zeitgenössischen Deutschland – der Nazismus, welcher damals an Boden gewann, verfolgte alle Juden und interessierte sich kaum für feine Unterschiede unter ihnen –, sondern auch noch lange nach dem Kriege. Tatsächlich besteht dieses Bild in der Geschichtsschreibung der deutschen Philosophie bis heute fort: Cohen und Rosenzweig werden in erster Linie als jüdische Autoren wahrgenommen – als Juden, die deutscher Abstammung waren und die sich mit deutscher Philosophie auseinandersetzten[17] – wie könnten sie also, so scheint es häufig angenommen zu werden, anders gedacht haben, da sie doch beide Juden gleicher Herkunft waren? Die Übereinstimmung ihrer Ideen wurde für so selbstverständlich gehalten, dass man sich gar nicht mehr zu bemühen brauchte, eine solche erst nachzuweisen ... Zwar ist die Lage in der Erforschung des modernen jüdischen Denkens besser, worin Cohen und Rosenzweig einen zentralen, ja geradezu grundlegenden Platz einnehmen.[18]

---

[16] Vgl. hierzu die kenntnisreiche Darstellung von Helmut Holzhey in der Einleitung zu seiner Sammlung wichtiger Dokumente der Rezeptions- und Interpretationsgeschichte: *Hermann Cohen* (Frankfurt, 1994), 19.

[17] Als Beispiel dieser weit verbreiteten Haltung mag auf die Seiten hingewiesen werden, welche das sonst lehrreiche Buch von Jacques Rivelaygue Cohen und Rosenzweig widmet: *Leçons de métaphysique allemande*, Paris (1990), Bd. I, 284–291 und 455–464.

[18] Zu den Differenzen der grundlegenden Ansichten von Cohen und Rosenzweig vgl. bereits den hervorragenden Aufsatz von Alexander Altmann, Hermann Cohens Begriff der Korrelation [1962], heute zugänglich in: Holzhey (1994), 247–268.

Doch selbst in diesem Rahmen ist die Lage noch nicht wirklich befriedigend: Allzu oft wird nämlich nicht nur vergessen, dass zwischen Cohen und Rosenzweig in fast allen wichtigen Punkten Uneinigkeit herrschte – ob es sich um die Philosophie oder die Politik, die Ethik oder noch die Religion handelt, sondern gerade auf dem Gebiet des jüdischen Denkens war die Versuchung oft zu groß, pauschal alles abzulehnen, was Hermann Cohen und Franz Rosenzweig Deutschland und dem Deutschen Idealismus verdankten, um nur ihr Judentum hervorzuheben, ihre jüdischen ›Quellen‹, die dann immer stärker monolithisch interpretiert wurden.

Demgegenüber ist zu betonen, dass sich Rosenzweig selbst der vielen Punkte durchaus bewusst war, die ihn von Cohen trennten; ebenso wie er genau wusste, was er alles dem deutschen Denken verdankte: so kritisch er gegenüber Hegel und dem Deutschen Idealismus auch sein mochte, war ihm ganz klar, was er von diesen Philosophen alles gelernt hatte.[19] Er blieb der ganzen Kultur, welche die Herausbildung dieser Bewegung ermöglicht hatte, immer sehr verbunden: so zögerte er, zum Beispiel, nicht, seinen Artikel über das »Älteste Systemprogramm« in eine Sammlung seiner Texte aufzunehmen, die unter dem Titel *Zweistromland* erschien, also ›Land der zwei Ströme‹ bedeutet[20]: der beredsame Titel spielt auf Babylon an, das Land, in dem Euphrat und Tigris fließen, worin Abraham geboren wurde und das jüdische Volk im Exil lebte, ganz besonders

[19] Vgl. hierzu den beredten Brief, den er Ende Januar 1923 an Rudolf Hallo schrieb: »Versuch du auch einmal, an diesem Punkt, ich meine in der Frage Deutschtum und Judentum, etwas harmloser zu sein. Als man mich in Hamburg in jener Sitzung [es ging um eine Art Einstellungsgespräch für eine Lehrposition in der jüdischen Gemeinde; M. B.] vor die diversen Gretchenfragen stellte, fragte einer – der Vorsitzende des C[entral] V[ereins] natürlich – auch diese. Da habe ich erwidert, die Antwort auf diese Frage lehnte ich ab; wenn das Leben mich einmal auf die Folter spannen würde und mich in zwei Stücke reißen, so wüsste ich freilich, mit welcher der beiden Hälften das Herz, das ja unsymmetrisch gelagert sei, mitgehen würde; ich wüsste auch, dass ich diese Operation nicht lebendig überstehen würde; die Herren wollten mich aber doch lebendig haben, und da müsste ich sie schon bitten, mich nicht auf die Folter dieser im wahren Sinn lebensgefährlichen Frage zu stellen, sondern mich ganz zu lassen.« (Rosenzweig, GS I.2, 888)

[20] Die Neuausgabe dieses Bandes von 1926, die Gesine Palmer 2001 betreute, umfasst alle Texte der Originalausgabe und zwar in der Anordnung und mit den Zwischentiteln Rosenzweigs. Der entsprechende Band der kritischen Ausgabe (Rosenzweig, GS III) ist erheblich umfangreicher und folgt anderen Organisationsprinzipien. Zum Titel vergleiche auch die Kommentare von G. Palmer, 260; und diejenigen von Reinhold Mayer in Rosenzweig, GS III, XI.

aber auch das Land, in welchem der Babylonische *Talmud* erarbeitet worden ist: jenes juristische, literarische und religiöse Gesetzeswerk, auf welchem bis heute die Identität aller Juden beruht, die ihren Glauben auch ausüben. Hat Deutschland für Rosenzweig ein neues Babylon verkörpert, ein Land, in welchem, genährt von zwei Flüssen, ›Judentum‹ und ›Deutschtum‹, die besten Chancen für eine jüdische Erneuerung bestünden?

Juden und Deutsche: welche Beziehungen?

Solche Fragen scheinen heute völlig deplaziert zu sein – nicht nur die Antworten, selbst die Fragen selbst können nicht mehr gestellt werden. Es ist ebenso unmöglich, diese Fragestellung anzugehen, ohne sich der ihr zugrunde liegenden historischen Frage zu widmen, welches Verhältnis seinerzeit, also am Ende des 19. und zu Beginn des 20. Jahrhunderts, zwischen Juden und Deutschen bestand – wenn die Konzeption des Judentums, die Hermann Cohen damals vertrat, vielen seiner Leser, und besonders seinen jüdischen Lesern, unannehmbar, ja sogar unvorstellbar erscheint, liegt es nicht gerade daran, dass Cohen an eine Affinität von ›Judentum‹ und ›Deutschtum‹ geglaubt hatte? Gegen Ende seines Lebens, zur Zeit der Weimarer Republik, scheint auch Rosenzweig gehofft zu haben, dass es in Europa, ja gerade in Deutschland zu einer jüdischen Erneuerung kommen könnte.[21] Heute, nach der Shoah, können solche Überzeugungen und Hoffnungen natürlich nur noch pathetisch erscheinen; und man lässt sich leicht von der Richtigkeit der Thesen überzeugen, die Gershom Scholem in seinem berühmten Aufsatz »Wider den Mythos vom deutsch-jüdischen Gespräch« (1962)[22] vertreten hat: nein, eine »deutsch-jüdische Symbiose« hätte es nie gegeben, jedenfalls kein »deutsch-jüdisches Gespräch in irgendeinem echten Sinne als historisches Phänomen«. In »jenem vielberufenen deutsch-jüdischen Gespräch« hätten die Juden nur »zu sich selber«, nur unter sich gesprochen, auch wenn sie glaubten, sie hätten zu den Deutschen gesprochen …

Mit seinem Aufsatz hatte sich Scholem zunächst und vorzugs-

---

21 Siehe unten, S. 58 f.

22 Gershom Scholem, Wider den Mythos vom deutsch-jüdischen Gespräch (1962), heute zugänglich in: ders., *Judaica II*. Frankfurt am Main 1970, ^{5}1995, 7–11.

weise an seine Zeitgenossen gewandt und genauer an diejenigen darunter, die, wie er, Juden deutscher Herkunft waren, die jedoch ihrerseits nicht aufhörten, dem Mythos eines goldenen Zeitalters des deutschen Judentums nachzutrauern: eben demjenigen einer »Symbiose« von Deutschen und Juden. Er wollte sie davon überzeugen, dass sie nichts zu bedauern hätten. Doch in seiner Absicht, die deutschstämmigen Juden von ihrer Nostalgie zu befreien und sie dazu zu bewegen, sich entschlossen der Zukunft zuzuwenden – der Zukunft, so wie er selbst sie voraussah –, ist er entschieden zu weit gegangen: die These von der deutsch-jüdischen »Symbiose« widerlegend, leugnete er nicht nur die historische Existenz irgendeines ›Dialogs‹ zwischen Juden und Deutschen, sondern er richtet sich auch generell gegen »die angeblich unzerstörbare geistige Gemeinsamkeit des deutschen Wesens mit dem jüdischen Wesen«. Damit übernimmt er implizit, vielleicht sogar manchmal explizit, die im 19. Jahrhundert so verbreitete, aber sicher anfechtbare Rede von einem ›Wesen‹ des Deutschtums oder des deutschen Geistes und ebenso diejenige von einem ›Wesen‹ oder einer ›Substanz‹ des Judentums. Auch proklamierte er die Existenz einer radikalen Opposition, einer wesentlichen ›Entfremdung‹ der deutschen Juden von Deutschland und gar von der ›Substanz‹ ihres eigenen Judentums.[23] Ging er damit aber nicht zu

[23] Laut Paul Mendes-Flohr wäre Martin Buber der Erste gewesen, der den Begriff ›deutsch-jüdische Symbiose‹ gebraucht hat: in einem Vortrag, den er, kurz nach seiner Übersiedlung von Deutschland nach Palästina, in Jerusalem gehalten hat (dessen Publikation allerdings erst nach dem Krieg erfolgte), griff er auf diese Bezeichnung zurück, allerdings nicht um den Dialog zwischen Juden und Deutschen zu kennzeichnen, sondern um die wechselseitige Bereicherung zu evozieren, die zwischen der »jüdischen Substanz« und dem »deutschen Seelenelement« stattgefunden habe. Vgl. hierzu M. Buber, Das Ende der deutsch-jüdischen Symbiose [1939] (in Ders., *Der Jude und sein Judentum. Gesammelte Aufsätze und Reden.* 2. Aufl., Gerlingen 1992, 629–632) mit P. Mendes-Flohr, *Jüdische Identität. Die zwei Seelen der deutschen Juden.* München 2004, hier 116, Anm. 10. Weitere Literatur zur ›deutsch-jüdischen Symbiose‹ und zur Geschichte der deutschen Juden im 19. und 20. Jahrhundert: David Bronsen (Hg.), *Jews and Germans from 1866 to 1933: The Problematic Symbiosis.* Heidelberg 1979 und darin ganz besonders der Beitrag von Steven Schwarzschild, Germanism and Judaism – Hermann Cohen's Paradigm of the German-Jewish Symbiosis, 129–172; J. H. Schoeps, Die mißglückte Emanzipation. Zur Tragödie des deutsch-jüdischen Verhältnisses, in: *Das doppelte Antlitz. Zur Wirkungsgeschichte deutsch-jüdischer Künstler und Gelehrter,* hg. von R. Schörken und D. J. Löwitsch. Paderborn 1990, besonders 21 ff. Vgl. auch H. G. Adler, *Die Juden in Deutschland von der Aufklärung bis zum Nationalsozialismus.* München 1987; Enzo Traverso, *Les Juifs et l'Allemagne: de la »symbiose judéo-allemande« à la mémoire d'Ausch-*

weit? Schon im Jahre 1930, als er den unlängst verstorbenen Rosenzweig würdigte, hatte er behauptet, dass Deutschland ein Raum »der jüdischen Verödung und Dürre«[24] gewesen sei – ist nicht auch diese These äußerst fragwürdig? Heute lässt sich die Schlussfolgerung kaum vermeiden, dass Scholems Stellungnahme, so wirkungsvoll sie damals im Hinblick auf seine Zeitgenossen gewesen sein mag, auch Konsequenzen zeitigte, die weit weniger positiv waren: sie behinderte über einen langen Zeitraum jede Reflexion und jede ernsthafte Forschung über die Geschichte der Juden in Deutschland und besonders über ihre Ideengeschichte und ihren Beitrag zur deutschen Geistesgeschichte.

Ein Jahr vor dem Erscheinen von Scholems Stellungnahme hat Jürgen Habermas, in einem Aufsatz mit dem Titel »Der deutsche Idealismus der jüdischen Philosophen«, das, was er als »[d]ie so abgründige wie fruchtbare Verwandtschaft der Juden mit der deutschen Philosophie« bezeichnet,[25] ausführlich beschrieben und zu verstehen versucht. Die Ziele, die der Frankfurter Philosoph darin verfolgte, waren von denjenigen Scholems ganz verschieden, auch wandte er sich an eine andere Leserschaft. Was Habermas damals zu bekämpfen suchte, waren bestimmte, weit verbreitete Vorurteile über die Juden: Vorurteile, deren beharrliches Weiterleben im Nachkriegsdeutschland er konstatieren musste. Um solche Vorurteile zu entkräften und bloßzulegen, wollte Habermas zeigen, dass die jüdischen Denker keineswegs nur negativ, zerstörerisch und zweitklassig waren, sondern in Wahrheit eine echt »schöpferische Rolle«[26] gespielt haben und dies auch in der Zukunft wieder tun könnten. In dieser Absicht ging er sogar so weit, die Namen einer ganzen Reihe von berühmten jüdischen Autoren aufzuzählen, deren schöpferische »Produktivität« nicht in Frage gestellt werden könnte ... Seither haben sich die Zeiten zumindest in dieser Hinsicht gründlich geändert: es dürfte kaum noch notwendig sein, eine jüdische Kreativität unter Beweis zu stellen. Die Feststellung, die damals Habermas' Erstaunen hervorrief –

witz. Paris 1992, besonders 15–62; schließlich die von Christoph Schulte hg. Sammlung *Deutschtum und Judentum*, Stuttgart 1993.

[24] G. Scholem, Nachwort zum *Stern*, 526 (erschien zuerst 1962).

[25] Jürgen Habermas, Der deutsche Idealismus der jüdischen Philosophen (1961), jetzt zugänglich in: ders., *Philosophisch-politische Profile*. Frankfurt am Main 1971, 37–66, hier 38.

[26] J. Habermas (1971), 37.

diejenige einer ›Verwandtschaft‹ oder Affinität der deutschen Philosophie und zahlreicher jüdischer Autoren –, scheint mir dennoch Aufmerksamkeit zu verdienen, nicht zuletzt weil diese Affinität, auf gewisse Weise und unter dem Einfluss Scholems, lange verdrängt worden ist. Was eine Untersuchung oder eine Neuuntersuchung verdient, ist nicht so sehr der hypothetische oder mythische Dialog zwischen Juden und Deutschen – in dieser Hinsicht wäre es schwierig, die Thesen Scholems anzufechten –, als vielmehr der Dialog der deutschen Juden unter sich, welcher sich über das ganze 19. Jahrhundert und die ersten Jahrzehnte des 20. Jahrhunderts in deutschsprachigen Ländern entwickelte. Im Gegensatz zu dem, was Scholem schrieb, war der deutsche Sprachraum jener Zeit für das Judentum keine verödete Wüste gewesen. Vielmehr war es gerade in diesen Ländern, dass sich im 19. und 20. Jahrhundert ein modernes jüdisches Denken entfaltete; ein Denken, welches noch heute für viele jüdische Autoren eine ständige Inspirationsquelle bildet. Wie es aber einer dieser zeitgenössischen jüdischen Denker, Emil Fackenheim (1916–2003), die unter dem Einfluss der goldenen Epoche der deutsch-jüdischen Philosophie heranwuchsen, einmal überzeugend schrieb,[27] können der Ort und die Zeit der Blüte des modernen jüdischen Denkens nicht als Frucht des Zufalls betrachtet werden: im Gegensatz zu den anderen Ländern, in denen sie sich selbst überlassen blieben, konnten die jüdischen Denker in Deutschland an eine große philosophische Tradition anknüpfen und diese benutzen, diejenige nämlich, die durch die Namen von Kant und von Hegel ausgezeichnet ist. Was wäre heute das jüdische Denken, ohne Cohen und Rosenzweig? Doch was wäre auch das Denken von Cohen ohne dasjenige Kants, welcher es gefördert hat; und das Denken Rosenzweigs ohne das unterschwellig, aber mächtig wirkende Denken Hegels?

[27] In dem Band *Vergegenwärtigungen des zerstörten jüdischen Erbes, Franz-Rosenzweig-Gastvorlesungen Kassel 1987–1998*, hg. von Wolfdietrich Schmied-Kowarzik. Kassel 1997, 294. Für den Hinweis auf das Zitat von Fackenheim bin ich Norbert Waszek dankbar; vgl. auch seine eigene Darstellung: Emil Fackenheims Geschichtsauffassung, in: *Der Geschichtsbegriff: eine theologische Erfindung?* Hg. von M. Bienenstock. Würzburg 2007, 178–198.

Cohen versus Rosenzweig: ihre Debatte über das deutsche Denken

Wenn es heute so wichtig ist, das Studium von Rosenzweigs Denken, und ebenso desjenigen Cohens wieder aufzunehmen, dann zuallererst gerade deshalb, weil beide Autoren herausragende Spezialisten der Geschichte des deutschen Denkens waren. Sie verfügten mit diesem Denken, und der ganzen Kultur, worin es verwurzelt war, über einen so intimen Kontakt, den heute niemand mehr hoffen darf zu erreichen. Die beiden Autoren können uns also den Zugang zu einem Erbe erschließen, welches ohne ihre Vermittlung und ohne ihre Thesen in Gefahr stünde, einfach verloren zu gehen – oder noch schlimmer: in seiner eigentlichen Bedeutung ganz verformt zu werden.

Der zweite Grund für die Wiederaufnahme der Erforschung der beiden Philosophen liegt darin – und dieser Grund ist ebenso wichtig wie der erstgenannte, wenngleich er für andere Leserkreise gilt –, dass Hermann Cohen und Franz Rosenzweig in ihrer Bedeutung für das moderne und zeitgenössische jüdische Denken bis heute unerreicht sind: zwar hatten sie zahlreiche Schüler und Interpreten, doch besaßen nur wenige davon das Format ihrer Meister; und die bedeutendsten derzeitigen Vertreter des jüdischen Denkens berufen sich immer noch ausdrücklich auf Cohen und Rosenzweig.

Der dritte Grund dafür, sich wieder Cohen und Rosenzweig zuzuwenden, liegt darin, dass sie sich nicht einig waren, sondern in einer ständigen Debatte standen oder zumindest die Gegenpole in einer Auseinandersetzung bildeten. Ihre Differenzen berühren ebenso die grundlegenden Fragen der modernen deutschen Philosophie als auch so verschiedene Gebiete wie die Politik und Geschichte, die Ethik und Religion. Ein eingleisiges Denken, ohne Widersprüche, ist für die Philosophie ebenso untragbar, wie für das jüdische Denken und andere Religionen und Weltanschauungen, denn es gibt immer andere Optionen, die möglich sind. Die Debatte zwischen den verschiedenen Optionen ist also wesentlich und unverzichtbar.

Der Terminus ›Debatte‹ ist jedoch nicht auf den wörtlichen Sinn zu beschränken. Tatsächlich ist es sehr wahrscheinlich, dass Rosenzweig für Hermann Cohen nie ein gleichberechtigter Partner in einer echten Debatte wurde, sondern in wesentlicher Hinsicht ein Schüler geblieben ist: ein Schüler, aber auch ein Jünger, wie dies Ernst Cassirer viel später zu erzählen wusste:

a) *Persönliche Erinnerung* –
erste Begegnung mit Franz Rosenzweig im Jahre 1917 –
b) Cohens persön[licher] *Eindruck* von ihm – es war das letzte große beglück[ende] Erlebnis in Cohens Dasein – aber in Franz R[osenzweig] erlebte er das Höchste u[nd] Schönste, was dem alternden Menschen, besonders wenn er von Grund aus und mit der ganzen Begeisterung seines Wesens *Lehrer* ist, begegnen kann[.]
Der Funke, den er ein Leben lang in sich getragen hatte, er hatte endlich *gezündet* – Schüler auf rein syst[ematisch]-philos[ophischem] Gebiete hatte Cohen sehr früh gehabt [–] Fr[anz] R[osenzweig] hatte im Winter 1913/14 bei Cohen gehört[.] –
Mit jugendlichem leidenschaftlich[en] Eifer, mit echt relig[iöser] Glut nahm R[osenzweig] jetzt die Ged[anken] C[ohens] auf.
Vom Felde aus richtete R[osenzweig] an Cohen den Brief, den er später unter dem Titel
»Zeit ists. Gedanken über das jüdische Bildungsproblem des Augenblicks« (1917) veröffentlichte[.] –
Ich werde niemals vergessen, wie Cohen diese Anregung aufnahm – mit welchem reinen Glücksgefühl und mit welchem Dankesgefühl er von diesem seinem Jünger und Schüler sprach[.] –
Wir älteren Schüler freuten uns an diesem Gefühl – wir wussten: hier war einer in den Kreis der Schüler eingetreten, der C[ohen] etwas gab, was keiner seiner früheren Schüler ihm in gleicher *Stärke* u[nd] in gleicher Unmittelbarkeit zu geben vermochte. Was befähigte die *Philosophie* Cohens, was befähigte sein *System*, das eine streng *gedankliche* Leistung war, zu solcher unmittelbar *religiöser* Einwirkung u[nd] Fortwirkung[?][28]

Während des Sommers 1913, oder noch weiter gefasst von seiner Ankunft in Berlin bis zum Antritt seines Militärdienstes im September 1914, scheint Rosenzweig tatsächlich die Kurse und Lehrveranstaltungen besucht zu haben, die Cohen an der *Hochschule für die Wissenschaft des Judentums* unterrichtete; in diesem Rahmen scheint er sogar zum »anerkannten Diskussionsführer avanciert« zu sein, wie er es selber einmal schrieb.[29] Das enge Verhältnis von Rosenzweig und Cohen blieb in der Folge nicht nur bestehen, sondern vertiefte sich sogar, zum Beispiel anlässlich der verschiedenen Be-

---

[28] Vgl. Hermann Cohens Philosophie in ihrem Verhältnis zum Judentum. Vortrag der Franz Rosenzweig-Gedächtnisstiftung am 12. April 1931, heute in: E. Cassirer, *Davoser Vorträge. Vorträge über Hermann Cohen*, hg. von Jörn Bohr und Klaus Christian Köhnke, Hamburg, 2014, 125–140, hier 125 f.

[29] Franz Rosenzweig in einem Brief an Rudolf Ehrenberg, vom 8. Februar 1914, in: Rosenzweig, GS I.1, 149; vgl. hierzu auch unten, S. 42 f.

suche, die der noch junge Rosenzweig seinem ehemaligen Lehrer Cohen in Berlin abstattete. Diese Besuche fanden in den Jahren, ja, sogar in den entscheidenden Monaten statt, in welchen sich Rosenzweigs eigenständiges Denken herauskristallisierte, welches er dann in seinem Hauptwerk, dem *Stern der Erlösung*, darlegen sollte. Die eigentliche Niederschrift dieses Werkes erfolgte aber erst nach Cohens Tod[30], und es kann von daher nicht mit Sicherheit angenommen werden, dass Cohen sich noch mit den darin enthaltenen Ideen vertraut machen und auseinandersetzen konnte. Zwar ließ Rosenzweig Cohen seine bedeutende Edition des »Älteste[n] Systemprogramm[s] des deutschen Idealismus« 1917 schicken, als er selbst noch im Militärdienst war, denn ein Exemplar der Schrift fand sich in Cohens Bibliothek[31], doch ist es fraglich, ob Cohen mehr als einen Blick darauf geworfen hat und für eine Beeinflussung von Cohens Denken kam die Schrift ohnehin zu spät. Cohens Reaktion auf die Sendung ist jedenfalls nicht überliefert.

Gab es und konnte es zwischen Cohen und Rosenzweig keine systematisch geführte ›Debatte‹ im strengen Sinne des Wortes geben, so fand zwischen ihnen doch eine Auseinandersetzung statt, die weit über die persönlichen Kontakte hinausging, und die es gilt, hier zu verfolgen; eine ›Debatte‹, die jedenfalls grundlegender und wesentlicher war, als eine Debatte im wörtlichen Sinne, zumal es bekannt ist, dass es bei wirklich stattfindenden Treffen zwischen Philosophen selten zu echten Debatten kommt und noch seltener zu Dialogen.[32] Die ›Debatte‹ (im übertragenen oder metaphorischen Sinne des Begriffs) zwischen Cohen und Rosenzweig ist zweifellos viel geeigneter, bestimmte grundlegende Fragen der Philosophie, die uns heute noch beschäftigen, zu klären, als gewisse wirkliche Debatten, die in der Vergangenheit oder in der Gegenwart stattfanden bzw. -finden.

---

30 Es war in einem Brief vom 18. November 1917, der heute unter der Bezeichnung ›Urzelle des *Stern der Erlösung*‹ (Rosenzweig, GS III, 125–138) bekannt ist, dass Rosenzweig die Leitideen seines Werkes zum ersten Mal formulierte. Der *Stern der Erlösung* selbst wurde danach in nur wenigen Monaten, wohl zwischen dem 22. August 1918 und dem 16. Februar 1919 niedergeschrieben, also erst nach dem Tode von Hermann Cohen am 4. April 1918.

31 Vgl. Cohen, *Werke. Supplementa* 2, 173 f.

32 Als Beispiel sei nur an die berühmte ›Debatte‹ erinnert, 1929 in Davos, die zwar zu einer Begegnung von Ernst Cassirer und Martin Heidegger führte, doch keineswegs zu einem Dialog zwischen ihnen; vgl. hierzu die Ausführungen von Pierre Aubenque: *Ernst Cassirer/Martin Heidegger. Débat sur le kantisme et la philosophie (mars 1929) et autres textes de 1929–1931*, hrsg. von P. Aubenque. Paris 1972, 11 ff.

Dieses Buch verfolgt das Ziel, die sehr verschiedenen Weisen zu untersuchen, auf welche Franz Rosenzweig und Hermann Cohen die moderne deutsche Philosophie oder den ›Deutschen Idealismus‹ verstehen, der hier so weit gefasst wird, dass nicht nur Philosophen wie Fichte, Schelling und Hegel damit gemeint sind, sondern auch Kant selbst und schließlich die ganze Kultur, welche die Herausbildung dieser Philosophien ermöglicht hat. Der umstrittene Begriff der ›Symbiose‹ wird in der Folge nicht mehr aufgegriffen, stattdessen bietet das folgende Kapitel dieser Studie einige biographische Eckdaten, die eine Orientierung im Leben der beiden Autoren und des Umfeldes, in welchem sie lebten und sich entwickelten, erlauben sollen.

Die zwei dann folgenden Kapitel werden der Ästhetik gewidmet sein: zunächst derjenigen Rosenzweigs, dann der von Cohen. Auf dem Weg Rosenzweigs zur und in der Religion spielt die Ästhetik nämlich eine wesentliche Rolle – dem biblischen Verbot ›Du sollst dir kein Bildnis noch irgendein Gleichnis machen …‹ (AT, 2. Mose 20, 2–3) gibt Rosenzweig sogar einen neuen, wirkungsmächtigen Sinn. Doch war dieser Sinn völlig verschieden von demjenigen, den Cohen dem Verbot beigemessen hatte, und der viel traditioneller war. Zwar wusste auch Cohen, ebenso gut wie Rosenzweig, dass der Deutsche Idealismus seine Kraft, vielleicht sogar seine tiefste Kraft, aus der Ästhetik geschöpft hatte. Doch hatte er die Fragen gestellt, ob der Deutsche Idealismus, indem er den Kult des Schönen zum Ausgangspunkt seines Weges machte, nicht dazu veranlassen würde, sogar die Ethik auf die Ästhetik zu gründen; und ob er dadurch nicht Gefahr liefe, letztlich zu einem »Götzendienst vor der Natur«[33] zu führen. Hätte sich das Verbot der Bibel – und übrigens auch Kant – aber nicht gerade und in erster Linie gegen einen solchen ›Götzendienst‹ gewandt?

Da das Verbot von Götzendienst oder Idolatrie jedenfalls zur Grundlegung des hebräischen Monotheismus[34] gehört, könnte die je-

---

[33] Zum Beispiel, Cohen, ErW, 329.

[34] Es ist bekannt, dass der Begriff ›Idolatrie‹ (im biblischen Hebräisch: *avodat elilim* oder *avoda zara*) in den jüdischen ›Quellen‹ *(mekorot)* selbst, ebenso wie in der jüdischen Geschichte und der mündlichen Überlieferung auf sehr verschiedene Weisen interpretiert worden ist. Zu diesen Differenzen in der Interpretation vgl. die Analyse von Moshe Halbertal und Avishai Margalit, *Idolatry*. Cambridge/Mass. & London 1992 – eine in mehrfacher Hinsicht bemerkenswerte Analyse, selbst wenn die (sicher bewusst getroffene) Wahl, bei der Untersuchung der ›Metaphern‹ über die Idolatrie,

weilige Lektüre und Deutung dieses Verbots durch unsere beiden Autoren es erlauben, die unterschiedlichen Konzeptionen zu charakterisieren, die sich jeder von ihnen vom Judentum als solchem machte. Denn es kann keinen Zweifel darüber geben, dass ihre einschlägigen Konzeptionen sehr verschieden sind. Die von Cohen in seinen Schriften vollzogene Annäherung von ›Götzendienst‹ – im biblischen Hebräisch עבודת אלילים (*avodat elilim:* fremder Kult) oder עבודה זרה (*avoda zara:* Kult des Fremden) – und Pantheismus ist keineswegs selbstverständlich. Diese Annäherung verdient es, einer genauen Untersuchung unterzogen zu werden, ebenso wie die von Rosenzweig vollzogene Annäherung von Idolatrie und ›Heidentum‹ oder auch von Idolatrie und Mythos, diese erste Form des ›Heidentums‹, in welcher für den *Stern der Erlösung* der Kult der Kunst und des Schönen wurzelt.[35] Wenn sich auch Cohen hin und wieder auf das ›Heidentum‹ bezieht, so geschieht dies viel seltener und in ganz anderem Sinne als bei Rosenzweig. Ist ihr Vokabular auch verwandt, bestehen zwischen demjenigen Cohens und jenem von Rosenzweig doch erhebliche, bedeutungsträchtige Unterschiede. Diese Unterschiede verweisen auf die Auseinandersetzungen, die jeder von ihnen auf seine spezifische Weise mit dem Deutschen Idealismus führte. Cohen hat der Debatte über den Pantheismus, oder anders ausgedrückt der Kritik am Spinozismus, immer eine große Bedeutung beigemessen – in der Folge dieses Buches wird noch gezeigt werden, aus welchen Gründen.[36] Rosenzweig rückte stattdessen die stark von Schelling geprägte Frage des ›Heidentums‹ und seines Verhältnisses zur Offenbarung in den Vordergrund.[37]

---

ebensowohl die Begriffsgeschichte wegzulassen, wie die Debatten, in denen die Begriffe entwickelt worden sind, und sogar die Geschichte als solche, den Leser nicht immer befriedigen wird. Die Studie von Halbertal und Margalit macht jedenfalls deutlich, wie dringlich weitere Forschungen auf diesem Gebiet sind, besonders historische Forschungen, die es nicht nur erlauben würden, zu verstehen, wann, wie und warum diese oder jene Metapher gewählt wurde, sondern auch welche Bedeutung dieses oder jenes Modell im religiösen, politischen und sozialen Leben der jeweils betroffenen Gemeinschaft erlangte und welche Implikationen dies hatte.
Zu Rosenzweigs Denken im Hinblick auf diese Frage vgl. schon das Buch von Leora Batnitzky, *Idolatry and representation: the philosophy of Franz Rosenzweig reconsidered*. Princeton/N.J. 2000.

[35] *Stern*, 41: »Der Geist des Mythos gründet das Reich des Schönen.«

[36] Siehe unten, Kap. 3, S. 98.

[37] Siehe unten, Kap. 2, S. 72 f., S. 133, S. 198.

Um verstehen zu können, wie die beiden Autoren, jeder auf seine Weise, das Bilderverbot auffassten, ist es unverzichtbar, auf die Debatten zurückzukommen, an denen sie ganz verschieden teilgenommen haben.

In diesem Buch wird es auch um die Bedeutung – oder besser gesagt die Bedeutungen, denn auch hierin unterscheiden sie sich – gehen müssen, die Rosenzweig und Cohen dem Begriff des ›Geistes‹ beigemessen haben. Dann wird die Frage der Ethik behandelt werden, die jeder von ihnen anders beantwortet; und schließlich ihre Debatte über Geschichte und Politik: eine entscheidende Debatte, der zwei Kapitel dieses Buches gewidmet sind. Das letzte Kapitel der vorliegenden Studie, eine Art Schlussfolgerung und Ausblick, wendet sich Emmanuel Levinas zu, genauer der Weise, auf welche er die Debatte über den Deutschen Idealismus wahrnimmt.

1. Biographische Anhaltspunkte

Zwei Generationen – 44 Jahre – trennen Franz Rosenzweig von Hermann Cohen. Hermann Cohen (1842–1918) lebte noch den Großteil seines Erwachsenenlebens im neunzehnten Jahrhundert, Franz Rosenzweig (1886–1929) hingegen im zwanzigsten. Der Generationsunterschied erklärt zwar nicht alles, aber doch sehr viel: so etwa die unterschiedliche Einstellung beider zu allem, was ihre Beziehung zum Judentum und zur deutschen Kultur betrifft. Will man diesen Unterschied veranschaulichen, kann man die weit gespannte, aber durchaus relevante Periodisierung der Beziehungen zwischen Deutschen und Juden in der Neuzeit heranziehen, die Michael A. Meyer in seinen ausgezeichneten Arbeiten zu diesem Thema vorgeschlagen hat. Michael Meyer zufolge kann man diese Geschichte

> als einen Weg verstehen, der durch drei Abschnitte führt: Im ersten werden die Juden von außen wie von innen, und das wird von beiden Seiten anerkannt, allein als Juden bestimmt; im zweiten bestimmen sie sich selbst, ohne dass das freilich von Nicht-Juden eindeutig anerkannt würde, als Deutsche wie als Juden; und am Ende werden sie von außen nur als Juden definiert, und damit geht intern eine partiell, aber nicht vollständig erneuerte Anerkennung der Wichtigkeit des eigenen Judentums durch die Juden selber einher.[1]

Weder Cohen noch Rosenzweig gehören noch zum ersten, mittelalterlichen Abschnitt dieser Geschichte, Cohen ist aber im zweiten Abschnitt dieses Weges angesiedelt: wie viele Juden seiner Genera-

---

[1] M. A. Meyer, Juden-Deutsche-Juden. Wandlungen des deutschen Judentums in der Neuzeit (1998), 5–16, hier 6. Dieser Vortrag des Präsidenten des Leo Baeck Instituts wurde anlässlich der Veröffentlichung der von ihm geleiteten vierbändigen *Deutsch-jüdischen Geschichte der Neuzeit* (1996–1997) gehalten. Hier werden wir insbesondere den zweiten Band heranziehen: *Emanzipation und Akkulturation 1780–1871*, hg. von M. Brenner, S. Jersch-Wenzel und M. A. Meyer sowie den dritten *Umstrittene Integration 1871–1918*, hg. von S. M. Loewenstein, P. Mendes-Flohr, P. Pulzer und M. Richarz.

tion war er davon überzeugt, dass es ihm möglich sei, zugleich Jude und Deutscher zu sein, obwohl ihm durchaus bewusst war, dass viele seiner nichtjüdischen Zeitgenossen die Legitimität dieser Position gar nicht oder nur sehr widerwillig anerkannten. Was Franz Rosenzweig betrifft, würde er sich bereits im dritten Abschnitt dieses von Michel Meyer beschriebenen Wegs befinden, also desjenigen, demzufolge die Juden »von außen nur als Juden definiert werden, und damit geht intern eine partiell, aber nicht vollständig erneuerte Anerkennung der Wichtigkeit des eigenen Judentums durch die Juden selbst einher«.[2]

Hermann Cohen (1842–1918)

Um die Mitte des Jahrhunderts, also genau in der Zeit, in welcher Cohen aufwuchs, verstanden sich, so M. A. Meyer ganz richtig,

> beinahe alle Juden kulturell als Deutsche, politisch als Preußen oder Bayern (oder anders entsprechend dem jeweiligen Territorium), religiös aber als Juden. Dabei meinte das Letztgenannte jedoch mehr als nur religiöse Einstellungen und religiöse Praxis. Der Ausdruck ihres Judentums schloss vielfältige Weisen der Betätigung in den jüdischen Gemeinden ebenso ein wie einen hohen Grad gesellschaftlichen Zusammenhalts.[3]

Diese Beschreibung gibt sehr genau die Welt wieder, in der Cohen aufgewachsen ist und gelebt hat. Er sah sich selbst immer als Jude, und zwar in dem umfassenden Sinn, der soeben präzisiert wurde: in einem religiösen Sinn, aber auch in einem sozialen oder, wie man heute sagen würde, ›kommunitaristischen‹ Sinn, und nicht in einem politischen oder sogar kulturellen Sinn. Gewiss schrieb Cohen den religiösen Praktiken nicht immer eine intensive religiöse Bedeutung zu. Franz Rosenzweig erinnert daran dass es Jahre gab, in denen ihnen Cohen in erster Linie einen sentimentalen Wert beigemessen zu haben scheint.[4] Die Schwankungen in seinen religiösen Praktiken sind jedoch, so scheint mir, von viel geringerer Bedeutung, als heute oft behauptet wird. Er wurde zwar als praktizierender Jude erzogen, aber das Jüdisch-Theologische Seminar in Breslau, in welches ihn sein Vater ab seinem fünfzehnten Lebensjahr zum Studium schickte,

---

[2] Vgl. M. A. Meyer, Juden-Deutsche-Juden, *loc.cit.*, 6.
[3] Ebd. 9 f.
[4] Rosenzweig, GS III, 185 f.

war bereits gemäßigt reformistisch ausgerichtet[5], und Cohen schloss sich nie der neo-orthodoxen Gemeinde an, die sich unter dem Einfluss von S. R. Hirsch in der zweiten Hälfte des neunzehnten Jahrhunderts immer deutlicher von der liberalen Gemeinde absetzte[6]. Wie unterschiedlich die religiöse Praxis Cohens in dieser oder jener Epoche auch sein gewesen mag, er blieb in den jüdischen Einrichtungen immer sehr aktiv. Selbst in der großen Zeit seiner Lehrtätigkeit in Marburg – jener Zeit, in welcher er angeblich vom Judentum am entferntesten gewesen wäre – setzte er das fort, was Rosenzweig als seine »jüdische Tätigkeit« bezeichnete.[7] So hielt er zum Beispiel zahlreiche Referate und Vorträge auf Sitzungen oder Versammlungen deutscher Juden und nahm sich die Mühe, sie in zahlreichen Instanzen, darunter auch auf christlichen Tagungen, zu vertreten. Er veröffentlichte auch sehr viel in spezifisch jüdischen Zeitschriften: »jene spinozierende Sündeschrift«, um hier den Ausdruck aufzugreifen, mit dem Rosenzweig Cohens Aufsatz über Heinrich Heine abfällig charakterisierte[8], wurde in einer Zeitschrift veröffentlicht[9], die sich ausdrücklich jüdischen Angelegenheiten widmete; Auch der Artikel »Der Sab-

---

[5] Zu dem Milieu, in dem Cohen aufwuchs, zu den religiösen Einstellungen seines Vaters und ganz allgemein zu seiner Biographie, vgl. H. Liebeschütz, Hermann Cohen and his historical background, in: *Yearbook Leo Baeck* 1968, 13, 3–33 und *Von Georg Simmel zu Franz Rosenzweig. Studien zum jüdischen Denken im deutschen Kulturbereich* (1970). Zu Cohens Herkunftsregion, er stammte wie Moses Mendelssohn und Heymann Steinthal aus Städten in anhaltischen Gebieten, vgl. M. Freudenthal, *Aus der Heimat Mendelssohns: Moses Benjamin Wulff und seine Familie, die Nachkommen des Moses Isserles* (1900). Zu dem Seminar in Breslau, vgl. zunächst das Lob, das Cohen selbst als ehemaliger Schüler verfasst hat, in: Ein Gruß aus Pietät an das Breslauer Seminar, in: Cohen, JS II, 418–424. Vgl. auch G. Kisch (Hg.), *Das Breslauer Seminar* (1963); M. Joel, *Beiträge zur Geschichte der Philosophie* (1876); M. Brann, *Geschichte des jüdisch-theologischen Seminars in Breslau* (1904), hier 48–52; sowie F. Albertini, Theologie und Geschichtsphilosophien am Jüdisch-Theologischen Seminar in Breslau (1854–1938): Der Fall von Baruch Spinoza, in: M. Bienenstock, *Der Geschichtsbegriff: eine theologische Erfindung?* (2007), 98–108. Zu den Ausrichtungen dieses Seminars, vgl. auch die ausgezeichneten Ausführungen von M. A. Meyer, Jüdische Wissenschaft und jüdische Identität, in: J. Carlebach (Hg.) *Wissenschaft des Judentums. Anfänge der Judaistik in Europa* (1992), 3–23, hier 8 ff.

[6] Vgl. S. Ettinger, Vom 17. Jh. bis zur Gegenwart. Die Neuzeit, in: H. H. Ben-Sasson (Hg.), *Geschichte des jüdischen Volkes*, 3 (1980), 158 f.; M. Breuer, *Jüdische Orthodoxie im Deutschen Reich 1871–1918. Die Sozialgeschichte einer religiösen Minderheit* (1986), 51 f.

[7] Vgl. z. B. Rosenzweig, GS III, 199.

[8] Rosenzweig, GS III, 215.

[9] Heinrich Heine und das Judentum, anonym erschienen in: *Die Gegenwart. Berliner*

bath in seiner kulturgeschichtlichen Bedeutung«, welcher im Postscriptum von 1880 einen damals heftig kritisierten Vorschlag enthielt – nämlich den Sabbath auf den Sonntag zu verlegen –, beruht auf einem Vortrag, der im Jahre 1869 in Berlin vor einem Publikum jüdischer Gelehrter gehalten worden war.[10]

Ab 1864, also ab seinem zweiundzwanzigsten Lebensjahr, lebte und studierte Cohen in Berlin. Nachdem er vier Jahre lang das Jüdisch-Theologische Seminar in Breslau besucht hatte (1857–1861), schrieb er sich zunächst an der Universität dieser Stadt ein, und dort wurden seine Arbeiten über die Psychologie bei Platon und Aristoteles mit einem ersten Preis gekrönt. 1864 ging er jedoch nach Berlin und setzte seine Studien in dieser Stadt fort, ehe er 1865 an der Universität Halle promovierte. Schon während seines Studiums in Breslau hatte sich Cohen für Kant interessiert. Bekannt wurde er durch sein Eingreifen in die Kontroverse zwischen Trendelenburg und Kuno Fischer[11], zwei damals berühmten Forschern, über die Interpretation des »transzendentalen Apriori« bei Kant. Noch bekannter wurde er durch seine erste große Veröffentlichung, *Kants Theorie der Erfahrung* (1871). Er schickte Friedrich Albert Lange (1828–1875) ein Exemplar des Buches und erlangte durch es dessen Achtung und Freundschaft. Lange, ein lebenslanger Sozialist und der Autor einer schon damals berühmten *Geschichte des Materialismus*[12], war zu diesem Zeitpunkt Professor an der Universität Marburg. Cohen habilitierte sich bei ihm im Jahre 1873 und erhielt dort 1875, nach mehreren Misserfolgen und zu einem nicht unbeträchtlichen Teil dank Langes Unterstützung, eine Stelle als ›außerordentlicher Professor‹. Nach Langes Tod wurde Cohen noch im selben Jahr als Ordinarius auf dessen Lehrstuhl berufen. Er lehrte von 1876 bis 1912 in Marburg, publizierte eine große Anzahl von Büchern und bildete auch herausragende Schüler aus, die gewöhnlich unter der Bezeichnung ›Marburger Schule‹ zusammengefasst werden, darunter etwa Paul

---

Wochenschrift für Jüdische Angelegenheiten, 1867, abgedruckt in: Cohen, *Werke*, 12, 193–258.

[10] Der Sabbath in seiner kulturgeschichtlichen Bedeutung (1869), 1881 in einer amerikanischen Zeitschrift publiziert, heute in: Cohen, JS II, 45–65; Nachwort, 66–72.

[11] Cohen, SPhZ (1928), hier I, 229–275.

[12] F. A. Lange, *Geschichte des Materialismus und Kritik seiner Bedeutung in der Gegenwart* (1866), 1896 neu herausgegeben nach der 5. Ausgabe mit einem biografischen Vorwort und einer kritischen Einführung von Hermann Cohen, weitere Neuauflagen 1902 und 1914.

Natorp (1854–1924), der zunächst sein Schüler, später ein Mitarbeiter war, Ernst Cassirer (1874–1928), aber auch Rudolf Stammler (1865–1938), Karl Vorländer (1860–1928) und Albert Görland (1869–1952). Auf die grundlegenden Thesen und die Dynamik der neukantianischen Marburger Schule, über die bereits mehrere gute Darstellungen vorliegen[13], wird in diesem Buch noch an geeigneter Stelle eingegangen werden, doch sei schon hier ein wichtiger Punkt hervorgehoben, der für die Biographie Cohens besonders bezeichnend ist: Innerhalb des damaligen Universitätsbetriebs stellte die Marburger Schule aufgrund des Interesses, das ihre Mitglieder der Politik entgegenbrachten, eine Ausnahme dar. In seinem ausgezeichneten Buch über die *Politische Philosophie in Deutschland* zeigt Hermann Lübbe recht deutlich, dass die Periode zwischen 1871 und 1914 – also die Zeit, in der Cohen sein Erwachsenenleben führte – tatsächlich durch eine allgemeine ›Entpolitisierung‹ der Philosophie gekennzeichnet ist. Die Philosophie wird damals zur Wissenschaftstheorie, zur Epistemologie:

Aus der Perspektive dieser reduzierten Philosophie erscheint die Wirklichkeit jenseits der Wissenschaft als die Welt des Irrationalen. Das ›Leben‹, nicht die ›Vernunft‹, gilt als die Kategorie, unter der diese Welt aussagbar ist, und zur ›Lebensphilosophie‹ wird daher das Bemühen, kompensatorisch von demjenigen zu reden, was die Philosophie des Rationalen, was also die Wissenschaftstheorie beschweigt.[14]

Der Marburger Neukantianismus, in dessen Mittelpunkt Hermann Cohen steht, stellt folglich innerhalb dieser Entpolitisierung der Philosophie eine wichtige Ausnahme dar. Lübbe betont auch zu Recht: »Cohen hat die Neigung der akademischen Philosophie seiner Zeit, in der Beschränkung auf die Probleme der Wissenschaftstheorie sich den Problemen der Politik fernzuhalten, gesehen und tief bedauert«.[15] Lübbe, der auch die diesbezüglich wichtige Rolle von Lange erwähnt, erinnert in diesem Zusammenhang auch an einen Aufsatz, den Cohen 1913/14 anlässlich des sechzigsten Geburtstags von

---

[13] Für die Nachkriegsliteratur müsste in erster Linie auf Helmut Holzheys einschlägige Veröffentlichungen hingewiesen werden: siehe die umfangreiche Liste S. 279 und 291.

[14] Vgl. H. Lübbe, *Politische Philosophie in Deutschland* (1963), 86 ff.

[15] Vgl. auch H. Lübbe, Die politische Theorie des Neukantianismus und der Marxismus (1958), abgedruckt in: H. Holzhey (1994), 229–246, hier 231 ff.: »Der Neukantianismus ist die einzige Philosophie, die innerhalb dieses Zeitraums als politische Theorie eine bedeutende Rolle gespielt hat.«

Natorp geschrieben hatte und in dem er nicht nur auf den vergangenen Ruhm der deutschen Universitäten eingeht, der darin bestanden hatte, für die Einheit und Freiheit Deutschlands einzutreten, sondern auch auf die Art und Weise, wie Natorp, aber auch bereits Lange, sich in Marburg für diese Sendung eingesetzt hatten.[16] In seiner langen »Einleitung, mit kritischem Anhang«, die er für Langes große *Geschichte des Materialismus* verfasste, hatte er bereits das Verdienst des Autors in diesem Bereich gewürdigt und die Hoffnung zum Ausdruck gebracht, dass die deutschen Universitäten in der Lage sein würden, »den weltbürgerlichen Geist des deutschen Idealismus«[17] wiederzufinden und ihrer universalistischen Berufung gerecht zu werden, um die Drohungen des aufsteigenden Nationalismus hinsichtlich des Asylrechts und der Religionsfreiheit insbesondere für die Juden abzuwenden. Er widersprach denen, die ihm – dem Juden – das Recht absprachen, sich zu diesen Fragen zu äußern, oder die seine Wortmeldungen zu diesen Themen abgeschmackt fanden, und hatte sich sogar die Freiheit genommen, den Inhalt seines allerersten Gesprächs mit Lange zu enthüllen. Auf dessen Einwand, dass sie jedenfalls vom Christentum wohl sehr verschiedene Vorstellungen hatten, hatte er geantwortet: »Nein, sagte ich: Denn was Sie Christentum nennen, nenne ich prophetisches Judentum. Und sogleich war innige Übereinstimmung unter uns hergestellt. […] So hat der ethische Sozialismus uns mit einem Schlage über die Schranken unserer Religionen hinweg geeinigt.«[18]

Die hier aufgestellte These einer tiefen Verwandtschaft zwischen dem prophetischen Judentum und dem Christentum – oder genauer gesagt dem Protestantismus Luthers – geht bei Cohen vermutlich auf Ideen zurück, die Heine in seiner Schrift aus dem Jahr 1835 über die *Geschichte der Religion und der Philosophie in Deutschland* entwickelt hatte. In seinem Aufsatz über »Heinrich Heine und das Judentum« zitiert Cohen lange Stellen aus dieser Schrift, die seiner Ansicht nach diese These bereits entwickelten:

Da ist es nun interessant zu sehen wie Heine die bedeutsame Wirkung der Reformation dem jüdischen Einfluss zuschreibt. »Die Religion selber wird eine andere, es verschwindet daraus das indisch-gnostische Element, und

---

[16] H. Cohen, Paul Natorp. Zu seinem 60. Geburtstag (1913/14), in: Cohen, *Werke* 16, 92–96.

[17] Cohen, *Werke* 5, 122.

[18] Cohen, *Werke* 5, 104.

wir sehen, wie sich wieder das jüdisch-theistische Element darin erhebt«. Die größte nationale That der Reformation, die ›Schöpfung der deutschen Sprache‹ führt er auf das Weltverdienst der Juden, den Besitz der Bibel, zurück. »Luther gab dem Gedanken auch das Wort. Er schuf die deutsche Sprache. Dieses geschah indem er die Bibel übersetzte« … »Man besaß zwar die Vulgata, die man verstand, und die Septuaginta, die man schon verstehen konnte. Aber die Kenntnis des Hebräischen war in der christlichen Welt ganz erloschen. Nur die Juden, die sich hie und da in einem Winkel der Welt verborgen hielten, bewahrten noch die Traditionen dieser Sprache. Wie ein Gespenst, das einen Schatz bewacht, der ihm einst im Leben anvertraut worden, so saß dieses gemordete Volk, dieses Völker-Gespenst, in seinen dunklen Ghetto's und bewahrte dort die hebräische Bibel, und in diese verrufenen Schlupfwinkel sah man die deutschen Gelehrten heimlich hinabsteigen, um den Schatz zu heben, um die Kenntnis der hebräischen Sprache zu erwerben.«[19]

Die Übersetzung der Bibel durch Luther als Geburtsstunde der deutschen Sprache: Genau darauf gründet Cohens Glaube an eine tiefe Verwandtschaft zwischen dem Judentum und dem Protestantismus in seiner lutherischen, also deutschen Version. Später wird Cohen vor allem die Verwandtschaft zwischen dem Judentum und der Philosophie Kants herausarbeiten, worauf in der Folge noch näher eingegangen wird.[20] Auf diese These stützt er sich dann auch, um seinen Glauben an eine mögliche Symbiose zwischen ›Judentum‹ und ›Deutschtum‹ zu verkünden. Doch er setzt seine Hoffnungen nicht nur auf Kant oder auf den Einfluss der Kant'schen Moralphilosophie in Deutschland, sondern auch und vielmehr auf den – übrigens von Rosenzweig weitgehend geteilten – Glauben, dass die deutsche Sprache (und folglich die deutsche ›Nation‹ im Sinne einer durch eine gemeinsame Sprache definierte Nation) dank Luther einen direkten Kontakt zur Bibel hergestellt hatte.

Wenn die heutigen Historiker Cohens Glauben an eine ›deutsch-jüdische Symbiose‹ erwähnen, so betonen sie vor allem, wie irreführend dieser Glaube war und wie groß die Verblendung, die darin zum Ausdruck kommt. Sie weisen auf die Fragilität der jüdischen Integration in Deutschland, auf deren völlig illusorischen Charakter und auf den besonders in der zweiten Hälfte des neunzehnten Jahrhunderts in

[19] Heinrich Heine und das Judentum. In: Cohen, *Werke* 12, 247 f. Zu dem, was Cohen Heine verdankt, vgl. auch H. Liebeschütz (1967), 215.

[20] Mehrere Artikel sind explizit diesem Thema gewidmet. Vgl. z. B. Cohen, JS I, 24–305.

ganz Deutschland grassierenden Antisemitismus.[21] Diese Tatsachen sind unbestreitbar. Ihre Bedeutung wurde auch durch die spätere Geschichte Deutschlands auf katastrophale Weise bestätigt. Aber man kann Hermann Cohen und all den anderen deutschen Juden, die seine Überzeugung teilten, nicht vorwerfen, dass sie damals nicht erkannt hatten, was sich anbahnte. Selbst viel später haben dies nur wenige gesehen oder die Bedeutung dessen, was sie gesehen hatten, begriffen. Was Cohen selbst angeht, so war er sich stets sowohl des expliziten als auch des latenten Antisemitismus bewusst, der in Deutschland damals tatsächlich existierte. Und man darf auch nicht übersehen, dass hinsichtlich des Anstiegs des Antisemitismus die Situation für die Juden in den angrenzenden Ländern nicht besser und oft sogar noch viel schlechter war. Man braucht hier nur an die Dreyfus-Affäre in Frankreich zu denken, die Cohen sehr mitgenommen hatte. In einem seiner Aufsätze zu diesem Thema vergleicht er den Antisemitismus, der dort laut geworden war, mit den Verbrechen, die in Russland an den Juden begangen wurden, und mit dem Antisemitismus, den seine eigenen Landsleute in Deutschland an den Tag legten.[22] Er glaubte, dass die Situation in Deutschland in so mancher Hinsicht und ganz besonders für die Juden besser war als in den anderen europäischen Ländern. Aus dieser Sicht, der der vergleichenden Geschichte dieser Zeit, hatte er vielleicht sogar Recht, denn die Epoche, in der er in Marburg tätig war, war nicht nur durch den Anstieg des Antisemitismus gekennzeichnet, sondern, und das darf man nicht übersehen, auch durch die immer umfassendere Integration der Juden in alle wichtigen Bereiche des gesellschaftlichen, politischen, wirtschaftlichen und kulturellen Lebens in Deutschland: »Ihre Zugehörigkeit zum Deutschtum war nicht länger ein Ziel, sie war eine Tatsache.«[23] Unter den Beispielen, die immer angeführt werden, um diese Integration zu veranschaulichen, findet man auch gerade Hermann Cohen, den ersten nicht konvertierten Juden, der zum ordentlichen Professor der Philosophie an einer deutschen Universität ernannt worden war.

Diesen letzten Punkt muss man im Auge behalten, wenn man verstehen will, wie Cohen 1880 – also nur wenige Jahre nach seiner

---

[21] Vgl. S. 21 oben.
[22] Vgl. Unsere Ehrenpflicht gegen Dreyfus (1899) und Der geschichtliche Sinn des Abschlusses der Dreyfusaffäre (1906), in: Cohen, JS II, 346 und 352–359.
[23] M. A. Meyer, Juden-Deutsche-Juden (1998), 14.

Ernennung – auf die aufsehenerregenden Stellungnahmen reagiert, die der Historiker und Politiker Heinrich von Treitschke in seinen Texten und Schriften ab November 1879 zum Ausdruck bringt.[24] Der große deutsche Historiker, der damals an seiner monumentalen, fünfbändigen *Deutsche Geschichte im 19. Jahrhundert*[25] arbeitete, war zu diesem Zeitpunkt auch ein maßgebender Politiker: er stand Bismarck nahe und vertrat im Reichstag von 1871 bis 1884 die nationalliberale Partei. Als Liberaler hatte er sich vor 1879 allerdings nicht der antisemitischen Hetze angeschlossen. Und weder 1879/80 noch später unterzeichnete er die Petitionen derjenigen, die schon damals die Aufhebung der verfassungsrechtlichen Gleichstellung der Juden forderten. Doch am Ende des Jahres 1879 änderte sich seine Einstellung merklich, was vielen seiner jüdischen und nichtjüdischen Zeitgenossen und unter ihnen Cohen nicht entging. Schon am Beginn seines »Bekenntnisses in der Judenfrage« bedauert Cohen, dass Treitschke es in diesen bewegten Zeiten für ratsam gehalten habe, durch seine Stellungnahme die populistischen Leidenschaften seiner antisemitischen Mitbürger zu nähren.[26] Um Treitschke zu kritisieren, kommt er auf das Argument zurück, mit welchem dieser das Judentum als die *Nationalreligion eines uns ursprünglich fremden Stammes* beschrieb und für es die Notwendigkeit verkündete, sich mit der »reinsten Form des Christentums« zu verschmelzen, eines Christentums, welches das notwendige Fundament des deutschen Staates wäre. Gegen ihn führt nun Cohen die bereits erwähnte These von der besonderen Verwandtschaft zwischen dem Judentum und dem Christentum in seiner lutherischen Form ins Feld. Er führt zahlreiche Beispiele an, die den Beitrag des jüdischen Monotheismus zur deutschen Kultur zeigen. Er betont auch nachdrücklich, dass das Christentum zwar durch sein Dogma einer »Vermenschlichung Gottes« geschichtlich eine sehr bedeutende Rolle gespielt habe, es hätte die Religion »vermenschlicht«; dass das Judentum aber die Vorstellung Gottes als solcher in die Welt gebracht hätte und den Monotheismus standhaft aufrecht erhalte. Hier will Cohen hervorheben, wie verfehlt es sei zu glauben – wie dies Treitschke und mit ihm zahlreiche Chris-

---

24 Die Texte Treitschkes sowie die von ihnen ausgelösten Reaktionen findet man in: W. Böhlich (Hg.), *Der Berliner Antisemitismusstreit* (1988). Von Cohen vgl. vor allem: Ein Bekenntnis zur Judenfrage und Zur Verteidigung (1880), in: JS II, 73–100.

25 H. von Treitschke, *Deutsche Geschichte im 19. Jahrhundert* (1879–1895).

26 Cohen, JS II, 73. Zu Treitschkes Sinneswandel und zu der Art und Weise, wie er damals wahrgenommen wurde, vgl. z. B. Liebeschütz (1967), 182–191.

ten tun –, dass das Judentum nun nichts mehr weiter als ein Relikt sei, das in einem Staat, dessen wesentlich christlicher Charakter behauptet werden müsste, bestenfalls geduldet werden könnte. Zwar lässt Cohen die heftige Kritik Treitschkes an dem jüdischen Historiker Heinrich Graetz[27] (1817–1891), einem seiner ehemaligen Lehrer am Seminar in Breslau, gelten: Treitschke hatte bedauert, dass im elften Band der von Graetz geschriebenen *Geschichte der Juden* nie der Wunsch nach einer Integration von Seiten der Juden laut geworden sei und dass die Juden eher gewillt seien, eine getrennte Identität aufrechtzuerhalten. Cohen geht darauf ein und kritisiert nun seinerseits Graetz wegen seiner von einem »Stammesgefühl« bedingten Werturteile.[28] Doch genauso wie Graetz fordert er Rechte für das Judentum als Religion, nicht nur für die Juden als Individuen.

Er gibt wie Treitschke zu, dass der Staat ein religiöses Fundament benötigt. In einem solchen politisch-religiösen Rahmen zeigt er sich sogar bereit, die Gültigkeit eines »Ideals nationaler Assimilation« der Juden an die Christen zu rechtfertigen.[29] Er geht so weit zu schreiben, dass er »in dem wissenschaftlichen Begriff der Religion zwischen dem israelitischen Monotheismus und dem protestantischen Christentum eine Differenz nicht zu erkennen vermag …«[30] Diese Sätze schockierten viele und darunter auch manche seiner engsten Freunde.[31] Sie veranlassten auch Treitschke zu einer Reaktion auf die Schrift »von Prof. Cohen in Marburg … die am Tiefsten durchdachte und am Wärmsten empfundene unter den Erörterungen

[27] H. Graetz, *Geschichte der Juden von den ältesten Zeiten bis zur Gegenwart*, 11 Bde., eine verkürzte Darstellung in: *Volkstümliche Geschichte der Juden* (1887–1889); M. A. Meyer zeigt jedoch in seinem Aufsatz Heinrich Graetz and Heinrich von Treitschke. A Comparison of their Historical Images of the Modern Jew (1986), dass die von Treitschke und die von Graetz entwickelten Auffassungen der Geschichte in so mancher Hinsicht letztlich sehr verwandt sind (insbesondere durch das, was sie der Romantik schulden).

[28] Vgl. Cohen, JS II, 86: Cohen spricht sich gegen jenes »Zartgefühl für den jüdischen Stamm« aus und sieht darin einen Weg, der nicht »gesund« ist und von dem man sich »abwenden« sollte. Er kritisiert auch ausdrücklich die Einstellung, die darin besteht, die deutschen Persönlichkeiten nur danach zu beurteilen, wie sie sich den Juden gegenüber verhielten. Über die Beziehung Cohens zu Graetz vgl. auch seinen viel späteren Aufsatz (1917) mit dem Titel Zur Jahrhundertfeier unseres Graetz (Cohen, *Werke* 17, 541–555), in dem Cohen sich lobend über Graetz äußert, ohne jedoch seine frühere Kritik zurückzunehmen.

[29] Ein Bekenntnis (1880: S. 30, Anm. 1), hier 88.

[30] Cohen, JS II, 75.

[31] Vgl. Cohens Zur Verteidigung, JS II, 95–100.

meiner Gegner.«[32] Treitschkes Zustimmung war natürlich von etwas ganz anderem bedingt als von der Feststellung einer Übereinstimmung mit Cohen, die übrigens nicht existierte. Bei Cohen ist die Anerkennung einer grundlegenden Identität zwischen Judentum und Protestantismus eindeutig nur eine bedingte, sie gilt nur für das, was Cohen als den »wissenschaftlichen Begriff« der Religion bezeichnet. Also für diese Religion, von der es laut Cohen nur eine Form gebe und geben könne, genauso wie es nur eine Moral oder eine Ethik gebe und geben könne, und nicht mehrere.

Doch über diese umstandsbedingte und oberflächliche Annäherung an Treitschke hinaus scheint Cohen tatsächlich tief überzeugt gewesen zu sein von einer Verwandtschaft zwischen Judentum und Christentum in seiner lutherischen Form, und in diesem Sinn zwischen ›Judentum‹ und ›Deutschtum‹. Diese Überzeugung sollte bekanntlich auch noch in vielen späteren Schriften zum Ausdruck kommen, darunter in dem berühmten Text aus dem Jahr 1915 mit dem Titel *Deutschtum und Judentum*.[33] Dieser Text steht in einem ganz anderen Zusammenhang als der des »Bekenntnisses in der Judenfrage« von 1880. Er gehört, jedenfalls zum Teil, zur Gattung jener pathetischen und heute völlig unlesbaren ›Kriegsphilosophie‹, die das damalige Deutschland (und übrigens auch Frankreich) überflutete und von Hermann Lübbe so gut analysiert wurde.[34] Rückt man den Text in diesen Kontext, so erscheint er weniger als eine philosophische Übung, als vielmehr eine historische und politische, ja sogar psychologische und folglich sozialpsychologische Studie. Man muss darin ein Zeitdokument sehen, in dem Ideen und Überzeugungen zum Ausdruck kommen, die Cohen damals mit der überwiegenden Mehrheit seiner Landsleute teilte. Man muss auch die unmittelbar politischen Ziele berücksichtigen, die Cohen damit verfolgte: Er wollte erreichen, dass die Vereinigten Staaten Deutschland unterstützen. Also wandte er sich mit diesem Ziel explizit an die amerikanischen Juden und erinnerte sie an das Bündnis Frankreichs mit Russland und an die Verfolgungen, denen die Juden in Russland zum Opfer fielen. Der Krieg Deutschlands gegen Russland, sagte er, könne vielleicht zu

---

32 Vgl. z. B. auch diesbezüglich die zitierte Stelle in: Cohen, JS II, Anmerkungen, 470.

33 Cohen, *Werke* 16, 465–560. Diese Schrift, die »stärkste Beachtung sowohl auf deutscher wie auch auf jüdischer Seite fand« (vgl. Anmerkung des Herausgebers von JS II, 476), wurde innerhalb eines Jahres dreimal neu aufgelegt, so dass die Auflagenzahl sich auf mehr als 10 000 belief.

34 Lübbe (1974), 4. Teil: »Die philosophischen Ideen von 1914«, 171–235.

einer Verbesserung ihres Loses führen.[35] Allerdings gilt es dann auch die Ideen hervorzuheben, mit denen sich Cohen damals von seinen Zeitgenossen unterscheidet und sogar Partei gegen sie ergreift, anstatt ihnen zu folgen. So lohnt es sich z. B. auf seine Diskussion mit Paul Natorp, der ihm doch aus philosophischer Sicht so nahe stand[36], mit besonderer Aufmerksamkeit einzugehen, oder auf seine auch in diesen Jahren ausdrückliche Rechtfertigung eines Universalismus, der sich von der deutschen Klassik herleitet. Cohen nähert diesen Universalismus demjenigen an, den er in der Ethik des Judentums zu finden glaubt, weil er vermutlich auch gegen die Anstiftungen zur Feindseligkeit zwischen Juden und Deutschen kämpfen will, deren Augenzeuge er ist. Hermann Lübbe betont zu Recht, dass die politische These, die Cohen in dieser Schrift vertritt – der zufolge das »Deutschtum« zum »Mittelpunkt eines Staatenbundes« werden müsse[37] – keineswegs nationalistisch zu verstehen sei, sie habe vielmehr »den Sinn eines Appells an die Deutschen, ihr politisches Denken und Handeln aus seiner nationalistischen Selbstbeschränkung zu befreien«.[38] Eine derartige Kontextualisierung dieser Schrift rettet sie jedoch nicht vor der Kritik, die man an ihr wie auch an manchen anderen Texten aus derselben Zeit, die man als ›philosophische‹ oder ›zeithistorische‹ betrachtet, vornehmen muss.

Unmittelbar nach ihrer Publikation im Jahr 1915 unterzog sie Rosenzweig einer vernichtenden Kritik. Seine Kritik war so vernichtend, dass er sein Manuskript lange liegen ließ und zögerte, es zu veröffentlichen, und sei es auch in anonymer Form.[39] Es sei daran erinnert, dass Rosenzweig, als er seine Kritik verfasste, Cohen bereits recht gut kannte: Mehr als ein Jahr lang hatte er dessen Vorlesungen an der Hochschule für die Wissenschaft des Judentums besucht und dabei den alten, damals über siebzigjährigen Mann persönlich zu schätzen gelernt. Ab diesem Zeitpunkt scheint er sogar eine Art Soh-

[35] Cohen, *Werke* 16, 525 ff. Vgl. auch den Appel an die Juden Amerikas (1914/1915) mit dem Titel »Du sollst nicht einhergehen als ein Verleumder«, in: Cohen, *Werke* 16, 299–310.

[36] Vgl. hier in erster Linie vor allem die schöne Arbeit von Helmut Holzhey, *Cohen und Natorp* (1986).

[37] Cohen, *Werke* 16, 541.

[38] H. Lübbe (1974), 232, Anm. 227.

[39] Vgl. Rosenzweig, GS III, 169–175, sowie die Anmerkung des Herausgebers S. 846. Vgl. auch den Brief Franz Rosenzweigs an G. Oppenheim vom 1. Oktober 1917, in: Rosenzweig, GS I.1, 456.

nesliebe für ihn empfunden zu haben: Der Ausdruck, den er selbst in Briefen an Eugen Rosenstock aus dem Jahr 1916 verwendet, nämlich »ich kenne ihn selbst und verehre ihn […] grenzenlos«[40], ist noch stärker und reicht weit über eine bloße Zuneigung hinaus. Doch erklärt sich die Heftigkeit seiner Kritik nicht gerade aus der Intensität seiner Gefühle? Umso schwerer zu ertragen war für Rosenzweig das, was er, vielleicht zu Recht, in den Schriften Cohens aus dieser Zeit zu sehen glaubte: den prodeutschen ›Chauvinismus‹ eines schwülstigen Professors, der wohl sehr viel vom Judentum und sogar von der Philosophie verstand, aber nichts von Deutschland und nichts vom Krieg. Bei Rosenzweig heißt es:

> Aber bei Cohen ist nur ein Europäertum da, ein genuines Deutschtum mit dem es sich kreuzen könnte fehlt, und das Judentum, das da ist (und wie!), geht bekanntlich – keine Kreuzung ein. Und so bleibts persönlich beim Nebeneinander und sachlich bei den tollen Equilibristiken der Schrift *Deutschtum und Judentum*, die auf das Christliche im Deutschen reflektiert und das dann für jüdisch erklärt. Wohl bekomms![41]

Rosenzweig wirft hier Cohen nicht vor, wie wir es heute erwarten würden, dass er sich zu begeistert für das ›Deutschtum‹ einsetzt, sondern vielmehr, dass er nicht begreift, worin dieses besteht[42] …

Was hier vor allem wieder zu Tage tritt, ist der Generationsunterschied zwischen den beiden: Cohen war bereits zweiundsiebzig, als der Erste Weltkrieg begann, und er starb vor dem Ende des Konflikts. Auch wenn der Krieg ihn sehr mitgenommen hat, änderte er nichts mehr an seinen Ideen und auch nichts an seinem Weltbild.

Franz Rosenzweig (1886–1929)

Ganz anders verhielt es sich mit Franz Rosenzweig. Sein Denken entfaltet sich in eben diesen Jahren des Ersten Weltkriegs, das heißt in den Jahren, die nicht nur vom Krieg selbst geprägt sind, von den gewonnenen und verlorenen Schlachten, von den politischen oder stra-

---

[40] Vgl. Rosenzweig, GS I.1, 223, 230. Die Beschreibung seiner ersten Begegnung mit dem Lehrer in einem »Gedenkblatt«, das er Anfang 1918 unmittelbar nach dem Tod Cohens verfasst hat, klingt zutiefst aufrichtig. Vgl. Rosenzweig, GS III, 239 ff.

[41] Rosenzweig, GS I.1, 445.

[42] Vgl. hier die beredte und etwas provokatorische Diskussion von Eugène Fleischmann in: *Le christianisme mis à nu* (1970), 189 ff.

tegischen Umschwüngen, sondern vor allem auch von dem Krieg der Ideen, von den Ideen des Kriegs, dieser pathetischen ›kriegerischen Philosophie‹, der, wie wir gerade gesehen haben, auch Cohen zumindest teilweise erlag. Viele deutsche Juden erlagen ihr damals, und zwar manchmal noch glühender und extremer als ihre nichtjüdischen Zeitgenossen, manchmal hingegen nur vorübergehend, bevor sie die Augen öffneten. Das galt eine Zeit lang, wie wir in einem der folgenden Kapitel sehen werden, sogar auch für Martin Buber.[43] Bei Rosenzweig war dies jedoch nicht der Fall, und zwar vielleicht deshalb, weil er sich schon vor dem Krieg für eine Rückkehr zur Religion und zum Judentum als Religion entschieden hatte. Man kann jedoch nicht behaupten, dass der Erste Weltkrieg für Rosenzweig keine traumatische Erfahrung darstellt. Dieser Krieg prägte sein Denken und wahrscheinlich auch sein Leben noch tiefer und noch dauerhafter, als dies bei Cohen der Nationalismus getan hatte. Steht nicht letztlich der Krieg hinter Rosenzweigs Entscheidung, mit der Philosophie vollständig zu brechen? Und ist er nicht für zahlreiche Merkmale verantwortlich, die aus Rosenzweigs Sicht der Religion und dem religiösen Leben, dem christlichen wie dem jüdischen, anhaften?

Rosenzweig gehört zu diesen Generationen deutscher Juden, die (um hier die bereits erwähnte Chronologie von Michael Meyer heranzuziehen) in ihrer überwiegenden Mehrheit nur mehr von außen, von den andern, als Juden definiert wurden und selber nicht mehr recht wussten, was die Bezeichnung ›Jude‹ bedeutete oder bedeuten mochte. Die Beziehung, die Rosenzweigs Eltern zum Judentum unterhielten, scheint eher gemeinschaftlicher oder gesellschaftlicher Natur gewesen zu sein als religiöser. Man weiß etwa, dass Rosenzweigs Vater regelmäßig und großzügig zur Finanzierung wohltätiger jüdischer Einrichtungen und der Synagoge beitrug. Doch die Erziehung, die Rosenzweig in seiner Familie erhielt, war keine spezifisch jüdische. Sein Interesse für das Judentum und für die jüdischen religiösen Praktiken scheint vor allem von einem seiner Onkel, den er sehr liebte, geweckt worden zu sein: von Adam Rosenzweig, einem Junggesellen, der unter demselben Dach lebte. Als Franz im Jahre 1905 sein Vaterhaus verlässt um zu studieren, entscheidet er sich zunächst für die Medizin. Da ihn dieses Studium nicht besonders inte-

---

43 Vgl. S. 215 sq. Zu den unterschiedlichen Einstellungen der deutschen Juden zum Ersten Weltkrieg, vgl. z. B. die von W. E. Mosse und A. Paucker zusammengestellten Untersuchungen (1971, 1976).

ressiert, wendet er sich der Philosophie und der Geschichte, insbesondere der Kulturgeschichte[44] zu, für die er sich besonders geeignet hält.[45] Als Lehrer wählt er keinen anderen als Friedrich Meinecke (1862–1954), den angesehenen Historiker, der im Jahr 1908, als Rosenzweig beschließt, unter seiner Leitung zu arbeiten, soeben die erste Ausgabe seines Buches *Weltbürgertum und Nationalstaat* veröffentlicht hatte. In dieser Phase seines Lebens interessierte sich Rosenzweig ganz besonders für die Hegel'sche Auffassung der Geschichte[46] und fragte sich beispielsweise, ob diese im und für das neunzehnte Jahrhundert entwickelte Auffassung auch noch für das zwanzigste gültig war. In einem Brief vom 26. September 1910, auf den wir noch zurückkommen werden, schreibt Rosenzweig an Hans Ehrenberg (1883–1958), einen seiner Großvettern: »Für uns ist die Religion ›die einzig wahrhafte Theodizee‹. – Der Kampf gegen die Geschichte im Sinne des 19. scl [sic.] ist uns deshalb zugleich Kampf für die Religion im Sinne des 20.«[47]

Diese Behauptung zeugt nicht (wie manchmal gesagt wird) davon, dass Rosenzweig sich bereits vom Beruf des Historikers distanzieren wollte, sondern vor allem und viel mehr von seinem Interesse für die Religion. Diese Beschäftigung mit der Religion findet man in zahlreichen Dokumenten aus dieser Zeit, so beispielsweise in dem Brief, den er im Jahr 1909 über den Übertritt Hans Ehrenbergs zum Protestantismus an seine Eltern schreibt. Anstatt sich über eine solche Bekehrung zu empören, wie dies seine Eltern tun, versteht er sie und verteidigt sie: »Und nun damit Ihr wisst«, schreibt er ihnen, »dass es mein Ernst ist: ich habe ihm selbst heftig zugeraten und würde es wieder und wieder tun.« In diesem Brief sagt er übrigens auch:

---

[44] Zu den verschiedenen Bedeutungen dieses Begriffs, vgl. die Nr. 10 der *Revue Germanique Internationale* (1998), hg. von M. Espagne mit dem Titel »Histoire culturelle«.

[45] Vgl. den Brief an seine Mutter vom 4. März 1908 (Rosenzweig, GS I.1, 76 ff.).

[46] Hier sei ein Treffen von jungen Philosophen und Historikern erwähnt, allesamt Doktoranden, das im Januar 1910 in Baden-Baden stattfand. Rosenzweig hielt dort ein Referat über die Bedeutung, die die »Wiedergeburt des Hegelianismus« für die »historische Konstruktion der Gegenwart« im damaligen Deutschland haben konnte. Er stellt eine »Verteidigung« der historischen »Konstruktionen« vor, die ihm zahlreiche Kritiken eintrug … Vgl. zu diesem Treffen W. Schmied-Kowarzik in: M. Brasser (Hg., 2004), 75.

[47] Rosenzweig, GS I.1, 113.

Wenn der Jude (der Jude wie ich ihn verstehe, also der Religionsjude) angegriffen wird, dann hat er die Tora nicht als Schild vor sich zu halten, sondern er gehört *vor* die Tora. Nicht die Juden sollen erhalten bleiben, sondern das Judentum.[48]

Schon damals scheint Rosenzweig also gedacht zu haben, dass es im Grunde ehrenwerter sei, eine Religion zu haben, ob nun eine christliche oder die jüdische, als überhaupt keine. So gesehen war der Weg, den er bis zu dieser Etappe zurücklegte, die als seine ›Rückkehr‹ zur jüdischen Religion betrachtet wird, vielleicht weniger lang und weniger verschlungen als er selbst es behauptete.

Man weiß, wie er diese Rückkehr schildert: nach einer Diskussion bis spät in die Nacht am siebten Juli 1913 mit zwei seiner engsten Freunde – Rudolf Ehrenberg (1884–1969), einem weitläufigen Cousin, und Eugen Rosenstock (1888–1973) – soll Rosenzweig versprochen haben, sich ebenfalls taufen zu lassen. Aber einige Monate später habe er schließlich beschlossen, »Jude zu bleiben«. In einem Brief vom einunddreißigsten Oktober 1913 an Rudolf Ehrenberg kündigt er an: »Ich bin in langer und, wie ich meine, gründlicher Überlegung dazu gekommen, meinen Entschluss zurückzunehmen. Er scheint mir nicht mehr notwendig und daher, in meinem Fall, nicht mehr möglich. Ich bleibe also Jude.«[49]

Die Bekehrung ist »nicht mehr notwendig«: Das scheint deutlich zu zeigen, worauf es Rosenzweig ankommt und worauf es ihm vermutlich bereits vor dem Juli 1913 ankam: auf die Religion selbst, auf die Beschäftigung mit der Religion; das heißt, einem lebendigen Glauben anzuhängen.[50] Der Gegensatz zwischen Judentum und Christentum ist weniger wichtig. In Rosenzweigs Auffassung scheinen sich Judentum und Christentum als Religionen einander sehr nah zu stehen, – noch viel näher im Grunde, als sie es für Hermann Cohen je waren. Vielleicht hat Rosenzweig auch deshalb auf den Übertritt verzichtet, weil er das Kippurfest in einer orthodoxen jüdischen Gemeinde in Berlin verbracht hatte und im Judentum genau das zu entdecken glaubte, was er im Protestantismus gesehen hatte, nämlich einen lebenden Glauben, den es, so hatte man ihm zu Unrecht versichert, im Judentum nicht gäbe? Der ›Umschwung‹ vom

---

48 Brief vom 6. November 1909: Rosenzweig, GS I.1, 94 ff.

49 Brief vom 31. Oktober 1913: Rosenzweig, GS I.1, 132 f.

50 Vgl. auch den beredten Brief an seine Mutter vom 23. Oktober 1913 (Rosenzweig, GS I.1, 127 ff.).

Protestantismus zum Judentum im Jahr 1913 wäre aus dieser Sicht viel weniger dramatisch und viel weniger radikal, als dies oft dargestellt wird – und als dies Rosenzweig selbst schilderte.[51]

Man muss jedoch zugeben, dass das berühmte ›Nachtgespräch‹ in Leipzig vom siebten Juli 1913 unter seiner Feder beinahe wie ein Gespräch mit dem Teufel wirkt: ein Gespräch, das ihn – wie Goethes Faust – (beinahe) dazu geführt hätte, seine Seele zu verkaufen. Warum diese unheilvolle Einfärbung? Hätte denn das Judentum für Rosenzweig den Teufel dargestellt oder wäre es eher der Protestantismus und insbesondere dessen Vertreter, nämlich Eugen Rosenstock, gewesen, der Rosenzweig in jener Julinacht in eine tiefe Krise stürzte? Der Brief vom einunddreißigsten Oktober, in welchem Rosenzweig seinen Beschluss, »Jude zu bleiben«, ankündigte, hat Anlass zu zahlreichen Kommentaren gegeben und wird noch heute heftig diskutiert[52]; hier ist es die biografische, persönliche Dimension der Auseinandersetzung, welche als Erste hervorgehoben werden muss. Im Briefwechsel kommt sie auch ganz klar zum Ausdruck, so z.B. in dem beredten Brief vom 25. August 1919 an Rudolf Ehrenberg, in welchem Rosenzweig schreibt:

> Ich habe ja in jener ganzen Zeit im August und September 13 keinen Augenblick lang Christus selber gesehen, sondern immer nur – Eugen, und nebenher auch noch etwas dich. Aber vor allem Eugen. […] Mein ganzes Erlebnis war auch damals nicht Christus (ein Glaubenserlebnis) sondern Christen (ein Liebeserlebnis). Mein Glaubenserlebnis blieb wie du wohl weißt in jener ganzen Zeit mir unverändert als jüdisches gegenwärtig. Und in dem Augenblick, wo ich, am ersten Tag in Berlin, zum ersten (und einfüralle-) Mal die Hoffnung erlebte, war die objektive Grundlage (der Schnittpunkt im Unendlichen) gefunden, auf der sich der unerträgliche Widerspruch zwischen meinem Glaubens- und meinem Liebeserlebnis […] geschlichtet.[53]

[51] Heute wird auch verschiedentlich betont, entgegen den früher verbreiteten Legenden, dass Rosenzweig selber den entscheidenden Einfluss einer angeblichen Berliner Kippur-Erfahrung nie erwähnt hat: vgl. z. B. Rivka Horwitz, Warum ließ Rosenzweig sich nicht taufen?, in: W. Schmied-Kowarzik hg., *Der Philosoph Franz Rosenzweig* (1988), I, 79–96, hier 88.

[52] Vgl. Rivka Horwitz, *loc.cit.*, und für die heutige Diskussion Benjamin Pollock in: *Franz Rosenzweig's conversions: world denial and world redemption*, Bloomington, 2014.

[53] Rosenzweig, GS I.2, 641–643, hier 642 f.

Der Brief wurde nur teilweise veröffentlicht, doch ist der veröffentlichte Teil schon eindeutig genug, und zwar nicht nur in seiner Betonung, dass der junge Franz Rosenzweig die damalige Auseinandersetzung in erster Linie als ein ›Liebeserlebnis‹ empfunden hat: für ihn ist das nächtliche Gespräch keineswegs ein rein ›theoretisches‹, d.h. hier theologisches, gewesen – seinen Freund ermahnt er, sich von der Theorie Eugen Rosenstocks nicht »einspinnen« zu lassen, so wenig wie er sich selber hätte »einspinnen lassen«[54] –, sondern ein Liebeserlebnis, in dessen Mitte Eugen Rosenstock stand. Schon drei Jahre vorher hatte er auf denselben Punkt hingewiesen: »dass ein Mensch wie Rosenstock mit Bewusstsein Christ war«, hatte er an Rudolf Ehrenberg geschrieben – und zwar in demselben Brief, in welchem er ihm erklärte, dass er sich entschlossen hatte, Jude zu bleiben: »dies warf mir meine ganze Vorstellung vom Christentum, damit aber von Religion überhaupt und damit von meiner Religion, über den Haufen.«[55] – Alle, die Eugen Rosenstock gekannt haben, stimmen darin überein, dass er eine starke, charismatische Persönlichkeit hatte.[56] Vielleicht sind es also weniger seine Ideen als vor allem seine Persönlichkeit sowie der verbissene Charakter seines missionarischen Eifers, die den von Rosenzweig erlittenen Schock und die darauf folgende Krise erklären.

Ob diese Hypothesen nun stimmen oder nicht, Rosenzweigs Versprechen, sich zu bekehren, scheint von Anfang an ein bedingtes gewesen zu sein. Er soll sofort angekündigt haben, dass er im Falle einer Bekehrung diese nicht durchführen würde, ohne zu wissen, was er tun würde, sondern als Jude, der sich dessen bewusst ist, was das Judentum ist: dass er folglich noch bevor er diese Entscheidung treffen würde, herausfinden und lernen müsse, wie es um das Judentum stand und übrigens auch um das Christentum. Unmittelbar nach dem Beschluss, Jude zu bleiben, hielt er sich an diesen Vorsatz und begann die Vorlesungen Hermann Cohens in Berlin zu besuchen. Und es ist keineswegs erstaunlich, dass der Hermann Cohen, der ihn beeindruckte, nicht der Kenner der jüdischen Quellen war, und schon gar nicht der Philosoph, sondern der Mensch, der lebendige Mensch, für den das Judentum ebenfalls sehr lebendig war. Zu Cohen merkt Ro-

[54] *Ibid.*, 642.
[55] Rosenzweig, GS I.1, 133.
[56] Manche erwähnen sogar seine »erotische Ausstrahlung«: vgl. z.B. die Ausführungen bei W. Schmied-Kowarzik (2004), S. 77. Vgl. auch R. Horwitz (2004), 12.

senzweig einmal auch an: »Cohen war der erste und einzige *lebende* Philosophieprofessor, den ich ernstnahm.«[57] Solche Bemerkungen verstärken natürlich manche der vorhin angeführten Hypothesen.

Zu Beginn des Jahres 1914 besucht Rosenzweig, damals mit seinen Forschungen über den deutschen Idealismus beschäftigt, die Vorlesungen Cohens. Er verfasst auch einen Aufsatz mit dem Titel »Atheistische Theologie«[58], um den ihn Martin Buber gebeten hatte. Buber wollte ihn in einen Essay-Band über das Judentum aufnehmen, hat ihn aber letztendlich nicht veröffentlicht. Vermutlich hatte er erkannt, dass darin einige seiner eigenen Überzeugungen die Zielscheibe von Rosenzweigs Kritik waren, auch wenn er namentlich nicht genannt wurde ... Rosenzweig griff ihn und seine Schüler mit einem Mut und einer Kühnheit an, die bei einem jungen Mann seines Alters bemerkenswert war. Doch griff Rosenzweig auch noch viele andere Theologen, Philosophen und Historiker an; in anderen Worten alle diejenigen, die in diesem Frühjahr 1914 bereits vom deutschen Volk und seiner mythologisch verklärten Geschichte schwärmten. Der Krieg war noch nicht ausgebrochen, aber er saß bereits in allen Köpfen. Die Historiker, die Philosophen und selbst die Theologen, unter den Christen wie unter den Juden, waren bereits in den Krieg gezogen. Auch Rosenzweig beschloss, Soldat zu werden, und zwar im April 1915. Er verlangt sogar, nicht als Krankenpfleger im Nachschubgebiet zu bleiben, sondern an die Front geschickt zu werden: um sich selbst zu beweisen, dass er kein Feigling war, schreibt er ...[59] Dennoch scheint er, im Gegensatz zu vielen anderen, nie auch nur die geringste Begeisterung für den Krieg oder für die deutsche Sache, wie sie damals verteidigt wurde, verspürt zu haben.[60] Von dieser Zurückhaltung zeugen nicht nur sein persönlicher Briefwechsel[61] oder der vorhin erwähnte Aufsatz, sondern auch und sehr wortgewandt seine bereits erwähnte Kritik an Cohen. Rosenzweig will dennoch seine Pflicht erfüllen. Folglich lehnt er den Pazifismus ab.

---

[57] Hervorhebung von uns, M. B. Vgl. seinen Brief an Ernst Simon, August 1922 (Rosenzweig, GS I.2, 808 ff.).

[58] Rosenzweig, GS III, 687–697.

[59] Vgl. diesbezüglich seinen Brief an seine Eltern vom 15. April 1915, in: Rosenzweig, GS I, 180 f.

[60] Zu Rosenzweigs Einstellung zum Krieg, vgl. die sehr erhellende Analyse von S. Meineke, A Life of contradiction. The Philosopher Franz Rosenzweig and his relationship to History and Politics (1991).

[61] Vgl. den Brief an seine Eltern vom 9. September 1914 (Rosenzweig, GS I, 174).

Einmal schrieb er von der Balkanfront an seine Eltern, dass man vom Krieg nicht sagen könne, er sei »unsittlich« oder »unreligiös«. Er sei es genau so sehr oder so wenig wie der Friede: »Die *Menschen* sind gut oder böse. Der Pazifismus ist eben *deswegen* eine so verworfene Gesinnung, weil er meint, das Gute oder Böse bestünde in dem äußeren Zustand der Dinge, statt in den inneren Zuständen der Menschen.«[62] Auf eben diese Zustände, das heißt auf das innere Leben des Menschen, im Grunde auf sein geistiges Leben käme es an, unabhängig von den historischen oder politischen Umwälzungen. In Übereinstimmung mit dieser prinzipiellen Haltung scheint Rosenzweig die Auswirkung des Krieges auf ihn als möglichst gering einschätzen zu wollen, wie zum Beispiel in einem Brief vom Oktober 1916 an Hans Ehrenberg[63] oder in diesem Brief vom fünften Oktober 1917, also zu einem bereits späten Zeitpunkt, in dem er schreibt: »Ich bin in einem ständigen, meinem Alter ganz unpassenden, Warten, da ich den Krieg selber noch heute nicht als etwas *in* meinem Leben anzuerkennen mag, sondern eben nur als eine Lücke. Soweit ich lebe, lebe ich über ihn hinweg – auf Hängebrücken vom Juli 1914 bis zum – ja eben wann das sein wird«.[64] Einige Monate zuvor, am 29. Mai schreibt er auch: »ich leugne *jeden* ernsthaften Einfluss des Kriegs auf irgendwelche Menschen.« Da der letztgenannte Brief nicht vollständig veröffentlicht wurde, kann man die Argumentation, in die sich das veröffentlichte Fragment einfügt, nur anhand der vorhergehenden und vor allem der unmittelbar nachfolgenden Sätze rekonstruieren, in denen Rosenzweig hinzufügt: »Ich leugne *jeden* ernsthaften Einfluss des Kriegs auf irgendwelche Menschen. In meinem Fall ist das besonders unsinnig, weil ich wirklich vor Kriegsausbruch, was ja freilich niemand wissen kann, schon viel Besseres gemacht habe als die Kriegsprodukte. Das Preußenkapitel des Hegel (August/September 1913 und März/Mai 1914 geschrieben) taugt viel mehr …«[65]

Angesichts dieser Sätze lässt sich diese Passage höchstwahrscheinlich so deuten: Rosenzweig hatte kurz davor die Kriegsliteratur oder vielmehr die Propaganda erwähnt, die damals den Markt über-

[62] Brief vom 17. August 1916 (Rosenzweig, GS I.1, 204). Zur Frage des Pazifismus, vgl. auch die Briefe vom 1. September 1916 und vom 6. Januar 1917 (Rosenzweig, GS I.1, 210ff. und 238).

[63] Rosenzweig, GS I.1, 241ff.

[64] Rosenzweig, GS I.1, 468.

[65] Brief vom 29. Mai 1917: Rosenzweig, GS I.1, 411.

schwemmte. Er reagiert insbesondere auf eine These, die man ihm vermutlich vorgestellt hat und der zufolge der Kriegszustand die literarischen Leistungen des einen oder anderen (manchmal) steigern könne. Diese These scheint er verneinen zu wollen. Er will also nicht sagen, dass der Krieg keine Wirkung auf ihn, auf sein persönliches Leben, gehabt hätte, sondern vielmehr und viel prosaischer, dass die in Kriegszeiten verfassten Werke nicht besser sind als die anderen, und nicht besser sein können. Sein *Hegel und der Staat* wäre nützlicher für das Verständnis der Ereignisse als alle Publikationen, die damals den Markt überschwemmten! Es wäre auch verfehlt, diesen Satz auf den Ausspruch eines Autors zu reduzieren, der nur bestrebt sei, seine Bücher an den Mann zu bringen. Der Satz ist viel ernster: Rosenzweig verband nämlich immer die Geschichte mit der Geschichtsphilosophie Hegels und mit ›Hegel‹ überhaupt; mit Hegel, so wie er ihn begriff und schätzte.[66] Es ist also nicht überraschend, dass er, wenn er sich über den Lauf der Ereignisse aussprechen will, gerade auf sein Buch *Hegel und der Staat* verweist.

Während des ganzen Kriegs zeigt sich Rosenzweig am strategischen und politischen Aspekt der Ereignisse interessiert. Er verfasst sogar mehrere Essays, in denen er den Krieg innerhalb der Universalgeschichte anzusiedeln versucht.[67] Ebenfalls während des Krieges, und zwar zwischen Mai und Dezember 1916, setzt er auch, und zwar in seinen Briefen[68], den Dialog oder eher die Auseinandersetzung mit Rosenstock über die Frage des Judentums und des Christentums fort. Rosenstock ist damals an der Westfront eingesetzt, Rosenzweig an der Ostfront. Im Winter 1916/17 schickt ihm Rosenstock seinen ›Sprachbrief‹[69], der, wie Rosenzweig einige Jahre später selbst sagen wird, eine entscheidende Rolle für die Entstehung von *Der Stern der*

[66] Vgl. Kap. VI und VII dieses Buches.

[67] Vgl. zu diesen Essays S. Meineke (1991).

[68] Der Briefwechsel, den Rosenzweig und Rosenstock während des Krieges führten, wurde am Ende des Bandes, der von Edith Rosenzweig unter Mitarbeit von E. Simon, unter dem Titel *Briefe* (1935) herausgegeben wurde, als Ganzes publiziert. In der neuen Werkausgabe sind diese Briefe mitsamt allen Briefen Rosenzweigs an andere Adressaten chronologisch eingereiht.

[69] Der überarbeitete Text dieses Briefes wurde 1924 unter dem Titel *Angewandte Seelenkunde* veröffentlicht. Er wurde dann von neuem überarbeitet und somit zur Grundlage des ersten und zweiten Teils des zweibändigen Werks von E. Rosenstock-Huessy mit dem Titel *Die Sprache des Menschengeschlechts. Eine leibhaftige Grammatik in vier Teilen* (1963). Der ursprüngliche Brief Rosenstocks scheint verloren gegangen zu sein.

Erlösung gespielt hat. In diesen Kriegsjahren arbeitet Rosenzweig auch die großen Umrisse dieses Buches aus. Der Text, unter dem Titel »Urzelle des *Stern der Erlösung*« bekannt, ist das Fragment eines Briefs an Rudolf Ehrenberg, der am 18. November 1917 verfasst wurde.[70] Das Werk selbst entstand zwischen dem 22. August 1918 und dem 16. Februar 1919. Die Tatsache, dass die ›neue Philosophie‹ Rosenzweigs, diese allererste Form der Dialogphilosophie, während des Krieges entstand, ist zweifelsohne bedeutsam und darf nicht übersehen werden.

Es ist auch nicht nebensächlich, dass Rosenzweig die Frau Eugen Rosenstocks zum ersten Mal während des Krieges getroffen hat und dass zwischen ihnen ein leidenschaftliches Verhältnis entstanden ist; ein Verhältnis, von dem man sicherlich behaupten kann, dass es ›das Intimste‹ im Leben Rosenzweigs betraf und dadurch auch eine entscheidende Rolle bei der Ausarbeitung seines Denkens spielte. Margrit Huessy hatte Eugen Rosenstock 1914 in Florenz kennen gelernt, wo sie Kunstgeschichte studierte, und die beiden haben kurz danach, unmittelbar vor dem Ausbruch des Ersten Weltkriegs, geheiratet. Zwischen Rosenzweig und Margrit Huessy gab es briefliche Kontakte, und es hat auch den Anschein, dass sie es war, die von ihrem Mann Anfang des Jahres 1917 gebeten wurde, eine Abschrift des berühmten ›Sprachbriefs‹ anzufertigen und diese an Franz weiterzuleiten. Zum ersten Treffen zwischen Rosenzweig und Margrit, die ›Gritli‹ genannt wurde, kam es jedoch erst im Jahr 1918. Ihr Liebesverhältnis, das Rosenstock akzeptierte – er sah darin eine Art *ménage à trois*[71] – dauerte Jahre und eigentlich bis 1924, obwohl Rosenzweig 1920 geheiratet hatte. Dieses Verhältnis lockerte sich erst mit der fortschreitenden schweren Erkrankung Rosenzweigs, der seit 1922 an einer amyotrophen Lateralsklerose erkrankt war, an der er 1929 starb.[72] Das Verhältnis zwischen Franz Rosenzweig und ›Gritli‹ ist zweifels-

---

[70] Vgl. Rosenzweig, GS III, 125–138 und hier oben, S. 27.

[71] In einem viel späteren Brief (1960) an einen seiner Studenten, kurz vor dem Tod seiner Frau, bezieht sich Rosenstock darauf als »damals gelebte leibliche *Trinität*«: Harold Stahmer, The Letters of Franz Rosenzweig to Margrit Rosenstock-Huessy: ›Franz‹, ›Gritli‹, ›Eugen‹ and the »Star of Redemption«, in: Schmied-Kowarzik (1988), I, 122. Zu dieser Trinität oder diesem Dreieck, vgl. auch den schönen Artikel von Michael Zank mit dem Titel The Rosenzweig-Rosenstock triangle, or, what we can learn from the letters to Gritli?, A review essay, in: *Modern Judaism* (2003).

[72] Vgl. den Brief vom 12. Februar 1924, in dem Rosenzweig seine Krankheit für Gritlis Fernbleiben verantwortlich macht (GrBr, 800 ff.).

ohne wesentlich für das Verständnis des *Sterns der Erlösung*, und zwar vor allem deshalb, weil das eigentliche ›Herz‹ des Werks, der Abschnitt (II.2), erst vor dem Hintergrund des *Hohelieds*[73] gelesen und verstanden werden kann; er wurde, wie Rosenzweig Gritli eingesteht, für sie geschrieben; oder vielmehr von ihr, da er sich bei der Niederschrift wie ein Kind fühlte, das nicht schreiben kann, aber so gern schreiben möchte, und dem sie selbst, Gritli, die Feder führen würde …[74]

Rosenzweig schrieb das Werk zwischen dem 22. August 1918 und dem 16. Februar 1919 nieder, in den Monaten seines größten Glücks in seiner Beziehung zu Gritli, die auch die Monate der deutschen Niederlage waren. Rosenzweig fiel es schwer, diese Niederlage zu akzeptieren, das geht deutlich aus seinen kürzlich publizierten Briefen an Gritli hervor. Angesichts der revolutionären Unruhen in Bayern, aber auch in Berlin, schreibt er:

> Mir ist unheimlich; es wird mir gehen wie 1914, ich werde versuchen müssen, innerlich und äußerlich neutral zu bleiben, und es wird mir ebensowenig wie damals auf die Dauer gelingen; und dann wird mein Platz, aus dem gleichen Grund wie damals, nämlich weil es das Natürliche, Nächstliegende und Unvermeidliche ist, auf der reaktionären Seite sein, und doch nur, wie damals ja auch, mit halbem Herzen.[75]

Einige Tage danach, und zwar am 11. November, beobachtet er in Freiburg im Breisgau, wo er stationiert ist, die revolutionären Bewegungen, dieses »Gemeng aus Zwang und Unordnung«, und schreibt an Gritli:

> Ich lerne nachträglich sogar mich nicht bloss als Deutschen sondern – *ganz* neu – sogar mich als Preußen fühlen. Ich glaube, nach dieser Erfahrung werde ich *nie* wieder ›Demokrat‹. – Es ist ebenso unmöglich wie Pazifismus. In aller Zeit gilt Herrschaft und Krieg, Freiheit und Frieden liegen nur – jenseits.[76]

Welche Bedeutung man diesen Erklärungen aus jener Zeit auch beimessen mag, die scheinbar nicht nur von einer Ablehnung jeder Form von Demokratie zeugen, sondern auch von einem merkwürdigen Willen, sich zur Monarchie zu bekennen – in einem seiner Briefe

---

[73] Vgl. Kapitel II.

[74] Brief vom 1. November 1918 (GrBr, 176). Vgl. auch den Brief vom 8. November (GrBr, 178ff.).

[75] Brief vom 8. November 1918: GrBr, 179.

[76] GrBr, 184.

betonte Rosenzweig, dass ihm vor der Beteiligung Eugen Rosenstocks am revolutionären Geschehen deshalb graut, weil eine Revolution in Deutschland zu nichts anderem führen kann als zu einer Jagd auf die Juden …[77] – kann man auf jeden Fall feststellen, dass die Niederlage für ihn eine Kehre bedeutet: eine scharfe Kehre, zu einem anderen Leben, von dem er noch nicht weiß, wie es aussehen wird und was er mit ihm anfangen will.

Zwar will er den *Stern* veröffentlichen und auch sein erstes Werk, *Hegel und der Staat*, und möglichst den *Hegel* vor dem *Stern*. Doch abgesehen von diesen Plänen weiß er nicht, was er mit seinem Leben anfangen will: »ich habe eben keine Spur von ›Lebensplan‹ mehr«, schreibt er am 28. Mai 1919 an Gritli, an dem Tag, an dem er nach seiner langen Abwesenheit zum ersten Mal wieder in die Berliner Bibliothek zurückkehrt, um zu sehen, was in der Zwischenzeit erschienen ist – und was er unbedingt lesen muss, fügt er hinzu …[78] Offensichtlich tut sich Rosenzweig schwer mit der Rückkehr an die Universität – und er ist nicht der einzige. Auch Eugen Rosenstock befindet sich zum Beispiel in dieser Situation. Vor dem Krieg hatte er an der Universität Leipzig Jura gelehrt, doch nach dem Krieg kehrt er nicht dorthin zurück und sucht andere Formen des Unterrichtens: für Erwachsene oder für Fabrikarbeiter. Er befasst sich auch mit der Herausgabe von Zeitungen oder Zeitschriften. An der Universität lehrt er erst wieder ab 1923, zunächst in Darmstadt und dann in Breslau als Juraprofessor. Am Ende des dritten Bandes seiner *Disputation* (1923–1925) spricht auch Hans Ehrenberg diese Schwierigkeiten an, dieses Gefühl, das damals viele der ihm Nahestehenden – und vielleicht auch Rosenzweig selbst – empfunden haben dürften, diese Unmöglichkeit, sich einfach in eine Bibliothek, dieses »Totenhaus«, einzuschließen; und auch das Problem, an die Universität, die jahrelang verlassen war, zurückzukehren: Ist das nicht auch eine Art Kloster? In einer solchen Institution ließe sich nur schwer etwas verändern, denn sie würde sich, so wie die Kirche, der sie stark ähnelt, darauf verstehen, ihren Gegnern den Stachel zu nehmen: entweder durch das Schweigen oder indem man sie kauft …[79] Nach dem Krieg engagierte sich Ehrenberg folglich politisch und wurde ab Oktober 1918 Mitglied

---

[77] *Ebd.*, 185.
[78] *Ebd.*, 308.
[79] H. Ehrenberg (1923–1925), *Disputation* III, 115 ff. Vgl. auch I, 189, sowie W. Schmied-Kowarzik (1991), 117 ff.; W. Schmied-Kowarzik (2004), 114.

der sozialdemokratischen Partei. Im Jahr 1922 begann er auch ein Studium der Theologie, ab 1925 ist er dann in Bochum als Pastor tätig.

Auch Rosenzweig war nicht gerade begeistert über die Aussicht, wieder eine akademische Tätigkeit aufzunehmen, obwohl ihm die Möglichkeit dazu geboten wurde. Friedrich Meinecke, der offenkundig immer schon von der außerordentlichen Eignung seines Schülers für die Forschung überzeugt war, war anscheinend durchaus bereit, ihn zu unterstützen. Im Jahr 1919 schlägt er Rosenzweig vor, sich bei ihm zu habilitieren, damit er eine Stellung an der Universität erhalten kann. 1921 wiederholt er diesen Vorschlag und macht diesmal ein konkretes Angebot: Er soll zum ständigen Mitarbeiter der angesehenen *Historischen Zeitschrift* werden. Rosenzweig lehnt jedoch ab. Als er das Gespräch erwähnt, das er 1919, also nach dem Krieg und der deutschen Niederlage, mit Meinecke geführt hat, schreibt er, dass der berühmte Historiker und Politiker umso mehr dazu drängte, die Universitätslaufbahn einzuschlagen, als er anderweitig sehr pessimistisch geworden war. Er sah seine ganze Welt untergehen und erblickte nur einen Ausweg: sich möglichst tief in »die innerste Zelle unseres Lebens« zurückzuziehen, das heißt (so verstand es jedenfalls Rosenzweig) in den Elfenbeinturm der Universität.

Rosenzweig antwortet ihm, dass er diese Diagnose durchaus teile, dass er auch mit der Lösung einverstanden sei:

> mich hätte schon seit Jahren, schon vor dem Krieg, das jüdische Problem gepackt, und dem müsste ich nun leben

fügt aber hinzu:

> diese innerste Zelle sei mir allerdings grade das Judentum, und Philosophie und Historie dürften mir nur *Hausgerät* in dieser innersten Zelle sein, nicht mehr.[80]

Aus dem Gespräch, so wie es Rosenzweig schildert, und man kann durchaus davon ausgehen, dass der Bericht wahrheitsgetreu ist, geht hervor, dass die zwei Männer letztendlich nicht dieselbe Sprache spre-

[80] GrBr, 319. Das zweite Angebot, sagt dann Rosenzweig, habe er abgelehnt »dem Gesetz der Trägheit zufolge [...] und außerdem aus Grauen vor der maßlosen Langeweile dieser ›gelehrten Beschäftigung‹.« Eigentlich, schreibt er noch in demselben Brief, müsste er sich habilitieren, aber er tut es nicht, um mit sich selbst konsequent zu sein ... (GrBr, 721).

chen. Sie scheinen sich über die Strategie des Rückzugs aus dem damaligen politischen Leben einig zu sein. Aber die Übereinstimmung ist nur eine scheinbare. Seine Identität als Universitätsprofessor und Historiker stellt Meinecke nicht in Frage, und *für ihn* ist der ›Rückzug‹ aus der Politik nur ein vorläufiger. Tatsächlich wird Meinecke innerhalb der Universität und als Historiker recht rasch wieder Verantwortungen übernehmen, die ihn erneut dazu führen, eine aktive Rolle im politischen Leben seines Landes zu spielen. Demgegenüber stellt Rosenzweig seine Identität, als Akademiker und als Historiker, in Frage, und er wendet sich vollständig von jeder politischen Tätigkeit ab. Noch 1923 schreibt er an Meinecke, er fände den »fernsichtigen Optimismus« seines Lehrers zwar tröstlich und sogar überzeugend – aber erst auf lange, sehr lange Sicht, denn Deutschland müsse noch »sühnen«.[81] Jetzt hingegen dominiere bei ihm eher der Pessimismus und die totale Resignation, das heißt eben diese Gefühle, die er schon 1920 im Vorwort zu seinem Buch über Hegel ausgedrückt hatte, als er sagte, er wisse nicht mehr, »wo man heute noch den Mut hernehmen soll, deutsche Geschichte zu schreiben.«[82]

> Nun versinken auch die Berge des Geistes, die bisher noch wie Inseln hervorsahen, in der Flut. Was sich nicht in eine Arche retten konnte, die aus eignem Auftrieb schwimmt, hat keine Hoffnung, zu überleben und dereinst wieder auf Grund zu kommen und in die alte Erde die junge Rebe zu pflanzen.[83]

Sich in eine »Arche« zu flüchten, um zu überleben: Das ist die Lösung, die Rosenzweig befürwortet – anscheinend für alle Deutschen, aber auch ganz besonders für diejenigen unter ihnen, die Juden sind und die unabhängig von der deutschen Geschichte und Politik in ihrem eigenen Inneren die zum Überleben notwendige Energie finden sollten. Diese Lösung befürwortet Rosenzweig nicht nur für die deutschen Juden nach dem Krieg, sondern auch ganz allgemein für das Judentum, das er als eine zutiefst apolitische Religion darstellt. Dass eine solche Auffassung dem Trauma des Ersten Weltkriegs zu-

---

[81] Vgl. Rosenzweig, GS I.2, 924.

[82] »Damals als das Buch entstand, war Hoffnung, daß die innere wie äußere atemversetzende Engigkeit des Bismarck'schen Staats sich ausweiten werde zu einem freie Weltluft atmenden Reich. […] Es ist anders gekommen. Ein Trümmerfeld bezeichnet den Ort, wo vormals das Reich stand.« *Hegel und der Staat* (2010), 17 f.

[83] Rosenzweig, GS I.2, 924.

tiefst verpflichtet ist, kann man wohl annehmen, wie dies einige der hervorragendsten Interpreten und Kritiker Rosenzweigs tun.[84]

Doch sollte auch zugegeben werden, dass Rosenzweig selbst dieses Urteil sicherlich zurückgewiesen hätte. Wie wir gesehen haben, neigte er immer dazu, die Auswirkung des Kriegs auf ihn als möglichst gering anzusehen. Schon vor dem Krieg hatte er auch aus dem Judentum eine Religion gemacht, die, durchaus dem Christentum vergleichbar, als solche existierte und deren geistigen Gehalt man von jeder gesellschaftlichen oder gemeinschaftlichen Form abtrennen müsse, einer Form, die allzu oft sinnlos wäre. Und wenn er bei der Schilderung seines Gesprächs mit Meinecke im Jahr 1919 schreibt, er sei schon vor dem Krieg »vom jüdischen Problem gepackt« worden, so dürfen wir hier nicht übersehen, dass er dabei eine Formulierung verwendet, die nicht seine eigene ist, sondern eher zu dem gehört, was er in einem Brief an Gritli als die »Professorensprache«[85] bezeichnet. Für Meinecke ist das »jüdische Problem« auch dasjenige des Antisemitismus, und die einzige Art und Weise, es zu lösen, bestünde für die Juden darin, »in der allgemeinen Kultur« [der Deutschen] aufzugehen. Für Rosenzweig jedoch ist das »jüdische Problem«, falls es überhaupt ein »Problem« ist, nicht so sehr das Problem des Antisemitismus als vielmehr das Problem des Judentums als Religion, und genauer gesagt, das Problem der Koexistenz und der gegenseitigen Anerkennung der zwei Religionen, die für Rosenzweig gleichermaßen in ihrer Existenz gerechtfertigt sind, nämlich des Judentums und des Christentums. In diesem Punkt wie auch in vielen anderen unterscheidet sich Rosenzweig von Cohen. Im Gegensatz zu Cohen scheint Rosenzweig nicht sehr stark unter dem Antisemitismus gelitten zu haben. Er scheint das »Problem«, wie Meinecke es sah, zuvörderst in seiner theologischen Dimension wahrgenommen zu haben. In dem langen Brief, den er im Oktober 1916 an Eugen Rosenstock schrieb, ging er sogar so weit zu behaupten, dass der »Judenhaß« in erster Linie in einer theologischen Position verankert wäre: in der hartnäckigen jüdischen Weigerung, Jesus als Messias anzuerkennen.[86] Rosenzweig hat anscheinend nicht so sehr die Weigerung seiner nichtjüdischen Zeitgenossen verspürt, ihn als Juden anzuerkennen, sondern vielmehr die Schwierigkeit derjenigen unter ihnen, die

[84] Vgl. diesbezüglich S. Avineri (1988), 835 ff.

[85] GrBr., 319.

[86] Rosenzweig, GS I.1, 252.

sich als Christen definierten, ihn, wie er sich selber verstand, anzuerkennen: als einen Juden dessen Lebensweise und Religion ihre volle Bedeutung erhalten hätte. Diesen Mangel an Anerkennung scheint Rosenzweig zunächst und vor allem in der Beziehung zu dem, der ihm am nächsten stand, verspürt zu haben, also in der Beziehung zu Eugen Rosenstock, der noch 1919, als Rosenzweig den *Stern der Erlösung* bereits abgeschlossen hatte und den Inhalt dieses Werks schon kannte, dennoch von neuem versucht hätte, ihn dazu zu überreden, sich taufen zu lassen.

Sein Leben dem »jüdischen Problem« widmen, heißt für Rosenzweig, sich der Erziehung widmen, der jüdischen Erziehung. Schon im Oktober 1916, als er an der Front auf einen Brief Viktor Ehrenbergs, eines seiner Cousins, reagierte, hatte er seine Überlegungen darüber zu Papier gebracht, wie das Erziehungsprogramm der deutschen Schulen organisiert werden sollte, wobei er die Idee einer »einheitlichen Erziehung« der ganzen Nation – in Frankreich würde man sagen, einer *éducation nationale,* für ganz besonders wichtig hielt.[87] Einige Monate danach, am Beginn des Jahres 1917, er ist immer noch an der Front, fordert er in einem Essay mit dem Titel »Zeit ists«[88] die Gründung einer Akademie für die Wissenschaft des Judentums. Das Ziel einer solchen Akademie, erklärt er, bestünde darin, Spezialisten auf dem Gebiet der jüdischen Studien und Lehrer zu versammeln; sie auszubilden, und ihnen einen gleichen Status wie den der Rabbiner zu verleihen, einen aber, welcher unabhängig von jenen wäre. Dank ihrer Forschungstätigkeit sowie des Kontakts mit anderen Forschern auf nationaler, und auch auf internationaler Ebene, könne man hoffen, dass durch sie das gesamte Leben der jüdischen Gemeinden in Deutschland wiederbelebt würde. Rosenzweig war zuversichtlich und sprach auch im Jahr 1917 die Hoffnung aus, dass eine solche Institution sich eines Tages in eine in die Universitäten integrierte ›theologische Fakultät‹ verwandeln könne.

Für ihn stand also sein Projekt einer jüdischen Erziehung keineswegs im Widerspruch zu den Ideen über ein Erziehungsprogramm für die deutschen Schulen, das er einige Monate zuvor zu Papier ge-

---

[87] Vgl. den Essay mit dem Titel »Volksschule und Reichsschule« und dem Spitznamen ›Putzianum‹ (der auf Viktor Ehrenbergs Spitznamen ›Putzi‹ anspielt), auf den Rosenzweig damals reagiert (Rosenzweig, GS III, 371–412).

[88] Rosenzweig, GS III, 461–481.

bracht hatte, ganz im Gegenteil: Für ihn waren beide Projekte durchaus vereinbar und ergänzten sich gegenseitig:

> Also die ›Gleichberechtigung‹ *mehrerer* Bildung*en* (»en«) c'est l'ennemi, für mich. […] Ich kann in allem Einzelnen unrecht haben, aber diesen Hauptpunkt würde ich (*wenn* ich für die Sache persönlich eintreten könnte) immer weiter verfechten.[89]

Hermann Cohen, dem Rosenzweig sein Projekt zukommen ließ, hatte es sofort warmherzig gutgeheißen.[90] Er hatte sogar so enthusiastisch reagiert, dass manche, wie Rosenzweig amüsiert berichtet[91], schließlich geglaubt hätten, das Projekt stamme von Cohen – dabei, so ruft er aus, sei dieser angebliche ›letzte Wille‹ Cohens nichts anderes als sein eigener erster Wille! Auch hier, wie an vielen anderen Stellen, präsentiert sich Rosenzweig als direkter Fortsetzer, als direkter Nachfolger Cohens, ja mehr noch: als derjenige, der die Ideen Cohens vorweggenommen hätte. Und man kann sich fragen, ob die von ihm so betonte Kontinuität zwischen dem Denken Cohens und seiner eigenen Reflexion so harmonisch ist, wie er behauptet. Die Projekte und Berichte, die er im Laufe des Jahres 1920, in den Jahren danach und dann 1923 und 1925 verfasst hat, um sein Erziehungsproblem vorzustellen[92], enthalten zahlreiche Punkte, mit denen Cohen sicherlich nicht einverstanden gewesen wäre. Auf diesem präzisen Gebiet war die Begeisterung Cohens aber etwas, worauf man sich stützen konnte. Rosenzweigs Sicht der Beziehungen zwischen der jüdischen und der allgemeinen Erziehung in Deutschland und seine Auffassung der gewünschten Eingliederung der jüdischen Gemeinden in die Gesellschaft deckten sich sehr mit denjenigen Cohens und vermutlich mehr, als Rosenzweig selber zuzugeben bereit war. Hätte Cohen noch ein

---

89 Brief vom 13. September 1917 an seine Eltern: Rosenzweig, GS I.1, 437.

90 Vgl. in: H. Cohen, *Briefe* (1939), 79 ff., den Brief vom 12. April 1917, den Hermann Cohen an Rosenzweigs Mutter schrieb, um ihr für die Zusendung des Manuskripts ihres Sohnes zu danken.

91 Vgl. hier den Brief an Gritli vom 5. Januar 1919 in: GrBr., 214.

92 Hier handelt es sich hauptsächlich um »Bildung und kein Ende«, einen Anfang 1920 in Kassel geschriebenen Text, in dem man Rosenzweigs Programm für ein jüdisches Lehrhaus sehen kann, das in Frankfurt gegründet werden soll (Rosenzweig, GS III, 491–504); um »Neues Lernen« von Oktober 1920, einen Text der die Grundlage für die Eröffnungsrede für das Lehrhaus bildet, die Rosenzweig am 17. Oktober 1920 gehalten hat (Rosenzweig, GS III, 505–510); um »Eine Lücke« von Ende 1923 (Rosenzweig, GS III, 511–514); und »Das freie jüdische Lehrhaus«, Anfang 1925 geschrieben (Rosenzweig, GS III, 515–518).

paar Jahre länger gelebt, kann niemand sagen, wie sich eine eventuelle Zusammenarbeit zwischen beiden auf dem Gebiet der jüdischen Erziehung entwickelt hätte. Es ist auch schwer abzusehen, wie Rosenzweig seine eigenen Erziehungsprojekte fortgesetzt und weiterentwickelt hätte, wenn er selber länger gelebt hätte.

Der bereits kranke Rosenzweig wendete jedoch seine letzten Kräfte für ein ganz anderes Projekt auf. Obwohl er bereits an amyotropher Lateralsklerose erkrankt war, an fortschreitender Lähmung litt und seit dem Sommer 1922 sein Zimmer nicht mehr verlassen konnte, unternahm er gemeinsam mit Martin Buber eine Revision der Luther'schen Bibelübersetzung. Anfangs scheint Rosenzweig einem derartigen Vorhaben skeptisch gegenübergestanden zu sein. In einem Brief an Buber vom 25. Januar 1925 schreibt er: »Ich halte gerade als Deutschjude eine neue offizielle Bibelübersetzung nicht bloß für unmöglich sondern sogar für verboten und nur eine jüdisch revidierte (teils viel teils wenig revidierte) Lutherbibel für möglich und erlaubt.«[93] Lambert Schneider, einem junger Berliner Verleger, Christ, aber an allem, was mit dem Judentum zusammenhängt, interessiert, gelingt es, Martin Buber dazu zu überreden, sich auf ein solches Unterfangen einzulassen.[94] Rosenzweig akzeptiert dessen Einladung zur Mitarbeit. Ursprünglich, und dieser Punkt ist wichtig, scheinen beide die Bibel nicht neu übersetzen, sondern die Lutherbibel lediglich überarbeiten zu wollen. Nur »widerwillig«, so Rosenzweig, und »schweren Herzens« (Buber), sei schließlich beschlossen worden, eine neue Übersetzung anzufertigen, für die die beiden Männer übrigens die Luther'sche Übersetzung herangezogen haben.[95] Aufgrund seiner fortschreitenden Krankheit konnte Rosenzweig nur bruchstückhaft teilnehmen, und die Übersetzung wurde erst Jahrzehnte später, lange nach dem Tode Rosenzweigs im Jahr 1929, abgeschlossen. Es muss gesagt werden, dass die beiden, die sich im Laufe der Arbeit viel näher kamen, sich nicht damit begnügt haben, Luther zu revidieren. Angetrieben von ihrem Glauben – an das Buch, an die

---

93 Rosenzweig, GS I.2, 1021.

94 Die ersten neun Bände, an denen Rosenzweig mitarbeitete, erschienen zwischen 1925 und 1929 bei Lambert Schneider in Berlin, sechs andere Bände bis 1936 im Schocken Verlag, der das Projekt seit 1932 fortgesetzt hatte, 1938 aber seine Tätigkeit einstellen musste. Die Übersetzung wurde erst Jahrzehnte später abgeschlossen. Vgl. heute *Die Schrift*. Verdeutscht von M. Buber, gemeinsam mit F. Rosenzweig. 10. verbesserte Auflage der neubearbeiteten Ausgabe von 1954. Stuttgart, 1992.

95 Brief an Eugen Mayer vom 30. Dezember 1925: Rosenzweig, GS I.2, 1073.

Sprache und an die Bedeutung der Übersetzungsarbeit, die für Rosenzweig lange zuvor begonnen hatte und in der sich, wie er sagte, »das eigentliche Ziel des Geistes«[96] konzentrierte –, wollten sie etwas ganz anderes und viel mehr bieten als eine Übersetzung.

Das Unternehmen kann nicht als ein Erfolg angesehen werden, und zwar aus mehreren Gründen, darunter denen, die mit der Übersetzung selbst zusammenhängen, und anderen, die von der historischen und politischen Situation bedingt sind, in der sie angefertigt wurde. Rosenzweig, der damit damals weit verbreitete Ideen aufgriff, die übrigens auch Hermann Cohen teilte, hatte betont, dass die Rezeption der Bibel Luthers durch eine ganze historische Bewegung ermöglicht worden war. In der Zeit, in der Luther die Bibel übersetzte, hätte es ein »Wunder der Vermählung der beiden Sprachgeister« gegeben. Und eben diese Vermählung sei in die Sprache eingeschrieben, das heißt gewissermaßen in die Institutionen selbst. Bei Luther handle es sich nicht bloß um eine Übersetzung der Bibel in eine ihr fremde Sprache. Die Bibel sei nicht wirklich ins Deutsche *übersetzt* worden, es sei vielmehr sie selber, nämlich die Bibel, die Bibel in Luthers Text, die das Deutsche herausgebildet und überhaupt als Sprache konstituiert hätte. Die Luther'sche Übersetzung nehme gewissermaßen die Stelle ein, die die Institutionen der katholischen Kirche einnehmen, sie sei selbst eine Institution. Sie sei das grundlegende Buch nicht nur einer besonderen Kirche, sondern der Nationalsprache als solcher.[97] Das alles habe nur geschehen können, weil sich die Zeit, in der Luther sich seiner Übersetzung hingab, sich zu einer solchen Verfassung hergegeben habe. Die Rezeption des Buches sei nicht bloß durch die Neugier ermöglicht worden oder durch den Willen zur Erbauung oder selbst das ästhetische Vergnügen, sondern durch eine ganze historische Bewegung. Es sei, so schreibt Rosenzweig, eine Stunde der Vereinigung zwischen den ›Genies‹ beider Sprachen gewesen, eine Vereinigung, die sich in die Institutionen selbst eingeschrieben habe. Zu glauben, eine solche Stunde und solchen Bedingungen könnten wiederkehren, hieße das Unmögliche erhoffen.

Die Stunde der Vereinigung kehrte tatsächlich nicht wieder, und die Bedingungen im Deutschland Hitlers waren katastrophal. Sie waren sogar doppelt katastrophal, wie Emil Fackenheim, ein ausgezeich-

---

[96] Vgl. seinen Brief vom 1. Oktober 1917 an R. Ehrenberg in: Rosenzweig, GS I.1, 460 f. Zur Übersetzungsarbeit, vgl. auch Kapitel IV.

[97] Rosenzweig, GS III, 755 ff.

neter Kenner der deutschen Philosophie und des jüdischen Denkens, in Sätzen schrieb, die auch als Programm für unsere eigene Publikation dienen könnten:

> Hitlers Deutschland war doppelt katastrophal: ganz allgemein für das deutsche Judentum und für Deutschland; aber auch insbesondere für das Goldene Zeitalter der deutschen Philosophie und seinen Einfluss auf das jüdische Denken. Diese Dualität muss einen philosophischen Ausdruck finden: Es darf nicht geschehen, und sei es auch nur aus Nachlässigkeit, dass Hermann Cohen und Franz Rosenzweig vergessen werden. Und um sie wirklich wieder zu etablieren, muss auch noch etwas anderes etabliert werden, nämlich das Goldene Zeitalter der deutschen Philosophie.[98]

---

[98] E. Fackenheim, *An Epitaph for German Judaism* (2007), 259 (unsere Übersetzung).

2. Die »Vergötterung« der Kunst: Rosenzweig und der Deutsche Idealismus

Ich beschwöre euch, ihr Töchter Jerusalems, bei den Rehen oder bei den Hinden Hirschkühen auf dem Felde, daß ihr meine Freundin nicht aufwecket, noch reget, bis daß es ihr selbst gefällt.

Da ist die Stimme meines Freundes. Siehe, er kommt, und hüpfet auf den Bergen, und springet auf den Hügeln.

Mein Freund ist gleich einem Reh, oder jungen Hirsch. Siehe, er steht hinter unsrer Wand, und sieht durchs Fenster, und schaut durchs Gitter.

Mein Freund antwortet, und spricht zu mir: Stehe auf, meine Freundin, meine Schöne, und komm her.

Denn siehe, der Winter ist vergangen, der Regen ist weg und dahin;

Die Blumen sind hervor gekommen im Lande, der Lenz ist herbei gekommen, und die Turteltaube läßt sich hören in unserm Lande;

Der Feigenbaum hat Knoten gewonnen, die Weinstöcke haben Augen gewonnen, und geben ihren Geruch. Stehe auf, meine Freundin, und komm, meine Schöne, komm her![1]

Diese wohlbekannten Sätze aus dem Hohelied werden heute in zahlreichen Gedichten und Liedern wiederverwendet. Meistens haben diese Lieder an sich nichts Religiöses, dennoch lassen sie die unvergleichliche Schönheit des Originaltextes anklingen. Zur Zeit Rosenzweigs war die rein ›weltliche‹, säkulare Rezeption des *Hohelieds* – also eine, in welcher die sinnliche Bedeutung des Lieds öfters in den Vordergrund tritt – noch nicht so ausgeprägt wie heutzutage, in Ansätzen war sie aber schon vorhanden, und Rosenzweig wusste es wohl: mit der Rezeptionsgeschichte des Hohelieds, insbesondere in Deutschland, ist er gut vertraut gewesen und schickte seiner eigenen Darlegung im *Stern* sogar eine kurze Skizze dieser Rezeption voraus.[2] Er wusste, dass viele seiner Zeitgenossen, insbesondere diejenigen, die sich als ›Orientalisten‹ verstanden, sich damals rühmten, rein

---

[1] *Das Hohelied Salomons,* nach der deutschen Übersetzung Luthers, 2, 7–13. Diese Übersetzung wird nach der Lutherbibel des Jahres 1912, die online zugänglich ist, zitiert: http://www.bibel-online.net/buch/luther_1912/

[2] Vgl. *Stern,* 222–224.

›wissenschaftlich‹ zu verfahren. Sie hatten es sich vorgenommen, nicht nur die geografisch-historische Entstehung des Hohelieds, sondern auch seine Bedeutung, bis in die Einzelheiten seiner hermetischsten Verse, zu erklären.[3] Solche Versuche wies Rosenzweig schroff zurück: ihm zufolge hätten sie das Hohelied »nach Kräften entlyrisiert«.[4] Das »Gleichnis der Liebe« wäre ihnen hermetisch verschlossen geblieben, und sie hätten den Hauptpunkt nicht verstanden, nämlich, dass

> [d]ie Liebe [...] gar nicht »rein menschlich« sein [kann]. Indem sie spricht – und sie muß sprechen, denn es gibt gar kein andres aus sich selber Heraussprechen, als die Sprache der Liebe – indem sie also spricht, wird sie schon ein Übermenschliches; denn die Sinnlichkeit des Worts ist randvoll von seinem göttlichen Übersinn; die Liebe ist, wie die Sprache selbst, sinnlich-übersinnlich.[5]

»... wie die Sprache selbst«: daran wird deutlich, dass Rosenzweig seine Lektüre des Hohelieds anhand einer Meditation über die Sprache entwickeln möchte. Diese Meditation ist es, die die wichtigste Dimension seiner Überlegungen ausmacht.

Sie richtig zu entziffern setzt voraus, Rosenzweigs Verhältnis zum Deutschen Idealismus zu klären. Denn seine Auffassung der Sprache entwickelte Rosenzweig als eine Art Kontrapunkt zum Deutschen Idealismus und dessen Versäumnis, das Ereignis der Sprache adäquat zu verstehen. Er betont mit Nachdruck in seinem *Stern*, dass das »Mißtrauen gegen die Sprache« eine »dauernde Erbschaft« des Idealismus gewesen ist.[6] Denn der Deutsche Idealismus ist in die »Unterwelt« der Logik, dieses »Reich der Schatten«, hinabgesunken, was ihn dazu führte, alle »Fühlung mit dem lebendigen Dasein« ver-

---

[3] Gemeint ist vor allem die ›Entdeckung‹ von Johann Gottfried Wetzstein, preußischer Konsul in Damaskus von 1848 bis 1862, der sich rühmte, entdeckt zu haben, dass es in den syrischen Dörfern Hochzeitsfeiern gab, deren Zeremonien den Verlauf des Hohelieds und einiger seiner hermetischsten Verse entziffern würden: Vgl. J. G. Wetzstein, Die syrische Dreschtafel, in: *Zeitschrift für Ethnologie*, 5 (1873), 270–302; Vgl. auch seine Bemerkungen zum Hohelied in: Franz Delitzsch, *Hoheslied und Kohelet*, Leipzig, 2. Auflage 1875, 162–177. Wetzsteins ›Entdeckung‹ wurde überall gefeiert – auch international. Vgl. z. B. in Deutschland Karl Budde, Was ist das Hohelied? In: *Preußische Jahrbücher* 78 (1894), 92–117.

[4] *Stern*, 223.

[5] *Stern*, 224.

[6] *Stern*, 157.

loren zu haben. Aber – und dies ist der Hauptpunkt, den er hervorhebt:

> Im selben Augenblick, wo die Philosophie aus dem Paradies des Vertrauens auf die Sprache ausgetrieben wurde [...] im gleichen Augenblick also, wo sie das Vertrauen zur Sprache verlor, das selbst ihre kritischen Vorläufer aus England noch etwas besessen hatten, hielt sie Ausschau nach Ersatz. An Stelle des geschaffenen Gottesgartens der Sprache, [...] suchte sie nach einem Menschengarten, einem Menschenparadies. Es mußte ein Garten sein, den der Mensch selbst gepflanzt hätte und der doch nicht sein bewußtes Werk wäre; denn wäre er das, so hätte er keinen Ersatz für den verlorenen Garten bieten können, den Gott selber gepflanzt hatte. Wie jener verlorene Garten mußte es einer sein, der den Menschen umgab, er selber wußte nicht woher; er mußte ihn wohl gepflanzt haben, aber er durfte es selber nicht wissen; er mußte sein Werk sein, aber sein bewußtloses, alle Zeichen zweckvoller Arbeit tragen und doch zwecklos entstanden sein, gewirktes Werk und doch pflanzenhaft gewachsen. So kam es, daß der Idealismus in dem Augenblick, wo er die Sprache verwarf, die Kunst vergötterte.[7]

In der Kunst, die er »vergötterte«, hätte der Deutsche Idealismus, so Rosenzweig, einen Ersatz für die Sprache gefunden. Dies ist einer der Hauptvorwürfe, den Rosenzweig gegen den deutschen Idealismus erhebt. Die Sätze, in welchen er die »Vergötterung« der Kunst anprangert, sind scharf und schlagwortartig: Die Kunst ist »selber Sprache nur des Unaussprechlichen, die Sprache solange es noch keine Sprache gibt, Sprache der Vor-welt«.[8] Die einzig »wirkliche« oder lebendige Sprache, die einzig wahre Sprache, so Rosenzweig, ist die Sprache der Offenbarung: das Wort Gottes.[9]

Mehr noch als seine Verurteilung der »Vergötterung« der Kunst haben diese Sätze dazu beigetragen, den Eindruck zu erwecken, Rosenzweig hätte im *Stern* hart daran gearbeitet, all das, was er zuvor anbetete, zu widerrufen: er sei so weit gegangen, nicht nur die »Vergötterung« der Kunst, sondern die Kunst selbst, also jegliche Form von Kunst, gleichgültig welche, abzulehnen.[10] Noch heute gibt es Interpreten, die behaupten, der *Stern* enthielte keine Ästhetik, sondern nur wiederholte Angriffe auf die Kunst.[11] Diese irreführende These

---

[7] *Stern*, 162 f.

[8] *Stern*, 164.

[9] Vgl. schon *Stern*, 121–123.

[10] Dies war die Lektüre von Else Freund, die als eine der Ersten den *Sterns* in ihrem Buch *Die Existenzphilosophie Franz Rosenzweigs* (1933) interpretiert hat.

[11] Vgl. z. B. J. Tewes (1970), 67 ff.

ist allerdings nicht haltbar und wird heute kaum mehr vertreten. Denn Rosenzweig entwickelt im *Stern* eine ganze Ästhetik[12], die gerade in einer Reflexion über die Sprache, vor allem der Sprache der Bibel, aber auch die der Psalmen und des *Hohelieds,* besteht und deren Bewertung das eigentliche »Herz« des *Sterns* bildet.[13] Lässt sich aber mit Rosenzweig wirklich behaupten, insbesondere angesichts des *Hohelieds,* dass die Kunst keine Sprache ist? Bietet nicht vielmehr das Hohelied das beste Beispiel einer lebendigen Sprache, und auch das Beste der Kunst? Denn Rosenzweig selber hat doch dieses Lied keineswegs als Beispiel einer »Vergötterung« der Kunst verurteilt, sondern es eher für einen zentralen Teil der Offenbarung gehalten.

Eine Unterscheidung, die er ganz am Ende des *Sterns* einführt, aber so beiläufig, dass sie von den Kommentatoren anscheinend übersehen wurde, nämlich die Unterscheidung zwischen den sehr nahen Begriffen »Vergötterung« und »Vergöttlichung«[14], wird uns in diesem Kapitel dabei behilflich sein, Rosenzweigs Einstellung zur Kunst und zur Ästhetik besser zu verstehen und treffender einzuschätzen. Zwar verurteilt Rosenzweig zweifelsohne die »Vergötterung« der Kunst. Er anerkennt und preist aber gewisse Formen der Kunst und der Poesie, insbesondere die des *Hohelieds,* die er als »vergöttlicht« bezeichnet. Bevor wir uns im dritten Teil dieses Kapitels diesem Lied zuwenden und die Frage stellen, ob das Hohelied für ihn zuvörderst Poesie, also Dichtung, oder eher ein heiliger Text, und damit also religiös und geoffenbart ist, müssen wir uns Rosenzweigs Auslegung des zweiten Gebotes der Bibel zuwenden: »Du sollst dir kein Bildnis (פסל) noch irgend ein Gleichnis (תמונה) machen, weder des, das oben im Himmel, noch des, das mitten auf Erden oder des, das im Wasser unter der Erde ist. Bete sie nicht an, und diene ihnen nicht. Denn Ich der HERR, dein Gott, bin ein eifriger Gott.«[15] Dieses Verbot steht am Anfang der jüdischen Offenbarung. So wie die Sprache selbst ist auch das Hohelied ›bildnerisch‹ und voll von Bildern, weshalb sich auch

---

[12] Es ist das Verdienst von Stéphane Mosès, diese These klar aufgestellt zu haben: Vgl. sein Buch *Système et Révélation* (1982), 249–275; sowie: L'esthétique de Franz Rosenzweig, in: *Cahiers* (1982), 119–136. Vgl. auch F. P. Ciglia, Arte, profezia della rivelazione, in: *Scrutando la »Stella«* (1999), 97–122.

[13] Vgl. *Stern,* 174–228 und hier oben, S. 53.

[14] *Stern,* 468.

[15] Exodus 20, v. 4–5 in der Übersetzung von Luther. Vgl. auch 5. Mose, Kap. 5, 8: »Du sollst dir kein Bildnis machen, keinerlei Gleichnis, weder des, das oben im Himmel, noch des, das unten auf Erden, noch des, das im Wasser unter der Erde ist.«

hier die Frage der ›Bilder‹ oder ›Bildnisse‹ – also des »bildnerischen Hangs der Sprache«, um Rosenzweigs Formulierung wieder aufzunehmen – stellt. Diese Frage

> drängt sich dem Leser der hebräischen Bibel auf, wie sie ja für jede menschliche Rede von Gott sich mit Notwendigkeit erhebt. Jede Rede von Gott kann nur ihre kreatürlichen Bilder gebrauchen, weil sie andere nicht hat. Der Anthropomorphismus, die vermenschlichende Redeweise von Gott, gehört ebenso ins lebendige Herz der Religion wie das Gefühl von der solche Rede weit übersteigenden Realität des göttlichen Seins.[16]

Wie liest nun aber Rosenzweig das Hohelied und die biblischen Texte bezüglich dieses Verbots? Was ist der Status der Bilder in diesem Text und in anderen biblischen Schriften? Wie verfährt die jüdische ›Religion‹ oder ›Tradition‹ mit Bildern, und wo steht Rosenzweig innerhalb dieser Tradition?

Im ersten Teil dieses Kapitels wird daran erinnert, dass Rosenzweigs Lektüre des Bilderverbots eine ganz andere als die seiner Zeitgenossen, ob nun Juden oder Nichtjuden, gewesen ist – und auch von derjenigen Hermann Cohens unterschied sie sich stark. Im zweiten Teil des Kapitels wird dann gezeigt, dass Rosenzweig in seiner Auffassung der bildenden Kunst, auch der Kunst als solcher, zwar dem Deutschen Idealismus, keineswegs aber der in seiner Zeit vorherrschenden Lektüre dieser Tradition, verpflichtet blieb, und damit vielmehr unmittelbar an die Weimarer Klassik, also an Goethe und Herder anknüpfte. Diese Lektüre, und insbesondere diejenige von Herder, war es, die seine Wertschätzung des Hohelieds prägte und ihm den Zugang zu den traditionellen jüdischen Auslegungen erleichterte. Im dritten Teil dieses Kapitels werden diese traditionellen Auslegungen des Hohelieds erörtert und Rosenzweigs eigene Lektüre darin verortet.

I

Der Stern der Erlösung ist wie ein Kunstwerk angeordnet: Er zeichnet eine Gestalt, in der die aufgesplitterten Elemente der Vor-welt – Gott, die Welt und der Mensch – sich über einen dreifachen »Weg«, der letztlich nur einer ist, nämlich der der Offenbarung, zu einem Stern

---

[16] *Ibid.*, 7.

fügen. In diesem Stern glänzt ein Antlitz: dasjenige Gottes. Doch dieses Antlitz lässt sich weder bewundern noch anschauen, so wie man ein Kunstwerk anschauen würde. Als Rosenzweig ganz am Ende seines Werks auf das »Antlitz dieser Gestalt« zurückkommt, schreibt er:

> Die Wahrheit allein ist ihr Antlitz. Und hütet Euch sehr um eurer Seele willen: Gestalt habt ihr keine gesehn, Sprache allein vernahmet ihr, – so heißt es in der Mit- und Umwelt der Offenbarung.[17]

Am Fuß des Berges Sinai vernahmen die Kinder Israels allein den ›Klang der Worte‹, aber sie erblickten kein ›Bild‹. Es ist nicht das Buch Exodus, das Rosenzweig hier zitiert, wie wir es soeben taten, sondern das Buch Deuteronomium (4, 12):

> קול דברים אתם שמעים ותמונה אינכם ראים זולתי קול
> Die Stimme seiner Worte hörtet ihr; aber keine Gestalt saht ihr außer der Stimme.[18]

Auf Hebräisch wird dort das Wort »תמונה: *Temuna*« benutzt: ein Wort, das auf Hebräisch »ein Derivat von *Min*, Gattung oder Spezies« ist.[19] Rosenzweig zufolge liegt auf der »Gestalt« – und somit auf der Gestaltung, der Abbildung – kein Verbot, und die deutlichste Bestätigung dafür liegt schon in dem Titel, den Rosenzweig für den dritten und letzten Teil seines Werks wählt: *Die Gestalt* (התמונה).

Sein Buch bildet eine Gestalt, einen Stern, doch dabei handelt es sich nur scheinbar um eine geometrische Figur, denn ein Angesicht leuchtet in diesem Stern: das Angesicht Gottes. Gewiss, dieses Angesicht *sieht* man nicht. Doch Rosenzweig sagt uns, dass Gott es demjenigen zuwendet, dem er sein Angesicht leuchten lässt: Die Wahrheit – die göttliche Wahrheit – ist nichts anderes als »dies Leuchten des göttlichen Angesichts«.[20] Wer die jüdische Liturgie praktiziert oder kennt, wird sofort feststellen, dass Rosenzweig hier den Segen der

---

[17] *Stern*, 465.

[18] »Seine Worte hörtet ihr, aber ihr saht keine Gestalt, nur eine Stimme war da«. – Vgl. auch die folgenden Verse (15–19): »So bewahret nun eure Seelen wohl, denn ihr habt keine Gestalt (תמונה) gesehen des Tages, da der HERR mit euch redete aus dem Feuer auf dem Berge Horeb auf daß ihr nicht verderbet und machet euch irgend ein Bild (פסל), das gleich sei einem Mann oder Weib oder Vieh auf Erden oder Vogel unter dem Himmel oder Gewürm auf dem Lande oder Fisch im Wasser unter der Erde.«

[19] Dies bemerkte einmal Gershom Scholem: vgl. Gershom Scholem, *Von der mystischen Gestalt der Gottheit. Studien zu Grundbegriffen der Kabbala* (1977), 1. Kap.: »Schi'ur Koma: die mystische Gestalt der Gottheit«, hier 8.

[20] *Stern*, 465.

Kohanim (nach Num. 6, 24–25) zitiert: Er greift ganz einfach die Formulierung dieses Segens auf, um seine eigenen Behauptungen zu rechtfertigen. Bei Luther lautete die Übersetzung von Num 6, 25–26 wie folgt: »Der HERR lasse sein Angesicht leuchten über dir, und sei dir gnädig; Der HERR hebe sein Angesicht über dich, und gebe dir Frieden.«[21]

Erstaunlich ist hier nicht so sehr der Rückgriff auf das Gebet, das ein traditionelles, sehr bekanntes Gebet ist, sondern die Absicht, mit der Rosenzweig es zitiert: Er will es verwenden, um die Bilder und die figürliche, bildliche Kunst zu rehabilitieren. Seiner Auffassung zufolge ist das zweite Gebot keineswegs gegen die Bilder oder die bildliche Kunst gerichtet. Auch die Fortsetzung dieses Abschnitts im *Stern* lässt keinen Zweifel über Rosenzweigs Einstellung bestehen:

> Es ist deshalb kein Menschenwahn, wenn die Schrift von Gottes Antlitz und selbst seinen einzelnen Teilen redet. Die Wahrheit läßt sich gar nicht anders aussprechen. Erst indem wir den Stern als Antlitz schauen, sind wir ganz über alle Möglichkeit von Möglichkeiten hinweg und schauen einfach.[22]

Es ist dann das menschliche Antlitz, das Rosenzweig beschreibt. Er geht auf jeden Zug, jede Einzelheit ein: die Stirn, die Wangen, die Ohren, die Nase und die Augen. Nein, betont er, es handelt sich nicht um eine Metapher: »Der Stern der Erlösung ist Antlitz worden, das auf mich blickt und aus dem ich blicke.«[23] In der Bibel (*Exodus*, 33, 20) hieß es: »Mein Angesicht kannst du nicht sehen; denn kein Mensch wird leben, der mich sieht.« Hier begegnet Gott dennoch dem Menschen, und zwar – beinahe – פנים אל פנים: »von Angesicht zu Angesicht« (Vgl. Ex. 33, 11). Wie sind denn diese so erstaunlichen Seiten, mit denen der *Stern* endet, zu verstehen?

Eine der besten Erklärungen und vielleicht auch die überzeugendste, die sich finden lässt, wurde von Rosenzweig selbst gegeben, als er im Jahre 1928, also Jahre nach der Veröffentlichung des *Sterns*, auf einen Eintrag über den Anthropomorphismus in der kurz davor erschienenen Berliner *Enyclopaedia Judaica* reagierte.[24] Diese Ver-

---

[21] In der Übersetzung, die Buber und Rosenzweig verfertigen werden, wird es dann heißen: »lichte ER sein Antlitz dir zu und sei dir günstig, hebe ER sein Antlitz dir zu und setze dir Frieden« (*Die Schrift*, 1925 ff., in der Ausgabe von 1992 S. 380).

[22] *Stern*, 469 ff.

[23] *Stern*, 471.

[24] Vgl. Rosenzweig, GS III, 735–741. Diese *Encyclopaedia Judaica*, die weder die erste dieser Art noch die letzte war, wurde von J. Klatzkin, I. Elbogen et N. Goldmann he-

öffentlichung scheint die Unzufriedenheit – ja, mehr noch: den Zorn – Rosenzweigs ausgelöst zu haben. Wäre es nur an ihm gelegen, so hätte er den Begriff Anthropomorphismus am liebsten aus der jüdischen Überlieferung gelöscht! Und wenn schon ein solcher Artikel in einer Enzyklopädie über das Judentum enthalten sein sollte, dann müsste er gemäß Rosenzweig in etwa so beginnen:

Anthropomorphismus.

Die biblischen ›Anthropomorphismen‹ fallen nicht unter diese Definition, sondern sie entstammen dem unverkümmerten Wissen um die Art, wie Gott dem Menschen begegne: so nämlich, daß er in seine, des Geschöpfs, konkrete, d.h. augenblickliche leiblich-seelische Wirklichkeit mit gleich konkret augenblicklichem leibhaft-seelenhaftem Begegnen eingeht. Sie fügen sich also nie untereinander zu Abbild oder Beschreibungen zusammen, sondern beziehen sich, ihrem durchaus nur konkret-momentanen Charakter gemäß, immer nur auf das geschöpfliche Gegenüber und nur auf diesen seinen augenblicklichen Augenblick.[25]

Sich auf den Artikel in der *Encyclopaedia Judaica*, der so sehr sein Missfallen erregt hatte, beziehend, erklärt Rosenzweig, dass die zahlreichen anthropomorphischen Stellen in der Bibel

[…] durchweg Aussagen über gottmenschliche Begegnungen sind. Nie wird Gott – was doch die Redensart, dass ihm etwas ›zugeschrieben‹ werde, still voraussetzt – beschrieben. Nie nämlich werden zwei oder mehr ›Eigenschaften‹ untereinander in Beziehung gesetzt, wie es doch das Grundprinzip jeder Beschreibung ist […]. Stets, selbst bei den größten Häufungen beschreibender Elemente, führt von jedem Einzelzug der Weg statt zum nächsten Einzelzug (wodurch ein Bild entstehen würde) hinaus in die Schöpfung und zum Geschöpf. […] Dieses Grundgesetz des biblischen Stils, und des Stils ja nur, weil des biblischen Denkens, bestätigt sich nun, wie es ja, wenn die Bibel mehr als historischen Wert hat, auch kaum anders sein kann, in der lebendigen, jedem Heutigen offenstehenden Erfahrung. Keine der biblischen Aussagen, auch der skurrilsten und anstößigsten, gibt es, die sich nicht in der Begegnung mit Schöpfung oder Geschöpf heute wie je verwirklichen kann. Wo es etwas zu sehen gibt, da hat Gott ein Auge darauf; wo ein Mensch ruft, da tut Gott ein Ohr auf; wo ein Mensch hinaufhorcht, oder andrerseits, wo ein Mensch sein Ohr verschließt, kann die Stimme des göttlichen Mundes sein Ohr füllen.[26]

---

rausgegeben. Sie erreichte den Buchstaben L (»Lyra«), zählte 10 Bände und musste dann eingestellt werden (im Jahre 1934).

[25] Rosenzweig, GS III, 741.

[26] Rosenzweig, GS III, 737ff.

In seinem polemischen Artikel ging Rosenzweig sogar so weit, aus dem Anthropomorphismus »die Schutzwehr des Monotheismus« zu machen. Denn, so schrieb er, »[...] je mehr Gott in die Ferne gebannt ist, um so leichter meint der Mensch, den göttlicher Kraftströme vollen Raum zwischen Gott und sich mit Halb- und Viertelgöttern bevölkern zu dürfen.«[27]

In einer neuen Version des Artikels für die *Enyclopaedia Judaica* hätte er Folgendes lesen wollen: Dass die Anthropomorphismen »hinsichtlich des Menschen«, und »um es jetzt auch in psychologischen Begriffen auszudrücken«, »die einzige Sicherung gegen den Rückfall in die Vielgötterei« wären.[28]

In seinem Essay geht er dann selber auf den langen Kampf gegen den Anthropomorphismus ein, der die jüdische Religionsgeschichte geprägt hatte: Einen Kampf, der ihm sehr vertraut war und in dem er drei Epochen oder vielmehr drei Episoden, drei ›Akte‹ unterscheidet. Die erste reicht auf die Epoche von Philon aus Alexandrien zurück: jenen jüdischen Philosophen, der zurzeit Christi lebte und für den, laut Rosenzweig, nur von einem Logos, das heißt einem »vergeistigten Gott«, die Rede sein konnte. Damals habe das Judentum sein Heil »aus den beiden Extremen des judengriechischen Geistgottes und des judenchristlichen Gottmenschen hineingerettet«.[29] Doch diese beiden Extreme, sowohl dasjenige von Philon als auch dasjenige des Christentums, müsse man kritisieren. Die zweite Episode, der zweite Akt des Kampfes um die Frage des Anthropomorphismus, habe zur Zeit von Maimonides stattgefunden und im Kampf von Maimonides gegen das gegipfelt, was Rosenzweig als »die groteske Verirrung der Frühkabbala« bezeichnet, derjenigen, die davon sprach, »Gottes ›Gestalt‹ auszählen und ausmessen zu wollen«; und man wird mit Interesse feststellen, dass Rosenzweig sich eher hinter Maimonides stellt. Seine Zustimmung ist allerdings nuanciert. Aus diesen Zeilen geht vor allem hervor, dass man eher anderswo, nicht bei Maimonides, sondern in der »Hoch- und Spätkabbala« eine Antwort auf die Frage des Anthropomorphismus suchen muss.[30]

Doch in dem Text aus dem Jahr 1928, den wir hier kommentieren, spricht Rosenzweig kaum von der »dritten Epoche«, dem dritten

---

[27] Rosenzweig, GS III, 739 ff.

[28] Rosenzweig, GS III, 741.

[29] Rosenzweig, GS III, 739 ff.

[30] Über Rosenzweig und die Kabbalah siehe hier unten Kap. 7, S. 233 und Fußnote 66.

Akt im Kampf gegen den Anthropomorphismus. Er begnügt sich damit, darauf hinzuweisen, dass diese Epoche »noch Gegenwart ist«.[31] Am Anfang des Textes hatte er auf die »herrschende Auffassung« hingewiesen[32], nämlich offenkundig diejenige, die auch von den Herausgebern der *Encyclopaedia Judaica* geteilt wurde und gegen die sich Rosenzweig ausspricht. In seinem Artikel bezieht er diese vorherrschende Auffassung auf eine »Theorie der Erkenntnis«, also auf eine Theorie der zufolge nur das Denken allein, das heißt die Vernunft, und nicht die Sinne, Gott in seiner »absoluten Geistigkeit« erreichen könnte.[33] Das gegenteilige Extrem dieser dritten Epoche im Kampf rund um den Anthropomorphismus wird nicht einmal erwähnt.

Im *Stern* war Rosenzweig expliziter gewesen, und zu diesem Werk kehren wir nun zurück, um zunächst auf dessen letzte Seiten einzugehen[34], denn sie bilden die Vollendung des Ganzen in einem doppelten Sinn des Worts ›Vollendung‹: sie sind das Ende, aber auch der Höhepunkt des Werks. Nachdem Rosenzweig den Segen der *Kohanim* erwähnt und einige der wesentlichen Punkte seiner Argumentation, insbesondere im dritten Teil des *Sterns*, in Erinnerung gerufen hat, kehrt er zum Begriff des ›Heidentums‹ zurück. Er führt »die ewigen Götter des Heidentums« auf zwei »Götzen« zurück, die immer noch lebendig sind: den Staat, und die Künste: »jener das Götzenbild der Sachlichen, diese das der Persönlichen.«[35]

Entscheidend ist es auch, dass der Kampf gegen diese eben genannten Götter des Heidentums seiner Meinung nach auch nicht bis zu deren Zerstörung geführt werden soll. Eher sollte er dazu führen, diese Götter »in Ketten« zu schlagen: sie sollten »von dem wahren Gott in Ketten geschlagen werden«. Rosenzweig fügt dann hinzu: »da sind sie vergöttlicht, ohne dass sie vergöttert würden«:

Jene ewigen Götter des Heidentums, in denen es fortleben wird bis zum ewigen Ende, der Staat und die Kunst, jener das Götzenbild der Sachlichen, diese das der Persönlichen, werden da von dem wahren Gott in Ketten geschlagen. Mag doch der Staat für die Welt den obersten Platz im All beanspruchen und die Kunst für den Menschen, und mag jener den Strom der Zeit an den Epochen der Weltgeschichte aufzustauen, diese ihn in das

[31] Rosenzweig, GS III, 740 f.
[32] Rosenzweig, GS III, 736.
[33] Rosenzweig, GS III, 739.
[34] *Stern*, 465–472.
[35] *Stern*, 468.

> unendliche Kanalsystem der Erlebnisse abzuleiten suchen – mögen sie doch! Der im Himmel sitzt, spottet ihrer […]. Denn selbst der Kampf um die Zeit […] ist in der gottbeherrschten Natur geschlichtet; in der Ewigkeit des Lebens und der Ewigkeit des Wegs finden Welt und Mensch nebeneinander Platz; da sind sie vergöttlicht, ohne daß sie vergöttert würden.[36]

Die Kunst oder den Staat zu ›vergöttlichen‹ heißt also keineswegs, sie zu ›vergöttern‹. Die Unterscheidung zwischen den zwei von Rosenzweig verwendeten Begriffen ›Vergöttlichung‹ und ›Vergötterung‹ kann leicht übersehen werden. Hier zeigt sich aber sehr deutlich, dass man bei Rosenzweig keineswegs eine Ablehnung der Kunst findet, übrigens genauso wenig wie eine Ablehnung des Staates, denn wie Stéphane Mosès in seinem Werk *Système et révélation* als Erster gezeigt hat, gibt es bei Rosenzweig eine Politik der Geschichte und auch eine Philosophie der Geschichte. Bei ihm gibt es aber auch eine ausgearbeitete Ästhetik, welche allerdings nicht in einem eigenen Kapitel des Buches dargelegt, sondern vielmehr über das Buch in jedem seiner drei Teile verstreut wird. Wir werden später auf seine Einstellung zum Staat eingehen.[37] Hier interessiert uns im Weiteren seine Definition der Kunst als »das Götzenbild der persönlichen Götter.« Wie ist sie zu verstehen?

II

Es ist eine ganz bestimmte Auffassung der Kunst, die Rosenzweig voraussetzte, als er im *Stern* und insbesondere in der oben zitierten Stelle das verurteilt, was er als die »Vergötterung« der Kunst bezeichnet. Wenn er die Kunst als das »Götzenbild der persönlichen Götter« bezeichnet, so zunächst deshalb, weil für ihn die Kunst eng mit dem persönlichen Leben des Menschen verbunden ist: er sagt, dass die Kunst mit dem »Menschen« zusammenhängt, nicht mit der »Welt«, mit welcher der Staat zusammenhängt. Auf denselben Seiten fügt er auch hinzu, dass die Kunst für den Menschen eine Erfahrung sei: ein »Erlebnis«. Sowohl die von Rosenzweig verwendeten Begriffe und Ideen als auch die hier vorausgesetzte Auffassung der Kunst lassen den Einfluss, den Wilhelm Dilthey und sein Buch, *Das Erlebnis und die Dichtung* (1905), auf ihn ausgeübt hat, zum Vorschein kommen.

---

[36] *Ibid.*

[37] Vgl. hier unten Kap. 4.

Rosenzweig, der Dilthey kritisch gegenüberstand und ihn gleichzeitig bewunderte, übernahm manche seiner grundlegenden Thesen. Seine Beziehung zu Dilthey ist von ausschlaggebender Bedeutung, wollen wir seine Einstellung zu dem begreifen, was man als ›deutschen Idealismus‹ bezeichnet.

Das Erlebnis und die Dichtung ist eine Sammlung von Aufsätzen über vier der größten deutschen Schriftsteller und Dichter: Lessing, Goethe, Novalis und Hölderlin. Rosenzweig hatte zwar nicht auf Dilthey gewartet, um sich Goethe oder Hölderlin zuzuwenden und diese Dichter schätzen zu lernen. Er kannte sie bereits seit seiner Kindheit. Dennoch ist es sehr erhellend und aufschlussreich, Diltheys Einfluss auch in Rosenzweigs Lektüren dieser Autoren aufzuspüren. Es ist beispielsweise Diltheys Lektüre und Deutung Goethes in *Das Erlebnis und die Dichtung*, die erklärt, warum Rosenzweig im *Stern* behauptet, dass die »abstrakte« Dichtung »die eigentlich lebendige Kunst« sei, und wenn er schreibt, die Dichtung sei »darum, weil die lebendigste, die unentbehrlichste Kunst«.[38] Dilthey folgt er auch noch, wenn er erklärt: »Und so mußten über bildenden und musikalischen Künsten noch die dichtenden auftreten als die Künste des ganzen Menschen.«[39] Die Behauptung, der zufolge die Beziehung zwischen Erlebnis und Dichtung für jegliches Verständnis der deutschen Dichtung entscheidend sei – für das Verständnis der deutschen Dichtung ganz allgemein, aber auch und ganz besonders für diejenige Goethes – stammt von Dilthey in *Das Erlebnis und die Dichtung*. Wie viele junge Menschen seiner eigenen, aber auch späterer Generationen, scheint Rosenzweig tief, ja sogar sein Leben lang von Diltheys Aufsatzsammlung geprägt worden zu sein. Er war von mehreren seiner Thesen überzeugt, und insbesondere von derjenigen, die bereits im Titel zum Ausdruck kommt und eine privilegierte Beziehung zwischen Erlebnis und Dichtung postuliert. Noch Jahre später wird er auf diese Lektüre zurückkommen und schreiben: »(…) und uns Jüngeren ist noch in lebendigem Gedächtnis, wie überraschend unmittelbar und gegenwartsnah uns jene alten Aufsätze damals ansprachen.«[40]

---

[38] *Stern*, 273.
[39] *Stern*, 412.
[40] Über die Aufsatzsammlung *Das Erlebnis und die Dichtung*, die im Jahre 1905 zum ersten Mal erschien und dann ständig nachgedruckt wurde, vgl. das Vorwort, das Rosenzweig im Jahre 1920 zu seiner viel früheren Arbeit über *Hegel und der Staat* verfasste: *Hegel und der Staat* (2010), 11–19, hier 16.

Die Dichtung, so Dilthey in seinem Werk, ist die *Darstellung* und der *Ausdruck* des Lebens, des künstlerischen Erlebnisses. Der Ausgangspunkt des künstlerischen Schaffens würde immer in der persönlichen Erfahrung des Künstlers liegen und damit in der Erfahrung des Künstlers in seiner Begegnung mit anderen Menschen, seien sie nun gegenwärtig und lebendig oder nicht, und auch in seiner Erfahrung der mit ihnen erlebten Ereignissen, der gegenwärtigen oder der vergangenen. Nehmen wir zum Beispiel Goethe, der als der größte aller deutschen Dichter gilt, dann handelt es sich für uns darum zu erkennen, dass die Beziehung zwischen seinem Leben, seinem Erlebnis und seiner Dichtung, für sein schöpferisches Genie entscheidend war. Nie hätte Goethe etwas, was er nicht selbst erlebt hatte, besungen, oder in seine Gedichte eingebracht. Wollen wir begreifen, warum Goethes Dichtung so groß ist, und sein Genie schätzen, dann ist es sein Leben, das wir in Betracht nehmen müssen: Sein persönliches Leben, aber auch – und hier geht Dilthey noch sehr viel weiter – die ganze Geschichte des deutschen Geistes. Denn die Dichtung wird immer dann am schönsten, wenn sich das persönliche Leben, wie bei Goethe, auf harmonische Art und Weise entfalten konnte, ohne dass seine innere Geschlossenheit und das innere Gesetz seiner Entfaltung gestört werden. Und die ganze Geschichte des deutschen Geistes von Luther bis Leibniz habe hingearbeitet auf eine innere Harmonie von Religion, Wissenschaft und Dichtung.[41]

Rosenzweig wird rasch Vorbehalte haben – und sie auch ausdrücken – angesichts dessen, was er als den »bewußten Willen« Diltheys bezeichnet, gegen jeden Bruch die »›Kontinuität unserer geistigen Entwicklung‹ [nämlich diejenige Deutschlands] zu sichern«.[42] Dasjenige aber, das er von Dilthey gelernt hatte, also eine gewisse Art und Weise, Goethe und die Dichtung zu schätzen, und die vorrangige Stellung der Dichtung unter allen Kunstgattungen zu behaupten, wird er aber immer beibehalten. Von dem ganz engen Band zwischen der Dichtung und dem Leben, und zwar dem Erlebnis des Dichters, wird Rosenzweig über sein ganzes Leben hinweg überzeugt bleiben.

Der Autor, der im *Stern* am häufigsten erwähnt wird, ist

[41] Vgl. Dilthey (1905), 164, 186, 141.

[42] Es sind Diltheys eigene Worte, die Rosenzweig zitiert: vgl. *Hegel und der Staat* (2010), 16.

Goethe.[43] Rosenzweigs Wertschätzung für Goethe im *Stern* gilt dem Werk des Dichters aber auch immer, ganz wie bei Dilthey, seinem Leben, und seiner ›Persönlichkeit‹. Seine Verehrung geht sehr weit, denn er zögert nicht, eine Parallele zwischen Goethe und Moses, zwischen dem angeblichen »Gebet« des jungen Goethe »Schaff', das Tagwerk meiner Hände, hohes Glück, daß ichs vollende«, und dem »Gebet« Moses in den Psalmen »Ja, bestätige das Werk unserer Hände«, zu ziehen.[44] Rosenzweig scheint zu glauben, dass sich aus dem Vergleich der beiden Texte viel lernen ließe. Goethe, »der große Heide«, der von sich behauptet hatte, er sei »der einzige Christ, so wie ihn Christus gewollt habe«,[45] würde nichts weniger darstellen als eine »Wende« in der Weltgeschichte. Sein ›Gebet‹, das Gebet an sein persönliches Schicksal, wäre daher auch ein großer »Augenblick« innerhalb dieser Geschichte.

Was bedeuten aber diese Zusammenstellungen Rosenzweigs? Was wollen jene Analysen, also diejenigen, die im dritten Teil des *Sterns* die zentrale Achse des ersten Abschnitts mit dem Titel »Über die Möglichkeit, das Reich zu erbeten« bilden, vermitteln? Ist es nicht absurd, Goethes Gedicht als ein Gebet zu bezeichnen und aus Goethe selbst »einen großen Mann des Gebets« zu machen? Wie kann Rosenzweig den Ausspruch ernst nehmen (zumindest dem Anschein nach), demzufolge Goethe gesagt hätte, er werde zwar von vielen als ein »Heide« angesehen, er selber sehe sich aber als »der einzige Christ, so wie ihn Christus gewollt habe«[46]? Ist es nicht evident, dass Goethe letzten Endes ein Dichter war, und dass er keine Gebete schrieb, sondern Gedichte?

Eben dies ist es aber, das Rosenzweig uns mitteilen will. Er will betonen und begreiflich machen, dass sich die Kunst bei vielen seiner Zeitgenossen – und auch bei ihm ist dies lange so gewesen – in eine Art Religion verwandelt hat. Davon aber möchte er Abstand nehmen und sich dieser Entwicklung entgegenstellen. Er selber ist weit davon entfernt, Goethes Dichtung in ein Gebet zu verwandeln und in dem Dichter Goethe einen »Mann Gottes« zu sehen. Es ist vielmehr die Verabsolutierung und die »Vergötterung« der Kunst, wie sie von den

---

[43] Vgl. hier Norbert Waszek, Goethe, Johann Wolfgang von. im *Dictionnaire Rosenzweig*, hg. von Shlomo Malka, Paris 2016, 151–156.
[44] *Stern*, 306. Vgl. Goethe, Hoffnung. In: *Werke*. Hamburger Ausgabe (1982), I, 131, mit Ps. 90, I, 17.
[45] *Stern*, 308.
[46] *Ibid.*

Dichtern und Philosophen in Deutschland um 1800 betrieben wurde und der viele seiner Zeitgenossen anhängen, die er beschreiben und kritisieren will. Wenn er also betont, dass Goethe und Moses dieselbe Sprache und beinahe denselben Wortlaut verwenden, wenn er Goethes Gedicht zu einem Gebet umtauft, dann tut er dies nur, um hervorzuheben, dass man die Kunst nicht »vergöttern« und aus Gedichten keine Pseudogebete machen darf. Doch wie konnte es gemäß Rosenzweig überhaupt so weit kommen?

Es war der »Pantheismus«, der Rosenzweig zufolge für die »Vergötterung« der Kunst verantwortlich ist. Um seine Kritik richtig verstehen zu können, müssen wir uns wieder Dilthey zuwenden. Auch wenn ihn Diltheys poetische Lektüren von Goethe, Novalis und Hölderlin beeindruckt haben, legte er dennoch seinen kritischen Vorbehalt nicht ab. In den politischen und auch philosophischen Deutungen Diltheys, lehnte er mancher seiner Thesen ab, und es war in erster Linie dessen Schwärmerei für den ›Pantheismus‹, die er an Diltheys Interpretation des deutschen Idealismus kritisierte. Denn es war, gemäß Rosenzweig, diese Schwärmerei, die zur »Vergötterung« der Kunst geführt hatte. Diese Vergötterung hatte dabei aber nicht nur dazu geführt, die Eigennatur der künstlerischen Darstellungen zu verzerren, sondern insbesondere auch dazu, die Natur des in allen religiösen und mystischen Auffassungen zentralen Begriffs der ›Liebe‹ zu verkennen, und in der Liebe daher die Einheit des Sinnlichen und des Übersinnlichen, des Fleischlichen und des Göttlichen zu erkennen. Der Begriff eines ›Mystischen Pantheismus‹, in dem die Liebe – die Liebe als mystisches Gefühl – eine zentrale Rolle spielt, steht tatsächlich im Zentrum von Diltheys Auffassung des deutschen Idealismus. Rosenzweig war dies alles wohl bekannt und er war mit Diltheys Auffassung des »mystischen Pantheismus« und der Liebe nicht einverstanden gewesen.

Die Auslegung des Hohen Lieds, die er im *Stern* anbietet, zeigt dies sehr deutlich: Der »Spinozismus«, das heißt für Rosenzweig der Pantheismus, ist es, der für die ›Vergötterung‹ des Hohelieds, und über dieses Gedicht hinaus für die ›Vergötterung‹ der Kunst im Allgemeinen, verantwortlich ist. Der pantheistischen Auffassung der Religion wirft er vor, in zwei entgegengesetzte, aber miteinander zusammenhängende Pole auseinander zu fallen: in einen Mystizismus, der keinen Platz für den Einzelnen lässt, und in die Verweltlichung, das heißt eine Reduktion auf das ›rein Menschliche‹ oder Weltliche, die in der Liebe nichts anderes sieht als etwas ›rein Menschliches‹, etwas ›rein Weltliches‹.[47] Im Laufe des neunzehnten Jahrhunderts sind tatsächlich mystische Deutungen des Hohelieds, aber auch viele Deutungen der zweiten Art, weit verbreitet gewesen: Deutungen, die sich nicht damit begnügten, den epischen Charakter des Hohelieds zu betonen, sondern auch gänzlich greifbare und wissenschaftliche Erklärungen für es fanden; etwa, wenn man es für notwendig hielt darauf hinzuweisen, dass es in manchen Regionen Syriens Brauch sei, die Bauern am Tag ihrer Hochzeit als König und Königin zu bezeichnen.[48] Rosenzweigs Kritik an der Vergöttlichung der Kunst richtet sich also nicht so sehr gegen Spinoza selbst und übrigens auch nicht gegen Herder und Goethe, diese »deutschen Spinozisten«, sondern vielmehr »gegen den weiteren Verlauf«[49], wie Rosenzweig sich ausdrückt. Mit anderen Worten: gegen die Art und Weise, wie der deutsche Idealismus von denen interpretiert wurde, die behaupteten, die Ideen Goethes und Herders weiterzuentwickeln und deren Werk hochzuhalten. Rosenzweig schreibt:

> Wenn Herder und Goethe das Hohe Lied als eine Sammlung ›weltlicher‹ Liebeslieder in Anspruch nahmen, so war in dieser Bezeichnung ›weltlich‹ nicht mehr und nicht weniger ausgesprochen, als daß Gott – nicht liebt. Und wirklich war ja dies die Meinung. Mochte der Mensch Gott als das Symbol des Vollkommenen ›lieben‹ – nimmermehr aber durfte er verlangen, daß Gott ihn ›wieder‹-liebe. Die spinozistische Leugnung der Göttlichen Liebe zur einzelnen Seele war den deutschen Spinozisten willkommen; Gott durfte, wenn er denn lieben sollte, höchstens der ›allliebende Vater‹ sein; das echte Liebesverhältnis Gottes zur einzelnen Seele wurde verneint und damit nun das Hohe Lied zum ›rein menschlichen‹ Liebeslied gemacht. Denn echte Liebe, die eben nicht Allliebe ist, gab es nun nur zwischen Menschen.[50]

Hier lässt sich daher festhalten, dass Rosenzweig an dieser Stelle Herder und Goethe nicht vorwirft, aus dem Hohelied ein »rein menschliches« Gedicht gemacht zu haben, sondern vielmehr, dass sie die Beziehung zwischen dem Menschlichen und dem Übermenschlichen, zwischen der menschlichen Liebe und der göttlichen Liebe schlecht verstanden hätten. Herder und Goethe, so Rosenzweig, hätten also

---

[47] *Stern*, 224.

[48] Vgl. hier oben S. 64, Fußnote 3 sowie M. Bienenstock, Die Sprache des Hohelieds: »mehr als Gleichnis«? Zu Rosenzweigs Stern der Erlösung. In: *Zeitschrift für Religion und Geistesgeschichte* 69, 3 (2017), 264–278.

[49] *Stern*, 223.

[50] *Stern*, 222 f.

die »Göttliche Liebe zur einzelnen Seele« schlicht geleugnet. Der Spinozismus, das heißt hier der Pantheismus, führt in den Irrtum, indem er keinen Platz für das Individuelle, für das Einzelne lässt. Für die Spinozisten kann das Individuum, der Einzelne, durchaus Gott lieben, in die Liebe Gottes eintauchen, sich in ihr verlieren und sogar in ihr aufgehen, aber er kann keine Gegenliebe erwarten. Er kann nicht verlangen, dass Gott ihn liebt.

Angesichts der rein positivistischen Trivialisierung des Textes des Hohelieds, die sich im späten 19. Jahrhundert verbreitete, kehrte Rosenzweig entgegen dieser Entwicklung wieder zu Herder und Goethe zurück. Diese beiden Autoren, so schreibt er, hätten mehr Treue zu den Originaltexten bewiesen: sie »hatten unwillkürlich immer noch so viel von der überlieferten Auffassung bewahrt, dass sie das Hohe Lied nur als eine Sammlung von Liebesliedern betrachteten, ihm also seinen subjektiven, lyrischen, seelenoffenbarenden Charakter ließen.«[51] Rosenzweig scheint tatsächlich von Herder viel gelernt zu haben, und zwar nicht nur von dessen Übersetzung des *Hohelieds* ins Deutsche, sondern auch von dessen laufendem Kommentar zum Text: einem Kommentar, der auch zahlreiche Zitate von jüdischen Autoren enthielt. Herder zitiert und kritisiert zwar vor allem die Auslegungen des Textes, die von christlichen Autoren stammen. Allerdings sollte auch hervorgehoben werden, dass er keineswegs zögert, auch die Auslegungen jüdischer Autoren sehr oft zustimmend anzuführen. So beispielsweise an folgender Stelle:

Wenn Rabbi Juda fragt, warum es das Hohe Lied heiße? Und antwortet: »weil, wer dies hört, in seinem Gemüth mit himmlischen Sachen verbunden werde?«, so kann ich die Feinheit der Antwort wohl leiden. Es gefällt mir, wenn der Sohar sagt: »Schwarz, aber gar lieblich – das ist die israelitische Kirche, schwarz um ihrer Gefangenschaft, lieblich um des Gesetzes und ihrer Frömmigkeit willen.« Oder, wenns heißt: »unsrer Häuser Balken sind Cedern, d. i. der Tempel des Herrn durch die Hand Salomo war Cedernholz; der Tempel des Herrn, der zur Zeit des Meßias wird erbaut werden, dessen Balken werden seyn Cedern des Paradieses.« Die Turteltaube läßt sich hören: »das ist die Stimme bei der Ankunft des Meßias.« Wer ist die hervorbricht, wie die Morgenröthe? »das ist die Erlösung des Meßias; wenn der Meßias kommt, wird eine Finsterniß auf die Königreiche der Welt fallen […] Solche und unzählig andre Deutungen sind fein: sie sind gleichsam moralische oder poetische oder philosophische Anwendungen, wie die jüdische Auslegungskunst liebt und in seinen Gesetzen bestimmt; den

[51] *Stern*, 223.

natürlichen Wortsinn aber müßen sie weder ersetzen noch verdrängen wollen, sonst sind sie verführend …[52]

Die letzte und treffende Bemerkung umfasst sowohl die christlichen Kommentatoren als auch die jüdischen Deuter und Ausleger. Wie wir noch sehen werden[53], entspricht sie genau der Herangehensweise, die Rosenzweig übernehmen sollte. Auch für ihn durfte die Deutung des Textes niemals die unmittelbare, gängige Bedeutung der Wörter verdrängen, sondern musste eher zu ihr hinzutreten, um sie dadurch zu bereichern.

Von Herder hat Rosenzweig aber noch viel mehr und etwas ganz anderes als die Kunst der Exegese lernen können. War es nicht auch Herder, der als einer der Ersten seine Aufmerksamkeit auf den zutiefst dialogischen Charakter des Hohelieds lenkte, in dem Fragen und Antworten einander abwechseln? »*Du* und *Er*, *Ich* und *Wir* wechseln: auch in der Ferne ist er ihr nahe, sie spricht mit ihm, wenn sie nur wünschet«[54] …

In seinem Kommentar hatte Herder auch bemerkt und betont, dass die Liebe im Hohelied immer vollständig im Präsens, und damit als gegenwärtig ausgedrückt wird:

Abdrücken der Liebe kann man also kein größer Unrecht thun, als wenn man ihnen das Individuelle ihrer Gegenwart raubt, sie zu einem *locus communis* hinüberschleppt oder gar in eine willkürliche Hypothese dichtet.[55]

Herder ist heute weitgehend in Vergessenheit geraten. Und daher ist auch in Vergessenheit geraten, was Rosenzweig – und Cohen – sehr wohl noch wussten: dass nämlich Herder selbst keineswegs Anhänger jenes ›mystischen Pantheismus‹ gewesen war, wie Dilthey ihn vertrat. Herder hatte sich vielmehr ausdrücklich gegen alle diese Formen des Mystizismus ausgesprochen. Er betrachtete sie als verfälscht, weil und insofern sie der Einzelheit, also der Individualität und ihrer Einmaligkeit, keinen Platz einräumen. In einem seiner Essays aus dem Jahr 1785 mit dem sprechenden Titel *Liebe und Selbstheit*, hatte er sogar verkündet, ohne Selbstheit könne es überhaupt keine Liebe geben:

---

52 Cf. Herder, *Sämtliche Werke*, hg. von B. Suphan, Band 8, 552 ff. Vgl. auch S. 494.

53 Vgl. hier unten S. 86 f.

54 Herder, *Sämtliche Werke*, *loc.cit*. (1967), 490

55 Herder, *Sämtliche Werke*, *loc.cit*. (1967), 530 f.

Wir sind *einzelne Wesen*, und müssen es sein, wenn wir nicht den *Grund* alles Genusses, unser eigen *Bewußtsein*, über dem Genuß aufgeben, und uns selbst verlieren wollen, um uns in einem andern Wesen, das doch nie wir selbst sind, wiederzufinden. Selbst wenn ich mich, wie es der Mystizismus will, in Gott verlöre, und ich *verlöre* mich in ihm ohne weiteres Gefühl und Bewußtsein *meiner*: so genösse ich nicht mehr; die Gottheit hätte mich verschlungen und genösse statt meiner.[56]

An einer anderen Stelle heißt es: »Jede Begierde, alles Verlangen der Freundschaft und Liebe dürstet nach Vereinigung mit dem Begehrten, weil es in ihm den süßesten Genuß des *eignen* Daseins ahndet.«[57] In einem Verlangen, das einen vollständigen Verzicht von uns selber fordern würde, würde auch die Liebe abhanden gehen. Sogar die mütterliche Liebe ist keine Liebe mehr, wenn sie zu einem vollständigen Verzicht ihrer selbst wird …

In *Liebe und Selbstheit* stellt Herder die Liebe als Freundschaft, also *philia*, in den Vordergrund. Die Freundschaft kann sich, so schreibt er, immer nur »zwischen gegenseitigen freien, konsonen, aber nicht unisonen, geschweige denn identifizierten Geschöpfen« entfalten: denn wenn Geschöpfe sich wechselseitig genießen wollen, dann dürfe nicht eines von ihnen alles von den anderen wollen und nur auf seinen eigenen, höchsten Genuss aus sein:

Es muß geben und nehmen, leiden und tun, an sich ziehn und sanft aus sich mitteilen. Dies macht zwar allen Genuß unvollständig, es ist aber der wahre Takt und Pulsschlag des Lebens, die *Modulation und Haushaltung* des Verlangens, der Liebe und aller Süßigkeiten der Sehnsucht. […] Einklang ist in dieser Ehe der Seelen weder angenehm, noch nützlich, noch möglich. *Konsone* Töne müssen es sein, die die Melodie des Lebens und des Genusses geben, nicht *unisone*; sonst verliert sich die Freundschaft bald in bloße Gesellschaft.[58]

Die Wirkung dieser Thesen war gewaltig. In gewisser Hinsicht bilden sie das eigentliche Fundament der gesamten Strömung des deutschen Idealismus,[59] und damit nicht nur der ästhetischen Begriffe, die von den einen oder den anderen der repräsentativsten Autoren dieser Denkrichtung entwickelt wurden, oder mancher ihrer gesellschaft-

---

[56] Vgl. Herder, Liebe und Selbstheit (1781) in: *Schriften zur Philosophie*, Band 4 (1994) 419.

[57] *Ibid.*, 408.

[58] Liebe und Selbstheit, *loc.cit.*, 420 ff.

[59] Vgl. zu diesem Punkt die Pionierarbeit von Dieter Henrich über Hegel und Hölderlin (in Henrich, 1967).

lichen Konzeptionen, sondern auch ihrer Ideen über die Religion, die dementsprechend mit der Schönheit und dem Schönheitskult zusammenhing. Nach Herder begründet die als Liebe verstandene Freundschaft nicht eine bloße ›Gesellschaft‹, sondern eine ganz andere Form des Zusammenlebens: eine Gemeinschaft, die auch als ›religiös‹ bezeichnet werden kann, in einer von Hölderlin übernommenen Bedeutung des lateinischen Wortes *religare,* das so viel wie ›verbinden‹ bedeutet.

Diese ursprüngliche Bedeutung des Wortes ›Religion‹ hatte Hölderlin erkannt und aufgegriffen, um sie, wie übrigens auch Herder, mit der Freundschaft zu verbinden. Diese hatte für ihn einen extrem hohen Stellenwert. Man braucht nur an den ›Freundeskreis‹ zu denken, der um ihn in Frankfurt entstand und dessen bekannteste Mitglieder Sinclair, Jacob Zwilling und Hegel waren. Ein Fragment mit dem Titel »Über die Religion«, das vermutlich in den Jahren 1796–1797 entstand,[60] deutet darauf hin, dass unter den Ideen, die er damals in seinem Freundeskreis entwickelte, auch die These war, der zufolge die Religion in der Liebe wurzelt, und zwar in einer Liebe, die eher als *philia* und weniger als *eros* verstanden werden sollte. Aus Herders Sicht würde die Liebe auf einer zwischenmenschlichen, intersubjektiven Beziehung beruhen, in der die Individuen in ihrer wechselseitigen Beziehung zueinander dennoch ihre Singularität, ihre Unabhängigkeit und die Gleichheit zwischen ihnen bewahren, wie in einer Beziehung zwischen Freunden. Wenn Hölderlin im Fragment »Über die Religion« sehr explizit schreibt, die Religion entstehe aus einer bestimmten Form der Bindung, der Gemeinschaft zwischen den Menschen, so scheint er hier Herder zu folgen beziehungsweise dessen Ideen weiterzuführen:

> […] nur in so ferne mehrere Menschen eine gemeinschaftliche Sphäre haben in der sie menschlich, d.h. über die Nothdurft erhaben wirken und leiden, nur in so ferne haben sie eine gemeinschaftliche Gottheit; und wenn es eine Sphäre giebt, in der zugleich alle Menschen leben, und mit der sie in mehr als nothdürftiger Beziehung sich fühlen, dann, aber auch nur in so ferne, haben sie alle eine gemeinschaftliche Gottheit.[61]

---

[60] Dies ist die heute meist vertretene Hypothese. – Vgl. Hölderlin, *Entwürfe zur Poetik* (1979), 11–49, hier 11; auch zugänglich in: Hölderlin, *Sämtliche Werke und Briefe* (1998), II, 51–57.
[61] Vgl. Hölderlin, *loc.cit.* (1998), II, 51 f.

Hier können wir festhalten, dass die »gemeinschaftliche Sphäre«, aus der für Hölderlin die Religion entspringt, nicht bloß aus gleichartigen Beziehungen zwischen den Menschen besteht. Sie schließt auch »intellectuale moralische und rechtliche Verhältnisse« ein, sowie »physische mechanische und historische Verhältnisse« zwischen den Menschen. Laut Hölderlin betreffen letztere »den innigen Zusammenhang, das Gegebenseyn des einen zum andern, die Unzertrennlichkeit«, mit anderen Worten: das was wir heute, im Gegensatz zur ›Gesellschaft‹, eher mit dem Gemeinschaftlichen und der ›Gemeinschaft‹ in Verbindung bringen würden. Aber auch die Verhältnisse, die der Sphäre der ›Gemeinschaft‹ angehören, müssen laut Hölderlin die »intellectualen moralischen und rechtlichen Verhältnisse« zwischen den Menschen enthalten. Diese sind, wie er schreibt, »in ihren Theilen die Persönlichkeit, die gegenseitige Beschränkung, das negative gleiche Nebeneinanderseyn«.[62] Sie sind intersubjektive Verhältnisse zwischen Einzelnen, und hier kommt einem unweigerlich wieder der oben zitierte Satz von Herder in den Sinn: »Wir sind einzelne Wesen, und müssen es sein, wenn wir nicht (...) uns selbst verlieren wollen (...).«

Wenn Hölderlin behauptet, die Religion entstehe aus »gemeinschaftlichen« Verhältnissen zwischen Menschen, so will er sicherlich nicht sagen, dass wir in unserer religiösen Beziehung zu anderen Menschen unsere eigene Individualität und unser Bewusstsein, Einzelwesen zu sein, verlieren; oder dass wir zugunsten des gemeinschaftlichen Wesens vollständig auf unsere Individualität verzichten müssen. Er will vielmehr die Inadäquatheit von zwischenmenschlichen Verhältnissen betonen, die *nur* rechtlich, *nur* moralisch wären. Seiner Ansicht nach müssen die religiösen Verhältnisse zwischen Menschen auch – aber nicht ausschließlich – »den innigen Zusammenhang, das Gegebenseyn des einen zum andern, die Unzertrennlichkeit« einschließen, und folglich auch das »physische« Verhältnis und das »historische« Verhältnis der Individuen zueinander.

Die religiösen Verhältnisse zwischen den Menschen sind »weder intellectuel noch historisch, sondern intellectuel historisch, d.h., mythisch.« So gesehen, schreibt Hölderlin im Fragment »Über die Religion«, ist jede Religion »mythisch«, das heißt »ihrem Wesen nach poetisch«.[63] Hier begegnen wir wieder den Thesen des »Ältesten Sys-

[62] Vgl. hier Hölderlin, *op.cit.* (1998), II, 56.
[63] Vgl. hier Hölderlin, *op.cit.* (1998), II, 57.

temprogramms des deutschen Idealismus«: »Ich bin nun überzeugt, daß der höchste Akt der Vernunft, der, indem sie alle Ideen umfaßt, ein ästhetischer Akt ist und daß *Wahrheit und Güte nur in der Schönheit* verschwistert sind«, hatte der Autor dieses Textes geschrieben. Für ihn waren also sowohl die »Wahrheit« als auch die »Güte«, genauso wie die Wahrheitssuche der Philosophie und der Wissenschaften, und die Moral in der »Schönheit« verwurzelt. In der Denkströmung des deutschen Idealismus scheint sogar die Religion dem Kult der Schönheit untergeordnet zu sein. Diese These, auf der das ganze »Systemprogramm« aufbaut, war von Friedrich Hölderlin aufgestellt worden. In seinem Jugendwerk *Hyperion* legte der geniale Dichter, der ein Mitschüler Hegels und Schellings im Tübinger Stift gewesen war, seinem Protagonisten folgende Sätze in den Mund, und Rosenzweig zitiert sie in seiner Herausgabe des »Systemprogramms«, mit einem ausführlichen Kommentar:

Das erste Kind der göttlichen Schönheit ist die Kunst. So war es bei den Athenern.

Der Schönheit zweite Tochter ist Religion. Religion ist Liebe der Schönheit.

Der Schönheit verdanken wir entsprechend nicht nur die Kunst und die Religion, sondern auch die Philosophie, hatte Hyperion auch noch ausgerufen. Die Griechen, dieses »dichterische religiöse Volk«, wären ohne Dichtung nie ein philosophisches Volk gewesen, denn die Poesie ist das Alpha und das Omega dieser Wissenschaft:

Wie Minerva aus Jupiters Haupt, entspringt sie aus der Dichtung eines unendlichen göttlichen Seins. Und so läuft am End auch wieder in ihr das Unvereinbare in der geheimnisvollen Quelle der Dichtung zusammen.[64]

Diese Sätze findet man in beinahe identischer Form aus der Feder Schellings, und zwar ganz am Ende seines *Systems des transzendentalen Idealismus* (1800):

Wenn es nun aber die Kunst allein ist, welcher das, was der Philosoph nur subjektiv darzustellen vermag, mit allgemeiner Gültigkeit objektiv zu machen gelingen kann, so ist, um noch diesen Schluß daraus zu ziehen, zu erwarten, daß die Philosophie, so wie sie in der Kindheit der Wissenschaft von der Poesie geboren und genährt worden ist, und mit ihr alle diejenigen Wissenschaften, welche durch sie der Vollkommenheit entgegengeführt werden, nach ihrer Vollendung als ebensoviel einzelne Ströme in den all-

---

[64] Vgl. Hölderlin, *Sämtliche Werke. Große Stuttgarter Ausgabe* (1946–1985), 3, 79 ff.

gemeinen Ozean der Poesie zurückfließen, von welchem sie ausgegangen waren. Welches aber das Mittelglied der Rückkehr der Wissenschaft zur Poesie sein werde, ist im allgemeinen nicht schwer zu sagen, da ein solches Mittelglied in der Mythologie existiert hat, ehe diese, wie es jetzt scheint, unauflösliche Trennung geschehen ist. Wie aber eine neue Mythologie, welche nicht Erfindung des einzelnen Dichters, sondern eines neuen, nur Einen Dichter gleichsam vorstellenden Geschlechts sein kann, selbst entstehen könne, dies ist ein Problem, dessen Auflösung allein von den künftigen Schicksalen der Welt und dem weiteren Verlauf der Geschichte zu erwarten ist.[65]

Der Widerhall dieser Sätze scheint gewaltig gewesen zu sein. Man bedenke nur: Noch ganz am Ende des neunzehnten Jahrhunderts hielt es Hermann Cohen für notwendig, sich über sie zu entrüsten. Er tat dies wiederholt, so zum Beispiel ganz am Anfang seiner *Ästhetik des reinen Gefühls* gegen Schelling: Schelling »hätte nicht wagen können, den Satz auszusprechen, daß alle Philosophie schließlich wieder in den Ozean der Poesie einmünden müsse, wenn er sich nicht bewußt gewesen wäre, mit dieser These am sichersten alle Dämme der kritischen Philosophie einreißen und wegspülen zu können.«[66]

Doch was meinte Schelling eigentlich, als er diese Sätze niederschrieb und ist er auch tatsächlich deren Autor gewesen? War es nicht vielmehr Hölderlin, der sie als Erster formuliert hat?

Dies ist eine der Fragen, die sich Rosenzweig in seiner Herausgabe des »Systemprogramms« stellte. Er weiß sehr wohl dass die grundlegende Orientierung des deutschen Idealismus bei allem, was die Bewertung der Ästhetik sowie deren Stellenwert in der menschlichen Bildung betrifft, Friedrich Schiller zu verdanken war. In seinen *Briefen zur ästhetischen Erziehung des Menschen* hatte der große Dichter, der auch ein überzeugter Bewunderer Kants war, die »Sache der Schönheit« fördern wollen und geglaubt, er könne zeigen, dass dasjenige, das bei Kant für die moralischen Erfahrungen gilt, »in einem noch höhern Grade von der Erscheinung der Schönheit gelten muß«.[67] Als Rosenzweig auf dem in der Berliner Bibliothek entdeckten »Blatt über Ethik« liest, dass die Poesie »die Lehrerin der Menschheit« sein müsse, kann er also unschwer Schiller als Ahnherr solcher

---

[65] Vgl. Schelling, *Werke* 1/3, 629 mit Rosenzweig, GS III, 40. Vgl. auch Rosenzweig, GS I.1, 163 ff.

[66] Cohen, *Werke*, ArG, 9. Vgl. auch KBA, 339 und hier unten, S. 117.

[67] Vgl. Schiller, *Briefe zur ästhetischen Erziehung des Menschen*, Erster Brief.

Ideen wiedererkennen und erwähnt ihn daher auch.[68] Da er auf dem aktuellsten Stand der Forschung zu diesem Thema ist, weiß er aber auch, dass manche Forscher, und hierbei keineswegs die unbedeutendsten seiner Zeit, auch Friedrich Hölderlin als Beförderer dieser Ideen eine große Bedeutung zuschreiben. Dabei gehen einige sogar so weit, Hölderlin die Rolle eines Initiators zukommen zu lassen, insbesondere in der Formulierung der These über die Absolutheit der Dichtkunst, so wie man sie im »Systemprogramm« findet. Der damals wie auch heute noch sehr einflussreiche Theologe und Geisteswissenschaftler Wilhelm Dilthey hatte geglaubt, den Nachweis erbringen zu können, dass die allerletzten Sätze des *Systems des transzendentalen* Idealismus, im Jahre 1800 veröffentlicht, mit den von Hölderlin zum ersten Mal im Jahr 1797 am Ende des ersten Bandes von *Hyperion* veröffentlichten Sätzen direkt verbunden wären.[69] Doch Rosenzweig erlaubt es sich als Entdecker des »Systemprogramms«, das er auf das Jahr 1796 datiert, Dilthey (der übrigens wenige Jahre zuvor gestorben war) zu korrigieren: Nicht Schelling hätte diese Sätze Hölderlins wiederverwendet, sondern vielmehr Hölderlin die Sätze Schellings. Schelling hätte sie als erster im »Systemprogramm« zu Papier gebracht und dann im Jahr 1800 in seinem *System des transzendentalen Idealismus* wieder aufgegriffen. Die Sätze, die man im »Systemprogramm« findet, würden von Schelling stammen, sie wären immer von ihm gewesen!

Der junge Gelehrte ist sich seiner Sache, und zwar sowohl seiner Entdeckungen als auch seiner Deutungen, sehr sicher, selbst den einflussreichsten Autoritäten gegenüber. Über all die gelehrten Fragen der Urheberschaft des einen oder anderen Autors hinaus weiß er aber auch, dass es letztendlich auf die Ideen als solche ankommt, und dass diese Ideen die Ideen einer ganzen Generation gewesen sind, keineswegs die des einen oder des anderen. Genau diese Ideen sind es auch, die er im *Stern der Erlösung* heftig ablehnt.

Das Systemprogramm verband tatsächlich die Religion mit dem Mythos und mit der Dichtung und forderte, dass man die Religion »mythologisch«, das heißt »ästhetisch« machen müsse; das man sie zu einer »sinnlichen Religion« mache, einer Religion, die alle Sinne der Menschen ansprechen würde, ihre Wahrnehmungen und ihre Empfindungen, aber auch ihre Einbildungskraft und ihre Gefühle.

[68] Rosenzweig, GS III, 20.
[69] Vgl. z. B. W. Dilthey, *Das Erlebnis und die Dichtung* (1905), 281.

Der Autor des Programms fügte hinzu: »Die Poesie bekommt dadurch eine höhere Würde, sie wird am Ende wieder, was sie am Anfang war – Lehrerin der Menschheit.« Eben diese Auffassung griff Rosenzweig im *Stern* auf.

III

Wenn er im *Stern* schreibt, dass das Gleichnis der Liebe »als Gleichnis durch die ganze Offenbarung hindurchgeht«, dass es aber »mehr als ein Gleichnis sein soll«[70], greift er auf Herder und Hölderlin, aber auch unmittelbar auf Auslegungen jüdischer Autoren zurück, und insbesondere auf Rabbi Schlomo ben Jizchak (1040–1105). Der unter dem Akronym Raschi bekannte maßgebliche französische Kommentator der hebräischen Bibel und des Talmud, hatte schon in der Einleitung zu seinem Hohelied-Kommentar betont, dass es gelte, dem Pschat, dem ›Wortsinn‹ eines Verses, treu zu bleiben:

אין מקרא יוצא מידי פשוטו

Ein Schriftvers verliert seine wörtliche Bedeutung nicht – auch dann, wenn er verschiedene Deutungen hat,

אחת דיבר אלהים, שתים זו שמעתי (תהלים סב יב) – מקרא אחד יוצא לכמה טעמים
וסוף דבר אין לך מקרא יוצא מידי פשוטו ומשמעו
ואף על פי שדיברו הנביאים דבריהם בדוגמא, צריך ליישב
הדוגמא על אופניה ועל סדרה, כמו שהמקראות סדורים זה אחר זה

»eines hat Gott geredet, zwei habe ich vernommen« (Ps. 62.12) [...] ein Schriftvers hat verschiedene Deutungen, nicht aber ist **eine** Deutung aus verschiedenen Schriftversen zu entnehmen[71] ... Obwohl ferner die Propheten in ihren Worten sich bildlicher Darstellung bedienen, ist es notwendig, die bildliche Ausdrucksweise selbst nach dem Sinne des Zusammenhanges und nach der Reihenfolge der Bibelverse zu erklären.Was nun dieses Buch betrifft, habe ich verschiedene aggadische Midraschauslegungen zu ihm gesehen; einige legen das Buch im Zusammenhange aus, andere beziehen sich auf einzelne Stellen des Buches und lassen sich weder mit dem Wortlaute des Schriftverses, noch mit dem Zusammenhange der Verse untereinander in Einklang bringen. Ich habe den Vorsatz, zunächst den einfachen Wortsinn der Schrift festzuhalten und dem Zusammenhange gemäß zu erklären,

---

[70] *Stern*, 221.

[71] Traktat Sanhedrin 34a. Übersetzung von Lazarus Goldschmidt, *Der Babylonische Talmud* (1996), hier Band VIII, 593.

während ich die von unseren Lehrern überkommenen Midrasch-Deutungen an den betreffenden Stellen anbringen werde […].[72]

Wenn Rosenzweig im *Stern* schreibt, dass im Hohelied »die Sinnlichkeit des Worts […] randvoll von seinem göttlichen Übersinn« sei – denn »die Liebe ist, wie die Sprache selbst, sinnlich-übersinnlich«[73] – dann ist es Raschis Vorsatz, »zunächst den einfachen Wortsinn der Schrift festzuhalten«, dem er hier folgen will. Deshalb betont Rosenzweig den »einfachen Wortsinn« des Hohelieds dementsprechend stark. Dieser »einfache Wortsinn« des Hohelieds ist ein sinnlicher: im Hohelied handelt es sich nicht nur um das Volk Israel, sondern erstmals um Frauen, was in gewissen, jüdisch-orthodoxen Kreisen bis heute nicht immer anerkannt wird.

Auch wenn Rosenzweig gerade den Pschat, den sogenannten ›wörtlichen‹ Sinn in seiner Lektüre des Hohelieds hervorheben wollte, bedeutete dies für ihn aber nicht, dass das Lied nur auf dieser ersten Ebene gelesen werden könnte, und dass es nicht gleichzeitig auf anderen Ebenen ›übersinnlich‹, also ›göttlich‹ wäre. Raschis Vorsatz folgte Rosenzweig weiter: »eines hat Gott geredet, zwei habe ich vernommen« (Ps. 62.12, אחת דיבר אלהים, שתים זו שמעתי): Er fragte nach dem Verhältnis zwischen dem ersten Sinn des Hohelieds, also dem »rein-menschlichen«, »rein-weltlichen«, und dem »übersinnlichen«, wusste aber, dass es keineswegs einfach ist, die erwünschte Vereinigung einer »sinnlichen« und »übersinnlichen« Bedeutung des Hohelieds zu erklären. Insbesondere hob er die Vergleiche, die das Hohelied in Hülle und Fülle bietet, hervor. Er betonte, dass »das Hohe Lied als einziges unter allen biblischen Büchern mit einem Komparativ anhebt, – ›besser denn Wein‹«[74]; dass eine Sprache aber »mehr ist als nur ein Vergleich«, dass sie »wahrhaft Gleichnis – und also mehr als Gleichnis – ist«.[75] Auch wenn Rosenzweig hier keine ausdrückliche Erörterung des Worts ›Gleichnis‹ anbietet, das eine ganz wichtige Rolle in der Entwicklung der deutschen Geisteswissenschaften – und des Denkens Hermann Cohens – spielen sollte[76], wird dennoch seine

[72] Vgl. Schlomo Jizchaki (Raschi), Hakdamah, Einleitung zum Hohelied-Kommentar, Übersetzung von Wilhelm Bacher, *Die jüdische Bibelexegese vom Anfange des zehnten bis zum Ende des fünfzehnten Jahrhunderts* (1892), hier 43 f.

[73] *Stern*, 224.

[74] *Stern*, 225.

[75] *Stern*, 221.

[76] Vgl. hier unten S. 113 sq. (im nächsten Kapitel).

eigene Absicht deutlich. Es sind die traditionellen Lesarten der biblischen Texte, die er aufgreifen möchte – also diejenigen, die man üblicherweise mit dem Akronym PaRDeS bezeichnet[77]: den *Pschat*, mit dem Konsonant P genannt, der die einfache, wörtliche Bedeutung eines Texts hervorhebt; den *Remes* (R), die Allegorie; den *drash* (D) oder *midrash*, die interpretative Bedeutung; und den *sod* (S), das Geheimnis, das mystische, esoterische Bedeutungen enthält. Rosenzweig bewertet zum Allerersten die einfache, wörtliche Bedeutung der Sprache der Offenbarung, als Sprache der Liebe. Doch schließt er keineswegs den *Remes*, die Allegorie aus. Ihm zufolge soll nämlich die Liebe im Hohelied »nicht nur Gleichnis«, sondern »mehr als ein Gleichnis« sein. Das bedeutet also, dass sie sowohl einfach ›wörtlich‹ zu nehmen sei, aber gleichzeitig *auch als ein Gleichnis*. Anders als viele seiner Zeitgenossen weist Rosenzweig die allegorische Erklärung des Hohelieds keineswegs zurück, eher setzt er sie voraus und benutzt sie, nicht nur im *Stern*, sondern auch in anderen Schriften, so z. B. in seinem Kommentar zu seiner Übersetzung einiger Gedichte des Jehuda Halevi, das anfangs in diesem Kapitel schon zitiert wurde. Er greift das Gleichnis eines Gesprächs zwischen Gott und Israel in den Versen 2, 14 f. des Hohelieds – »Meine Taube in den Felslöchern in den Steinritzen« wieder auf, um danach zu einer Meditation über die Dichtung weiter zu gehen:

> Es ist, hier wie anderswo, mehr ein Heißen als ein eigentliches gleichnishaftes Sein. Das Gleichnis zerrinnt dem Dichter g[e]radezu unter den Händen [...] Das ist kein Mangel an dichterischer Kraft, die allerdings im Festhalten des Gleichnisses sich zeigen würde, sondern ein undichterisch-überdichterischer Wille, durch jedes Gleichnis, wie es der bildnerische Hang der Sprache immer wieder dem Sprecher in den Mund legt, immer wieder durchzustoßen in die bildlose Wahrheit der Prosa. Der biblische Stil ist poetisch nur wider Willen[78] ...

Weit davon entfernt, die traditionelle Lesart des Hohelieds, also die allegorische, zurückzuweisen, nimmt Rosenzweig sie vielmehr wieder auf. Die im Lied dreimal wiederholte Beschwörung – II, 7; III, 6; VIII, 4: »daß ihr meine Liebe nicht aufwecket noch reget, bis daß ihr selbst gefällt« – liest er zwar zuerst dem Pschat folgend, in der ein-

[77] Vgl. Karl-Erich Grözinger, *Jüdisches Denken: Theologie, Philosophie, Mystik*, Bd. 2 (2005), hier 206 ff. Vgl. auch Daniel Krochmalnik, *Im Garten der Schrift. Wie Juden die Bibel lesen*, Augsburg 2006.
[78] Rosenzweig, GS IV.1, 180 f.

fachen, wörtlichen Bedeutung, der zufolge man Liebe nicht nötigen und nicht versuchen soll, sie mittels einer Vergewaltigung im Sinne eines physischen Übergriffs jeglicher Art zu erreichen. Doch nimmt er auch die traditionelle, allegorische Bedeutung dieser Verse in dem Talmudischen Traktat Kethuboth 110b-111[79] wieder auf:

Es gibt noch einen anderen Schriftvers[80]: *ich beschwöre euch, Töchter Jerusalems, bei den Gazellen oder den Hinden der Flur.*[81] – Und R. Zera!?: – Dies besagt, dass Jisraél nicht geschlossen hinaufziehe[82]. – Und R. Jehuda!? – Es heißt nochmals: *ich beschwöre*[83]. – Und R. Zera!? – Dies ist wegen einer Lehre des R. Jose b.r. Hanina nötig, welcher sagte: Wozu diese drei Schwüre[84]? Einer, daß Jisraél nicht geschlossen hinaufziehe, einer, daß der Heilige, gepriesen sei er, Jisraél beschwor, sich nicht gegen die weltlichen Völker aufzulehnen, und einer, daß der Heilige, gepriesen sei er, die weltlichen Völker beschwor, Jisraél nicht übermäßig zu knechten.- Und R. Jehuda!? – Es heißt[85]: *daß ihr nicht wecket noch aufregt*[86]. – Und R. Zera!? – Dies ist wegen einer Lehre R. Levis nötig, welcher sagte: Wozu diese sechs[87] Schwüre? Drei, wie wir bereits erklärt haben, und die übrigen, daß sie das Ende[88] nicht offenbaren, daß sie das Ende nicht hinausschieben[89], und daß sie den weltlichen Völkern das Geheimnis[90] nicht offenbaren sollen …

Diese allegorische Lektüre des Hohelieds ist es, die Rosenzweig im dritten Teil des *Sterns* anwendet, als er sich gegen all die »Schwärmer«, »Sektierer«, »kurz alle Tyrannen des Himmelreichs« erhebt, weil sie »das Kommen des Reichs […] verzögern« statt es zu »beschleunigen«.[91] – *In tyrannos:* diese Kritik der »Tyrannen des Himmelreichs«, die dem dritten Teil des *Sterns* zu Grunde liegt, hatte er

---

79 Die Übersetzung ins Deutsche sowie die dazu gehörenden Fußnoten stammen aus Lazarus Goldschmidt, *Der Babylonische Talmud* (1996), hier Band V, 358 f.

80 Cant.2,7.

81 »Weiter folgt: die Liebe nicht zu erwecken, d. h. die Liebe zum heiligen Lande.«

82 »Wörtl. Wie eine Mauer; d. h. das ganze Volk, mit Waffengewalt.«

83 »Cf. Cant.3, 5: der 2. Vers bezieht sich auf einzelne Personen.«

84 »Cant 5,8 wiederholt sich die Beschwörung zum 3. Male, jed. nicht im selben Wortlaute, weshalb vorangehend darauf nicht Bezug genommen wurde.«

85 »Cant.2,7«.

86 »Es sind 2 Verbote, für das ganze Volk u. für den einzelnen.«

87 »Der Schwur wiederholt sich 3mal u. in jedem sind 2 Verbote enthalten.«

88 »die Ankunft des Meßias«.

89 »Durch ihre Missetaten; einleuchtender ist die Lehre ידחקו, drängen, es erzwingen; cf. Bq. Fol. 164a.«

90 »Nach den Erklärern, die Geheimnisse der Tora; technisch wird סוד oft für die Kalenderkunde gebraucht …«

91 *Stern*, 302 f.

schon im Jahre 1916, in seiner brieflichen Auseinandersetzung mit Eugen Rosenstock während des ersten Weltkriegs, erörtert. Dort hatte er all die »messianischen Bewegungen, die es im Judentum fortwährend gegeben hat«, ins Visier genommen: sie mögen zwar »notwendig sein, um die (innere) Lebendigkeit des vom Leben der Welt abgeschnittenen (verbannten!) Volks zu erhalten«, sind aber letztendlich nur »mehr oder weniger großartige Selbsttäuschungen«.[92]

Nur das Gebet – eines, das auch das Hohelied einschließt – wäre in der Lage, das Kommen des Reichs zu befördern. Dass dieses Gebet für Rosenzweig auch eine mystische Dimension beinhaltet, scheint offensichtlich, und es mag daher naheliegen, dass Rosenzweig auch eine mystische Lektüre des Hohelieds, also anhand des Sods, befürwortet hätte. Mit gutem Recht darf man aber bezweifeln, dass er in seiner Zeit bereits über die geeigneten Mittel verfügte, die es ihm ermöglicht hätten, eine solche Lektüre durchzuführen. Es ist Gershom Scholems Verdienst gewesen, zu zeigen, dass manche Grundlehren der Kabbala gerade anhand der Lektüre einiger Verse des Hohelieds ganz früh entwickelt worden sind, was er allerdings erst nach dem Tode Rosenzweigs feststellte. In seinem Nachruf konnte er also mit vollem Recht sagen, dass »auch Rosenzweigs Äußerungen über die Kabbala den Worten eines Kleinkinds gleichen, das in die Hände der Heiden geraten ist, und er nicht wusste, daß sie ihm in der Seele lag.«[93] Es sind daher nicht die Symbolik oder die Mystik, die die Bedeutung Rosenzweigs als Leser des Hohelieds ausmachen, sondern seine Lektüre dieses Werks als Kunstwerk – eines, das also »vergöttlicht« und keineswegs »vergöttert« werden sollte.

---

[92] Vgl. Rosenzweig, GS I.1, 304 f. – Ein anderer Hinweis zur Erhellung dieser Passage ist das Matthäus-Evangelium 11.12: »von den Tagen Johannis, des Täufers, bis hierher, leidet das Himmelreich Gewalt; und die Gewalt thun, die reißen es zu sich«.

[93] Franz Rosenzweig und sein Buch »Der Stern der Erlösung«, als Nachwort zum *Stern* gedruckt, 525–549, hier 535 f.

3. »Der monotheistische Gott hat jede Ironie unmöglich gemacht«: Hermann Cohen über die Ironie der Kunst

> *Die Kunst,* hat jemand gesagt, *ist die Ironie des Übersinnlichen.* Der monotheistische Gott aber, der jüdische Gedanke vom Übersinnlichen, hat durch seine feierliche Großheit und seine unnahbare Erhabenheit jede Ironie unmöglich gemacht.[1]

Schon in einem seiner ersten Aufsätze, »Heine und das Judentum« (1867), hatte Hermann Cohen diese These eines Gegensatzes der Religion, bzw. des jüdischen Monotheismus, zur Kunst in den Vordergrund gerückt. Auch in der *Religion der Vernunft,* seiner allerletzten Schrift, im Jahre 1919 posthum veröffentlicht, kam er auf sie zurück und betonte den Gegensatz des prophetischen Monotheismus zur Kunst.[2] Diese These scheint äußerst gewagt, da sie aber auch in seiner allerletzten Schrift wieder auftaucht, darf sie keineswegs vernachlässigt werden, so als handle es sich dabei nur um eine jugendliche Übertreibung: Cohen schreibt, dass die Kunst darin bestehe, »zu allererst Bilder zu erschaffen, als Abbilder der natürlichen Dinge, welche das Universum erfüllen. Aber von den sinnlichen Dingen versteigt sich alsbald die Kunst auch zu den Götterwesen« – und damit zum Götzendienst. Daher auch das kategorische Bilderverbot der Bibel: »Du sollst dir kein Bildnis (פסל) noch irgendein Gleichnis (תמונה) machen, weder des, das oben im Himmel, noch des, das unten auf Erden, oder des, das im Wasser unter der Erde ist. – Bete sie nicht an, und diene ihnen nicht.«[3] Auch wenn Cohen den »Widerspruch« zwischen dem Monotheismus und der Kunst betont, merkt er doch an, dass dieser eine »Anomalie« bildet, da die Kunst eine »ursprüngliche Betätigungsweise des menschlichen Geistes« sei und es daher nicht darum

---

[1] Cohen, *Werke* 12, 202.

[2] Cohen, RV, 62.

[3] Ex. 20, 4 (die deutsche Fassung wird zitiert nach der Lutherbibel des Jahres 1912, die online zugänglich ist: http://www.bibel-online.net/buch/luther_1912/); vgl. Cohen, RV, 62.

gehen könne sie zu verwerfen. Was macht es dann für einen Sinn, sie mit dem Götzendienst zu verknüpfen?

Die Frage ist eine theologische, philosophische, aber auch eine historische, woran Cohen auch erinnert: Er erwähnt den »Bildersturm«, also jene Bewegungen, die gemeinhin mit den Angriffen byzantinischer Kaiser auf die bildende und skulpturale religiöse Kunst im 16. Jahrhundert assoziiert werden, deren Wiederauftreten in jüngster Zeit aber wieder zu beobachten ist. Cohen fügt hinzu, dass es sogar geeigneter sein mag, an das Problem der Beziehungen zwischen Kunst und Monotheismus auf einer rein geschichtlichen Ebene heranzugehen. Eine solche Vorgehensweise würde es, gemäß Cohen, erlauben zu verstehen, dass diese »Anomalie« nicht nur die ursprüngliche Orientierung des hebräischen Monotheismus betrifft, sondern auch seine geschichtliche Auswirkung. Wir sollten uns daher nicht die Frage stellen, wieso die ersten Verteidiger des Monotheismus, die hebräischen Propheten, die Kunst verwarfen, sondern eher umgekehrt, woher sie ihre Kräfte gefunden haben, den Verführungen der Kunst, zum Beispiel den Zaubern der babylonischen oder ägyptischen Kunst, zu widerstehen. Denn die Kunst, diese »allgemeine Richtung des menschlichen Geistes«, besitzt eine große Kraft und – wie Cohen mehrfach betont – beinhaltet sie wahren Zauber.[4] Woher nahmen daher die Propheten die Kraft, ihr Widerstand zu leisten? Dieser Widerstand der Propheten, diese einzigartige »Ausnahme«[5] ist daher für Cohen erklärungsbedürftig.

Zwar beanspruchte Cohen nicht eine vollständige Erklärung dieses Phänomens gefunden zu haben, aber einen Lösungsansatz bietet er trotzdem an: Der Kampf gegen den Götzendienst, so Cohen, wurde selbst durch ein ästhetisches Bewusstsein genährt, so dass die Propheten ihren Kampf gegen die Kunst der Götterbilder selber als Künstler geführt hatten. Insbesondere in der Dichtung, in der lyrischen Kunst, hätten sie sich hierin ausgezeichnet: mit den Psalmen gelangten sie zu einem Höhepunkt der Dichtkunst, und Cohen geht sogar so weit zu behaupten, dass ohne den Einfluss dieses Meisterwerks selbst die deutsche Lyrik ihre Vollkommenheit nie hätte erreichen können.[6] Die am Anfang dieses Kapitels zitierten, pauschalen

[4] Cohen, RV, 62. Über die »Zauber der Kunst« vgl. auch z. B. ARG, 19, 21, 162, 222, 232, 233, 294 und öfter.

[5] *Ibid.*

[6] Cohen, RV, 487.

Formulierungen sind also zu nuancieren: Es mögen zwar einige Formen der Kunst im Widerspruch zu einem monotheistischen Bewusstsein stehen, andere befänden sich hingegen ganz im Einklang mit ihm. Gemäß Cohen gäbe es aber auch solche, die imstande wären, eine religiöse Gesinnung oder religiöse Gefühle zu fördern. Hier denkt Cohen an die Poesie, und insbesondere an die Musik.[7] Es scheint daher so, als würde er bestimmte Arten der Kunst – die Lyrik, und besonders die Musik – gegen andere – die Malerei, oder die Plastik – bevorzugen wollen.

Diese Lösung setzt aber voraus, dass wir eine Trennung zwischen unterschiedlichen Arten oder ›Genres‹ der Kunst durchführen können. Da die Verknüpfungen zwischen unterschiedlichen Kunstformen oft sehr eng sind, und es auch Interaktionen zwischen ihnen gibt, welchen Sinn könnte eine solche Trennung haben? Warum wäre sie wichtig? Warum sollte es verboten sein, Gott eine ›Gestalt‹, eine figürliche Darstellung zu geben, aber erlaubt, in der Literatur allerlei anthropomorphe poetische Bilder zu benutzen? Gott kann auch mit Hilfe von Allegorien oder Symbolen dargestellt werden: Es gibt in der Tat unzählige Passagen in der Bibel, welche die ›Hand‹, den ›Arm‹ Gottes und sogar sein ›Antlitz‹, sein ›Gesicht‹ erwähnen, also bildliche, figürliche Darstellungen Gottes in menschlicher Form verwenden.[8] Welche Gründe und Argumente würden dafür sprechen, dass solche ebenfalls bildliche Darstellungen weniger zum Götzendienst führen als die Malerei oder die Bildhauerkunst? Diese Frage, also diejenige, die sich der Relevanz einer Unterscheidung zwischen unterschiedlichen Kunstformen oder -praktiken stellt, ist für Cohen letztendlich keine andere, als die Grundfrage nach der ›Einheit des

[7] Für Musik war Cohen besonders empfänglich: als Sohn eines Kantors wuchs er bereits in einem Haus auf, in dem die Musik gepflegt wurde und besonders in der Liturgie eine große Rolle spielte. Durch seine Ehe mit Martha Lewandowski verband er sich mit einer Familie, in welcher die Musik noch wichtiger war. Louis Lewandowski (1821–1894), sein Schwiegervater, war ein bekannter Komponist und ein großer Erneuerer der synagogalen Musik. Auch wenn Cohen selber kein Instrument spielte, besuchte er regelmäßig Konzerte und schrieb auch öfters über Musik: vgl. z. B. Cohen, SPhZ I, 490–519 und Cohen, *Werke* 17, 3–108. Vgl. auch hierzu Dieter Adelmann, *»Reinige dein Denken«. Über den jüdischen Hintergrund der Philosophie von Hermann Cohen* (2010), 31–104.

[8] In seiner Studie Hermann Cohen on Idol Worship (2000), geht Kenneth Seeskin diesen Fragen nach und verweist auf Jesaja (6,1) und noch nachdrücklicher auf Ezechiel (I, 26–28), einen von Cohen besonders geschätzten Propheten.

Bewußtseins‹ – einer Einheit, welche für ihn keineswegs in der Ästhetik zu suchen ist:

> Man [darf] nur nicht im ästhetischen Bewußtsein selbst die Einheit des menschlichen Bewußtseins annehmen, während diese vom ästhetischen Bewußtsein nur durch eines ihrer Glieder vorgebildet wird. Das ästhetische Bewußtsein selbst aber ist durch die beständige Mitwirkung des ethischen Bewußtseins bedingt, und an dies gliedert sich mit seiner Eigenart das religiöse Bewußtsein an. Die religiöse Eigenart schafft sich nun aber einen eigenen Gott und einen eigenen Menschen. Und da diese beiden religiösen Begriffe durch die Ironie der bildenden Kunst verletzt werden, so sucht das religiöse Bewußtsein bei einer anderen Richtung des ästhetischen Bewußtseins Zuflucht […] was das religiöse Bewußtsein an der bildenden Kunst verliert, das ersetzt es sich reichlich durch die lyrische Poesie.[9]

Wie schon in dem frühen Heine-Aufsatz erweist sich die These einer »Ironie der bildenden Kunst« auch in Cohens Spätwerk als höchst bedeutend: Cohen behauptet, dass durch das Vertreten dieser These sowohl der Gottesbegriff als auch der Begriff des Menschen, also die Grundbegriffe der Religion und der Ethik, verletzt würden. Doch warum eigentlich?

Im Folgenden soll dieser Frage nachgegangen werden, um Cohens vernichtendes Urteil zu erklären. Dabei soll der seit Rosenzweig verbreiteten Praxis, Cohens frühere Texte von den späteren her zu beurteilen, eine andere Methode entgegenstellt werden. Aus der Perspektive der späteren Werke wollte Rosenzweig Cohens Frühschrift über Heine, die er als »Jugendsünde« bezeichnete, beiseiteschieben.[10] Demgegenüber gilt es, zunächst chronologisch zu verfahren, also zuerst Cohens frühere Texte mit der Sorgfalt zu untersuchen, die ihnen zukommen, und sich erst danach der Deutung der späteren Werke zu nähern. Anstatt den frühen Heine-Aufsatz zu vernachlässigen, soll vielmehr der Arbeitshypothese gefolgt werden, dass Cohen darin eine ethische und politische Grundorientierung zum Ausdruck bringt, welche ihn bis zum Ende seiner Laufbahn begleiten wird. Auch auf die noch frühere, allererste Veröffentlichung des Philosophen, »Die platonische Ideenlehre psychologisch entwickelt« (1866)[11], soll nachdrücklich aufmerksam gemacht werden. Es kann nämlich gezeigt werden, dass darin eine für das ganze, zu-

---

9 Cohen, RV, 486.
10 Rosenzweig, GS III, 215 f.
11 Cohen, *Werke* 12, 101–191.

künftige Werk Cohens grundlegende Auffassung der platonischen Philosophie enthalten ist: Die Auffassung eines ›Gesichts‹ im prophetischen Sinne, also einer ›Schau‹, welche eher die Schau einer Idee, als diejenige eines menschlichen Antlitzes, ist. Erst danach sind die systematischen, der Ästhetik gewidmeten Werke Cohens in Betracht zu ziehen, also die *Ästhetik des reinen Gefühls* (1912) und insbesondere *Kants Begründung der Ästhetik* (1889). Für die Ästhetik und besonders eine Fragestellung bezüglich der Ironie der Kunst mag die Schrift von 1889 sogar als die wichtigste gelten. Die »Ironie« der Kunst erwähnt Cohen schon ganz am Anfang dieses Werks, in seiner »Historischen Einleitung«, in der er den »Streit über Glauben und Wissen« behandelt und behauptet, dass das griechische Altertum diesen Streit eigentlich nicht gekannt hätte, jedenfalls nicht »im neueren Sinne«. Dem fügt er aber hinzu, dass »Ironie [...] nach einer Bemerkung Solgers [...] selbst die homerischen Götter umspielt«.[12] Am Ende seines Werkes kommt er wiederum auf Solger zurück, um die Frage des Verhältnisses der Kunst zur Religion zu behandeln. Dort geht er sogar so weit zu behaupten, dass der Grundgedanke Solgers zur Ironie der Kunst »der tiefste Begründungsgedanke der Ästhetik« sei.[13] In seinem frühen Heine-Aufsatz hatte Cohen nicht ausdrücklich gesagt, an wen er dachte, als er die Auffassung der Kunst als »Ironie des Übersinnlichen« behandelte. Diese These hätte er zum Beispiel bei dem damals viel gelesenen Friedrich Theodor Vischer (1807–1887) finden können,[14] doch er dachte dabei wohl eher, wie dies *Kants Begründung der Ästhetik* deutlich zeigt, an Karl Friedrich Solger (1780–1819): Es ist von zentraler Bedeutung, dass Cohen mit diesem, im 19. Jahrhundert wohlbekannten Berliner Professor für Ästhetik,[15] die These der Ironie der Kunst verbindet.

Um die Bedeutung dieser These zu verdeutlichen, soll im Folgenden zu diesem in Vergessenheit geratenen Autor zurückgekehrt werden. Solger ließ in seinem *Erwin. Vier Gespräche über das Schöne und die Kunst* (1815) Anselm, einen der Gesprächsteilnehmer, sich über die »Kühnheit« erstaunen, »das ganze Wesen der Kunst in die

12 Cohen, *Werke*, KBA, 17.

13 KBA, 418.

14 Vgl. F. Th. Vischer, *Ästhetik oder Wissenschaft des Schönen*. Bd. 1 (1846), § 5, 28.

15 Erst später fiel Solger der Vergessenheit anheim, bis er gegen Ende des 20. Jahrhunderts von Wolfhart Henckmann (1978 + 2002) u.a. neu entdeckt wurde.

Ironie aufzulösen« und darin eine »Ruchlosigkeit« zu sehen.[16] Aus den bereits genannten methodologischen Gründen ist zunächst jedoch auf den Heine-Aufsatz einzugehen.

I

Dass Hermann Cohen einen seiner frühesten Aufsätze (veröffentlicht Januar bis März 1867) Heinrich Heine gewidmet hat, ist seit langem bekannt, obgleich der Artikel in der Forschung bislang eher vernachlässigt wurde.[17] Wenn er doch gelegentlich erwähnt wurde, dann meist, um ihn zu verwerfen, wie dies Rosenzweig getan hat[18], oder um ihn als ein Kuriosum zu betrachten – und tatsächlich mag seine Lektüre auf den ersten Blick Staunen hervorrufen. Denn dort erscheint Cohen als Verteidiger nicht nur von Heine, diesem frivolen Wesen, »dem Nichts heilig war im Himmel und auf Erden«[19], sondern auch von Spinoza und nicht etwa von Kant. Cohen fragt, anscheinend ganz naiv, ob Heine möglicherweise doch recht gehabt hätte, als er behauptete, dass Kant im Gegensatz zu Spinoza kein Genie gewesen wäre, auf jeden Fall kein Genie »im poetischen Sinne«[20]: Er selber scheint bei seiner Antwort auf diese Frage keine Zweifel zu hegen. Unmittelbar darauf folgt eine lange, enthusiastische Apologie von Spinozas Ethik, in welcher er sogar so weit geht, den Pantheismus ausführlich und mit Nachdruck zu verteidigen.

Auch wundert er sich – oder tut so, als ob er sich wundern würde –, dass »selbst in gebildeten jüdischen Kreisen« nicht anerkannt würde, daß Baruch Spinoza nicht nur Jude war, sondern auch »ein Jude *geblieben* ist«.[21] Die »innere Verwandtschaft, die sowohl Heine, als Spinoza mit dem Judenthum haben«, hätte man nicht gesehen[22]:

---

[16] Karl W. F. Solger, *Erwin. Vier Gespräche über das Schöne und die Kunst*. Zweiter Teil (1815), 277. Neuausgabe 1971, 387.

[17] Vgl. aber neuerdings M. Bienenstock, Hermann Cohens Heine und der Kampf um Spinoza, in: *Heine-Jahrbuch 2010*, 192–200; N. Waszek, Un sujet de dissension entre Cohen et Rosenzweig: Heinrich Heine, in: *Revue de Métaphysique et de Morale* 2011–1, 47–60.

[18] Vgl. Rosenzweig, GS III, 186 f., 215 f.

[19] Cohen, *Werke* 12, 207.

[20] Cohen, Werke 12, 198 f.

[21] Cohen, *Werke* 12, 195.

[22] Cohen, *Werke* 12, 198.

Worin die Verwandtschaft liegt zwischen dem Propheten des Pantheismus mit dem des Monotheismus, zwischen Spinoza und Moses, wie nahe von Natur die gedankliche Verbindung ist zwischen der ursprünglichen Form des Gottesglaubens im Mosaismus und dem entwickelten, mit weiteren und volleren Vorstellungen bereicherten Pantheismus – dies wollen wir, soweit es in diesen Blättern gestattet scheint, zu zeigen versuchen.[23]

Alle Kenner Cohens, die von seiner späteren Kritik Spinozas geprägt sind, werden sich vermutlich darüber wundern, dass der Autor, der sich auf die Seite von Spinoza schlägt, tatsächlich derselbe ist, der Spinoza insbesondere in den Jahren 1914 und1915 als »Fälscher und Verleumder des Judentums« bezeichnen wird.[24] So schreibt Cohen über Spinoza, er sei ein »böser Dämon« gewesen; einer, der mit seinem »Rachehaß gegen die Juden« noch heute die Atmosphäre vergiften würde[25]; ein »Abtrünniger«, der »große Feind, der aus uns hervorgegangen« ist.[26] Ist es wirklich denkbar, dass Cohen seine Einstellung zu Spinoza so grundlegend geändert hat?

Viele werden auch geneigt sein zu denken, dass Rosenzweig zumindest mit seiner ablehnenden Haltung gegenüber Cohens früher Heine-Schrift Recht hatte. – Hatte sich Cohen vielleicht selber für seine Schrift geschämt und den Aufsatz deshalb anonym veröffentlicht?

Dagegen spricht wohl schon, dass Cohen seinen Heine-Aufsatz auch später nie verleugnet hat. Selbst in seinem Aufsatz des Jahres 1915, einem der virulentesten, den er gegen Spinoza geschrieben hat, sagt er nirgendwo, dass er seine Meinung geändert hätte, ja, er erwähnt den früheren Aufsatz sogar ganz unbefangen.[27] Hätte er dies getan, wenn er seine frühere Veröffentlichung bereut hätte? Sein Zorn über Spinoza, über den schon viel geschrieben wurde,[28] lässt

---

[23] Cohen, *Werke* 12, 200.

[24] Vgl. Cohen, *Werke* 16, 149.

[25] Cohen, *Werke* 16, 414.

[26] Cohen, *Werke* 16, 424f. In dem Aufsatz von 1915 Spinoza über Staat und Religion, Judentum und Christentum, aus welchem oben zitiert wurde, wird Cohen auch so weit gehen, zu schreiben, dass Spinoza »für die neuere Geschichte des Judentums das schwerste Hemmnis und daher ein großes Mißgeschick bildet«; dass er »daher der eigentliche Ankläger des Judentums vor der christlichen Welt bleibt« (Vgl. Cohen, *Werke* 16, 424).

[27] Vgl. Cohen, *Werke*16, 414.

[28] Siehe z. B. L. Strauss, Cohens Analyse der Bibelwissenschaft Spinozas (1924); E. A. Simon, Zu Hermann Cohens Spinoza-Auffassung (1935); H. Liebeschütz, Hermann Cohen und Spinoza (1960); F. Nauen, Hermann Cohen's Perceptions of Spinoza: A

den Leser allerdings perplex zurück. Um diesen Zorn verstehen zu können, muss der frühe Aufsatz unbedingt mitberücksichtigt werden – und es sollte vermieden werden, Cohens frühe Schriften aus der Perspektive der späteren zu deuten. Seine Behauptungen müssen vielmehr jedes Mal genau in den Kontext eingeordnet werden, in welchem sie entstanden sind.

Dass Cohen es bevorzugt hat, seinen Heine-Aufsatz anonym zu veröffentlichen, ist an sich nicht besonders bedeutungsträchtig. Auch, dass er sich dazu entschied, im Jahre 1867 über Heine (und damit ebenfalls über Spinoza) zu schreiben, ist keineswegs außergewöhnlich gewesen. Vielmehr steht er damit in einer ganzen Reihe von Autoren, die damals angefangen hatten, Heine positiver zu würdigen. Vorher hatte der Dichter nämlich einen schlechten Ruf gehabt, insbesondere in jüdischen Kreisen. Einige jüdische, deutschsprachige Persönlichkeiten – z. B. Berthold Auerbach (1812–1882)[29], oder auch Gabriel Riesser (1806–1863)[30] – hatten sich sehr kritisch über ihn geäußert, aus Gründen, die man unschwer verstehen wird: sich zu jenem frivolen und ironischen Juden, der sich sehr schlecht oder gar nicht in Deutschland eingebürgert hatte, zu bekennen, konnte der Integration, die sie selber sehnlich anstrebten, nur schaden.[31] In den Jahren, in welchen Cohen zu publizieren begann, änderte sich diese Haltung, auch in jüdischen Kreisen, aber langsam zugunsten von Heine: zu dieser Zeit erwachte ein neues Interesse an dem rund zehn Jahre zuvor verstorbenen Dichter. Belege für die veränderte Haltung sind die erste vollständige Gesamtausgabe von Heines Werken[32] und

---

Reappraisal, AJS Review, 4 (1979), 111–124; Z. Levy, *Baruch Spinoza. Seine Aufnahme durch die jüdischen Denker in Deutschland* (2001), 177–194; H. Holzhey, Pantheismus, Ethik und Politik: Hermann Cohens Spinozakritik (2001); und neuerdings Myriam Bienenstock, A Hatred ›Required by Religion‹? – Spinoza and Cohen on Hatred, *Jewish Studies Quarterly*, 25 (2018), 121–138.

29 Siehe B. Auerbach, *Das Judenthum und die neueste Literatur: kritischer Versuch* (1836).

30 Riesser hatte seine Kritik u. a. in den Texten Jüdische Briefe. Zur Abwehr und Verständigung [1838–1841] und An H. Heine [1841] artikuliert, beide in: *Gabriel Riesser's Gesammelte Schriften*, Bd. 4 (1868), 37–296, 299–301.

31 Zur Heine-Rezeption jüdischer, deutschsprachiger Autoren des 19. Jahrhunderts vgl. Itta Shedletzky, Zwischen Stolz und Abneigung. Die Heine-Rezeption der jüdischen Kritik in Deutschland 1840 bis 1918 (1988), 200–213, und L. Kahn und D. D. Hook, The Impact of Heine on Nineteenth-Century German-Jewish Writers, in: M. H. Gelber (1992) und neuerdings W. Goetschel, Spinoza's Modernity. Mendelssohn, Lessing und Heine (2004).

32 Vgl. *Heinrich Heine's sämmtliche Werke*. Hg.von Adolf Strodtmann. Zwei wich-

die erste gründliche Biographie des Dichters[33]: beide Projekte wurden von Adolf Strodtmann (1829–1879) getragen, dessen Verehrung für Heine unbestritten ist und dessen Darstellung des Dichters in überaus positiven Farben erfolgte.[34] Auf jüdischer Seite könnte als Beispiel für vergleichbare Bestrebungen an Gustav Karpeles (1848–1909) erinnert werden.[35] Cohen, der seinen Aufsatz in einer jüdischen Wochenschrift veröffentlichte und sich damit besonders an die jüdischen Leser wandte,[36] mag sich so im Einklang mit dieser gesamten Entwicklung der Heine-Rezeption gefühlt haben.

Er verfolgte aber auch ihm spezifische, eigene Zwecke, unter denen besonders seine politischen Ziele zu nennen wären. Es ist das sozialistische Ideal, wie er es verstand, das er in erster Linie bei seinen jüdischen Glaubensbrüdern suchte und selbst vertrat und verteidigte. Er will sie davon überzeugen, dass sie beides gleichzeitig sein könnten: sowohl überzeugte Sozialisten als auch ›gute‹ Juden. Zwar weiß Cohen, dass Heine zum Christentum übertreten war – in seinem Aufsatz merkt er dies ausdrücklich an[37]– und dass er in den Augen seiner Zeitgenossen kein treuer Jude war. Dennoch setzt er sich für ihn ein und erinnert daran, dass Heine für seine Taufe sozusagen mildernde Umstände gelten machen könne, denn er hätte in schwierigen und turbulenten Zeiten gelebt – Zeiten, in welchen sich die extremsten politischen Formen sehr schnell »auf dem Schauplatz der Geschichte«[38] abgewechselt hätten. Vergleichbar rasche und drastische Wechsel hätte es damals auch in der Philosophie und Dichtung gegeben:

---

tige Supplement-Bände erschienen erst nach Cohens Aufsatz: *Letzte Gedichte und Gedanken* (1869); *Memoiren und neugesammelte Gedichte, Prosa und* Briefe (1884).

[33] Adolf Strodtmann: *H. Heine's Leben und Werke*. 2 Bde. Berlin, 1867–1869. Vgl. bereits seine frühere Studie: *Heinrich Heine's Wirken und Streben: dargestellt an seinen Werken*. Hamburg 1857.

[34] Als Pionier der Heine-Forschung wird Adolf Strodtmann weitgehend anerkannt, wenngleich sein zeitgemäß freizügiger Umgang mit den Quellen den Ansprüchen moderner Editionstechnik nicht immer standhält; vgl. hierzu die einschlägigen Informationen in: Gerhard Höhn, *Heine-Handbuch* (1987), S. 34 und *ebd.*, S. 369 f.

[35] Vgl. Gustav Karpeles, *Heinrich Heine und das Judenthum*. Breslau 1868; *Heinrich Heine: biographische Skizzen*. Berlin [1869]. Auch Karpeles sollte später eine Heine-Ausgabe herausgeben: Heine, *Gesammelte Werke*. Bd. 1–9. Berlin 1887 u. ö.

[36] *Die Gegenwart. Berliner Wochenschrift für Jüdische Angelegenheiten*.

[37] Vgl. Cohen, *Werke* 12, 252–256.

[38] *Ibid.*, 209.

Gegenüber der vorschauenden Klassik, die nach besseren, erst zu schaffenden Zuständen hinstrebte, wuchert aus dem zwiegesäten Boden dieser Kulturepoche die rückschauende *Romantik* hervor, die sich aus den Wirren dieser Welt zurücksehnt in die naive Zeit des *Glaubens* und der *Minne.*[39]

Auch Heine hatte *nolens volens* an diesen heftigen Schwankungen partizipiert, was keineswegs erstaunlich war. Heine bezeichnete sich selbst als *»romantique défroqué«* und stand der Romantik nahe.[40] Dieses »Kind des romantischen Geistes«[41] hätte »in keckem Liede und in nicht verschämter Prosa [...] die Umkehr des kategorischen Imperativs« gefeiert: »die eigene zügellose Maxime soll heiliges Gesetz für alle werden.«[42] An allen Exzessen des Vergnügens und der Sinnlichkeit hätte Heine teilgenommen. Cohen erwähnt, anscheinend mit einem gewissen Bedauern über jeden dieser Punkte, seine »Frivolität in den Beziehungen der Geschlechter«, seinen »wissenschaftlichen Skeptizismus« und auch seinen »religiösen Indifferentismus«.[43] Er behauptet aber, dass es Heine trotzdem gelungen wäre, das Wesentliche, oder genauer dasjenige, das für ihn – Cohen – das Wesentliche war, zu bewahren:

... da hat Heine dennoch den Glauben an ein Ideal, nach dem wir ringen, nicht aufgegeben. Wenn Schlegel den Geschichtsschreiber einen *»rückschauenden Propheten«* nennt, so nennt Heine sich mit Vorliebe einen *»Tribunen«* und *»Apostel«*. »Ein neuer Glaube beseelt uns und eine Leidenschaft, von welcher die Schriftsteller der früheren Periode keine Ahnung hatten. Es ist dieses der Glaube an den Fortschritt, ein Glaube, der aus dem Wissen entsprang. Wir haben das Land gemessen, die Naturkräfte gewogen, die Mittel der Industrie berechnet, und siehe, wir haben ausgefunden: daß diese Erde groß genug ist, daß sie Jedem hinlänglichen Raum bietet, die Hütte seines Glücks darauf zu bauen, daß diese Erde uns Alle

[39] Cohen, *Werke* 12, 209.

[40] »Ein geistreicher Franzose – vor einigen Jahren hätten diese Worte einen Pleonasmus gebildet – nannte mich einst einen *romantique défroqué*. Ich hege eine Schwäche für alles was Geist ist, und so boshaft die Benennung war, hat sie mich dennoch höchlich ergötzt. Sie ist treffend. Trotz meiner exterminatorischen Feldzüge gegen die Romantik, blieb ich doch selbst immer ein Romantiker, und ich war es in einem höhern Grade, als ich selbst ahnte«. Diese Sätze schrieb Heine in seinen *Geständnisse[n]* (1854); Heine, *Sämtliche Schriften* (1981), Bd. 11, 447. Mit dem Ausdruck *»défroqué«* war ursprünglich das Ablegen der Mönchskutte *(froc)* gemeint, womit der Mönch nicht nur sein Gewand ablegte, sondern damit auch aus dem Orden oder religiösen Stand austrat.

[41] Cohen, *Werke* 12, 210.

[42] Cohen, *Werke* 12, 207.

[43] *Ibid.*, 210.

anständig ernähren kann, wenn wir alle arbeiten und nicht einer auf Kosten des Andern leben will; und daß wir nicht nötig haben, die größere und ärmere Klasse auf den Himmel zu verweisen.«[44]

Die »Wahrheit«, die der Dichter Heine in seinem Herzen bewahrt und gegen die romantische Schule verteidigt hatte, war also der »Glaube an den Fortschritt«.[45] Damit war, in anderen Worten, die Forderung »an die gleiche Berechtigung Aller zu irdischer Glückseligkeit«[46] und »der sozialistische Gedanke von der Gleichberechtigung aller Stände« verbunden. Ein Gedanke, der sich bei Heine noch bis zur »kosmopolitischen« Forderung der »Gleichheit aller Völker« und sogar zur Metaphysik selbst, und zur Anerkennung der »Göttlichkeit aller Menschen« vertieft und erweitert hätte.[47]

Diese »Verherrlichung der Menschen« und »hohe Auffassung vom Wesen der Menschen« war, so Cohen, auch die allererste der Ideen und der Werte, die Heine im Pantheismus entdeckt hatte. Diese Idee wäre es, die es ermöglichen würde, dass »jenes Streben, das von dem Glauben an den Fortschritt der Menschheit zu glücklicheren Zuständen unterhalten wird«, erscheint – ein Streben, »das der Mensch haben soll, wo immer und unter welchen sozialen Verhältnissen immer geboren«.[48] Zur Bekräftigung seiner Behauptungen zitiert der junge Cohen lange Passagen aus Heines *Geschichte der Religion und Philosophie in Deutschland* (1834/35), wie beispielsweise folgende Stelle:

Es ist eine irrige Meinung, daß diese Religion, der Pantheismus, die Menschen zum Indifferentismus führe. Im Gegenteil, das Bewußtsein seiner Göttlichkeit wird den Menschen zur Kundgebung derselben begeistern, und jetzt erst werden die wahren Großtaten des wahren Heroentums diese Erde verherrlichen.[49]

Zwar hatte Kant in seiner *Kritik der Urteilskraft* (§29) behauptet, dass ein solcher Gemütszustand »erhaben zu sein« scheint, doch hatte er sich wegen möglicher Exzesse die damit verbunden waren, ins-

---

[44] Cohen, *Werke* 12, 210f. Vgl. H. Heine, *Die romantische Schule*, in: K. Briegleb (Hg.), Heine: *Sämtliche Schriften* (1981), Band 5, 468.
[45] Cohen, *Werke* 12, 211.
[46] *Ibid.*
[47] Cohen, *Werke* 12, 219.
[48] *Ibid.*, 218.
[49] *Ibid.* Vgl. H. Heine, *Zur Geschichte der Religion und Philosophie in Deutschland*, in: K. Briegleb (Hg.), Heine, *Sämtliche Schriften* (1981), Bd. 5, 570.

besondere in den Formen von Schwärmerei und des politischen oder religiösen Fanatismus, sehr besorgt gezeigt. Um solche Exzesse zu vermeiden, war für ihn nur der ästhetische Gebrauch der Erhabenheit, keineswegs aber sein religiöser oder politischer, legitim.[50] Heine war viel weiter gegangen, und Cohen folgt ihm: In seinem Aufsatz über »Heine und das Judentum« rechtfertigt er nicht nur den ästhetischen, sondern auch ausdrücklich den *politischen* Gebrauch des Enthusiasmus – und es ist zuvörderst seine Opposition gegen die romantischen Schule, die eine solche Stellungnahme erhellen kann. Cohen möchte seine Leser davon überzeugen, dass die romantische Kunstauffassung mit den sozialen und politischen Optionen, die er selber befördern wollte, und auch mit dem hebräischen Monotheismus, schlicht unvereinbar ist.

Damals hatten die Frühromantiker ganz offen verkündet, dass sie sowohl die Poesie als auch die Philosophie – und die Politik – mit ›Ironie‹ betrachten wollten. Die Bedeutung, die sie dem Terminus ›Ironie‹ gaben, war aber nicht diejenige, die vorausgesetzt wird, wenn von ›sokratischer Ironie‹ gesprochen wird. Zwar wies Friedrich Schlegel gerne darauf hin, dass die Philosophie »die eigentliche Heimat der Ironie«[51] sei, und dass Sokrates selbst eine solche Denkweise als die

[50] »Die Idee des Guten mit Affect heißt der *Enthusiasm*. Dieser Gemütszustand scheint erhaben zu sein, dermaßen, daß man gemeiniglich vorgibt: ohne ihn könne nichts Großes ausgerichtet werden. Nun ist aber jeder Affekt blind […]. Also kann er auf keinerlei Weise ein Wohlgefallen der Vernunft verdienen. Ästhetisch gleichwohl ist der Enthusiasm erhaben, weil er eine Anspannung der Kräfte durch Ideen ist, welche dem Gemüt einen Schwung geben, der weit mächtiger und dauerhafter wirkt, als der Antrieb durch Sinnenvorstellungen.« (Kant, AA, V, 271 f.)

[51] Vgl. hier Fragment 42: »Die Philosophie ist die eigentliche Heimat der Ironie, welche man logische Schönheit definieren möchte: denn überall wo in mündlichen oder geschriebenen Gesprächen, und nur nicht ganz systematisch philosophiert wird, soll man Ironie leisten und fordern; und sogar die Stoiker hielten die Urbanität für eine Tugend. Freilich gibt's auch eine rhetorische Ironie, welche sparsam gebraucht vortreffliche Wirkung tut, besonders im Polemischen; doch ist sie gegen die erhabne Urbanität der sokratischen Muse, was die Pracht der glänzendsten Kunstrede gegen eine alte Tragödie in hohem Stil. Die Poesie allein kann sich auch von dieser Seite bis zur Höhe der Philosophie erheben, und ist nicht auf ironische Stellen begründet, wie die Rhetorik. Es gibt alte und moderne Gedichte, die durchgängig im Ganzen und überall den göttlichen Hauch der Ironie atmen. Es lebt in ihnen eine wirklich transzendentale Buffonerie. Im Innern, die Stimmung, welche alles übersieht, und sich über alles Bedingte unendlich erhebt, auch über eigne Kunst, Tugend, oder Genialität: im Äußeren, in der Ausführung die mimische Manier eines gewöhnlichen guten italienischen Buffo.« (In: Schlegel, KFSA, Bd. 2, 147–164, hier 150 und 152). – Diese

philosophische Kunst *par excellence* betrachtet hätte. Es war aber keineswegs die in den sokratischen Dialogen zugrundeliegende *logische* Argumentation, die er dabei hervorheben wollte, sondern eher, dass es sich um eine besondere Form philosophischer Kommunikation handle. Für Friedrich Schlegel ging es darum, dass in den sokratischen Dialogen »nicht ganz systematisch philosophiert« würde, obwohl diese Dialoge durchaus eine »logische Schönheit« aufwiesen.[52] Die spezifische Darstellungsform in ›Fragmenten‹, von derjenigen der Philosophie als System getrennt, die die deutsche Frühromantik und ihre Verteidiger propagierten, sollte dennoch ein ›Wissen‹ beinhalten. So ist es auch zu verstehen, dass Schlegel den ›Witz‹ (den er auch auf das englische Wort *wits* bezieht[53]) eng mit dem ›Wissen‹ verbindet, und den Geist mit dem Genius. Für die deutsche Frühromantik zeichnet sich also der Genius mit seinem Wissen, das heißt seinem ›Witze‹, aus, und betreibt ›Ironie‹: Friedrich Schlegel zufolge wäre Genie »zu allem nötig«[54], zur Kunst aber auch zur Philosophie, in welcher er nicht zu verachten wäre.[55] Er erweiterte die Bedeutung und den Wirkungskreis des Genies erheblich: Bei ihm ist Genie nicht nur für die Kunst, sondern auch für die Philosophie, die Wissenschaften und sogar für die Natur nötig. Ihm zufolge ist der Dichter ein Genius, weil er eine Welt schafft, und zwar nicht nur die Welt der Kunst, sondern die Natur selber, und damit wird er einem Gott gleich. Hierbei beruft sich Schlegel auch nicht so sehr auf Kant, sondern eher auf Fichte, über den mit Recht gesagt wurde, er sei derjenige Autor gewesen, der zu jener Zeit »den Standpunkt des Genies und der genialen Produktion zu einem universalen transzendentalen Standpunkt erhoben hatte«[56].

Fragmente wurden wohl schon 1795 verfasst, auch wenn sie erst 1797 erschienen sind.

52 *Ibid.*

53 So z.B. in den *Kritischen Fragmenten* (Fragment 67). Die Ironie stünde dem Witz also ganz nah, auch wenn er ihr gelegentlich entgegengesetzt wurde. In seiner Studie *Ironie und literarische Moderne* (1997) hat schon Ernst Behler gezeigt, dass *Witz* von Friedrich Schlegel als Ersatzbegriff zur *Ironie* benutzt wurde (183 f.)

54 Vgl. Friedrich Schlegel, *Athenaeum,* Ersten Bandes zweytes Stück, Fragment 283, 254.

55 Auch wenn Schlegel betont »Freilich ist die Philosophie erst dann in einer guten Verfassung, wenn sie nicht mehr auf genialische Einfälle zu warten, und zu rechnen braucht, und zwar nur durch enthusiastische Kraft, und mit genialischer Kunst aber doch in sicherer Methode stetig fortschreiten kann« (*Athenaeum,* Fragment 220, 235).

56 Vgl. hier Hans-Georg Gadamer, *Wahrheit und Methode* (1960), 65. Vgl. auch L. Pareyson, *L'estetica del idealismo tedesco* (1952).

Im Gegensatz hierzu hatte sich Kant anders ausgedrückt: In seiner *Kritik der Urteilskraft* hatte er bekanntlich zwar einen Platz für das Genie geschaffen (vgl. besonders §§46–47), dessen Ambitionen aber streng begrenzt. »Geschmack« und »Geschmacksurteil«, die im Zentrum von Kants ästhetischen Überlegungen stehen, nehmen das Genie in die »Zucht« und beschneiden »diesem sehr die Flügel«.[57]

Abgesehen von der Anlehnung an die beiden für die Philosophiegeschichte entscheidenden Autoren ist aber eine andere Bezugnahme für die hier dargestellte Diskussion noch wesentlicher gewesen: Die Berufung auf Spinoza, den die deutschen Frühromantiker geradezu in einen Dichter verwandelt haben. Ihnen zufolge sei Spinoza vor allem ein Dichter gewesen. »Ich begreife kaum«, schrieb Friedrich Schlegel,

> wie man ein Dichter sein kann, ohne den Spinoza zu verehren, zu lieben und ganz der seinige zu werden. In Erfindung des Einzelnen ist Eure eigne Fantasie reich genug; sie anzuregen, zur Tätigkeit zu reizen und ihr Nahrung zu geben, nichts geschickter als die Dichtungen andrer Künstler. Im Spinoza aber findet Ihr den Anfang und das Ende aller Fantasie, den allgemeinen Grund und Boden, auf dem Euer Einzelnes ruht und eben diese Absonderung des Ursprünglichen, Ewigen der Fantasie von allem Einzelnen und Besondern muß Euch sehr willkommen sein. Ergreift die Gelegenheit und schaut hin! Es wird Euch ein tiefer Blick in die innerste Werkstätte der Poesie gegönnt.[58]

Für Friedrich Schlegel war Spinoza also ein Dichter und auch ein Mystiker: »der allgemeine Grund und Halt für jede individuelle Art von Mystizismus.«[59] Damals ist Schlegel keineswegs der einzige gewesen, der diese Auffassung vertrat. Die Begeisterung für Spinoza war so groß, dass ihn manche »erhaben« und sogar einen »Heiligen« nannten. In einigen Texten der deutschen Frühromantiker nimmt Spinoza sogar den Platz von Christus ein, also jenes »Vermittlers«, der sich selbst opferte, um die Menschen zu retten. Mag diese Parallele zwischen Spinoza und Christus den heutigen Leser auf den ersten Blick verblüffen, wird sie verständlicher, wenn man sich die damalige Argumentationslinie vergegenwärtigt. Für die Frühromantiker um Friedrich Schlegel gab es nämlich nicht nur *eine* sich opfernde Ver-

[57] Kant: AA, V, §50, S. 319.

[58] »Rede über die Mythologie«, *Athenaeum*, S. 100 (Orthographie modernisiert; M. B.).

[59] Ebenfalls in der »Rede über die Mythologie«, 104.

mittlergestalt, Jesus, sondern eine ganze Vielfalt solcher Gestalten, die sich unter den Philosophen, besonders aber unter den Künstlern finden ließen. Ihrer Natur und Aufgabe nach wurden Künstler als solcherart Vermittler verstanden und waren sozusagen dazu verurteilt, sich in gewisser Weise aufzuopfern. Ein »Mittler«, so drückt sich Friedrich Schlegel aus,

ist derjenige, der Göttliches in sich wahrnimmt, und sich selbst vernichtend Preis gibt, um dieses Göttliche zu verkündigen, mitzuteilen, und darzustellen allen Menschen in Sitten und Taten, in Worten und Werken.[60]

Ein solcher Vermittler sei auch Spinoza gewesen: Überall in der Natur hätte er Gott oder genauer gesagt »Göttliches« wahrgenommen, und auch versucht, es den Menschen mittels seines Werks und seiner Person zu verkünden. Alle Künstler seien solche »Mittler« und die Kunst ist damit nichts anderes als ein Streben danach, den Menschen »Göttliches« mittels eines Werks zu zeigen, zu verkünden oder mitzuteilen. Ein Kunstwerk ist zwar zu diesem Zweck notwendigerweise beschränkt, da es keineswegs unendlich, sondern immer nur endlich ist; an sich aber, als Kunstwerk, sei es dennoch nicht weniger als die Darstellung und Verkündigung Gottes oder des Unendlichen. Das folgende Fragment, ebenfalls aus der Feder von Friedrich Schlegel, erhellt diese in der Frühromantik bedeutende Verbindung von Kunst und Religion, beziehungsweise demjenigen, was an die Stelle der Religion tritt:

Der geheime Sinn des Opfers ist die Vernichtung des Endlichen, weil es endlich ist. Um zu zeigen daß es nur darum geschieht muß das Edelste und Schönste gewählt werden; vor allen der Mensch, die Blüthe der Erde. Menschenopfer sind die natürlichsten Opfer. Aber der Mensch ist mehr als die Blüthe der Erde; er ist vernünftig, und die Vernunft ist frey und selbst nichts anders als ein ewiges Selbstbestimmen ins Unendliche. Also kann der Mensch nur sich selbst opfern, und so thut er auch in dem allgegenwärtigen Heiligthum von dem der Pöbel nichts sieht. Alle Künstler sind Decier, und ein Künstler werden heißt nichts anders als sich den unterirdischen Gottheiten weihen. In der Begeisterung des Vernichtens offenbart sich zuerst der Sinn göttlicher Schöpfung. Nur in der Mitte des Todes entzündet sich der Blitz des ewigen Lebens.[61]

---

[60] F. Schlegel, »Ideen«, Fragment 44, in: *Athenaeum*, des dritten Bandes erstes Stück, 11.

[61] Schlegel, »Ideen«, Fragment 131, in: *Athenaeum*, des dritten Bandes erstes Stück, 27 f. – Bei den Deciern handelt es sich um ein römisches Geschlecht, die Decii Mures, die berühmt blieben, weil sie sich, wie z. B. in der Schlacht bei Sentinum/Umbrien 295

Dies ist die Auffassung der Kunst, und auch der Religion – die Auffassung der Religion als Kunst –, die schon seit Anfang des 19. Jahrhunderts als eine »spinozistische« verbreitet wurde. So unter anderen durch Friedrich Schlegel, aber auch durch viele andere Autoren, wie Schleiermacher und Schelling.

Solche Thesen waren Hermann Cohen bekannt. In seinem Heine-Aufsatz zitiert er die lobenden Sätze, die Schleiermacher über Spinoza in seiner Rede *Über die Religion* (1799) formulierte:

> Ihn durchdrang der hohe Weltgeist, das Unendliche war sein Anfang und Ende, das Universum seine einzige und ewige Liebe, in heiliger Unschuld und tiefer Demut spiegelte er sich in der ewigen Welt ...[62]

Cohen zitiert Schleiermacher allerdings nicht, um seine Thesen einfach aufzugreifen und zu übernehmen. Auch wenn er ihn zitiert, bleibt er dabei ganz vorsichtig.[63] Er erwähnt Schleiermacher lediglich, um sich den Thesen, die der romantische Theologe entwickelt hatte, entschieden entgegenzusetzen. Cohen bezieht daher klar Stellung gegen Schleiermacher, und auch gegen dessen Spinoza-Lektüre. Denn Spinoza ist für ihn kein »Heiliger«, auch kein »Vermittler« im Sinne Schleiermachers. Seine eigene Lektüre Spinozas, bei der Cohen sich eng an diejenige Heines anlehnt, unterscheidet sich stark von derje-

---

v. Chr. (vgl. Livius 10, 26–30), für ihr Vaterland opferten. Ihre Selbstaufopferung in der Schlacht macht sie zu Vorbildern, auf welche in der literarischen und bildnerischen (Peter Paul Rubens) Tradition oft angespielt wurde. Über die Vermittlungsfunktion von Spinoza vgl. auch *Athenaeum*, »Fragmente«, in: *Athenaeum*, des ersten Bandes zweites Stück, Nr. 234, 239: »Es ist sehr einseitig und anmaßend, daß es grade nur Einen Mittler geben soll. Für den vollkommnen Christen, dem sich in dieser Rücksicht der einzige Spinoza am meisten nähern dürfte, müßte wohl alles Mittler sein.«

[62] Cohen, *Werke* 12, 207; vgl. F. D. E. Schleiermacher, *Über die Religion. Reden an die Gebildeten unter ihren Verächtern*, Berlin 1799 (Erstausgabe), 54 f.

[63] Die beiden oben angeführten Sätze werden von Cohen zitiert, nicht aber der entscheidende Satz, der im Text von Schleiermacher unmittelbar vorausging und auch nicht der folgende Satz, in welchem Spinoza als »voller Religion und voll Heiligen Geistes« gefeiert wird: »Opfert mit mir ehrerbietig eine Locke den Mahnen des heiligen verstoßenen Spinoza! Ihn durchdrang der hohe Weltgeist, das Unendliche war sein Anfang und Ende, das Universum seine einzige und ewige Liebe, in heiliger Unschuld und tiefer Demut spiegelte er sich in der ewigen Welt, und sah zu wie auch Er ihr liebenswürdigster Spiegel war; voller Religion war Er und voll Heiligen Geistes; und darum steht Er auch da, allein und unerreicht, Meister in seiner Kunst, aber erhaben über die profane Zunft, ohne Jünger und ohne Bürgerrecht«: *Über die Religion*, 54 f.

nigen der Frühromantiker, wie ein Ausruf in seinem Heine-Aufsatz schön verdeutlicht: »wie anders Heine!«[64]

Wie anders Heine, allerdings! Seinen Zeitgenossen will Cohen in diesem frühen Aufsatz erklären, dass Spinoza gerade nicht derjenige ist, den die deutschen Frühromantiker aus ihm gemacht haben. Für Cohen ist Spinoza wichtig, aber nicht weil er ein »Mittler« oder Vermittler oder ein Dichter, ein Künstler gewesen wäre, wie bei den Romantikern. Was Cohen von Spinoza bewahren möchte, ist auch nicht die pantheistische Auffassung als solche – zwar erörtert er diese Auffassung, auch findet er es nötig, zwischen einem »polytheistischen« und einem »monotheistischen« Pantheismus zu unterscheiden – nur aber um zu unterstreichen, dass das Wichtigste, der »springende Punkt«, etwas anderes ist: Es ist »der Widerhall jenes Donners vom Sinai, ›Du sollst dir kein Bildnis machen, noch irgendeine Gestalt!‹«[65] Dies erklärt, warum der monotheistische Gott, der jüdische Gedanke vom Übersinnlichen »jede Ironie unmöglich gemacht hat«:

> *Die Kunst,* hat jemand gesagt, *ist die Ironie des Übersinnlichen.* Der monotheistische Gott aber, der jüdische Gedanke vom Übersinnlichen, hat durch seine feierliche Großheit und seine unnahbare Erhabenheit jede Ironie unmöglich gemacht. Denn Ironie ist nur in solchen Zeiten und bei solchen Menschen möglich, die über den allgemeinen Stand der Bildung und Gesittung hinaus, dem Idealen sich gewachsen fühlen. So ist *Sokrates* der Meister in dieser großen Kunst, sich klein zu machen. So mag sich wohl auch, wie *Plutarch* schon gefühlt hat, mancher späte Mitdichter an der Sammlung der homerischen Gesänge sein skeptisches Mütchen gekühlt haben, indem er die kleinlichen Götter des Volksglaubens in ihrer ehelichen Eifersucht und ihrem menschlichen Hader im Volksliede bloßstellte. Hier sehen die göttlichen Urbilder ihren menschlichen Ebenbildern, oder richtiger die göttlichen Abbilder den menschlichen Urbildern so ähnlich, sie handeln und leiden, sie denken und fühlen so ganz wie diese, daß man in früher Zeit schon auf den Verdacht kommen konnte, die Dichter und Künstler haben den Griechen ihre Götter *gegeben.*[66]

Der Gedanke, dass die Menschen Schöpfer ihrer Götter sind, ist alt – er findet sich schon in Herodots *Historien.*[67] In moderneren Zeiten

---

64 Cohen, *Werke* 12, 207.

65 Cohen, *Werke* 12, 203 f.

66 Cohen, *Werke* 12, 202 f.

67 Nach Herodot (*Historien* II.53) hätten Hesiod und Homer »den Stammbaum der Götter in Griechenland aufgestellt und ihnen ihren Beinamen gegeben, die Ämter und Ehren unter sie verteilt und ihre Gestalt klargemacht.« (Übersetzung Josef Feix)

hatte er sich aber weiter entwickelt, so zum Beispiel bei den Jung- oder Linkshegelianern – und bei Heine, der sich ausdrücklich auf die These, der zufolge die Menschen Schöpfer ihrer Götter sind, berief.[68] Dies ist es aber nicht, was Cohen an der romantischen Vorstellung von der Ironie der Kunst entrüstet. Ihn stört eher der blendende Anthropomorphismus der romantischen Kunstauffassung. Man denke zum Beispiel an Friedrich Schlegel, der in seiner »Rede über die Mythologie«, dem Kern des im Jahre 1800 veröffentlichten *Gespräch[s] über die Poesie,* einem der bekanntesten Texte des *Athenäums,* nachdrücklich fragte:

Warum wollt Ihr Euch nicht erheben, diese herrlichen Gestalten des großen Alterthums neu zu beleben?

Denn das ist der Anfang aller Poesie, den Gang und die Gesetze der vernünftig denkenden Vernunft aufzuheben und uns wieder in die schöne Verwirrung der Fantasie, in das ursprüngliche Chaos der menschlichen Natur zu versetzen, für das ich kein schöneres Symbol bis jetzt kenne, als das bunte Gewimmel der alten Götter.

In diesem Text hatte Schlegel auch erklärt, dass er in der Mythologie, jenem »Kunstwerk der Natur«,

eine große Aehnlichkeit [findet] mit jenem großen Witz der romantischen Poesie, der nicht in einzelnen Einfällen, sondern in der Construction des Ganzen sich zeigt, und den unser Freund uns schon so oft an den Werken des Cervantes und des Shakespeare entwickelt hat. Ja diese künstlich geordnete Verwirrung, diese reizende Symmetrie von Widersprüchen, dieser wunderbare ewige Wechsel von Enthusiasmus und Ironie, der selbst in den kleinsten Gliedern des Ganzen lebt, scheinen mir schon selbst eine indirekte Mythologie zu seyn[69].

Der Ruf zur Bildung einer »neuen Mythologie«, ein Werk der Dichter und der Philosophen oder eher der Dichter alleine, bildet auch den Gipfelpunkt des »Ältesten Systemprogramms des deutschen Idealismus«: »Ein höherer Geist, vom Himmel gesandt, muß diese neue Religion unter uns stiften, sie wird das letzte, größte Werk der Menschheit sein.« Weder der junge Cohen noch Heine konnten diese erst später berühmt gewordenen Formulierungen kennen, denn – wie

[68] Über Heine und den Pantheismus, vgl. Norbert Waszek: L'excursion panthéiste dans l'*Histoire de la religion et de la philosophie en Allemagne* (1834/35) de Heinrich Heine. – In: *Dieu et la nature. La question du panthéisme dans l'idéalisme allemand.* Hg. von Christophe Bouton. Hildesheim 2005, 159–178.

[69] Vgl. *Athenaeum. Eine Zeitschrift,* Dritter Band, 94–105, hier 102–103.

schon oben[70] erwähnt – war es Rosenzweig, der dieses wichtige Dokument entdeckt, ediert, mit dem genannten Titel versehen und 1917 erstmals veröffentlicht hat.[71] Solche Ideen waren aber Anfang des 19. Jahrhunderts verbreitet und es ist gegen diese Ideen, dass sich Cohen auflehnt. Was ihn empörte, war der mit der romantischen Kunstauffassung einhergehende, ausgeprägte Anthropomorphismus, gegen den Cohen und die Thesen Spinozas und insbesondere dessen jüdische Konzeption von Gott in den Vordergrund rückt, wonach der Gott der Hebräer keine Gestalt hat und daher auch nicht vorgestellt werden kann:

Siehe, die Himmel und der Himmel Himmel können ihn nicht fassen. Die Erde ist der Schemel seiner Füße. Er hüllt sich in Licht, wie in ein Gewand, spannt den Himmel aus, wie einen Teppich. Was ist da der Mensch, daß du sein denkest! Die Vorstellung von einem solchen Gott ist so mächtig, nimmt so das ganze Bewußtsein in seiner Weite und Tiefe ein, daß für den Menschen, für die ganze Welt kaum Raum bleibt. Denn diejenige Vorstellung wird in unserem Geiste immer als die höhere, frühere gedacht, die die dunklere ist.

Wo wir den Wechsel der Ereignisse nicht mehr begreifen, da sagen wir: das ist Bestimmung. Diese Vorstellung ist vollkommen dunkel, aber sie wird dennoch so mächtig gedacht, daß sie höher steht, als alle Ursachen der Dinge und Schicksale, die wir erklären können. Nicht anders ging es mit der Vorstellung »Gott«. Im Dunkel des Bewußtseins wird sie geboren, darum ist sie *wie alles Erhabene* dunkel.

Im Traum des Gesichts, sagt *Hiob*, in der *Nacht*, wenn der Schlaf auf den Menschen fällt, da kam mich Furcht und Zittern an und alle meine Gebeine erschraken. Und da der Geist vor mir über ging, standen mir die Haare zu Berge an meinem Leibe. Da stand ein *Bild* vor meinen Augen und *ich kannte seine Gestalt nicht*, es war stille und ich hörte eine Stimme: Wie mag ein Mensch gerechter sein als *Gott?*[72]

Cohen zitiert an dieser Stelle – übrigens in seiner eigenen Übersetzung – aus dem Buch Hiob.[73] Um die zitierte Passage zu erläutern,

---

[70] S. 13.

[71] Text in: Rosenzweig, GS III, 7. Vgl. auch Christoph Jamme, Helmut Schneider (Hg.): *Mythologie der Vernunft. Hegels ältestes Systemprogramm des deutschen Idealismus.* Frankfurt/Main 1988. Dieser Band enthält neben einer kritischen Edition des Dokuments auch vielfältige Informationen über dessen Editions- und Wirkungsgeschichte und den Neudruck wichtiger Beiträge zu dessen Erforschung.

[72] Cohen, *Werke* 12, 203 f.

[73] Cohen, *Werke* 12, 204. Vgl. Hiob 4, 13–17, bei Luther: »Wie kann ein Mensch gerecht sein vor Gott?«.

spielt er auf eine damals bekannte These an, nach der der Gott des hebräischen Monotheismus *erhaben* sei. Diese These findet sich schon bei Kant und Cohen bezieht sich verschiedentlich auf die folgenden Sätze aus dessen dritter Kritik:

Vielleicht gibt es keine erhabenere Stelle im Gesetzbuche der Juden, als das Gebot: Du sollst dir kein Bildnis machen, noch irgendein Gleichnis, weder dessen was im Himmel, noch auf der Erden, noch unter der Erden ist usw. Dieses Gebot allein kann den Enthusiasm erklären, den das jüdische Volk in seiner gesitteten Epoche für seine Religion fühlte, wenn es sich mit andern Völkern verglich, oder denjenigen Stolz, den der Mohammedanism einflößt. Eben dasselbe gilt auch von der Vorstellung des moralischen Gesetzes und der Anlage zur Moralität in uns. Es ist eine ganz irrige Besorgnis, daß, wenn man sie alles dessen beraubt, was sie den Sinnen empfehlen kann, sie alsdann keine andere, als kalte, leblose Billigung und keine bewegende Kraft oder Rührung bei sich führen würde. Es ist gerade umgekehrt; denn da, wo nun die Sinne nichts mehr vor sich sehen, und die unverkennliche und unauslöschliche Idee der Sittlichkeit dennoch übrig bleibt, würde es eher nötig sein, den Schwung einer unbegrenzten Einbildungskraft zu mäßigen, um ihn nicht bis zum Enthusiasm steigen zu lassen, als aus Furcht vor Kraftlosigkeit dieser Ideen, für sie in Bildern und kindischem Apparat Hülfe zu suchen.[74]

Seinen Zeitgenossen möchte Cohen erklären, dass »Spinoza« keineswegs das ist, was die deutschen Romantiker in ihm gesehen und aus ihm gemacht haben. Was für Cohen die Bedeutung Spinozas – und des von Heine bewunderten Spinozas – ausmacht, hat mit Poesie nichts zu tun. Auch nicht mit Mystik, selbst wenn Cohen beiläufig anmerkt, dass die Mystik im »pantheistischen Gedanken« der Kabbala »schon lange vor Spinoza eine geheiligte Stätte« im Judentum gefunden hätte.[75] Was für Cohen bei Spinoza entscheidend ist – und was er bewahren möchte – ist nicht der pantheistische Gedanke an sich, also die Art und Weise, in der Spinoza die vielfältigen Naturerscheinungen in einer einzigen Vorstellung zusammenfassen oder anschauen wollte. All dies wird von Cohen nur erwähnt, um zu betonen, dass dasjenige, das für ihn entscheidend sei, etwas ganz anderes ist. Es geht für Cohen um die These, die für Spinoza und den Spinozismus grundlegend gewesen ist, deren Quellen aber viel weiter zurückreichen: das biblische Verbot, Gott bildlich oder plastisch darzustellen. In diesem

[74] Kant, AA, V, 274.
[75] Cohen, *Werke* 12, 206.

Rahmen zitiert Cohen wieder einen Satz aus der Bibel, Könige I, 8; zuerst auf Hebräisch, dann von ihm selbst ins Deutsche übersetzt:

ה' אמר לשכן בערפל – *Jahve hat geredet, zu wohnen im Dunkel*[76]

Dies wäre es, was erklären würde, warum der Gott der Hebräer »durch seine feierliche Grossheit und seine unnahbare Erhabenheit jede Ironie unmöglich gemacht hat.«

II

Die Problematik des biblischen Bilderverbots liegt vielen Cohen-Texten zugrunde: Von den ersten bis hin zu den allerletzten. Schon in seinem vermutlich allerersten Aufsatz »Die platonische Ideenlehre psychologisch entwickelt«, aus dem Jahre 1867,[77] den Cohen etwa zur selben Zeit wie seinen Heine-Aufsatz verfasste, ist diese Thematik auffällig. Ebenso wie in zwei Aufsätzen, die in den Jahren 1868 und 1869 erschienen sind: »Mythologische Vorstellungen von Gott und Seele psychologisch entwickelt«[78] und »Die dichterische Phantasie und der Mechanismus des Bewußtseins«.[79] Auf den ersten Blick scheint Cohen darin weit entfernt von dem Anliegen und den Interessen des Heine-Aufsatzes, denn sie betreffen explizit die »Mechanismen« des Bewusstseins, also die Psychologie. Doch Cohen kommt in beiden Aufsätzen auf die Dichtung und ihr Verhältnis zur Sprache zurück, und stellt sich Fragen über den Ursprung der Poesie, und des Mythos, über die Unterschiede zwischen dem Mythos und der Dichtung, sowie zwischen dem Mythos und der Umgangssprache mit ihrer »inneren Sprachform«, aber auch der philosophischen.[80] Nicht immer geht es dabei ausschließlich nur um die Frage der Kunst in ihrem Gegensatz zum hebräischen Monotheismus.

In dem ersten, der Platonischen Ideenlehre gewidmeten Aufsatz, fragt Cohen nahezu beiläufig, ob es nicht möglich wäre zu behaupten, dass Platon »die Kunst in den zehn Büchern [der *Politeia*] aus seinem Staate [verwiesen hätte], wie Moses sie befeindet hat in den zehn

[76] Cohen, *Werke* 12, 202.
[77] Cohen, *Werke* 12, 101–191.
[78] Cohen, *Werke* 12, 271–343.
[79] Cohen, *Werke* 12, 345–463.
[80] Vgl. z. B. im letztgenannten Aufsatz 430 ff.

Worten.«[81] Hier rückt Cohen den Gott der hebräischen Bibel in eine Parallele mit Plato, ein Denker, der zugleich auch ein Dichter gewesen ist, und der als Dichter dachte, wie dies seine Erinnerungslehre zeigt. Doch Cohen will uns von der Notwendigkeit überzeugen, Platons Ideenlehre von ihrem mythischen Ausdruck zu reinigen,[82] so wie die Propheten der Bibel, die Götterbilder bekämpften.

Cohen greift die Frage des Bilderverbots ausgehend von seinem Studium Platons, aber auch allgemeiner von seinem Studium des Mythos und des Unterschieds zwischen Mythos und Sprache wieder auf und macht deutlich, dass nicht die bildende, figürliche Kunst als solche, sondern erst die Kunst, die sich auf Mythen oder mythische Auslegungen beruft vom göttlichen Gebot untersagt ist. Diese Auslegung ließe sich zu der Behauptung weiterführen, dass der Grund, der erklärt, warum die Dichtung, und hierbei selbst die »figürliche«, nicht vom biblischen Verbot betroffen ist, damit zu tun hat, dass sie als Dichtung keine mythische Macht besäße, auf jeden Fall keine, die den anderen Kunstformen (Bildhauerei oder Malerei). vergleichbar wäre. – War dies tatsächlich Cohens These?

Es ist interessant, dass Cohen, als er die Exodus-Stelle aufgriff, Luthers Übersetzung veränderte. Luther übersetzte das biblische Verbot wie folgt ins Deutsche: »Du sollst dir kein Bildnis noch irgendein Gleichnis machen« (*Exodus* 20:4). Cohen übersetzte diese Stelle stattdessen in seinem posthumen Werk *Religion der Vernunft* anders: »Du sollst dir nicht machen ein Bild, noch irgendeine Gestalt«, oder an anderer Stelle im selben Werk: »Du sollst dir kein Bild und kein Abbild machen.«[83] Den Terminus »Gleichnis«, den Luther benutzt hatte, um das hebräische Wort תמונה zu übersetzen, will er offenbar nicht übernehmen.[84] Vermutlich war er der Meinung, dass dieses Wort ungeeignet ist. Das wird verständlicher, wenn wir bedenken, dass dies der Terminus war, dessen sich Heymann Steinthal bedient hatte, um jene »Bilder« zu bezeichnen, die es uns erlauben, zwischen Mythos und Poesie zu unterscheiden. Gemäß Steinthal war dasjenige, das die Bibel verbieten würde, also der Mythos und keineswegs »Bilder« als solche. Dies wird auch Cohen in seiner *Ästhetik des rei-*

---

[81] Cohen, *Werke* 12, 120.

[82] Cohen, *Werke* 12, 179 f.

[83] Cohen, RV, 63.

[84] Auch Rosenzweig, und Buber, werden das Wort ungeeignet finden, denn sie übersetzen: »Nicht mache dir Schnitzgebild, – und alle Gestalt«: Buber-Rosenzweig, *Die Schrift*, Band I (1992), 205.

nen Gefühls, Jahrzehnte später, schreiben.[85] Vermutlich hatte er diesen Gedanken aber bereits in jenen frühen Berliner Jahren, in denen er engen Umgangs mit Steinthal hatte, rezipiert.

Sowohl im Hinblick auf den Mythos als auch hinsichtlich des Verhältnisses des Mythos zur Sprache, und hierbei insbesondere zur Dichtung, also der Sprache der Kunst *par excellence*, lehnt sich Cohen in erster Linie an Steinthal an: Heymann Steinthal (1823–1899), dessen Herkunft und soziales Umfeld demjenigen von Cohen recht ähnlich waren, hatte es in Berlin schon zum Professor gebracht, als Cohen in dieser Stadt gerade ankam, und er förderte Cohen am Anfang seiner Laufbahn entscheidend. Cohens drei oben genannten Aufsätze wurden in der *Zeitschrift für Völkerpsychologie und Sprachwissenschaft* (1860–1890) veröffentlicht, einer Zeitschrift, die Steinthal mit seinem Schwager Moritz Lazarus (1824–1903) begründet hatte.[86] Auch wenn die pikante Anekdote, die Rosenzweig überliefert[87] eher einer Rekonstruktion a posteriori als einem zuverlässigen Bericht gleicht, erweist sie sich bezüglich des Verhältnisses von Cohen und Steinthal als bedeutungsträchtig: Der Kontakt zwischen beiden war offenbar sehr eng und von langer Dauer. Bemerkenswert ist auch, dass Steinthal, der sich der Entwicklung und Verteidigung von jüdischen Institutionen in Deutschland immer energisch widmete, viel über die damit verbundenen Fragen schrieb,[88] und die Auffassung des Judentums (mit ihrer Betonung des Prophetismus), die er

---

[85] Vgl. z. B. Cohen, *Werke* 8, 369.

[86] Steinthal wurde 1862 außerordentlicher Professor für Sprachwissenschaft an der Berliner Universität, wo er bereits 1849 habilitiert wurde und dann als Privatdozent wirkte. Lazarus wurde 1849/50 in Berlin promoviert, zehn Jahre später wurde er nach Bern berufen und kehrte erst 1867/68 nach Berlin zurück, wo er zunächst an der preußischen Kriegsakademie (1868–1872) und schließlich (von 1873 bis 1896) an der Universität lehrte, bevor er seinen Lebensabend in Meran verbrachte und dort 1903 starb. Cohen kam 1864 aus Breslau, wo er zunächst am jüdisch-theologischen Seminar (1857–1861), dann an der Universität studierte, nach Berlin. – Es ist noch anzumerken, dass Cohen die *Ethik des Judentums* (1898) von Moritz Lazarus kritisierte (vgl. Cohen: »Das Problem der jüdischen Sittenlehre« [1899], JS III, 1–35), was Steinthal dazu führte, mit seinem ehemaligen Schüler und Schützling zu brechen.

[87] Leopold Zunz, dem berühmten und einflussreichen Vertreter der Wissenschaft des Judentums, hat Steinthal, Rosenzweig zufolge, den jungen Hermann Cohen mit folgenden Worten vorgestellt: »›Herr Dr. Cohen, ehemaliger Theologe, jetziger Philosoph‹. – Worauf übrigens der kaustische Alte sofort replizierte: ›Ein ehemaliger Theologe ist immer ein Philosoph.‹« (So Rosenzweig in seiner Einleitung zu Cohen: GS III, 185.) – Über diese Anekdote vgl. unten, S. 190.

[88] Vgl. z. B. die Sammlung *Über Juden und Judentum*, vom Jahre 1906.

dabei umriss, eng mit Cohens eigener Auffassung verwandt ist. In gewisser Hinsicht könnte man Cohen sogar als Nachfolger Steinthals an der Berliner »Lehranstalt für die Wissenschaft des Judentums« betrachten.[89] Dessen Name wird aber meistens im Zusammenhang mit der Rezeption Wilhelm von Humboldts, dessen Schüler Steinthal gewesen war, erwähnt, und es war Steinthal, dem Cohen die Bekanntschaft mit Humboldts Werk verdankte.[90] So erklärt sich auch, warum der Begriff einer »inneren Sprachform«, der in Cohens ersten Aufsätzen oft vorkommt, eher auf Steinthal zurückgeht als auf den ursprünglichen Schöpfer des Begriffs, Humboldt selbst. Auch was den Mythos und die Kunst betrifft, und die Frage des Verhältnisses von Kunst und Philosophie, lehnt sich Cohen an Steinthal an.[91]

Was Cohen von Steinthal gelernt hat, kommt in seinem Aufsatz über »Die platonische Ideenlehre« ganz deutlich zum Ausdruck. Er bezieht sich darin explizit auf Steinthal,[92] wenn er die platonische Ideenschau eng an die »Schau« (חזון) der hebräischen Propheten heranrückt, ja, beide fast gleichsetzt. Ihm zufolge würden wir aus Steinthals Werk lernen, dass »diese Prinzipien *prophetische Ahnungen* sind, und wahrlich des tiefsten Geistes würdig«[93].

Wenn nun die Frage hervortrat: Was ist der sokratische Begriff, das Wesen des Kunstwerks, des Tisches, des Schönen? So war die platonische Antwort: Was ich als dieses Wesen schaue, das Bild, das sich mir im Schauen offenbart, auf das der Künstler blickt bei seinem Schaffen, der Tischler, der Drechsler beim Verfertigen des Stuhles und des Schützen. Was ist es, mag er gefragt haben, was uns am Zeus des Phidias entzückt? Dieses Entzücken selbst kann doch kein Sophist leugnen. Nun, was ist dieses Wesen im Zeus des Phidias? Gibt es ein Wesen in der Körperwelt, das ihm völlig gleicht? Nein. Ist es aber etwa ein rein spirituelles Wesen, in orientalischer Spekula-

---

[89] Vgl. z. B. Cohens Äußerungen zu Steinthal in: August Stadler geb. am 24. August 1850; gest. am 16. Mai 1910. Ein Nachruf (1910), in: Cohen, *Werke* 15, 513–542, hier 517.

[90] Steinthal hat die Werke von Humboldt herausgegeben und kommentiert, er ist auch einer der eifrigsten Verteidiger seiner Sprachauffassung gewesen. Vgl. auch H. Steinthal, *Die Sprachwissenschaft Wilhelm von Humboldts und die Hegelsche Philosophie*, 1848.

[91] In seinem wichtigen Aufsatz über Steinthal und Cohen (1997) schätzt Dieter Adelmann den Einfluss, den Steinthal auf Cohen ausübte, als weitreichend ein. Über diese Wertschätzung vgl. meine Rezension von Adelmann in der *Theologischen Literaturzeitung* 138 (2013), 10, 1071 f.

[92] Er bezieht sich dabei auf den ersten Band der *Geschichte der Sprachwissenschaften bei den Griechen und Römern* (1863).

[93] Cohen, *Werke* 12, 135.

> tion geboren? Nein, es ist das Bild echt hellenischer Plastik. Wenn es aber weder Körper noch Geist ist, was ist es denn? Es ist die eigentliche Verbindung beider, die wir im Schauen erfassen, es ist das *Gesicht*, wie wir in der biblischen Sprache sagen, die intuitive Ahnung einer harmonischen Verbindung jener beiden Extreme, die sich in dem diskursiven Denken nimmermehr vereinen lassen, dieses Gesicht in harmonischer Verschmelzung des Ewigen mit dem Vergänglichen, des Notwendigen mit dem Zufälligen, des Geistigen mit dem Körperlichen, des Raumlosen mit dem Räumlichen – dies macht das eigentliche Wesen des Kunstwerks aus, das wir Alle bewundern.[94]

Cohen wird hier an das hebräische Wort חזון gedacht haben, ein Substantiv des Verbs חזה, welches ›sehen‹ bedeutet, so wie an das hebräische Wort רואה. Auch wenn es eher das zweite Wort ist, das heute üblich ist, um das Sehen der Sinne zu bezeichnen, wird auch das erste, *hazon*, benutzt, um die Schau der Propheten – oder heute noch diejenige der Idealisten, also eine geistige eher als sinnliche Sicht – zu bezeichnen. Auf Hebräisch bedeutet חזה aber auch das Sternum oder die Brust: die Vorderseite, das »Gesicht«: was auch erklärt, warum Cohen dieses Wort wählt, um das Wesen des Kunstwerks, auf das sich die platonische Anschauung richtet, zu bezeichnen. Die bildende Kunst ist bildend weil sie חזון, das heißt ›Gesicht‹ oder *visus*, ist, und diese Worte bezeichnen ein ›Bild‹, so wie übrigens der sokratische Begriff. Cohen schreibt: »der sokratische Begriff, das Wesen alles Seins ist das ›Gesicht‹«.[95] Das griechische Wort *Eidos* setzt er dort mit dem lateinischen *visus* und dem hebräischen *hazon* gleich; was ihn aber zu der Grundfrage, die hier gestellt werden muss, führt:

> Das ist ein Bild – können Bilder Gedanken schaffen? Sollte die Phantasie im Geiste des Denkers bei den wichtigsten Schöpfungen mitwirken können? »Es war meistens«, sagt Herder, der etwas verstand vom Schaffen des Genius, »Ein neues Bild, Eine Analogie, Ein auffallendes Gleichnis, das die größten und kühnsten Theorien geboren« [...]. Ein plötzliches Bild ist der psychische Antrieb, die Wahrheit anschaulich zu denken, und im späteren Denken wird das ursprüngliche Bild geklärt und bewährt.[96]

Es würde zu weit gehen, den Begriff mit einem Bild gleichzusetzen, oder das begriffliche Denken mit einer dichterischen oder künstlerischen Anschauung zu identifizieren. Doch hat sich die Einbildungs- oder Anschauungskraft eines Künstlers für das Denken öfters als

---

[94] Cohen, *Werke* 12, 138 f.

[95] Cohen, *Werke* 12, 140.

[96] Cohen, *Werke* 12, 140 f.

fruchtbar erwiesen, was Cohen gerne anerkennt. Gerade weil er den Beitrag der Kunst und der Religion zur Entwicklung des wissenschaftlichen Denkens anerkennt, kann er die Ursprünge des Idealismus – des philosophischen und auch des wissenschaftlichen – keineswegs erst in der Moderne, im 18. oder 19. Jahrhundert, oder sogar bei Kant suchen, sondern er will dazu bis auf Plato und die hebräischen Propheten zurückgehen.

Von besonderem Interesse ist es auch, dass er zu diesem Zweck eine Stelle aus Herders Aufsatz »Vom Erkennen und Empfinden der menschlichen Seele«[97] zitiert: In diesem Aufsatz hatte sich Herder darum bemüht, den ganzen Bereich des »Empfindens« und damit den der Ästhetik aufzuwerten. Er hatte aber auch den in seiner Zeit schon weit verbreiteten Genie-Kult, und mit ihm die einseitige Hochschätzung des »Empfindens«, auf Kosten der Vernunft und der Erkenntnis, kritisieren wollen. Er hatte geschrieben, dass es zwar keine Erkenntnis ohne Empfindung gibt, so wie kein Wollen und keine Tat ohne Gefühle. Herder zufolge gibt es aber auch keine Empfindung ohne ein Erkennen, und keine Gefühle ohne implicit ein Wollen, denn Erkennen und Empfinden sind letztendlich eins, sie sind »nur *Eine Energie* der Seele.«[98] Diese Energie, so Herder, ist für das Genie konstitutiv.

Für unser Anliegen ist es auch wichtig hier anzumerken, dass Herder in diesem Aufsatz noch einen anderen Vorsatz hegte: Er hatte vor, Spinoza zu rehabilitieren. Die dritte Fassung des Aufsatzes »Vom Erkennen und Empfinden der menschlichen Seele« (1778), also diejenige, die Cohen zitiert, findet ihren Höhepunkt in einem begeisterten Lob für Spinoza, den Herder als noch »göttlicher« als den heiligen Johannes bezeichnet. Sowohl die Philosophie als auch die Moral Spinozas sind durch Liebe motiviert, und die Liebe ist sowohl die edelste Form des Erkennens als auch die höchste Form der Empfindung: »... denn das wahre Erkennen ist *lieben,* ist menschlich *fühlen.*«[99] Auch diesen Ausführungen Herders konnte Cohen sicherlich zustimmen.

Nicht jedoch den Thesen, die Friedrich Schleiermacher ganz am Anfang des 19. Jahrhunderts entwickelt hatte. Denn Schleiermacher wollte sowohl in seinem großen Werk über den *Christlichen Glauben*

---

[97] Vgl. Herder, *Werke* (1984 ff.), hg. Pross, II, 543–723, hier 665.
[98] Herder, *ibid.*, 693.
[99] *Ibid.*

(1821–1822) als auch in seinen früheren Reden *Über die Religion* (1799), die Religion im Gefühl, und keineswegs in der Vernunft, begründen und verankern. Mit solchen Thesen konnte Cohen nicht einverstanden sein.

III

Ästhetik des reinen Gefühls: dieser Titel des großen, systematischen Werks, das Cohen im Jahre 1912 über die Ästhetik veröffentlichte, ist vielsagend: Es ist die Kunst, die er auf das ›Gefühl‹, das »Fühlen«, als »Urform des Bewußtseins«[100], bezieht: also die Kunst, aber nicht die Religion. Das Gefühl ist der Kunst eigen – nicht aber der Religion. Seine These wird erst recht nachvollziehbar, wenn man bedenkt, wogegen sie formuliert wurde. Das Hauptziel von Cohens Angriffen, sowohl in seinen reifen Werken als auch bereits in seinen Jugendschriften, ist die deutsche Romantik, samt all ihren Folgerungen, den geschichtlichen und politischen ebenso wie den moralischen und religiösen. Hier soll aber im Weiteren vor allem ihre Ästhetik von Interesse sein.

Die Kritik der Romantik, jener »Religion als Kunst«[101], liegt sowohl der *Ästhetik des reinen Gefühls* als auch *Kants Begründung der Ästhetik* zugrunde. Bemerkenswert ist es aber, dass Cohen die Ästhetik, besonders die romantische, auf den letzten Seiten seiner *Ästhetik des reinen Gefühls* mit viel größerer Empathie als in den meisten seiner anderen Werke darstellt. Auch dort verhehlt er keineswegs seine Einwände gegen die in der deutschen Romantik entwickelte »Identitäts-Schwärmerei«[102] und greift Schelling, aber auch Hegel an, die er beide als »Romantiker« behandelt. Dann wird die von der Romantik gepredigte »Hegemonie der Kunst« kritisiert, wobei es aufschlussreich ist, dass Cohen mit dem Ausdruck, dass »alle Philosophie schließlich wieder in den Ozean der Poesie einmünden müsse« auf das Ende von Schellings *System des transzendentalen Idealismus* anspielt, ohne ihn aber ausdrücklich zu zitieren.[103]

Jenseits dieser Kritik ist es aber bemerkenswert und erklärungs-

---

[100] Cohen, ArG, I, 136.
[101] Cohen, KBA, 422.
[102] KBA, 365.
[103] Vgl. KBA, 339 mit ARG in: Cohen, *Werke* 8, 9.

bedürftig, dass Cohen die romantische Ästhetik in seinem Buch *Kants Begründung der Ästhetik* mit einer größeren Empathie darstellt, als in den meisten seiner anderen Schriften. Seine Einwände gegen die Romantik verbirgt er auch dort nicht, doch entscheidet er sich offenbar dafür, die Nähe der Kunst zur Religion zu betonen – und bei ihm ist die Verteidigung einer solchen These so selten, dass es sich lohnt, den Text mit großer Sorgfalt und Aufmerksamkeit zu untersuchen. Cohen sagt, dass die Kunst und die Religion »gleichen Blutes« seien.[104] Beide würden versuchen, den Gegensatz zwischen Gott und Mensch auszugleichen. In der einen wie in der anderen wäre ein Streben vorhanden, sich zum Unendlichen zu erheben. Aber die Notwendigkeit, sich zum Endlichen herabzulassen, würde von beiden erkannt. Die Kunst, so Cohen, verherrlicht wie die Religion das Endliche. Indem die Kunst aber das Individuum verherrlicht, erhebt sie auch Gott, denn die »Losung« der Kunst ist, Gott gleich zu werden, wobei die Religion aus der Kunst die These der ›Ebenbildlichkeit‹ nehmen würde,[105] eine These, die ihren Ursprung in der Bibel hat: »Lasset uns Menschen machen, ein Bild, das uns gleich sei« (Genesis, I, 26). Nicht das Bilderverbot, sondern die These der Ebenbildlichkeit ist es also, die Cohen hier übernimmt – und mit dieser These auch den Gedanken der »Ironie«, dessen Bedeutung er in der »Verbindung des religiösen mit dem künstlerischen Gesichtspunkte, in der Durchdringung und Vereinigung beider dadurch, dass sie zur Ausführung ihres Eigenen und zu gegenseitiger Ergänzung gebracht werden«, sieht.[106]

In diesem Zusammenhang lobt er den Berliner Philosophieprofessor Karl Wilhelm Ferdinand Solger (1780–1819). Er geht sogar so weit zu schreiben, dass der Grundgedanke Solgers von der Ironie der Kunst »der tiefste Begründungsgedanke der Ästhetik«[107] sei und es ist gut denkbar, dass viele Begriffe, die er damals benutzte, aus dem Wortschatz von Karl Wilhelm Ferdinand Solger (1780–1819) stammten. Solger selber hatte sich früh für Schelling begeistert. Im Herbst 1801 scheint er sogar an die Universität Jena gegangen zu sein, weil er dort »vorzüglich Schelling« hören wollte.[108] In seinen eigenen Arbeiten nahm Solger dann viele Ideen von Schelling wieder auf, besonders

[104] KBA, 416.
[105] *Ibid.*
[106] Cohen, KBA, 418.
[107] KBA, 418.
[108] Vgl. Wolfhart Henckmann, Solgers Schellingstudium in Jena 1801/02, in: *Hegel-Studien* 13 (1978)52–74, hier S. 53.

über die Ästhetik – und Cohen folgt ihm, so zum Beispiel in der Erörterung des Verhältnisses des »Erhabenen« zum »Schönen«. Was diese Frage betrifft, erweist sich Cohen hier kritisch gegen Kant, denn er möchte zeigen, dass das Erhabene »ein nothwendiger Hauptheil, nicht ein Anhang« der Ästhetik sei.[109] Er behauptet auch, dass es »keine Kunstschönheit« gäbe »ohne das Ingrediens des Erhabenen.«[110] Die Position, die Cohen hier einnimmt, ist keine andere, als diejenige von Schelling – welcher schon in den *Vorlesungen über die Ästhetik*, die er ganz am Anfang des 19. Jahrhunderts (1802/03) in Jena vorgetragen und 1804/05 in Würzburg wiederholte hatte, erklärt, dass das »Erhabene in seiner Absolutheit das Schöne begreift, ebenso wie das Schöne in seiner Absolutheit das Erhabene begreift.«[111] Cohen vertritt diesbezüglich ganz ähnliche Überzeugungen. Auch in seiner Darstellung des Verhältnisses der Kunst zur Religion benutzt Cohen Begriffe, die von Schelling stammen – so zum Beispiel, wenn er behauptet, dass Kunst und Religion beide »aus demselben Bedürfnis entspringen: aus dem Verlangen des Endlichen nach einem Unendlichen. Dringlicher als die reine Sittlichkeit eines Gottes bedarf, […] sucht die Religion ihre Götter, und die Kunst lehrt sie finden.«[112]

Er zitiert lange Passagen aus Solgers Werk *Erwin*, über die »Tragödie vom Schönen«:

Unermessliche Trauer muss uns ergreifen, wenn wir das Herrlichste, durch sein notwendiges irdisches Dasein in das Nichts zerstieben sehen. Und doch können wir die Schuld davon auf nichts Anderes wälzen, als auf das Vollkommene selbst in seiner Offenbarung für das zeitliche Erkennen […]. Dieser Augenblick des Überganges nun, in welchem die Idee selbst notwendig zu Nichte wird, muss der wahre Sitz der Kunst […] sein. Hier also muss der Geist des Künstlers alle Richtungen in Einen alles überschauenden Blick zusammenfassen, und diesen über allem schwebenden, alles vernichtenden Blick nennen wir Ironie. Ich erstaune, sprach Anselm hier, über deine Kühnheit, das ganze Wesen der Kunst in die Ironie aufzulösen, welches viele für Ruchlosigkeit halten möchten. Greif mich nur nicht mehr an, versetzt ich, mit jener matten und falschen Religiosität, welche die Dichter des Tages durch ihre selbstersonnenen Ideale unterstützen, und womit sie rüstig helfen, die schon so verbreitete empfindelnde und heuchelnde Selbst-

[109] Cohen, KBA, 277.
[110] KBA, 295.
[111] Vgl. Ernst Behler, Schellings Ästhetik in der Überlieferung von Henry Crabb Robinson, in: *Philosophisches Jahrbuch* 83 (1976), 133–183, hier §80, 166.
[112] Cohen, KBA, 415.

täuschung über Religion, Vaterland, Kunst bis zum leersten Unsinn zu bringen. Ich sage dir, wer nicht den Muth hat, die Ideen selbst in ihrer ganzen Vergänglichkeit und Nichtigkeit aufzufassen, der ist wenigstens für die Kunst verloren.[113]

Es ist vermutlich diese These, der zufolge der »wahre Sitz der Kunst« kein anderer ist, als der »Augenblick des Überganges, in dem die Idee selbst notwendig zu Nichte wird«, an welche Cohen denkt, wenn er in *Kants Begründung der Ästhetik* schreibt, dass der Grundgedanke Solgers von der Ironie der Kunst »der tiefste Begründungsgedanke der Ästhetik« sei.[114] Sofort fügt er aber hinzu, es sei hier die Kunst, die man mit der Hilfe solcher Begriffe verstehen könnte, nicht aber die Religion:

So tief dieser Grund der Kunst gelegt ist und so systematisch er in Bezug auf das Ganze der menschlichen Anliegen gedacht ist, so teilt doch auch diese Ansicht den Mangel der Romantik: dass sie nicht im Eigentümlichen die Kunst zu begründen und erst von demselben aus den Zusammenhang der Kunst mit den andern Richtungen des Geistes sucht [...] es ist hier vom intelligiblen Substrat im Ganzen gesagt, was nur von dem des ästhetischen Bewußtseins zu gelten hat.

Das intelligible Substrat aller Vermögen und somit der Harmonie des Bewußtseins vertritt nicht Religion, wie es nicht Sittlichkeit zu seiner direkten Aufgabe hat, obwohl es freilich Beiden dient. Die Harmonie des Bewusstseins kann nicht erstrebt werden, ohne dass dieses Streben dem Verhältnisse des Menschen zur Gottheit, also der Religion, und dem Verhältnisse des Menschen zum Reiche autonomer Zwecke, also der Sittlichkeit, zu Gute käme. Aber bei aller Verwandtschaft der Aufgaben sind sie doch nicht identisch.[115]

Auch wenn Cohen bei aller Kritik an der Romantik doch einige grundsätzliche Thesen dieser Bewegung übernimmt, wie zum Beispiel diejenige der »Ironie« der Kunst, begrenzt er also ihre Gültigkeit: die Ironie gilt nur für die Kunst, nur für die Ästhetik, nicht aber für die Sittlichkeit, und nicht für die Religion und damit nicht für das intelligible Substrat im Ganzen. Dies ist die Strategie, die sich auch in der *Ästhetik des reinen Gefühls* wiederfindet. Zum alten Wort zurückkehrend, dem zufolge Homer den Griechen ihre Götter gab, kommt Cohen zu dem Schluss, dass die Götter in der Tat der Gegenstand der Kunst seien, was aber keineswegs bedeuten würde, dass es

[113] KBA, 422.
[114] KBA, 418.
[115] KBA, 422f.

die Aufgabe der Kunst ist, die Religion oder die Sittlichkeit zu begründen. Eher sollte sie in allen ihren Arten – in der Plastik und der Malerei, aber auch in der Musik und der Baukunst, und in der Poesie – bei der neuen Form, der »Neugestaltung der Sittlichkeit« helfen.[116] Indem Cohen zwischen »Fühlen« und »Empfindung« unterscheidet,[117] erinnert er nicht nur daran, dass das Bewusstsein noch andere Aufgaben hat als die der Erkenntnis, sondern auch, dass das Denken selbst nicht allein auf Empfindungen gegründet werden kann und ebenfalls der Sprache bedarf: ihrer Worte und ihrer Sätze. Ihm zufolge würde das ästhetische Bewusstsein seine Eigenart in dem Verhältnis des Fühlens zur Sprache erhalten, und es ist weniger die bildende Kunst als vielmehr die Poesie, die als gemeinsame Voraussetzung aller Künste in eminenter Weise dienen dürfte.[118]Dieselben Thesen werden von Cohen auch in der *Religion der Vernunft* wiederholt betont. Dort wird er noch einmal hervorheben, dass »der Monotheismus seinen Bund mit der Kunst in der Poesie gestiftet« hat, und dass dasjenige, »was das religiöse Bewußtsein an der bildenden Kunst verliert«, »reichlich durch die lyrische Poesie« ersetzt. Für Cohen besteht dabei weder mit der These der Einheit der Künste noch mit ihrer Begründung in der Einheit des ästhetischen Bewusstseins ein Widerspruch:

> Man darf nur nicht im ästhetischen Bewußtsein selbst die Einheit des menschlichen Bewußtseins annehmen, während diese vom ästhetischen Bewußtsein nur durch eines ihrer Glieder vorgebildet wird.[119]

---

[116] Cohen, *Werke* 8, 42.
[117] *Op cit.*, 136 f.
[118] *Op.cit.*, 366 f.
[119] Cohen, RV, 486.

4. Franz Rosenzweig und seine Kritik an den Philosophien des Geistes

Es ist das die erste Wirkung des Geistes, daß er übersetzt, daß er die Brücke schlägt von Mensch zu Mensch, von Zunge zu Zunge. Die Bibel ist wohl das erste Buch, das übersetzt und dann in der Übersetzung dem Urtext gleichgeachtet wurde. Gott spricht allenthalben mit den Worten des Menschen. Und der Geist ist dies, daß der Übersetzende, der Vernehmende und Weitergebende, sich dem Ersten, der das Wort sprach und empfing, gleich weiß. Der Geist leitet so den Menschen und gibt ihm das Zutrauen, auf seinen eignen Füßen zu stehn. Grade als Geist der Überlieferung und Übersetzung ist er des Menschen eigner Geist. Das ist die Geschichte der Pfingstzeit: der Herr verlässt die Seinen, er fährt gen Himmel, sie bleiben auf Erden zurück. Er verlässt sie, aber er lässt ihnen den Geist. Sie müssen nun glauben lernen, ohne ihn doch mit Augen zu sehen; sie müssen lernen zu handeln, als ob sie gar keinen Herrn hätten; aber nun können sie es auch: sie haben den Geist.[1]

Anhand dieses Zitats wird deutlich, was für Rosenzweig der ›Geist‹ ist: »der Übersetzende, der Vernehmende und Weitergebende, weiß sich dem Ersten, der das Wort sprach und empfing, gleich.« Rosenzweig bezieht sich hierbei auf das Pfingstwunder, das in der Apostelgeschichte (2, 6–13) geschildert wird. Dies ist aber keineswegs seine einzige Bezugnahme auf diesen Begriff. Andere, weniger deutlich vernehmbare, aber dennoch wichtige Quellen klingen hier ebenfalls nach. So zum Beispiel wenn er in derselben Passage schreibt, dass Gott »allenthalben mit den Worten des Menschen« spricht. Dann spielt Rosenzweig hierbei auf ein wohlbekanntes und oft zitiertes Prinzip im Talmud an, demzufolge die Thora »in der Sprache der Menschen redet.«[2]

Hilfreich ist es daran zu erinnern, dass die mit Martin Buber unternommene Übersetzung der Bibel ins Deutsche zu denjenigen

---

[1] Rosenzweig, *Stern*, 407 ff.

[2] Das bekannte Prinzip wird R. Jischmael in seinem Kommentar von Num. 15, 31 Midrasch Sifre zugeschrieben. Vgl. dazu Günter Sternberger, *Einleitung in Talmud und Midrash*, München (2011), 87 ff.

Aufgaben zählte, denen sich Franz Rosenzweig am Ende seines Lebens widmete. Seinen Übersetzungsarbeiten maß er eine ganz besondere Bedeutung bei – heißt es doch in der vorhin zitierten Stelle, dass die Übersetzung die eigentliche Aufgabe des ›Geistes‹ sei. Wie ist nun diese herausragende Stellung zu verstehen, die der Übersetzung von Rosenzweig zugestanden wird? Was ließe sich daraus für den ›Geist‹ selbst und für die Bedeutung, die diesem grundlegenden Begriff zugeschrieben werden sollte, folgern?

In einem wichtigen Aufsatz aus dem Jahre 1923, der 1924 als Einführung für die Herausgabe von Cohens Schriften zum Judentum verwendet wurde, verweist Rosenzweig auf Hermann Cohen und zwar auf dessen kurzen Artikel mit dem Titel »Der heilige Geist« (1915)[3]. Um zu verstehen, was Cohen unter ›Geist‹ verstand, müssen wir uns, so Rosenzweig, in den Kontext des Streits zurückversetzen, den der Philosoph zeit seines Lebens, aber vor allem in den Jahren, in welchen er diesen Artikel verfasste, gegen den Pantheismus führte: Dies, so Rosenzweig, war nicht nur ein Kampf gegen den Pantheismus Spinozas, also gegen das *natura sive deus* des Jahrhunderts von Galileo und Newton, sondern auch gegen den »Pantheismus des Geistes«, gegen das *Deus sive spiritus* von Hegel, und von Ranke, gewesen:

> [I]m Kampf gegen jeglichen Pantheismus, auch den des Geistes, steifte ihm den Nacken sein Judentum, das erst jetzt vollends Sprache gewann. Die »Korrelation« wurde auch hier das begriffliche Mittel, dem Glauben die Zunge zu lösen. […] Den »Vorzug des Judentums vor dem Pantheismus« findet der inhaltsreiche kleine Aufsatz über den heiligen Geist jetzt »im Begriffe des Individuums«. Gott muss Gott, der Mensch Mensch bleiben. Weder darf Gott im Menschengeiste aufgehen – brauchte doch Gott selber nach dem gewaltigen, die Grenzen des Jahrhunderts überspringenden Wort der Vorlesung keinen Geist zu haben, wenn er dem Menschen keinen Anteil daran geben wollte –, noch darf der Mensch, grade weil und wenn nach dem jetzt immer wieder zitierten Psalmwort die »Nähe« Gottes sein Gut sein soll, aufgehen im Sein Gottes.[4]

Seine eigene Reflexion über den ›Geist‹ und die ›Philosophie des Geistes‹ entwickelt Rosenzweig also in dem Kontext einer Debatte

[3] Der heilige Geist. In: *Festschrift zum siebzigsten Geburtstage Jakob Guttmanns*, wieder abgedruckt in: Cohen, JS III, 176–196.

[4] Vgl. GS 3, 215 und Psalm LXXIII, 28: »die Nähe Gottes ist mein Gut«, in der Übersetzung Luthers: »Aber das ist meine Freude, daß ich mich zu Gott halte und meine Zuversicht setzte auf den HERRN.«

über den ›Pantheismus‹. Für ihn stand aber nicht so sehr der Pantheismus Spinozas im Vordergrund als vielmehr derjenige, den er als einen »Pantheismus des Geistes« bezeichnete und damit vermutlich derjenige Hegels. Interessant ist dabei, dass er in der vorhin zitierten Stelle sowohl Hegel wie auch Ranke in ein und derselben Kritik miteinander in Verbindung bringt. Die Verbindung dieser zwei Namen ist aufschlussreich: in seiner Kritik des »Pantheismus des Geistes« zielte Rosenzweig nicht so sehr auf Hegel selbst, sondern eher auf eine ganze politische Philosophie und auf eine Philosophie der Geschichte, also auf zwei Bereiche, die er mit Hegel stets assoziierte. In diesem Kapitel wird es in erster Linie darum gehen, die Bedeutung und die Tragweite jener Kritik der Philosophie des Geistes und der Geisteswissenschaften herauszuarbeiten, die Rosenzweig im *Stern der Erlösung*, wie übrigens auch in allen seinen Schriften aus den Jahren nach dem Krieg, entwickelte.

In seinem *Stern* erarbeitete er aber nicht nur eine Kritik, sondern auch seine eigene Auffassung des ›Geistes‹: Eine Auffassung, die gerade auf der anfangs zitierten These gründete, der zufolge der Geist ein »Geist der Überlieferung und der Übersetzung« und als solcher »des Menschen eigner Geist« sei. Um die Bedeutung und die Folgen dieser Auffassung, die dasjenige begründet, was Rosenzweig wenig später als »das neue Denken« bezeichnen wird,[5] zu klären, werden wir uns Eugen Rosenstock[6] zuwenden, von dem Rosenzweig, wie er selbst sagt, entscheidende Anregungen erhielt, und es besteht keinerlei Grund an dieser Selbstaussage zu zweifeln.

Im dritten Teil dieses Kapitels wird schließlich gezeigt, dass Rosenzweigs Auffassung des ›Geistes‹ derjenigen von Hermann Cohen keineswegs verpflichtet war. Rosenzweig hatte zwar den Nachhall von Cohens Kampf gegen den ›Pantheismus‹ zur Kenntnis genommen, pfropfte aber in Wirklichkeit, indem er davon sprach diesen Kampf weiterzuführen, vielmehr seine eigenen Begriffe und seine eigenen Kämpfe auf den Kampf Cohens. Diese hatten allerdings mit denen Cohens und mit denen Hegels und dessen Philosophie des Geistes nicht mehr viel gemein.

---

[5] Vgl. Rosenzweig, GS III, 139–161.

[6] Zu Eugen Rosenstock, vgl. auch hier oben, S. 46 sq.

I

Ende des neunzehnten Jahrhunderts und am Beginn des zwanzigsten hatten die Begriffe ›Geist‹ und ›Philosophie des Geistes‹ eine Bedeutung angenommen, die sich von derjenigen, die ihr Hegel circa hundert Jahre zuvor verliehen hatte, grundsätzlich unterschied. Um begreifen zu können, wie Franz Rosenzweig selber diese Begriffe, wie übrigens auch den des ›Pantheismus‹ verwendete, ist eine Klärung jener Sinnveränderung unerlässlich.

Bedenkt man das Thema von Rosenzweigs Doktorarbeit, so könnte man vermuten, dass es der Einfluss Wilhelm Diltheys war, der bei allem, was mit dem angeblichen ›Pantheismus‹ Hegels zusammenhängt, die Hauptrolle spielte. In seiner *Jugendgeschichte Hegels* (1905) – ein Werk, das Rosenzweig gut kannte – hatte Dilthey Hegels Denken als ein völlig im ›Pantheismus‹ verankertes dargestellt. Den Begriff ›Pantheismus‹ verband er hier nicht so sehr mit dem ›Rationalismus‹ eines Spinoza, sondern vielmehr mit einer Lebensphilosophie und vor allem einer religiösen Mystik, die er mit Schleiermacher in Verbindung brachte. Schon in seiner ersten großen Arbeit hatte sich Dilthey mit Schleiermacher befasst[7] und glaubte die Ideen dieses Philosophen bei Hegel wiederfinden zu können. So kam er dazu, Hegel einen »mystischen Pantheismus« zuzuschreiben.[8] Könnte es daher sein, dass Rosenzweig in erster Linie an Dilthey dachte, als er Hegels Philosophie zu einem ›Pantheismus‹, also zu einem »Pantheismus des Geistes« machte?

Da er nicht nur Hegels System, sondern auch Diltheys Ideen eher kritisch gegenüberstand,[9] mag sich diese Vermutung als richtig erweisen. Sie wäre aber unzureichend, denn bei allem, was die Geschichte der Philosophie betraf, gab es andere Autoren, die für ihn von größerer Bedeutung waren: so zum Beispiel Wilhelm Windel-

---

[7] Der erste Band von Diltheys *Leben Schleiermachers* wurde schon 1870 veröffentlicht, *Die Jugendgeschichte Hegels* im Jahre 1905. Vgl. heute Dilthey, *Gesammelte Schriften*, Bände IV, XIII, XIV.

[8] Zum Begriff eines ›mystischen Pantheismus‹ bei Hegel vgl. Dilthey, *Jugendgeschichte Hegels*, op.cit., 43 f. Der Begriff wurde später heftig diskutiert: siehe z. B. Norbert Waszek, Die Hegelforschung mit Wilhelm Dilthey beginnen? – In: *Anfänge bei Hegel*. Hg. von Wolfdietrich Schmied-Kowarzik und Heinz Eidam, Kassel (2009), 13–30, hier 21 f.

[9] Vgl. Rosenzweigs 1920 Vorrede zu seinem Werk *Hegel und der Staat*, S. 15–17 in der Suhrkamp Neuausgabe von 2010.

band (1848–1915), der im Jahre 1910 seinen Willen feierlich bekundet hatte, den Hegelianismus, welcher so produktiv wäre für alles, was »die geistige Welt« in ihrer Unterscheidung von der Natur betrifft, zu »erneuern«.[10] Bei dieser Frage ist auch zu berücksichtigen, dass er Hegels Philosophie des Geistes eher als ein Historiker denn als ein Philosoph studierte. Er bezog sich in seiner Arbeit in erster Linie auf Historiker und zwar insbesondere auf diejenigen, bei denen er selber studiert hatte, also vor allem auf Friedrich Meinecke, seinen Doktorvater, der ihm geraten hatte, seine Dissertation der politischen Philosophie Hegels zu widmen. Besonders bemerkenswert ist es in diesem Zusammenhang, dass das Werk des Historikers Leopold von Ranke (1795–1886) in Meineckes *Die Entstehung des Historismus* gewissermaßen den Höhepunkt bildet. Wenn Rosenzweig den Namen Ranke mit demjenigen Hegels in seiner Einleitung zu Cohens *Jüdischen Schriften* in Verbindung bringt, folgt er damit seinem Lehrer, der in Hegel einen Vertreter des Historismus zu finden glaubte. Bei allem, was die Verwendung des Begriffes ›Geist‹ betrifft, rückt er auch Hegel näher an Ranke heran, wie dies bereits Meinecke getan hatte.

Auch wenn es hier keineswegs darum gehen kann, die Beziehung zwischen Hegel und Ranke näher zu untersuchen[11], ist es dennoch wichtig zu betonen, dass Ranke auf den Begriff ›Geist‹ sowie auf den der ›Geisteswissenschaften‹, genauso wie Hegel, immer wieder zurückgriff. Zwar hatte er die Hegel'sche Idee eines Weltgeistes, der die Einheit der ganzen Geschichte begründet, nachdrücklich abgelehnt – seine berühmt gewordene Formulierung lautet vielmehr: »Jede Epoche ist unmittelbar zu Gott«[12], wonach jede Epoche und jedes Volk in der Geschichte seinen Wert an sich besitzt und nicht bloß als vorläufige Stufe in der Verwirklichung eines höheren Zwecks oder Ziels anzusehen sei. Doch wenn er jede einzelne dieser Epochen in ihrer jeweils eigenen »Individualität« charakterisierte – und für ihn war gerade die Anerkennung dieser Individualität das Wichtigste – griff er wieder auf den Begriff ›Geist‹, beziehungsweise ›geistiges Leben‹, zurück. Wie Meinecke in seiner *Entstehung des Historismus*

---

[10] Vgl. W. Windelband, *Die Erneuerung des Hegelianismus, Sitzungsberichte der Heidelberger Akademie, phil.-hist. Klasse*, Abh. 9, Heidelberg (1910), 10, 14.

[11] Zu *Ranke und Hegel*, vgl. Ernst Simon (1928) und neuerdings Stefan Jordan (1997, 1998).

[12] Vgl. z. B. den Vortrag vom 25. September 1854 Über die Epochen der neueren Geschichte. In: Leopold von Ranke, *Historisch-kritische Ausgabe* (1971), hier 60.

schrieb, lautete das wichtigste, universelle Prinzip der Geschichte nach Rankes Auffassung: »Alles ist allgemeines und individuelles geistiges Leben.«[13] Diese Art der Geschichtsschreibung und diese Verwendung des Wortes ›Geist‹ bildeten die Grundlage für Meineckes gesamtes Werk und vor allem für sein Buch mit dem Titel *Weltbürgertum und Nationalstaat*, das 1907 zum ersten Mal erschien und innerhalb von zwanzig Jahren sieben Neuauflagen erlebte. Es war ein außerordentlicher Erfolg, der übrigens oft beklagt wurde, etwa von dem ausgezeichneten Historiker Franz Schnabel, welcher dem Buch vorgeworfen hatte, nichts anderes zu sein als eine »Vergeistigung« des damals in Deutschland grassierenden Chauvinismus.[14] In seinem *Weltbürgertum und Nationalstaat* verband Meinecke Hegel mit Ranke und Bismarck und lobte sie alle drei. Er sah in ihnen die drei »großen Staatsbefreier«, diejenigen, welche die im achtzehnten Jahrhundert formulierte Idee des Staates – eine Idee, die unvollkommen wäre, weil sie für Meinecke noch zu weltbürgerlich war – zu ihrer Vollendung geführt hätten: zum Nationalstaat, wie er ganz besonders von Bismarck in Preußen entwickelt wurde. In Hegels Geschichtsphilosophie sowie in dessen politischer Philosophie glaubte Meinecke bereits das Merkmal der Bismarck'schen ›Machtpolitik‹ zu erkennen. Der Staatsnation stellt er die Kulturnation gegenüber und betonte die Legitimität nationaler Forderungen, die auf einem gemeinsamen kulturellen Gut aufbauen: auf einer Sprache, auf Bräuchen, und einer Religion, die ohne einen Staat oder eine unabhängige politische Struktur im Lauf einer gemeinsamen Geschichte entwickelt wurden. Und er bedauerte, wie bereits vor ihm Ranke, dass Hegel den ganzen Wert und die Bedeutung der Idee der ›Individualität‹ nicht genügend anerkannt hätte; einer Idee romantischen Ursprungs, die er nicht nur auf das Individuum als solches anwandte, also auf die Menschen als Individuen, deren Rechte man geltend machen müsse, sondern auch und vor allem auf die ›Völker‹, die in seiner Auffassung ebenfalls eine ›Individualität‹ und eine spezifische Rolle besitzen.

Alle diese Ideen findet man in Rosenzweigs Doktorarbeit *Hegel und der Staat* wieder. In diesem Buch beschreibt Rosenzweig jedoch die politische Philosophie Hegels nicht wie eine Philosophie des Machtstaats im Sinne Bismarcks, sondern als eine unterbrochene

---

[13] F. Meinecke, *Die Entstehung des Historismus* (1959), 592.

[14] Vgl. Franz Schnabel, F. Meinecke und die deutsche Geschichtsschreibung (1937), 161.

und unvollendete Entwicklung hin zum Machtstaat Bismarcks. Als Erster hat er am Beginn des zwanzigsten Jahrhunderts erkannt, dass der Staat so, wie Hegel ihn sowohl in seinen frühen Schriften wie beispielsweise die »Verfassung Deutschlands« als auch in seinen späteren Schriften charakterisiert hatte, weit davon entfernt war, dem Bismarck'schen Machtstaat zu entsprechen. Rosenzweig schrieb über Hegel unter Meineckes Anregung und Leitung, aber es gelang ihm, sich von ihm zu distanzieren und darin liegt auch der Grund dafür, dass er auch heute noch von den Hegel-Spezialisten gewürdigt wird. Rosenzweig zufolge habe Hegel bereits zu einer Anerkennung des Machtstaats tendiert, sei dabei aber noch von einer aus dem achtzehnten Jahrhundert stammenden Idee der Freiheit überzeugt gewesen; einer Idee, die er niemals aufgegeben habe!

Als Rosenzweig gegen Meinecke behauptete, dass Hegel nicht den Machtstaat als solchen, sondern die Entwicklung zum Machtstaat beschrieben habe, übernahm er jedoch, ohne sich darüber klar zu werden, die Definition der ›Macht‹, die sein Lehrer voraussetzte. Indem er somit die terminologischen Unterscheidungen und die Begriffe seines Doktorvaters übernahm, verlieh er dem Begriff der Macht eine zutiefst politische Bedeutung und verzerrte dadurch die Tragweite der Hegel'schen Philosophie. Hier sei nur daran erinnert, dass sich für Hegel selbst die Macht oder *potentia* in erster Linie auf den ›Begriff‹ bezog. Bei Hegel wird der Begriff ›Macht‹ übrigens nicht in den Schriften zur Politik und Geschichte definiert, sondern in der *Wissenschaft der Logik*. Die Macht ist für Hegel die Macht *(potentia)*, die der ›Begriff‹ besitzt, sich zu verwirklichen.[15] In seiner Doktorarbeit wich aber Rosenzweig von Hegel ab und identifizierte die Macht mit dem Begriff der ›Gewalt‹ in seiner doppelten Bedeutung: als *potestas* (Autorität) und als *violentia* (Gewalt). Aus eben diesem Grund war er in der Folge dann außerstande zu begreifen, warum und in welchem Sinn Hegel schließlich, und zwar insbesondere während seines Aufenthalts in Jena, ›Macht‹ mit ›Geist‹ gleichsetzte oder auf diesen bezog.[16] In der Sprache Hegels bedeutete ›Macht‹ in erster Linie *potentia*, also eine Potentialität und damit ein Vermögen zur Ver-

---

[15] Über die Hegel'sche Definition der Macht, vgl. z. B. *Wissenschaft der Logik* in: Hegel, GW 12, 35 f. oder Hegel, TWA 6, 277 ff.

[16] Vgl. hier Myriam Bienenstock, *Macht* and *Geist* in Hegel's Jena Writings, *Hegel-Studien*, 18, 1983, 139–172, und *Politique du jeune Hegel* (1992), Kap. 1, insbesondere 41–48.

wirklichung einer Idee oder eines Begriffs. Diese begrifflichen und sprachlichen Voraussetzungen hatten Hegel dazu geführt, zu behaupten, dass die ›Macht‹ grundlegend die ›Macht‹ des ›Geistes‹ sei. Wird aber ›Macht‹ *(potentia)* mit ›Gewalt‹ *(violentia)* oder auch noch mit *potestas* (Autorität) gleichgesetzt, wie dies im späten 19. Jahrhundert üblich war, dann wird der Bezug zum ›Geist‹ unverständlich.

Hegel und der Staat gibt keine Erläuterung des Hegel'schen Begriffs des ›Geistes‹. In seinem Werk bot Rosenzweig zahlreiche Diskussionen zum Begriff ›Volksgeist‹ an, in welchen Meineckes maßgeblicher Einfluss spürbar ist. Die politische Philosophie Hegels interpretierte Rosenzweig anhand Meineckes berühmter Unterscheidung zwischen ›Staatsnationen‹ und ›Kulturnationen‹: zwischen Nationen, die auf der einigenden Kraft einer gemeinsamen politischen Geschichte oder Verfassung beruhen, und solchen, die auf einer gemeinsamen ›kulturellen‹ Erfahrung, sei sie nun sprachlich, literarisch oder religiös, aufbauen. Rosenzweig setzt dabei den Hegel'schen ›Staat‹ mit der ›Staatsnation‹ Meineckes gleich und stellt ihn dem Begriff der ›Kulturnation‹ gegenüber. So gelangt er zur Behauptung, Hegels großer Irrtum habe darin bestanden, keine Beziehung zwischen ›Staat‹ und ›Kultur‹ herzustellen, außer in seinen ersten unveröffentlichten Fragmenten in Tübingen und in seinem Spätwerk, in seiner Philosophie der Geschichte.[17]

In seinem Kommentar ging Rosenzweig davon aus – so als verstünde es sich von selbst – dass der Hegel'sche Begriff des ›Geistes‹, ja selbst des ›Volksgeistes‹, denselben Inhalt und dieselbe Bedeutung besitze wie der Begriff der ›Kultur‹: ein Begriff, welchem er dieselbe Bedeutung zuschrieb, wie bereits vor ihm Meinecke. In der Zeitspanne zwischen den Jahren, in welchen Hegel lebte, und denen, in welchen Meinecke und Rosenzweig schrieben, haben sich aber die Bedeutungen der Begriffe ›Kultur‹ und ›Bildung‹ stark gewandelt. In der zweiten Hälfte des neunzehnten und am Beginn des zwanzigsten Jahrhunderts bezeichnete man schließlich mit dem Begriff ›Kultur‹ alles, was sich auf das geistige Leben der Menschen bezieht: die Kunst, die Literatur, die Philosophie, und die Religion. Andere Bereiche des Lebens wie Wirtschaft, Recht und Politik wurden dabei ausgegrenzt oder sogar ausgeschlossen. Bei Hegel umfasste der ›Geist‹, ein grundlegender Begriff für alles, was die Geschichte betrifft, jedoch

---

[17] Vgl. hier Franz Rosenzweig, *Hegel und der Staat* (2010), 450f.

die Gesamtheit der menschlichen Tätigkeiten. So gesehen, war dieser Begriff nicht nur mit dem verknüpft, was man heute als ›Kultur‹ bezeichnet, sondern auch mit dem politischen Leben sowie mit menschlichen Tätigkeiten wie der Arbeit, dem Wirtschaftsleben und dem Recht. Für Hegel sind diese Tätigkeiten genauso ›bildend‹, wie dies die Kunst, die Philosophie oder die Religion sein können. Es sei auch erwähnt, dass der Begriff ›Kultur‹ in den Schriften Hegels relativ selten anzutreffen ist: er verwendete lieber den Begriff der ›Bildung‹. Entscheidend ist aber hierbei, dass der Platz, der in Hegels Philosophie der Geschichte der ›Kultur‹ eingeräumt wird, ein ganz anderer ist als derjenige, welcher ihm in der Zeit Rosenzweigs zugestanden wurde, wenn von ›Kulturgeschichte‹ die Rede war.[18]

Die Bedeutungsverzerrung, die Rosenzweig unter dem Einfluss Meineckes an dem Hegel'schen Begriff des Geistes vornahm, tritt auch sehr deutlich in einer Rezension zutage, die er 1921–1922 über ein Buch von Hermann Heller veröffentlichte: *Hegel und der nationale Machtstaatsgedanke in Deutschland. Ein Beitrag zur politischen Geistesgeschichte.* Heller, der sein Buch 1921veröffentlicht hatte, also nach der Niederlage Deutschlands am Ende des Ersten Weltkriegs, hatte Hegel stark kritisiert und nicht davor zurückgeschreckt, ihm den Begriff des Bismarck'schen Machtstaats zuzuschreiben, von dem Meinecke vor dem Krieg geschwärmt hatte (nach dem Krieg änderte auch Meinecke, so wie Rosenzweig, seine Einstellung diesbezüglich). In der Darstellung Hegels und des Machtstaates zeigt sich Rosenzweig nuancierter als Heller. Seine ausführliche Studie über die politische Philosophie Hegels machte Rosenzweig zum Ausgangspunkt seiner Kritik, indem er Heller in seiner Rezension vorwarf, im Unterschied zu einer entwicklungsgeschichtlichen Rekonstruktion des Problems ausschließlich eine einfache »These« aufgeworfen zu haben, so dass er sich »zum Gefangenen seines Themas« gemacht habe: Heller

> weiß sehr wohl, dass für Hegel die Gleichung von Macht und Geist gilt; aber in der Darstellung verschiebt sich ihm der Akzent ganz auf die Macht; charakteristischerweise spricht er nur von Hegels »Machtmonismus«, nicht (was ganz genau so richtig – und fast genau so falsch – wäre) von Hegels Geistmonismus. Dadurch verschiebt sich das echte Bild der Hegelschen Philosophie; um ihr gerecht zu werden, müsste man das, ich möchte sagen

[18] Vgl. hier N. Waszek, Histoire pragmatique – histoire culturelle: de l'historiographie de l'*Aufklärung* à Hegel et son école (1998), 11–40.

labile Gleichgewicht ihrer realistischen und idealistischen Elemente in jedem Augenblick durchspüren lassen ...[19]

Aus dieser Stelle geht deutlich hervor, dass Rosenzweig den »Geist« mit den »idealistischen Elementen« der Hegel'schen Philosophie verband, das heißt mit allem, was im Gegensatz zum ›Realismus‹ steht und damit im Gegensatz zu der auf ›Macht‹ im Bismarck'schen Sinn des Wortes gegründeten ›Realpolitik‹, oder auch der ›Staatsräson‹, um hier einen Begriff zu verwenden, den Meinecke in einem Rosenzweig wohl bekannten Werk aus den Jahren nach dem Krieg verwendete[20]. In seiner Verteidigung eines ausgewogeneren Bildes des Hegelianismus – für die er, wie bereits erwähnt, auch heute noch gewürdigt wird – griff Rosenzweig jedoch, wie auch Heller und viele andere, auf die Sprache Meineckes und damit auf dessen Ideen zurück. Das führte ihn nicht nur dazu, die Bedeutung von Hegels Begriff des Geistes zu verzerren, sondern auch zu glauben, man könne in der Philosophie dieses Autors bereits die Aufwertung »realistischer Elemente« antreffen, das heißt eine ›Machtpolitik‹. Selbst nach dem Krieg schien Rosenzweig Hegel immer noch bis zu einem gewissen Punkt gegen Heller in Schutz nehmen zu wollen. Die Apologie eines auf der Macht beruhenden Nationalismus könne man demnach bei Hegel nicht direkt antreffen. Heller sei zu weit gegangen. Dennoch war Hegel für Rosenzweig der Ausgangspunkt der ganzen Dynamik. In seiner Rezension scheibt er, dass man spürt, »wie er [Hegel] ein wie vollgerüttelt Maß nicht persönlicher aber weltgeschichtlicher Schuld an dem deutschen Zusammenbruch trägt«.[21]

Hegel, dies fügte er einmal in einem Brief hinzu – diesmal allerdings ohne die übliche Umsicht und Mäßigung des Gelehrten –, sei derjenige, der Deutschland »vergiftet« habe, durch den Glauben an die »Gewalt«.[22] Für Rosenzweig wie vermutlich für die meisten seiner Zeitgenossen in Deutschland scheinen Begriffe wie ›Geist‹, ›Geistesleben‹ und ›geistige Strömungen‹ ihren schuldlosen Charakter damals endgültig eingebüßt zu haben. In einem heftigen Artikel über die Situation des Verlagswesens in Deutschland nach dem Krieg prangert Rosenzweig all das an, was sich »unter dem Gewande des Geistes« verberge: nicht nur »Mammon«, das heißt der »kapitalistische

[19] Rosenzweig, GS III, 55.
[20] F. Meinecke, *Die Idee der Staatsräson in der neueren Geschichte* (1924).
[21] Rosenzweig, GS III, 55.
[22] An Ernst Simon, Anfang Juni 1923: vgl. Rosenzweig, GS I.2, 909.

Geist«, die »geistig verkleidete« Profitgier, sondern auch der nunmehr »entgeistete« Nationalismus, von dem nun nichts anderes übrig sei als das, was der Terminus in wörtlicher Übersetzung bedeute, nämlich Heidentum[23]:

> Aller Geist war ›Volksgeist‹, das Volk zum Haus des Geistes schlechtweg, das Volk, genauer die Völker. Nur eine Art von Geist sicherte sich neben den Völkern noch eigene Behausung, der seinem Wesen nach nun einmal nebenvölkische Geist der Religion[24].

Wie lässt sich nun aber der Begriff ›Geist‹ in einem nicht heidnischen Sinn für alles, was die Religion und das religiöse Leben betrifft, verwenden? Diese Frage wird im folgenden Abschnitt behandelt.

II

Hier muss man auf den – nach Rosenzweigs Worten für seine ganze Zukunft ausschlaggebenden – Einfluss eingehen, den nicht so sehr Hermann Cohen auf den jungen Mann ausübte (wie bereits erwähnt, erkannte Rosenzweig dessen Verdienst erst relativ spät an), sondern vielmehr Eugen Rosenstock-Huessy, einer seiner Zeitgenossen, der ebenfalls jüdischer Herkunft war, aber zum Protestantismus übergetreten ist. Rosenzweig hatte ihn 1913 in Leipzig kennen gelernt.[25] Als er ihn zum ersten Mal traf, war Rosenstock gerade Juraprofessor in Leipzig und schien bereits das Wesentliche seiner Sprachphilosophie ausgearbeitet zu haben, mit der er dann Rosenzweig vertraut machte. Rosenstock tat dies vor allem in einem langen Brief, den er 1916, also lange vor dem Erscheinen des *Sterns der Erlösung*, an Rosenzweig schrieb, der eher einem Essay glich und heute unter dem Titel »Angewandte Seelenkunde« bekannt ist.[26] In diesem Schreiben scheint

---

[23] Vgl. Rosenzweig, GS III, 419: »Der ›Nationale‹ hatte vergessen, daß Nationalismus weiter nichts ist (und nach seinem tiefsten Sinne auch weiter nichts sein darf) als das, wovon es – Ethnizismus! – die wörtliche Übersetzung ist: Heidentum […]. Der Zusammenbruch Europas hat den Nationalismus wie den Konfessionalismus entgeistet. Was bleibt, sind leere Hülsen, der bloße Ismus; Nationalismus ohne Nation, Konfessionalismus ohne Konfession […]. Die in ihnen eingeheimsten Geister sind aufs neue heimatlos geworden«.

[24] Rosenzweig, GS III, 418.

[25] Siehe hier oben S. 46–50.

[26] Vgl. die bearbeitete Fassung dieses Schreibens in: E. Rosenstock-Huessy, *Die Sprache des Menschengeschlechts* (1963).

Rosenzweig eine der prägnantesten Formulierungen des »Anrufs« gefunden zu haben, der im *Stern* die Grundlage seiner eigenen Konzeption der Offenbarung bilden sollte:

> Der Satz Descartes' cogito, ergo sum, Ich denke, also bin ich, der schließlich alles ausmacht, was rein logisch in dem ›Ich bin ich‹ steckt, das A = A, muss in der Seelenkunde also durch den grammatischen Satz ersetzt werden: Gott hat mich gerufen, also bin ich. Man gibt mir einen Eigennamen, also bin ich …[27]

Der ursprüngliche Text des von Eugen Rosenstock abgesandten Briefs scheint verloren gegangen zu sein. Derjenige, der heute zugänglich ist, enthält sehr viele Bezugnahmen auf den Ersten Weltkrieg und wurde offenkundig nach dem Krieg stark überarbeitet. Es ist nicht bekannt, wie der ursprüngliche Inhalt des Briefs beschaffen war.[28] Fest steht nur, dass der Text Rosenstocks eine ganze Kritik der Philosophie des Geistes in allen ihren Ausformungen enthält, und Letztere waren am Ende des neunzehnten und am Beginn des zwanzigsten Jahrhunderts sicherlich schon zahlreich. Rosenstock rief zu einer grundlegenden Umwandlung der ›Geisteswissenschaften‹ auf, die in der Zeit, in der er schrieb, vorherrschend waren: der Wissenschaften des individuellen Geistes, nämlich der Psychologie, aber auch der sozialen und politischen Wissenschaften, die Rosenstock zufolge ebenfalls auf einem grundlegenden Missverständnis dessen beruhen, was der ›Geist‹ oder vielmehr die ›Seele‹ wirklich wäre. Es ist übrigens nicht ausgeschlossen, dass dieser zweite Teil der Kritik, der sich auf die sozialen und politischen Wissenschaften bezieht, ursprünglich der erste gewesen ist, auch für Rosenzweig. In seiner Programmschrift prangerte Rosenstock mit großem Nachdruck die politischen und seiner Ansicht nach gefährlichen Auswirkungen jeglicher Reduktion der ›Seele‹ auf einen ›Geist‹ an. Ihm zufolge könne derjenige, der ›Seele‹ mit ›Geist‹ gleichsetzt, das eigentliche Wesen einer menschlichen ›Gemeinschaft‹ nur verkennen.[29]

---

[27] E. Rosenstock-Huessy, Angewandte Seelenkunde, *op.cit.*, 766; und vgl. Rosenzweig, *Stern*, 159 ff.

[28] Da uns der Diskussionskontext gänzlich fehlt und die explizitesten Stellen ganz offensichtlich nach dem Krieg hinzugefügt wurden (vgl. z. B. E. Rosenstock-Huessy, Angewandte Seelenkunde, *op.cit.*, 793 ff., 796), ist es leider nicht möglich, die ursprüngliche Motivation von Rosenstock – oder von Rosenzweig – zu klären. Über die Wichtigkeit dieses Schreibens, vgl. auch H. Stahmer (1984, 1988).

[29] Über das Stichwort ›Gemeinschaft‹ wird Eugen Rosenstock-Huessy in späteren

Der grundlegende Irrtum der sogenannten ›Geisteswissenschaften‹ liege schon in der Art und Weise, wie sie das Individuum denken: Sie gehen vom ›Ich‹ aus anstatt vom ›Du‹, von der Antwort auf ein ›Du‹ oder der Sehnsucht nach einem ›Du‹.[30] Rosenstocks Anliegen in seiner Schrift bestand darin, begreiflich zu machen, dass das ›Du‹ vor dem ›Ich‹ kommt; dass die allererste Erfahrung des Kindes selbst, wie die jedes Menschen, darin besteht, zu begreifen, dass es ein ›Du‹ für einen Anderen ist; dass es *angeredet* wird. Begreift man dies, so Rosenstock, so begreift man auch, dass jede ›Geisteswissenschaft‹ auf einer Untersuchung der Sprache aufbauen müsse, die als Grammatik, als Grammatik der Seele[31], verstanden wird. Für Rosenstock war diese ›Geisteswissenschaft‹, die eher ›Seelenkunde‹ genannt werden sollte, daher in erster Linie eine Grammatik, das heißt Erkenntnis einer Sprache, die nicht auf der Grundlage eines Ich und seiner Reflexion strukturiert ist, sondern vom ›Du‹ und dessen »Anruf« oder – in den heute üblichen Begriffen – vom ›Dialog‹ ausgeht.

Der Begriff ›Seele‹, den Rosenstock hier verwendete, wurde von ihm keineswegs zufällig gewählt. Jenseits oder vielmehr diesseits des Geistes wie auch diesseits des Gegensatzes von Körper und Geist wollte sich Rosenstock und mit beziehungsweise nach ihm Rosenzweig mit der ›Seele‹ befassen. Vorhin wurden einige diesbezüglich aufschlussreiche Stellen aus dem *Stern der Erlösung* zitiert. Es ist für Rosenstock keineswegs ein Zufall, dass der große amerikanische Psychologe William James in seiner Psychologie ausdrücklich auf den Begriff ›Seele‹ verzichtet habe.[32] Die moderne Psychologie untersuche eingehend die körperliche Seite der Psyche, die Reaktionen der Sinnesorgane, oder auch das, was sie als deren geistige Seite betrachtet: das Gedächtnis und die Intelligenz. Die moderne Psychologie untersucht daher also entweder die Produktionen des Körpers oder die Produktionen dessen, was man als ›Geist‹ bezeichnet. Ob man nun aber einen extremen Materialismus vertritt, in welchem man den Geist dem Körper unterordnet, indem man ihn mit bloßen Ideenassoziationen gleichsetzt, oder aber einen extremen Idealismus, in dem das Gegenteil der Fall ist, man verfehlt gemäß Rosenstock in beiden

Jahren viel schreiben. Vgl. z.B. seine *Soziologie I. Die Kräfte der Gemeinschaft*, Berlin und Leipzig (1925).

30 E. Rosenstock-Huessy, Angewandte Seelenkunde, *op.cit.*, 768.

31 *Ibid.*, 752 ff., insbesondere 754.

32 *Ibid.*, 742 ff.

Fällen das Wesentliche. Und dies Wesentliche ist die Seele, die keineswegs als eine dunkle Kraft und im Kontext okkulter Wissenschaften verstanden werden sollte, sondern anhand der Grammatik: der Grammatik und ihrer Figuren, und daher anhand grammatikalischer Figuren. Diese würden weniger in den Wissenschaften und in der Philosophie hervortreten als viel eher in der gesprochenen Sprache und auch in der Literatur anzutreffen sein. Insbesondere in der Bibel, deren Übersetzung laut Rosenstock den »Adelsbrief« jeder Sprache bildet: das, wodurch die Sprache zur »Kultursprache, Vollsprache der Seele« wird.[33]

Die Ideen, die Rosenzweig im *Stern* vertreten wird, sind denen Rosenstocks sehr nahe, auch wenn Rosenzweig aus leicht verständlichen Gründen den Akzent stärker auf die Unterscheidung zwischen seinem eigenen Denken und demjenigen Hegels oder im weiteren Sinn demjenigen jeglichen Idealismus legt. Genau wie Rosenstock erklärt er aber, dass der Mensch, und der Philosoph selbst, kein ›Geist‹ sei, sondern viel eher ›Seele‹. Schon ganz am Anfang des *Sterns* heißt es:

> Der Philosoph hörte auf, *quantité négligeable* für seine Philosophie zu sein. Der Ersatz, den die Philosophie dem, der ihr seine Seele verkaufte, in Form von Geist zu geben versprach, wurde nicht mehr für voll genommen. Der Mensch, nicht der ins Geistige umgesetzte, sondern der beseelte, dem sein Geist nur erstarrter Hauch seiner lebendigen Seele war – er als Philosophierender war der Philosophie mächtig geworden; sie mußte ihn anerkennen, ihn anerkennen als etwas, was sie nicht begreifen, dennoch, weil mächtig gegen sie selbst, nicht leugnen konnte. Der Mensch in der schlechthinnigen Einzelheit seines Eigenwesens, in seinem durch Vor- und Zunamen festgelegten Sein, trat aus der Welt, die sich als die denkbare wußte, dem All der Philosophie heraus.[34]

Hier ist es eine bereits von Kierkegaard und Nietzsche zugunsten des ›Individuums‹ formulierte Kritik am Hegel'schen System, die Rosenzweig wieder aufnimmt. Dabei bezieht er sich auch namentlich auf diese beiden Autoren. Die Kritik, welche Kierkegaard und Nietzsche an Hegel geübt hatten, formulierte Rosenzweig aber vollständig um und nutzte dabei die gleichen Begriffe wie Rosenstock. Genau wie Rosenstock und damit im Unterschied zu Kierkegaard und Nietzsche siedelt er das Eigenwesen, die Individualität des Menschen, in der

---

[33] *Ibid.*, 780 ff.

[34] Rosenzweig, *Stern*, 10.

›Seele‹ an. Diese Individualität und Einzelheit entdeckt der Mensch in dem, was als »Anruf« bezeichnet wird[35]: in einem moralischen Anruf, der für Rosenzweig, wie für Rosenstock, sofort zu einem religiösen Anruf wird.

Rosenzweigs Kritik gilt damit nicht nur der politischen und historischen Philosophie Hegels, sondern dessen Philosophie des Geistes insgesamt und insbesondere dessen Philosophie der Religion, weil Hegel diese als eine Philosophie des Geistes konzipiert hatte. Gegen Hegel schreibt Rosenzweig, dass Gott keineswegs »Geist« sei und auch nicht »absoluter Geist«:

> Nicht absolutes Ich, sondern absoluter Geist ist der Name, den der Idealismus ihm geschöpft hat. Kein Ich also, sondern ein Er, – nein, weniger als Er: ein Es. Der Gegenstand bleibt Gegenstand, auch nachdem er Gott geworden ist. Aber an diesem Punkte macht der Idealismus nun regelmäßig die Entdeckung, die uns durch unsere Symbolsprache schon vor die Füße gelegt ist, so daß wir sie nur aufzuheben brauchen: Gott als Geist ist niemand anderes als das – Subjekt der Erkenntnis, das »Ich«. Und nun wird der letzte Sinn des Idealismus klar: die Vernunft hat gesiegt, das Ende läuft in den Anfang zurück, der höchste Gegenstand des Denkens ist das Denken selbst; es gibt nichts, was der Vernunft unzugänglich wäre; das Vernunftlose selbst ist ihr nur ihre Grenze, kein Jenseits.[36]

Rosenzweig meinte, Hegel mache aus Gott ein ›Es‹, indem er Gott jegliche Persönlichkeit nehme, wie dies übrigens bereits Spinoza getan hatte. Hier findet man wieder den Vorwurf des Pantheismus, den Rosenzweig in seinem Essay über Hermann Cohen formuliert hatte. Es ist gut möglich, dass sich Rosenzweig in diesem Kampf, den er gegen den »Pantheismus des Geistes« führte – ein Pantheismus also, der aus Gott einen Gegenstand, ein ›Es‹ und daher nicht ein ›Du‹ mache – von dem grammatikalischen Denken Rosenstocks anregen ließ. Heute lässt sich diese Hypothese allerdings nur schwer verifizieren. In dem Vorwurf, den Rosenzweig an den ›Pantheismus‹ richtet, lässt sich aber unschwer eine der grundlegenden Fragen wiedererkennen, über die sich bereits am Ende des achtzehnten Jahrhunderts die Protagonisten der bekannten Debatte über den Spinozismus bekriegt hatten: aus Gott einen Gegenstand machen, ein ›Es‹ und nicht ein ›Du‹, dies ist genau der Vorwurf, den bereits Jacobi gegen die Anhänger des Spinozismus erhoben hatte. In der Hitze des Gefechts hatte

[35] Vgl. Rosenzweig, *Stern*, 195f.
[36] *Stern*, 160.

Herder die Mehrdeutigkeit von Begriffen wie ›Person‹ und ›Persönlichkeit‹ angeprangert und äußerst heftig das abgelehnt, was er als »transzendentalen Spinozismus« bezeichnet hatte, nämlich die These, der zufolge Gott letzten Endes nichts anderes wäre als das »Subjekt der Erkenntnis«.[37] Es ist aber der gleiche Vorwurf, den auch Rosenzweig dem Idealismus machte. Für ihn war der »transzendentale Spinozismus« sogar der »letzte Sinn« der ganzen Strömung![38]

Hier kann nicht auf die Frage eingegangen werden, ob diese Lektüre des deutschen Idealismus, die lange Zeit dominant war, aber von Anfang an nie unangefochten blieb, exakt ist.[39] Es sei nur daran erinnert, dass die Form der Philosophie, die Rosenzweig als »letzten Sinn« der ganzen Strömung kritisierte, von Hegel selber schon angeprangert wurde: Hegel zufolge war sie nur eine »Reflexionsphilosophie der Subjektivität«[40] und er hat sie gerade deshalb kritisiert, weil sie seiner Ansicht nach unfähig wäre, der Sprache Rechnung zu tragen. Der Versuch, der Sprache Rechnung zu tragen, hatte ihn veranlasst, eine Philosophie des Geistes auszuarbeiten, wobei er einen Weg einschlug, den vor ihm bereits Herder eröffnet hatte.[41]

Im *Stern* entwickelt Rosenzweig also eine Kritik des transzendentalen Idealismus, die der bereits von Hegel selbst geübten Kritik letzten Endes sehr ähnlich scheint. Diese Kritik wendet Rosenzweig jedoch gegen Hegel und ganz allgemein gegen die Strömung, die er ›Idealismus‹ nennt: Es sei die Frage der Sprache und die Unfähigkeit, der Sprache Rechnung zu tragen, an welcher der ›Idealismus‹ geschei-

---

[37] Vgl. Herder, *Gott*, Vorrede zur zweiten Ausgabe (1800) in: *Sämmtliche Werke*, hg. von B. Suphan, Bd. 16, 405 ff.: »Diesen Objektlosen Traum nannte man den *transzendentalen Spinozismus* und höhnte den alten Spinoza, dass er so weit nicht gelangt war …« Vgl. auch *ibid.* im 4. Gespräch, 497 ff.

[38] Vgl. *Stern*, 160.

[39] Vgl. hier M. Bienenstock, Qu'est-ce qu'être idéaliste en politique? La réponse de Hegel. In: *Revue de synthèse*, 4è S., n° 1, 1995, 5–25.

[40] Der Ausdruck erscheint schon in dem vollständigen Titel des Jenaer Aufsatzes von 1802 »Glauben und Wissen oder Reflexionsphilosophie der Subjektivität in der Vollständigkeit ihrer Formen als Kantische, Jacobische und Fichtesche Philosophie: vgl. z. B. Hegel, TWA 2, 287.

[41] Vgl. hier M. Bienenstock, Zu Hegels erstem Begriff des Geistes (1803–1804): Herdersche Einflüsse oder Aristotelisches Erbe? In: *Hegel-Studien* 24, 1989, 27–54, und zu Hegels Kritik der »Reflexionsphilosophie der Subjektivität« unsere Monografie *Politique du jeune Hegel* (1992), insbes. Kap. 3, sowie unser Aufsatz »The Logic of Political Life: Hegel's Conception of Political Philosophy«, in: *Knowledge and Politics. Case Studies in the Relationship between Epistemology and Political Philosophy* (1989), 145–170.

tert sei. Rosenzweig zufolge würde der ›Idealismus‹ die Sprache auf den Logos, das heißt in letzter Instanz auf die Logik, reduzieren. Dasjenige, was der ›Idealismus‹ für eine Sprache halte, sei im Grunde keine, sondern vielmehr eine Logik, eine »sprachfremde« Logik, autonom in Bezug auf deren Eigenlogik, nämlich die Grammatik. Dann fügt Rosenzweig hinzu:

> Die idealistische Welt ist nicht durch das Wort geschaffen, sondern durch das Denken. Nur im »reinen Denken«, nämlich nur in einem dem Naturboden der Sprache entfremdeten, dialektisch Gegensätze erdenkenden Denken ist der Übergang vom Ich zur Eigenschaft, wie ihn der Idealismus zugrunde legt, zu erfassen. Und da dieser erste Übergang entscheidend ist für alle späteren Übergänge, so bleibt das Mißtrauen gegen die Sprache und ihre scheinbare »Übereinstimmung« mit dem Denken dauernde Erbschaft des Idealismus und treibt ihn immer weiter auf der schiefen Ebene seiner »reinen«, sprachfremden, hintermenschlichen Logik.[42]

Rosenzweig wurde der vollen Tragweite der Reflexionen über die Sprache, wie denjenigen der ›idealistischen‹ Autoren Herder und Hegel damit nicht gänzlich gerecht. Allerdings unterstrich er aus gutem Grunde die für einen Philosophen wie Hegel entscheidende Bedeutung, welche der Unterscheidung zwischen Sprache und Denken, zwischen den natürlichen Sprachen und der Logik zukam. Zweifelsohne besteht in dieser Hinsicht ein grundlegender Unterschied zwischen dem Hegel'schen Idealismus und dem »Neuen Denken«, das Rosenzweig, vermutlich angeregt durch Ideen Rosenstocks, entwickelte.

Das »Neue Denken«, dies schreibt Rosenzweig in dem gleichnamigen Aufsatz vom Jahre 1925, beruhe nicht auf der »Methode des Denkens, wie sie alle frühere Philosophie ausgebildet hat«, sondern auf der »Methode des Sprechens« und damit einer Sprache, die auch mit der Zeit verbunden ist, weil und insofern sie vom Leben eines anderen lebt:

> … ich weiß nicht vorher, was mir der andre sagen wird, weil ich nämlich auch noch nicht einmal weiß, was ich selber sagen werde; ja vielleicht noch nicht einmal, daß ich überhaupt etwas sagen werde […]. Zeit brauchen heißt: nichts vorwegnehmen können, alles abwarten müssen, mit dem Eigenen von andern abhängig sein. Das alles ist dem denkenden Denker völlig undenkbar, während es dem Sprachdenker einzig entspricht. […] der Unterschied zwischen altem und neuem, logischem und grammatischem Denken

---

42 *Stern*, 157.

liegt nicht in laut und leise, sondern im Bedürfen des andern und, was dasselbe ist, im Ernstnehmen der Zeit.[43]

Weiter unten in seinem Aufsatz gibt Rosenzweig auch zu, dass er die entscheidende Anregung für die Niederschrift des *Sterns* Eugen Rosenstock verdanke, und nicht etwa dem Nachlasswerk von Hermann Cohen, einem Werk, das ihm jedoch damals, als er mit der Niederschrift des *Sterns* begonnen hatte, schon bekannt war.[44] Rosenstocks Einfluss auf Rosenzweigs »Neues Denken« und sein Verständnis der Philosophie des Geistes war daher von größerer Bedeutung als der Cohens. In diesem Zusammenhang ist es auch bemerkenswert, dass Rosenstock seine eigene Interpretation Cohens und insbesondere die Interpretation der Bedeutung des Begriffs des ›Geistes‹ in Cohens Werk nach eigenen Angaben mit Rosenzweig teilte. In einem Beitrag mit dem Titel »Der Geist des Menschen ist der Heilige Geist«, den Rosenstock 1926 für einen Band zu Ehren von Rosenzweigs vierzigstem Geburtstag (also kurz vor dessen Tod) verfasste, hebt er einen Satz hervor, den Rosenzweig in seiner Einleitung zu den Schriften Cohens geschrieben hatte und den er als Titel seines Aufsatzes wählte »Der Geist des Menschen ist der Heilige Geist«[45]. Rosenstock schreibt hierzu:

Als ich diesen Satz Hermann Cohens im Bericht Franz Rosenzweigs las, entfuhr mir der Ausruf: Ja hat dann je ein Mensch etwas anderes geglaubt? Als bald fiel mir eine mehrfache Diskussion ein, zwischen dem Berichterstatter und mir, die sich auf die Zehn Gebote bezog. Durch sie scheint mir Licht auf jenen Satz zu fallen.

Gott hat die Zehn Gebote gegeben. Einverstanden?
Wem hat er sie gegeben? Dem Volke Israel.
Durch wen hat Gott sie übersetzt in menschliche Rede?
Mitteiler war der Mund Mosis und seine Hand.

War nun Mosis Geist nicht kraft dieses Sich-Mitteilens Gottes heilig? Ich sehe keine Möglichkeit, diese Frage anders als mit Ja zu beantworten. Aber nur weil Moses sie mit-teilte, weil er den Widerstand des Volkes wagte und überwand, nicht weil er *dachte*, sondern weil er *kündigte*, war der Geist des Menschen Mosis heilig. Der Einbruch allein bewährt die Heilkraft.

Die Juden aber hatten Gottes Recht, vor lauter Moses den heiligen Geist nicht zu vernehmen. Der menschliche Geist »des« Menschen verstellt

---

[43] Rosenzweig, GS III, 151 f.

[44] Rosenzweig, GS III, 152.

[45] Vgl. Rosenzweig, GS III, 214.

seinen »heiligen« Geist. Die christliche Überlieferung weiß nichts anderes über den hlg. Geist zu sagen.[46]

Für Rosenstock, ihm zufolge aber auch für Rosenzweig, wäre es also die »Kündigung«, die »Mitteilung« Gottes, die den Geist in seiner »Heiligkeit« ausmache. Der »Geist« wäre demnach also wesentlich »Kündigung«, »Mitteilung«.

Doch war dies wirklich Rosenzweigs eigene These und ist es richtig diese These bezüglich des »Heiligen Geistes« Hermann Cohen zuzuschreiben?

III

Will man diese Fragen angemessen beantworten, muss man direkt zu Hermann Cohen zurückkehren und zu der Bedeutung, die Cohen selber sowohl in seinem Artikel über den »Heiligen Geist« als auch in dem Kapitel seines Nachlasswerks, der *Religion der Vernunft aus den Quellen des Judentums,* das er diesem Begriff widmete, dem Begriff ›Geist‹ beimaß.[47]

Das Wesentliche ist schon in den allerersten Sätzen des Aufsatzes enthalten. Cohen donnert:

> Die im Titel angegebene Übersetzung des Wortes רוח הקדש ist falsch; und dieser Fehler entspringt dem falschen Wege, den der Gedanke bei diesem Begriffe eingeschlagen hat. Die richtige Übersetzung ist: Geist der Heiligkeit. Was ist der Unterschied zwischen beiden Bezeichnungen?[48]

Die Antwort, die Cohen seinen ganzen Aufsatz hindurch erläutert, ist eindeutig klar: im Ausdruck רוח הקדש funktioniert רוח (›Geist‹) als Qualifikation von קדש (vom ›Heiligen‹). ›Heilig‹ dürfe dabei keineswegs als ein qualifizierendes Adjektiv zu einem ›Geist‹ verstanden werden, der als ein Substantiv und das Wesentliche, also als die Hauptsache zu Unrecht angesehen würde. Vielmehr sind ›heilig‹

---

[46] Franz Rosenzweig. Zum 25. Dezember 1926. Glückswünsche zum 40. Geburtstag – Congratulations to Franz Rosenzweig on his 40th Birthday 25. December 1926. Unveröffentlichtes Manuskript, online: Leo Baeck Institute, Franz Rosenzweig Collection, http://www.archive.org/stream/franzrosenzweig_01_reel01#page/n138/mode/1up

[47] Der heilige Geist (1915) in: Cohen, *Werke* 16, 437–464. Vgl. auch Cohen, RV, Kap. VII, 116–130.

[48] Cohen, *Werke* 16, 439.

und ›die Heiligkeit‹ das Wesentliche des Ausdrucks. Zu Unrecht wird ›Geist‹ substantiviert, so als würde ihn die Heiligkeit qualifizieren.

Dieselbe These taucht in der *Religion der Vernunft* wieder auf:

Der heilige Geist ist überhaupt eine falsche Übersetzung. Die richtige müßte lauten: der Geist des Heiligtums oder der Heiligkeit. So sagt nun der Psalmvers nicht: dein heiliger Geist, sondern: dein Geist der Heiligkeit, noch genauer vielleicht: der Geist deiner Heiligkeit. Durch die Heiligkeit wird der Geist bestimmt; durch die Heiligkeit des Geistes wird Gott bestimmt und, der Korrelation gemäß, auch der Mensch[49].

In seinem Aufsatz fügt Cohen hinzu, dass der Ausdruck »in unserer Bibel« – im Pentateuch und auch bei den Propheten – sehr selten ist. Nur zweimal bei Jesaja in aufeinanderfolgenden Versen und ein einziges Mal in den Psalmen. Dies sei kein Zufall: »Hat man die Verbindung etwa für einen Pleonasmus gehalten?«, fragt Cohen.[50]

Seiner Meinung nach ist dies der Fall. Denn ihm zufolge bedeutet ›Geist‹ in diesen Texten nichts anderes als ›heilig‹. – Was bedeutet aber ›heilig‹ oder ›Heiligkeit‹ (קדושה), im Hebräischen?

In seinem Artikel über den »Heiligen Geist« erinnert Cohen daran, dass die primitivsten Bedeutungen des hebräischen Grundbegriffs קדושה oder ›Heiligkeit‹ auf eine ›Absonderung‹ hinweisen[51]: dies wäre der Ursinn, der bereits in zahlreichen Mythen auftrat, wenn gewisse Orte, Häuser und Geräte, auch Personen, sich vom gemeinen Gebrauch absonderten und folglich als ›heilig‹ bezeichnet wurden. Diese Bedeutung sei auch im Opferdienst anzutreffen, bei den Hebräern so wie bei anderen Völkern: ›heilig‹ bedeute dann so viel wie ›abgesondert‹. Eine geschichtliche Linie würde von dieser ursprünglichen, »mythischen« Bedeutung bis zum Monotheismus Abrahams führen, und zwar dergestalt,

daß aus allem Mythos in Gedanken und Gebräuchen, in Worten und Gesinnungen der eine Parallelismus sich ausbildet: »Heilig sollt ihr sein, denn heilig bin ich, der Ewige, euer Gott« (3. M. 19, 2). Mit dieser Korrelation verwandelt sich alle mythische Bedeutung der Heiligkeit mit einem Schlage in die neue Bedeutung der *Sittlichkeit*.

Heiligkeit als Aufgabe. Der Mythos würde sagen: heilig werdet ihr werden, denn heilig will ich euch machen. Hier aber wird die Heiligkeit

---

[49] Cohen, RV, 121.

[50] Cohen, *Werke* 16, 440 f. und Cohen, RV, 117 f. Vgl. auch Jes. 63, 10–11 und Ps. 51, 13.

[51] Cohen, *Werke* 16, 447 f.

von Gott *gefordert*, von ihm dem Menschen zur *Aufgabe* gemacht. Und die Erteilung, wie die Lösung dieser Aufgabe, wird nur bedingt durch die Korrelation zwischen Mensch und Gott. Nirgends dürfte sie so bestimmt und eindeutig hervortreten, wie hier. Heilig ihr! Denn heilig ich. Die Aufgabe hat demnach diese Korrelation zur Voraussetzung: die Begründung hätte sonst keinen Sinn. Und könnte man nicht in der Tat denken, daß nur Gott heilig sein könne, seinem Begriffe nach, der Mensch dagegen seinem Begriffe nach die Heiligkeit nicht erreichen könne?[52]

»Heilig werdet ihr sein«, oder eher ›heilig sollt ihr sein‹, in der sittlichen Bedeutung des Modalverbs ›sollen‹: hier habe sich das, was ursprünglich nur ein Mythos war, der Mythos des ›Heiligen‹ oder ›Sakralen‹[53], in ein Sollen, eine sittliche Pflicht, verwandelt. Dieser Übergang vom ›Mythischen‹ zum ›Sittlichen‹ sei, so Cohen, mittels der »Korrelation« zwischen Mensch und Gott »mit einem Schlage« erfolgt.[54] Die zum Verständnis dieses Begriffs benötigten Erklärungen liefert Cohen nicht hier, sondern in seinen anderen philosophischen Schriften, jenen, die der Lehre Kants und seinem eigenen System gewidmet sind.[55] Hier genügt es, auf das Kapitel über den »heiligen Geist« in der *Religion der Vernunft* zu verweisen, denn es ist weitaus expliziter als der gleichlautende Artikel. Im gesamten Kapitel erläutert Cohen, dass das Auftauchen eines Begriffs wie ›heiliger Geist‹ gewissermaßen notwendig sei. Gemäß Cohen sei es ganz natürlich, dass man sich nicht nur über den ›Geist‹, der beim Menschen der Erkenntnis vorsteht, Gedanken mache, sondern auch über den, der sein Wollen und Handeln leite. Aus diesem Zusammenhang ergibt sich dann die Frage nach der ›Heiligkeit‹. Der Begriff ›heiliger Geist‹ müsse also in erster Linie als ein Versuch verstanden werden, die Frage danach, was es für den Menschen bedeute, sich sittlich zu verhalten, zu beantworten. Cohen verweist jedoch auf die große Gefahr dabei aus den Spuren des reinen Monotheismus hinauszugeraten und zu »entgleisen«[56], wie dies im Hellenismus durch die These einer »Materialisierung und Personifikation des Logos«, eines vermeintlichen Vermittlers zwischen Gott und den Menschen, der Fall

---

[52] Cohen, *Werke* 16, 448.
[53] Zu diesen Begriffen vgl. auch unten, S. 166 ff.
[54] Cohen, *Werke* 16, 448.
[55] In Kapitel 5 soll noch auf die grundlegenden Unterscheidungen, die Cohen vorgenommen hat, sowie auf ihre Bedeutungen eingegangen werden. Vgl. hier unten S. 151 sq.
[56] Cohen, RV, 116 f., 122.

gewesen sei. Der Irrtum habe darin bestanden, dasjenige als ›Vermittlung‹ aufzufassen, was eigentlich nur als ›Korrelation‹ verstanden werden dürfe, denn: »Die Vermittlung darf aber nur begrifflich als Korrelation gedacht werden.«[57] Das ganze Kapitel beruht auf dieser These. Sie wird mehrfach mit großem Nachdruck wiederholt: »Aber die Vereinigung darf nur als Korrelation gedacht werden. Nur die Korrelation hält die Vereinigung in den Schranken der Abstraktion [...] die Vereinigung schließt die Vermittlung aus.«[58] In der weiteren Abfolge seines Textes betont Hermann Cohen diesen Punkt immer stärker: erst deshalb »vollzieht die Korrelation den Begriff der Einzigkeit Gottes«, weil sich dieser Begriff von der Idee der »Vermittlung« abwende, gleichgültig, welche Form diese auch annehmen möge.[59]

Bereits in seinen allerersten Artikeln, insbesondere in dem über Heine, hatte er dasselbe behauptet und ähnliche Thesen verteidigt, auch wenn sich in seinen späteren Schriften das Vokabular gewandelt hat: In seinem Artikel über Heine hatte er Spinoza noch verteidigt und keinerlei Einwand gegen dessen ›Pantheismus‹ vorgebracht, im Gegenteil. Jetzt allerdings greift er ›Spinoza‹ und den ›Pantheismus‹ direkt an. Der Schein eines Gesinnungswandels ist aber in Hinsicht auf ›Spinoza‹ und den ›Pantheismus‹, sowie auf die Verwendung des Begriffs ›Korrelation‹, dessen Bedeutung sich nicht wandelte, wie Alexandre Altmann in einem ausgezeichneten Artikel nachgewiesen hat, irreführend.[60] Cohen kritisiert hier keineswegs den ›Spinoza‹, den er im Gefolge Heines einige Jahrzehnte zuvor noch gelobt hatte. Er weiß sehr wohl, dass dieser ›Spinoza‹ sich gegen jeglichen Anthropomorphismus in der Darstellung Gottes ausgesprochen hatte und nicht im Widerspruch zum hebräischen Monotheismus, wie er selbst ihn auffasste – also zum Prophetismus, den er noch immer verteidigt – stand. Wie bereits in seinen frühen Schriften war das, was er ablehnte, vielmehr der ›Spinoza‹ der Romantik und der Schleiermachers, welchen bereits Heine kritisiert hatte und damit das Prinzip der ›Vermittlung‹ selbst. Er verwirft die bereits von den Romantikern vertretene Idee, der zufolge Spinoza ein ›Vermittler‹ gewesen sei, genauso wie Christus und andere ›Künstler‹, oder wie manche andere

[57] Cohen, RV, 116.
[58] Cohen, RV, 122.
[59] Cohen, RV, 121.
[60] Vgl. A. Altmann, Hermann Cohens Begriff der Korrelation (1962), in: H. Holzhey (1994), 247–268.

Menschen. Sein eigener Kampf hat sich nicht gewandelt, aber die Zeit hat sich geändert und somit auch die Sprache: Für Cohen evoziert im Jahr 1915 der Begriff ›Pantheismus‹ nicht mehr Heine, wie dies noch im Jahr 1867 der Fall war, sondern ›Hegel‹, oder eher diejenigen Hegeldeutungen, die am Beginn des zwanzigsten Jahrhunderts in Mode waren, insbesondere diejenige Diltheys. Bei dem Begriff ›Pantheismus‹ denkt er nun an Schleiermacher und an die ›Vermittlung‹. Das erstaunt nicht, denn zu Beginn des zwanzigsten Jahrhunderts war es vor allem Schleiermacher, den man in Deutschland mit der so bezeichneten ›Vermittlungstheologie‹ assoziierte, ein Oberbegriff, der allerdings weitere zahlreiche Autoren umfasste, wobei selbst Hegel als ein Teil dieser Strömung angesehen wurde. Der hartnäckige Kampf, den Hegel selbst gegen die romantischen Thesen und gegen Schleiermacher geführt hatte, schien dabei ganz in Vergessenheit geraten zu sein. Aus eben diesem Grund konnte Hermann Cohen seine Kritik gleichzeitig gegen Hegel, Schleiermacher und auch Spinoza richten und hierbei den genannten Autoren denselben »Pantheismus« beziehungsweise dieselbe Art der »Vermittlung« zuschreiben, die er dann selbst wiederum ablehnte.

Rosenzweig hatte sehr deutlich erkannt, wie wichtig für Cohen dieser Kampf gegen den »Pantheismus« und damit gegen die »Vermittlung« gewesen war. Wenn er dann selbst behauptet – dabei vermutlich Thesen von Eugen Rosenstock aufgreifend – dass der »Geist« als eigener Geist des Menschen nichts anderes sei als ein »Geist der Überlieferung und der Übersetzung«, so kann man sich fragen, ob er nicht von neuem einen Begriff des Geistes als »Vermittlung« und damit eine Version einer ›Vermittlungstheologie‹ befürwortete.

5. »Von Angesicht zu Angesicht«, d. h. »ohne einen Mittler«: Zu Cohens ›apologetischer‹ Methode des Denkens

> Schon Maimuni eignet sich den Satz Ibn Esras an, den man den Folgesatz zum »Höre Israel« nennen möchte: »der Mittler zwischen Gott und Mensch ist die Vernunft«.[1]

Diese Grundthese seines jüdischen Denkens, die im obigen Zitat zum Ausdruck kommt, hat Cohen in den letzten Jahren seines Lebens immer stärker betont, wie zum Beispiel in der Schrift »Deutschtum und Judentum« (1915), in der gleich am Anfang eine knappe Beschreibung der Ursprünge des Christentums geboten wird. In seiner Schrift behauptet Cohen zudem, dass »*der Ursprung des Christentums* […] in diesem Gedanken des Mittlers zwischen Gott und Mensch, zwischen Gott und Welt liegt«,[2] und ein paar Seiten später kommt er auf Ibn Esra und den Unterschied zum Judentum zurück, der darin besteht, dass es im Judentum »keinen heiligen Geist und keinen sonstigen Mittler geben [kann], der zwischen Gott und Mensch vermitteln« dürfte. Dann wiederholt er: »Der Mittler zwischen Gott und Mensch ist des Menschen Vernunft.« Dies, so Cohen, sei der Ausspruch »des wichtigsten ersten Bibelkritikers Ibn Esra« gewesen.[3] Als Titel für sein religionsphilosophisches Hauptwerk wird er daher auch einige Jahre später *Religion der Vernunft aus den Quellen des Judentums* wählen.

Wenn er Ibn Esra als Pionier und ersten Hauptvertreter der Bibelkritik hervorhebt und ihn in dieser Hinsicht gegen Spinoza, dem diese Rolle sonst häufig beigemessen wird, ausspielt, drückt sich darin eine ablehnende Haltung gegenüber dem *Theologisch-politischen Traktat* von Spinoza aus; eine kritische Haltung, die bei Cohen ab 1908 immer virulenter wurde. In jenen Jahren mag ihn seine scharfe

[1] Charakteristik der Ethik Maimunis (1908) in: Cohen, *Werke* 15, 224. Vgl. auch Cohen, *Werke* 17, 641 f., und Cohen, RV, 87.

[2] Cohen, *Werke* 16, 469.

[3] Cohen, *Werke* 16, 480.

Spinoza-Kritik auch zu einer Kritik des ›Vermittlung‹-Gedankens und damit vielleicht gar des ganzen Christentums geführt haben. »Wie besonders kann es uns begreiflich werden«, fragte Cohen im Jahre 1910, dass Spinoza »Moses gegen Christus, an dessen Göttlichkeit er doch nicht glauben wollte, religiös und philosophisch herabsetzte?«[4] Auch tadelte er Spinoza dafür, dass dieser seine Regeln der Bibelexegese und -kritik vom Alten Testament nicht auch auf das Neue übertragen, sondern vor dem Neuen Testament Halt gemacht hätte.[5] Diese Kritik an Spinoza ist umso merkwürdiger, als sich für Hermann Cohen die Frage der Religion unter Christen und Juden im damaligen Deutschland keineswegs als spannungsreich darstellte. Eher ist Cohen sein Leben lang, auch in späteren Jahren, gerade dem Protestantismus gegenüber ganz offen gewesen – die Anekdote über jene Unterhaltung mit Friedrich Albert Lange ist wohl bekannt, in welcher Cohen sagte, dass dasjenige, was Lange, »Christentum« nannte, er selber als »prophetisches Judentum« bezeichnen würde.[6] Cohens Verhältnis zum Christentum war selten konfliktbeladen und es ist kein

[4] Cohen, *Werke* 15, 354.

[5] *Ibid.*, 362 f.

[6] Vgl. die Einleitung mit kritischem Nachtrag zur »Geschichte des Materialismus« von F. A. Lange, heute in: Cohen, *Werke* 5, 104. Eine weniger bekannte Anekdote, aus der Feder des deutsch-jüdischen Historiker Hans Liebeschütz (1893–1978), verstärkt diese Einschätzung, auch hinsichtlich der Spinoza-Kritik von Cohen: Liebeschütz scheint an einigen Seminaren teilgenommen zu haben, die Cohen in Berlin an der Lehranstalt für die Wissenschaft des Judentums über Spinozas Traktat gehalten hat, und berichtet davon, dass die Mehrzahl der Hörer damals »fast erschrocken« war, als sie verstand, dass Cohen eine Anklageschrift gegen Spinoza vorbereitete. Liebeschütz berichtet auch, dass die Leidenschaft, die bei Cohen hervorbrach, wenn jemand die Kühnheit zeigte, den Angegriffenen – also Spinoza – zu verteidigen, etwas Rätselhaftes behielt:
»Die Formel: ›in der Verbindung von Natur und Sittlichkeit liegt das Unprotestantische von Spinoza‹, die Cohen [einmal …] hineinwarf, konnte das Gefühl für das Paradoxe in seiner Haltung nur steigern. Man hörte Max Weyl, der damals in den Vorbereitungsklassen der Lehranstalt unterrichtete und später Berliner Gemeinderabbiner wurde, flüstern: ›Nun hätte der arme Mann auch noch protestantisch sein sollen.‹« (Vgl. H. Liebeschütz, Hermann Cohen und Spinoza, in: *Bulletin of the Leo Baeck Institute*, 12, Dezember 1960, 225–238, hier 225). »Der arme Mann«, dies wäre Spinoza gewesen, den Cohen also beschuldigt hätte, nicht ›protestantisch‹ genug gewesen zu sein … Also wäre es eine unangemessene Vereinfachung, vielleicht auch teilweise falsch, Cohens Ablehnung von Spinoza auf eine mögliche Bevorzugung des Judentums dem Christentum gegenüber zurückzuführen. Vgl. auch dazu hier unten S. 180 ff.

Wunder, dass ihn heute einige seiner Interpreten wegen seines angeblichen ›Protestantischen Judentums‹ kritisieren.[7]

Diese Feststellung macht es umso wichtiger zu klären, wann und aus welchen Gründen Cohen entschied, sich energisch gegen den ›Vermittlungsgedanken‹ des Christentums zu stellen. Es kann kein Zweifel daran bestehen, dass er schon sehr früh mit diesem Gedanken vertraut war. In seinen Arbeiten taucht die Kritik am Vermittlungsgedanken allerdings erstaunlich spät auf. Dies legt die Vermutung nahe, dass der Ursprung und die Gründe seiner Kritik zeitbedingt waren, auch wenn er sie in erster Linie philosophisch und theologisch begründete.

Unbestreitbar ist es, dass viele Aufsätze von Hermann Cohen zur Gattung der ›apologetischen‹ Schriften gehören, wobei das Wort ›apologetisch‹ hier keineswegs in einem schlicht abwertenden Sinn benutzt werden soll. Vielmehr soll hier Rosenzweigs Bewertung dieses Wortes in seinem kurzen, dem Thema »Apologetisches Denken« gewidmeten Artikel (1923) aufgegriffen werden.[8] In diesem Artikel charakterisierte Rosenzweig ein solches Denken als eines, das »abhängig von der Veranlassung, vom Gegner« bliebe und damit im Gegensatz zum systematischen Denken, das »sich selber den Kreis seiner Gegenstände bestimmt«.[9] Rosenzweig ging in seiner Darstellung so weit, das ganze jüdische Denken zu allen Zeiten als apologetisches Denken zu bezeichnen. Daher existiere, gemäß Rosenzweig, bei den Juden nichts, das mit der *Summa* eines Thomas von Aquin oder einem Augustinus vergleichbar wäre. Selbst das Werk eines Maimonides bliebe demnach apologetisch – und die lange Debatte über Maimonides, die im Judentum stattgefunden habe, sei keine Debatte zwischen verschiedenen Schulen oder Richtungen des Denkens gewesen, sondern

> der Kulturkampf um das Denken selber, der Kampf zwischen denen, die auf den Ruf der Gelegenheit hörten, und denen, die sich ihm versagten. Es ist auch im neunzehnten Jahrhundert […] nicht anders geworden. Alle Scheu vor Apologetik hat nicht verhindern können, daß die legitime Methode des Denkens selber hier die apologetische blieb. Zum jüdischen Denker wurde

---

[7] Siehe z.B. David Myers, Hermann Cohen and the Quest for Protestant Judaism, in: *Leo Baeck Yearbook* 46 (2001), 195–214.

[8] Apologetisches Denken. Bemerkungen zu Brod und Baeck, in: Rosenzweig, GS III, 677–686.

[9] Rosenzweig, GS III, 679.

man nicht im ungestörten Kreise des Judentums. Hier wurde das Denken nicht zum Denken über das Judentum, das eben das Allerselbstverständlichste, mehr ein Sein als ein ›tum‹, war, sondern zum Denken im Judentum, zum Lernen; also letzthin nicht zum fundamentalen, sondern zum ornamentalen Denken.[10]

Dieses auf den ersten Blick ganz negative Urteil erweist sich im weiteren Verlauf des Artikels etwas differenzierter, denn Rosenzweig behauptet, dass das »Apologetische« eine »legitime Kraft« des jüdischen Denkens sei, auch wenn es Gefahren bergen würde.[11] In jenem Artikel hatte er sich zum Ziel gesetzt, die Werke zwei seiner jüdischen Zeitgenossen, Gustav Landauer (1870–1919) und Max Brod (1884–1968), zu kommentieren und hatte dabei Hermann Cohen an keiner Stelle erwähnt. Wenn Rosenzweig aber schreibt, dass das jüdische Denken kein »fundamentales«, eher ein »apologetisches« sei, denkt er zweifellos auch an Hermann Cohen. Von großer Bedeutung ist hierbei, dass er in seiner im Jahre 1923 veröffentlichten Einleitung zur Akademie-Ausgabe von Cohens *Jüdischen Schriften*, die seine Grundeinschätzung von Hermann Cohen enthält, dessen in der Auseinandersetzung mit Treitschke entstandenes und zur »Verteidigung« bestimmtes »Bekenntnis in der Judenfrage« (1880) als den entscheidenden Wendepunkt in der Laufbahn des Philosophen betrachtet.[12] In jener Einleitung geht Rosenzweig aber auch so weit zu behaupten, dass es in Cohens Aufsatz »[n]ichts von kleiner konfessioneller Polemik oder Apologetik« gebe und seine Argumente vielmehr rein sachlich wären. Und auf diese Argumente, so Rosenzweig, hätte Cohen auch seinen zukünftigen Weg begründet.[13] Wie ist Rosenzweig zufolge Cohens Denken zu betrachten und in welchem Sinne darf es als ein »apologetisches«, verteidigendes Denken angesehen werden?

»Verteidigen« – so Rosenzweig in seinem Aufsatz vom Jahre 1923 über das apologetische Denken – kann

eine der edelsten menschlichen Beschäftigungen sein. Nämlich wenn es bis auf den Grund der Dinge und der Seelen geht und, auf die kleinen Mittel der Lüge verzichtend, mit der Wahrheit selbst, der ganzen Wahrheit nämlich, ent-schuldigt. In diesem großen Sinn kann auch literarische Apologetik verteidigen. Sie würde dann nichts beschönigen, noch weniger einen

---

[10] Rosenzweig, GS III, 679.
[11] *Ibid.*, 680.
[12] Vgl. Rosenzweig, GS III, 184.
[13] Vgl. Rosenzweig, GS III, 190. Vgl. auch *ibid.*, 222.

angreifbaren Punkt umgehen, sondern gerade die bedrohtesten Punkte zur Basis der Verteidigung machen.[14]

Was waren die »bedrohendsten Punkte«, die Cohen als Basis seiner Verteidigung wählte?

In seiner Einleitung zur Akademie-Ausgabe von Cohens *Jüdischen Schriften* rückt Rosenzweig selbst die für Hermann Cohen zentrale Auseinandersetzung mit der Autonomie, dem Schlüsselbegriff des kantischen ethischen Denkens, in den Mittelpunkt seiner Untersuchung. Ihm zufolge würde aber gerade jene Auseinandersetzung die Schwierigkeiten widerspiegeln, die Cohen empfunden hätte, eine »Schlichtung des Widerstreits zwischen Religion und Ethik« zu finden.[15] – Wie ist diese Interpretation zu bewerten? Lässt sich wirklich behaupten, wie Rosenzweig es tut, wenn er sich vorzugsweise auf das Verhältnis der Idee der Autonomie zum Christentum stützt, dass Cohen gerade am Begriff der Autonomie in der Entwicklung seines religiösen Denkens einen Stein des Anstoßes findet?

In diesem Kapitel geht es im Gegensatz zu Rosenzweigs Interpretation um den Nachweis, dass der Begriff der Autonomie im Zentrum des Denkens von Hermann Cohen stand und immer darin verblieb, und dies nicht nur in seiner Art und Weise, das Christentum zu verstehen, sondern gerade auch in seinem Versuch, das Judentum, und die jüdische Religion, zu verteidigen. Im ersten Teil des Kapitels wird also Cohens Auslegung und Weiterführung des kantischen Begriffs der Autonomie, und dabei seine eigene Fragestellung hinsichtlich des Verhältnisses der Ethik zur Religion, erörtert. Danach – im zweiten Teil – wird die bis heute umstrittene Frage seiner Haltung dem Spinozismus gegenüber erneut gestellt: Es wird gezeigt, wie sich diese Haltung schrittweise bis zu den Angriffen des bekannten Aufsatzes »Spinoza über Staat und Religion, Judentum und Christentum« veränderte, der im Jahre 1915 veröffentlicht wurde.[16] Auf dieser Grundlage werden im dritten Teil des Kapitels die zeitlich und politisch bedingten Vorwürfe, die Cohen gegen die protestantische Kathedertheologie erhob, erörtert.

---

[14] Rosenzweig, GS III, 686.
[15] Vgl. Rosenzweig, GS III, 212.
[16] Heute in: Cohen, *Werke* 16, 319–426.

I

Im Werk von Hermann Cohen liegt das *Gesetz (nomos)* dem Begriff der Autonomie zugrunde. Für Cohen ist ›Autonomie‹ zunächst *Gesetzgebung* im wörtlichen Sinne, das heißt ›Gebung‹ des Gesetzes. Dass es sich um eine ›Gebung‹ oder ›Gabe‹ handelt, bedeutet aber, dass ›Autonomie‹ keineswegs *vom Selbst* ausgeht, sondern sich eher *an das Selbst* richtet. Wie Cohen in seiner *Ethik des reinen Willens* schreibt, ist die Autonomie als Selbstgesetzgebung »nicht etwa die Gesetzgebung aus dem Selbst, sondern zum Selbst«.[17]

Der Begriff der Autonomie, den Cohen verteidigt, sollte also mit der Idee der ›Selbstbestimmung‹ keineswegs verwechselt werden – was aber öfters geschah, so zum Beispiel in der Würdigung, die von Ernst Cassirer am 7. April 1918 am Grabe seines Lehrers gesprochen wurde.[18] Diese Würdigung, die das Bild Cohens für viele Leser bleibend geprägt hat, muss also mit einiger Vorsicht betrachtet werden. Feierlich hatte Cassirer hier im Gedenken an Cohen das Folgende betont:

> Das Wort ›Bestimme dich aus dir selbst‹, das Schiller als größtes und tiefstes bezeichnet, das vielleicht jemals von einem Menschen gesprochen worden sei, wurde auch ihm zum Schlüssel der Kantischen Philosophie. Er begriff sie als die große Lehre von der Selbsttätigkeit des Geistes: von der logischen, der ethischen, der künstlerischen Spontaneität des Bewußtseins. Und damit war ihm nun zugleich der Weg vorgezeichnet, auf dem er in seinen eigenen systematischen Schriften, in der Logik der reinen Erkenntnis, in der Ethik des reinen Willens und in der Ästhetik des reinen Gefühls über Kant hinauszugehen versuchte. Der Vorrang der Aktivität vor der Passivität, des Selbständig-Geistigen vor dem Sinnlich-Dinglichen sollte rein und vollständig durchgeführt werden. Jede Berufung auf ein bloß ›Gegebenes‹ sollte wegfallen ...[19]

Es ist aber vielmehr der Leitfaden von Cassirers eigener Konzeption, den diese Würdigung zum Ausdruck bringt. Im Hinblick auf die wirkliche Bedeutung von Cohens Werk, insbesondere was seine Ethik und sein religiöses Denken betrifft, stellt diese Interpretation durch Cassirer indessen die Weichen für erhebliche Missverständnisse.

---

[17] Cohen, *Werke* 7, 339.

[18] Ernst Cassirer, Hermann Cohen. Worte gesprochen an seinem Grabe am 7. April 1918, hier zitiert nach dem Nachdruck im Rahmen des Bandes: *Hermann Cohen*, hrsg. von Helmut Holzhey (1994), 67–74.

[19] Vgl. H. Holzhey, *Hermann Cohen* (1994), op. cit., 70f.

Denn für seine Ethik betrachtete Cohen die Idee der Autonomie, das heißt – um einen solchen Terminus griechischen Ursprungs auf Deutsch auszudrücken – der Selbstgesetzgebung und nicht etwa die Idee der Selbstbestimmung, als grundlegend. Selbstbestimmung und Autonomie beziehungsweise Selbstgesetzgebung haben aber weder denselben Ursprung noch denselben Sinn.

Kant selber hatte übrigens die beiden Begriffe nicht gleichgesetzt: wenn er hin und wieder ein deutsches Äquivalent für das Fremdwort *Autonomie* benutzte, dann war das der Terminus *Selbstgesetzgebung*[20] und nicht etwa der der *Selbstbestimmung*, der in seinem Werk nur selten auftritt. Auch Cohen setzte die beiden Begriffe nicht gleich und glaubte in Kants Begriff der Autonomie und insbesondere in seiner Bezeichnung der Freiheit als »Wechselbegriff der Autonomie«[21] gewisse Schwierigkeiten und Zweideutigkeiten entdecken zu können. Er nahm es auf sich, diesen Begriff weiterzuentwickeln. Diese Weiterentwicklung Cohens verdient es, als eines der stärksten Elemente seiner Lehre gewürdigt zu werden: In historischer Hinsicht ist sie origineller und von größerer Bedeutung als die meisten der anderen Thesen, die seitdem zur Frage der Autonomie – zur moralischen oder sittlichen Autonomie, aber auch zur Autonomie unter juristischer und politischer Perspektive – entwickelt worden sind.

Im Gegensatz zu dem alten Begriff der Autonomie, der griechischen Ursprungs ist, ist der Terminus der Selbstbestimmung relativ neuen Datums. So wie der Begriff heute benutzt wird, dürfte er wohl kaum vor dem Beginn des 19. Jahrhunderts aufgetreten sein. Es sind Autoren wie Schiller und Fichte, die dem Begriff zu philosophischen Ehren verhalfen. Bereits vor Kant ist dieser Terminus schon bei verschiedenen Autoren nachweisbar. So beispielsweise bei Rousseau, der allerdings nur dem Begriff der *Autonomie* die Ehre erwies, nicht jedoch dem der Selbstbestimmung. Leibniz hingegen definierte die Freiheit als »Vermögen, sich selbst zu bestimmen« *(la puissance de se déterminer)* als er seine Konzeption der Monade und deren »inneren Tätigkeiten« *(actions internes)* aus einem »inneren Prinzip«

---

[20] Zum Beispiel in der *Grundlegung zur Metaphysik der Sitten* und in Kants Vorlesungen von 1784–1785, Ak. XXIX, 628f.

[21] Kant, Ak., IV, 450.

(principe interne) entwickelte.[22] Nach Leibniz findet sich der Ausdruck zwar gelegentlich bei Christian Wolff und seinen Nachfolgern. Er erlangt dabei jedoch keinen systematischen Stellenwert. Wie Volker Gerhardt in seinem Artikel im *Historischen Wörterbuch der Philosophie* richtig feststellt, findet der deutsche Terminus der *Selbstbestimmung* in den philosophischen Wörterbüchern des 18. Jahrhunderts nicht einmal eine Erwähnung.[23]

Wenn man den Sinn verstehen will, den der Begriff früh, also etwa bei Leibniz oder bei Wolff hatte, so muss er auf die Logik und Ontologie bezogen werden, nicht jedoch auf die praktische Philosophie. Wichtig ist hierbei, dass zwar der griechische Begriff der Autonomie zunächst ein Begriff war, der vorzugsweise auf den Gebieten des Rechts und der Politik Verwendung fand – auch Kant benutzt ihn noch so – der Begriff der Selbstbestimmung aber in einen ganz anderen Zusammenhang gehört. Ausdrücke wie ›sich bestimmen‹ oder auch bestimmt werden ›durch sich‹, durch sich selbst, finden sich in Kontexten, bei denen es sich darum handelt, die ›Bestimmung‹ eines Gegenstandes oder eines Begriffes zu erklären. Einen Begriff oder einen Gegenstand bestimmen, hieß ihn begrenzen oder ihn auf gewisse Weise definieren. Es handelte sich darum, ihn durch Adjektive oder Prädikate zu beschreiben und dabei diejenigen auszuschließen, die unangemessen sind, aber alle diejenigen zurückzuhalten, die passen und die eine hinreichende oder vollständige Charakterisierung geben. In einem solchen Falle liegt eine Bestimmung durch sich oder durch sich selbst vor. So ging auch Kant vor, zum Beispiel wenn er in seiner *Kritik der reinen Vernunft* von den Kategorien der Modalität (möglich, wirklich, notwendig) sagt, »daß sie den Begriff, dem sie als Prädikate beigefüget werden, als Bestimmung des Objekts nicht im mindesten vermehren«[24] […]; oder etwa auch, wenn er in der »transzendentalen Dialektik« der *Kritik der reinen Vernunft* bekräftigt, dass die »durchgängige Bestimmung« eines Dings sich auf eine Idee oder besser gesagt auf ein Ideal der reinen Vernunft gründe, »das einzige

[22] Vgl. insbesondere Leibnizens Schrift *Nouveaux Essais sur l'entendement humain,* IV, 17, §4, hier zitiert nach der Ausgabe von Jacques Brunschwig, Paris (1966), 429.

[23] Volker Gerhardt, Selbstbestimmung, in: *Historisches Wörterbuch der Philosophie,* Band 9, 335–346.

[24] Kant, *Kritik der reinen Vernunft,* A 219, AA III, 186: »Die Kategorien der Modalität haben das Besondere an sich: daß sie den Begriff, dem sie als Prädikate beigefüget werden, als Bestimmung des Objekts nicht im mindesten vermehren, sondern nur das Verhältnis zum Erkenntnisvermögen ausdrücken …«

eigentliche Ideal, dessen die menschliche Vernunft fähig ist; weil nur in diesem einzigen Falle ein an sich allgemeiner Begriff von einem Dinge durch sich selbst durchgängig bestimmt und als die Vorstellung von einem Individuum erkannt wird«.[25]

So benutzt auch Fichte den Begriff, wenn er zum Beispiel in seiner *Zweiten Einleitung in die Wissenschaftslehre* aus dem Jahre 1797 daran erinnert, dass »Denken und Objecte bestimmen [...] ganz dasselbe ist; beide Begriffe identisch sind« und dass »die Logik die Regeln dieser Bestimmung angibt«.[26] Er erläutert auch, diesmal in der *Ersten Einleitung* (ebenfalls aus dem Jahre 1797), dass »der Idealismus [...] die Bestimmungen des Bewußtseins aus dem Handeln der Intelligenz« erkläre; dass jedoch, um ein Bestimmtes ableiten zu können, die Intelligenz aufgefasst werden muss, wie »ein *durch sie selbst* [...] bestimmtes Handeln«.[27] Festzuhalten ist, dass auch hier die Bezeichnungen ›Bestimmung‹ und ›Bestimmung durch sich selbst‹ verwendet werden, um eine Erkenntnistätigkeit, also eine theoretische Tätigkeit zu erklären, nicht jedoch in einem politischen oder ethischen Kontext. Ein solcher Sachverhalt trifft selbst noch auf Hegel zu, denn wenn er sich zum Beispiel im Vorwort der *Phänomenologie des Geistes* auf den »sich bewegenden und seine Bestimmungen in sich zurücknehmenden Begriff« beruft,[28] wenn er von der »Selbstbewegung«, oder wie in den *Grundlinien der Philosophie des Rechts* sogar von der »Selbstbestimmung des Begriffs«[29] spricht, dann handelt es sich dabei zunächst auch für ihn um einen Erkenntnisvorgang der Wirklichkeit: also um Logik und Ontologie und nicht um Moral und Politik. Wie Cassirer in seiner oben zitierten Rede andeutet, waren es Schiller,[30] aber auch Fichte und ihr Zeitgeist, in dem sich das Wort ›Selbstbestimmung‹ in eine Art Kampfbegriff verwandelte, der in allen Bereichen Verwendung finden konnte: in der Moral, aber auch in der Ästhetik und sowohl auf theoretischem als auch auf prak-

---

[25] *Ibid.*, A 576/B 604, AA III, 388.

[26] J. G. Fichte, Zweite Einleitung in die Wissenschaftslehre (1797) in: *J. G. Fichtes sämmtliche Werke*. Nachdruck Berlin 1971, hier Bd. I, 498.

[27] *Fichtes Werke*, Bd. I, 440f.

[28] Hegel, TWA, Bd. 3, 57.

[29] Hegel, *Grundlinien der Philosophie des Rechts* §272, TWA 7, 433.

[30] Vgl. Schillers Brief an Körner vom 18. Februar 1793: »Es ist gewiß von keinem sterblichen Menschen kein größeres Wort gesprochen worden als dieses Kantische, was zugleich der Inhalt seiner ganzen Philosophie ist: Bestimme Dich aus Dir selbst ...«

tischem Gebiet. Hatte Cassirer aber Recht, wenn er Cohen in dieser Hinsicht in der Nachfolge Schillers interpretierte?

Wird diese Frage nur auf der Grundlage dessen betrachtet, was Cohen ausdrücklich über Schiller sagte, wird sie wohl mit nein beantwortet werden müssen. Es ist bekannt, dass Cohen Schiller vorgeworfen hat, die Bedeutung der ästhetischen Erziehung und der Ästhetik überhaupt ›überspannt‹ zu haben, indem er glaubte, der ästhetische Sinn könne zur Moral und zur Religion führen.[31] Aber es geht hier nicht nur um die Weise, wie Cohen Schiller beurteilt, sondern vielmehr um seine Bewertung des Deutschen Idealismus insgesamt. Denn Cohen war sich durchaus der zentralen Rolle bewusst, welche die Ästhetik in der Herausbildung des Deutschen Idealismus – bei Schiller aber auch über ihn hinaus – gespielt hat. »Das ist ja eben die tiefe Kraft des Idealismus«, so Cohen, »dass er auch die ästhetische Vernunft zur ästhetischen Selbstgesetzgebung zu erwecken vermag.«[32] Doch gerade diese Stärke des Idealismus – von Cassirer, daran sei erinnert, hochgeschätzt – versucht Cohen in Frage zu stellen. Gegen Goethe und Schiller hebt Cohen hervor: »[...] aber ein Fehler ist es und bleibt es, die Ethik auf Ästhetik zu gründen. Das ist nichts als Heteronomie.«[33] Und er geht sogar so weit zu behaupten, dass »die wahre Kunst [...] die Ethik immerdar zur Voraussetzung« habe.[34] Viele werden die Gültigkeit dieser These sicher bestreiten wollen. Welche Position im Hinblick auf diese These aber auch eingenommen wird, sie zeigt auf jeden Fall, wie weit sich die Auffassungen Cohens von denen Schillers (und auch Cassirers) unterscheiden.

Cohens Spezifizität offenbart sich noch deutlicher, wenn die Haltung untersucht wird, die er gegenüber Fichte einnahm, also gerade gegenüber demjenigen Philosophen, der sich als größter Verteidiger der Selbstbestimmung erwiesen hat. Hier geht es nicht um Fichtes politische Philosophie, also auch nicht um die Anerkennung von Fichtes »patriotischen Verdiensten«, die Cohen ihm bekanntlich in seinem Aufsatz »Deutschtum und Judentum« dafür ausspricht, dass er »in der nationalen Konkretheit«, »im nationalen Ich seiner Deutschheit [...] die wahrhaftige ethisch-soziale Realisierung des Idealismus der Menschheit« erkannt habe. Cohen geht sogar so weit, in Fichte

[31] Vgl. Cohen, ErW in: *Werke* 7, 336.
[32] Cohen, ErW in: *Werke* 7, 329.
[33] Cohen, ErW in: *Werke* 7, 330.
[34] Cohen, ErW in: *Werke* 7, 343.

»einen Höhepunkt der deutschen Philosophie« zu sehen.[35] Aber neben diesen lobenden oder zumindest apologetischen Einschätzungen Fichtes erinnert er auch daran – und dieser Teil seiner Bewertung verdient besondere Aufmerksamkeit – dass »die Ich-Philosophie Fichtes [...] ein theoretischer Rückschritt hinter Kant« sei.[36] Fichtes Philosophie des Ichs und damit die Grundlegung seiner Wissenschaftslehre sind hier von besonderem Interesse. Der Zusammenhang zwischen dieser Philosophie und der Art und Weise, wie sich Fichte darin auf die Idee der Selbstbestimmung bezieht, und seiner politischen Philosophie selbst ist weniger direkt als auf den ersten Blick angenommen werden könnte.[37] Fichtes Philosophie des Ichs konstituiert vermutlich die bestmögliche Illustration der Konzeption, die Cassirer auf Cohen bezog: die Konzeption »von der Selbsttätigkeit des Geistes: von der logischen, der ethischen, der künstlerischen Spontaneität des Bewußtseins«. Es ist Fichte (und nicht Cohen, wie es noch näher gezeigt werden wird) der als Prinzip der Philosophie – der praktischen Philosophie, die als Grundlage des ganzen Wissens konzipiert ist – das Ich setzt, welches seinem innersten Wesen nach als »Selbsttätigkeit«[38] oder auch als »Selbstbestimmen seiner selbst durch sich selbst« gedacht wird.[39] Es ist Fichte, der die Schulphilosophie und den logischen und ontologischen Sinn, den die Tradition der Schulphilosophie von Leibniz und Wolff dem Begriff der Selbstbestimmung gegeben hatte, wiederaufnimmt. Und es ist Fichte, der diesen Begriff als Grundlage seiner Philosophie setzt, die er als praktische Philosophie versteht – um ihn mit dem Begriff der ›Selbstgesetzgebung‹ zu identifizieren. Denn er bezeichnet als *»Autonomie,*

---

[35] Cohen, JS II, 283.

[36] Cohen, JS II, 282.

[37] So ist es auffällig, daß Fichte in seinen *Reden an die deutsche Nation* von 1807/8 die ›Selbstbestimmung‹ nicht ausdrücklich behandelt, obwohl dies häufig erwartet wurde. Aber wie zum Beispiel P. Oesterreich in seinem Aufsatz »Aufforderung zur nationalen Selbstbestimmung« (in: *Zeitschrift für philosophische Forschung* 46, 1992, 44–55) schreibt, verwirklicht er sie auf gewisse Weise schon – oder er fordert mit einer »Rhetorik der Aufforderung« zu dieser Verwirklichung auf, eine Rhetorik, die sich nicht an individuelle Subjekte, sondern an ein kollektives Subjekt richtet, an ein »Wir«, das sich als solches selbst noch konstituieren muss – auch wenn Fichte sie nicht behandelt.

[38] Zum Beispiel, J. G. Fichte, *Wissenschaftslehre nova methodo. Kollegnachschrift K. Chr. Fr. Krause 1798/99*, Hamburg 1982, 18, §5.

[39] Vgl. zum Beispiel Fichte, *System der Sittenlehre*, in: *Fichtes sämmtliche Werke*, Bd. IV, 22.

Selbstgesetzgebung« nicht nur die Voraussetzung eines Gesetzes, dem sich das Ich frei unterwirft, und woraus es eine Maxime seines Willens macht, nicht nur die Verwirklichung dessen, was dieses Gesetz in jedem besonderen Falle fordert, sondern vor allem auch, dass – was den Inhalt des Gesetzes anbelangt – nichts gefordert wird, als absolute Selbständigkeit und absolute Unbestimmbarkeit. Um zu erklären, was der Begriff der *»Autonomie«* oder *»Selbstgesetzgebung«* ist, beruft er sich auf die »Selbständigkeit«, das »wahre Wesen« des Ichs. Im Zentrum seiner Konzeption der Autonomie steht also das *»Selbst«* und nicht das Gesetz.[40]

Gerade dieser Aspekt ist hier entscheidend: es wird nämlich deutlich, dass Fichtes Konzeption derjenigen Cohens ausgesprochen antithetisch gegenübersteht. Cohen verwischt niemals die Grenzen zwischen Autonomie und Selbstbestimmung; und es ist nicht die Idee der Selbstbestimmung, sondern eher diejenige der Autonomie oder Selbstgesetzgebung, die für ihn die Grundlage seiner praktischen Philosophie bildet. Zwar bekräftigt auch er, in seiner *Ethik des reinen Willens,* dass dem Begriff der Selbstbestimmung ein »umfassender Sinn«[41] gegeben werden solle. Wenn aber näher untersucht wird, was er unter Selbstbestimmung versteht, dann wird deutlich, dass er damit meint, es sei unzulässig, die Selbstbestimmung auf die Handlung eines isolierten Individuums einzuschränken, welches für sich

[40] Vgl. z.B. den folgenden Passus: »Man hat […] diese Gesetzgebung *Autonomie,* Selbstgesetzgebung genannt. Sie kann in dreifacher Rücksicht so heissen. Zuvörderst, den Gedanken des Gesetzes überhaupt schon vorausgesetzt, und das Ich lediglich als freie Intelligenz betrachtet, wird das Gesetz *überhaupt* ihr nur dadurch zum Gesetze, dass sie darauf reflectirt, und mit Freiheit sich ihm unterwirft, d.i. selbstthätig es zur unverbrüchlichen Maxime alles ihres Wollens macht; und hinwiederum, was in jedem *besonderen* Falle dieses Gesetz erfordere, muss sie erst […] durch die Urtheilskraft finden, und abermals frei sich die Aufgabe geben, den gefundenen Begriff zu realisieren. Sonach ist die ganze moralische Existenz nichts anderes, als eine ununterbrochene Gesetzgebung des vernünftigen Wesens an sich selbst […] – Dann, was den Inhalt des Gesetzes anbelangt, wird nichts gefordert, als absolute Selbstständigkeit, absolute Unbestimmbarkeit durch irgend etwas außer dem Ich. Die materielle Bestimmung des Willens nach dem Gesetze wird sonach lediglich aus uns selbst hergenommen; und alle *Heteronomie,* Entlehnung der Bestimmungsgründe von irgend etwas außer uns, ist geradezu gegen das Gesetz. – Endlich, der ganze Begriff unserer nothwendigen Unterwerfung unter ein Gesetz entsteht lediglich durch absolut freie Reflexion des Ich auf sich selbst in seinem wahren Wesen, d.h. in seiner Selbständigkeit.« In: *Fichtes sämmtliche Werke,* Bd. IV, 56f.

[41] Cohen, ErW, in: *Werke* 7, 359.

selbst entscheiden müsse. Das ›Selbst‹ von dem gesagt wird, dass es sich selbst ›bestimmt‹, ist immer dasjenige eines Individuums, das eine bestimmte, einzelne Handlung auszuführen hat: es ist gerade die Einzelheit der Handlung, welche die Selbstbestimmung im Unterschied zur Autonomie ausmacht. Aber niemand kann ohne Selbstbewusstsein handeln, und das Selbstbewusstsein eines jeden kann nur im Verhältnis zu anderen erweckt werden: zu denjenigen, die ihn erziehen und zu denjenigen, mit denen er in einer Gesellschaft und in einem Staat zu einer historisch bestimmten Periode zusammenlebt. Die bestimmte, auszuführende Handlung darf also nicht als eine vereinzelte, isolierte Handlung betrachtet werden, sondern muss vielmehr als eine historisch verortete, politische und soziale Tat und darüber hinaus vor allem als eine rechtlich begründete, eine ethische Tat verstanden werden.

Was die Selbstbestimmung begründet, ist die Autonomie. Und was nach Cohen für die Idee der Autonomie von Bedeutung ist, ist der *nomos,* das Gesetz, auf dessen Basis allein das ›Selbst‹ verstanden werden muss. Im Hinblick auf diese Frage ist Cohens These radikal: Autonomie einklagen, besteht nicht etwa darin zu verkünden, dass das Gesetz vom Selbst, vom Subjekt oder vom als Subjekt verstandenen Individuum, *ausgeht.* Eher handelt es sich darum, zu bekräftigen, dass das Selbst, das Subjekt, durch das Gesetz gebildet ist, oder besser, durch das Gesetz gebildet werden soll: durch das moralische Gesetz, das Gebot. Der Hauptirrtum, den die meisten derjenigen begehen, welche die Autonomie fordern – Kant inbegriffen – sei es tatsächlich gewesen, das Subjekt, das Selbst, auf welches die Vorsilbe ›auto‹ im Begriff der ›Autonomie‹ verweist, als ein schon vorhandenes zu betrachten, als eines, das da und vorausgesetzt sei. Das heißt als ein Subjekt, welches sich nur noch in seinem ethischen Handeln auszudrücken und zu entfalten bräuchte, in Handlungen, die seine Manifestationen wären. Aber das Selbst ist keineswegs im Voraus gegeben: es muss sich zunächst erst herstellen und dies kann es nur *in der Gesetzgebung,* in der Legislation im aktiven Sinne des Wortes oder sogar im wörtlichen Sinne als ›Gebung des Gesetzes‹:

Die Handlung ist nicht mehr lediglich die Entfaltung des Selbsts; sondern sie ist bedingt durch die Gesetzgebung, welche die Gesetzgebung des Selbst ist, so dass auch das Selbst bedingt ist durch die Gesetzgebung. Also *die Selbstgesetzgebung ist nicht etwa die Gesetzgebung aus dem Selbst, sondern zum Selbst.* Auf die Gesetzgebung kommt es an; in ihr erst bezeugt sich das Selbst; in ihr erzeugt es sich. Der Gedanke der Autonomie geht also nicht dahin, dass das Gesetz vom Selbst ausgehen müsse.[42]

Zweifellos sind diejenigen zahlreich, die Cohen nicht so weit folgen wollen, dass alle wirkliche Autonomie letztlich auf dem moralischen Gesetz, dem Sittengebot basiert, das heißt auf einem *Gebot*, einem Imperativ; dass man also umso autonomer, der Autonomie umso näher sei, wenn man die Gebote befolgte, anstatt sich lediglich an dasjenige zu halten, was man für aus dem ›Selbst‹, aus seiner eigenen Person oder Subjektivität, sich begründend annimmt. Cohen weiß übrigens ganz genau, dass er in diesem Punkte weiter geht als Kant. Aber er erinnert schon am Anfang seiner Analyse[43] daran, dass das Selbst, auf welches Kant das Gesetz bezieht, nicht mit dem ›Subjekt‹ im psychologischen Sinne des Begriffs vermischt werden sollte: wenn Kant in diesem Zusammenhang vom ›Selbst‹ oder vom ›Selbstbewusstsein‹ spricht, dann benutzt er diese Begriffe nicht in dem psychologischen oder anthropologischen Sinne, in welchem sie in der neueren Zeit gewöhnlich gebraucht werden. Er denkt eher an die Idee, auf welche schon Platon das ›Selbst‹ bezog: an die Vernunft, das heißt an ein *a priori*. Die Vorgehensweise ist hier eher metaphysisch als psychologisch. Aber selbst der Terminus ›metaphysisch‹ ist als Beschreibung nicht angemessen: die Metaphysik, die dem *a priori* der Erkenntnis nachspürt, läuft nach Cohen Gefahr, in die Psychologie zurückzufallen, wenn sie sich nicht als transzendentale Vorgehensweise begreift, deren ganzes Ziel oder deren Zweck es sei, die Erkenntnis und die Moral zu begründen. Dies ist genau der Vorwurf, den Cohen gegen Fichte erheben sollte, als er ihm vorwarf, das Transzendentale dem Metaphysischen anzugleichen. Diese Assimilation führt für ihn zum Psychologismus und würde Fichtes »Rückfall in die Scholastik und den Cartesianismus« erklären, so wie »jenen abenteuerlichen Subjectivismus, mit seinem scholastischen Gebaren«.[44]

Diesen Vorwurf hatte schon Kant formuliert.[45] In seinem *Opus postumum* – den Notizen, die Kant genau in den Jahren nieder-

---

[42] Cohen, ErW, in: *Werke* 7, 339

[43] Cohen, ErW, in: *Werke* 7, 327 f.

[44] Cohen, KBE, in: *Werke* 2, 289.

[45] Bereits im Jahre 1799, in einer Erklärung, die er in der *Allgemeinen Literaturzeitung* veröffentlichen ließ und mit welcher er Fichte sehr verletzte, hatte Kant die *Wissenschaftslehre* Fichtes als »gänzlich unhaltbar« beurteilt und hervorgehoben, dass »reine Wissenschaftslehre nichts mehr oder weniger ist als bloße *Logik*, welche mit ihren Prinzipien sich nicht zum Materialen des Erkenntnisses versteigt, sondern

schrieb, in welchen Fichte an seiner *Wissenschaftslehre* arbeitete[46], hatte er auch eine ausführliche Überlegung über das Wesen der Transzendentalphilosophie in ihren Bezügen zur Metaphysik entfaltet.[47] Hier kann leider nicht die schwierige Frage ausführlich beantwortet werden, wie Kant – der alte Kant seiner letzten Schaffensperiode – diese dunkle Idee eines »Überschritts« versteht, die er in seinem *Opus postumum* so oft wiederholt, womit der Überschritt von der Metaphysik zur Transzendentalphilosophie gemeint ist. Angemerkt sei lediglich, dass die Terminologie, die er in diesen späten Aufzeichnungen benutzt, sich wandelt. Häufig benutzt er nun nicht nur den Begriff der Autonomie, sondern auch denjenigen der Selbstbestim-

vom Inhalte derselben als *reine Logik* abstrahirt, zu welcher ein reales Object herauszuklauben vergebliche und daher auch nie versuchte Arbeit ist, sondern wo, wenn es die Transcendental-Philosophie gilt, allererst zur Metaphysik übergeschritten werden muss.« (Kant, AA, XII, 3, 396 f.) Fichte war über diese Kritik völlig empört: er sollte Kant daraufhin der Senilität beschuldigen und er hatte sogar hinzugefügt, dass der Alte in der Tat unfähig geworden sei, seine eigene Philosophie (die Kantische) noch zu verstehen. Wie Fichte Schelling schrieb, der ihm darin ganz zustimmte, »bezeichnet *meinem Sprachgebrauch nach*, das Wort Wissenschaftslehre gar nicht die Logik, sondern die Transzendental-Philosophie oder Metaphysik selbst« (J. G. Fichte, *Gesamtausgabe der Bayerischen Akademie der Wissenschaften*, hg. von Reinhard Lauth und Hans Gliwitzky, 1973, Band III/4, 76). Und es ist Fichte zuzustimmen, dass Kant zweifellos zu weit geht, wenn er ihn beschuldigt, die Transzendentalphilosophie auf die reine Logik zu reduzieren und aus dieser Logik einen wirklichen Gegenstand abzuleiten.

[46] Bei dem *Opus postumum* handelt es sich um eine Zusammenstellung von sehr späten Notizen, die aus der Zeit nach 1796 stammen, also nach der ersten *Wissenschaftslehre* Fichtes (1794–1795), und teilweise auch nach der praktischen Philosophie dieses Autors, d.h. nach der *Grundlage des Naturrechts* (1796–1797), und nach dem *System der Sittenlehre* (1798). Kant spielt sogar zweimal auf Schelling an und auf dessen *System des transzendentalen Idealismus* (1800): Vgl. Kant, AA, Band XXIV, 87 und 97.

[47] Wenn die Metaphysik, so schreibt er dort, gegebene »Begriffe« befragt oder analysiert, wie denjenigen von Gott – dabei nachforscht, welche Inhalte in diesen Begriffen stecken, und wie sie sich bestimmen – so beschäftige sich die Transzendentalphilosophie vielmehr mit der Untersuchung, was synthetische Urteile a priori ermöglicht, und auf welche Prinzipien sie sich gründen. »In der moralisch//practischen Vernunft ist das Princip der Erkentnis meiner Pflichten als Gebote *(praecepta)* d.i. nicht nach der Regel die dem Subject zum G. macht sondern die aus der Freyheit hervorgeht sich selbst vorschreibt und doch gleich als ob es ihm ein Anderer und Höherer als Person dem Subject zur Regel machte *(dictamen rationis practicae)* enthalten und denen es zu gehorchen durch seine eigene Vernunft sich genötigt fühlt (nicht analytisch nach dem Princip der Identität sondern synthetisch als einem Überschritt von Metaphysik zur Transc. Philos.).«, in: Kant, AA, Bd. XXII, 129.

mung, den er in seinen früheren Schriften nur selten gebrauchte[48], und bekräftigt so, dass die ganze Transzendentalphilosophie »Autonomie« sei[49]; oder genauer, dass sie geregelt werde durch das »Princip der Autonomie«, »das Gesetzgebende Princip für alle Philosophie«. Es gibt, so schreibt er, eine »Autonomie der theoretisch//speculativen in Verbindung mit der moralisch//practischen Vernunft zum Behuf möglicher Erfahrung welche (als Princip) das Ganze der Transc.Ph. ausmacht.«[50] Er erweitert also den Sinn des Terminus, indem er ihn nicht nur zur Charakterisierung der Tätigkeit des Subjekts in der praktischen Philosophie, also in einem moralischen Sinne verwendet, sondern auch um die Tätigkeit des Subjekts in der theoretischen Philosophie, der Erkenntnistheorie zu charakterisieren.

Bemerkenswert ist auch, dass er die Autonomie auf die Vernunft bezieht: auf die Vernunft als Kraft der Ideen im kantischen Sinne, das heißt der »Formen«; oder auch auf das denkende Subjekt als »Vernunft«. Dieser Aspekt ist ganz besonders wichtig, wenn man verstehen will, wie er den Gedanken der ›Selbstbestimmung‹ benutzt; denn er benutzt ihn als von der Vernunft ausgehend, also von dem Vermögen der Ideen – und damit nicht vom Verstand oder vom Selbstbewusstsein. Wenn er die Transzendentalphilosophie zum »System des reinen Idealismus der Selbstbestimmung des denkenden Subjekts« macht, dann hebt er auch stark hervor, dass es sich dabei um einen *Idealismus* handelt und dass sich das Subjekt nicht durch »bloße Begriffe« selbst bestimme, sondern durch *Ideen* – die Ideen der Vernunft, das heißt die »Gesetze des Denkens«, die es sich selbst vorschreibt. Wenn Kant von der Transzendentalphilosophie schrieb, dass sie die »Selbstbestimmung des denkenden Subjekts« sei, so wollte er damit zum Ausdruck bringen, sie sei

> das Bewußtseyn des Vermögens vom System seiner Ideen in theoretischer so wohl als practischer Hinsicht Urheber zu seyn. Ideen sind nicht bloße Begriffe sondern Gesetze des Denkens die das Subjekt ihm selbst vorschreibt

[48] Vergleiche aber die These, die er in seiner *Anthropologie* aufstellt, die These nach welcher die »*Begierde (appetitio) Selbstbestimmung*« sei, die »Selbstbestimmung der Kraft eines Subjekts durch die Vorstellung von etwas Künftigen, als einer Wirkung derselben« (in Kant, AA, Bd. VII, 251): es ist nicht der *Willen*, auf den er die Autonomie bezieht, sondern die *Macht* oder die *Kraft*, die sich irgendwie *selbst bestimmt*.
[49] Vgl. z.B. Kant, AA, Bd. XXI, 106f.
[50] *Opus postumum*, in: Kant, AA, Bd. XXI, 106–110, hier 109.

und in diesem Sinne ist die Selbstbestimmung »Autonomie«.[51] – »Urheber vom System seiner Ideen«, »Urheber seiner selbst« zu sein, »sich gleichsam selbst machen«[52]: so enthalten diese Seiten des *Opus postumum* eine vollständige Reflexion – und gerade darin dürfte seine Innovation liegen – über die Frage, in welchem Sinne das Subjekt »sich selbst macht«; wie es sich – weit davon entfernt, einen gegebenen Gegenstand bloß mit Hilfe der Wahrnehmung zu empfangen – ihn vielmehr als »Gegenstand« erst konstituiert, und sich dadurch selbst schafft, sich durch seine Ideen als Gegenstand konstituiert – und dadurch ebenfalls als denkendes Wesen.[53]

Mit diesem Sprachgebrauch setzt Kant sicher die Diskussion mit Fichte fort, der erklärt hatte, es sei zum Aufweis der Wirklichkeit der

---

[51] Kant, AA, Bd. 21, 93.

[52] »Transc.[endental] Phil.[osophie] ist nicht ein Aggregat sondern ein System nicht von objectiven Begriffen sondern von subjectiven Ideen welche die Vernunft sich selbst schafft, und zwar nicht hypothetisch (problematisch oder assertorisch) sondern apodictisch indem sie sich selbst schafft. Transc.[endental] Phil.[osophie] ist das Vermögen des sich Selbstbestimmenden Subjects durch den systematischen Inbegriff der Ideen welche a priori die durchgängige Bestimmung desselben als Objects (die Existenz desselben) zum Problem machen sich selbst als in der Anschauung gegeben zu constituieren«, in: Kant, AA, Bd. XXI, 93.

[53] Denn es handelt sich hier durchaus darum, sich als denkendes Wesen zu schaffen, und nicht nur als bewusstes oder gar selbstbewusstes Wesen. Die Transzendentalphilosophie, welche die »Selbstbestimmung des denkenden Subjekts« behandelt, setzt das Bewusstsein oder das Selbstbewusstsein – das »Subjekt« als Bewusstsein von sich in gewisser Weise voraus. Dies ist aber nicht ihr Gegenstand. Im *Opus postumum* widmet Kant zwar auch den Fragen des Bewusstseins, des Selbstbewusstseins – oder um dies noch anders auszudrücken, der Frage des cogito, der Frage nach der Bedeutung des Satzes ›Ich denke, darum bin ich‹ zahlreiche und umfangreiche Ausführungen. Aber was er dort schreibt, ist, dass der »Act der Apperception«, durch den ich mich selbst vorstelle, dieser Akt, durch den sich das Subjekt selbst zum Gegenstand macht, »blos logisch« und »ohne Bestimmung des Gegenstandes« ist; dass es ein Akt ist, der »allem Urtheil« und damit in gewissem Sinne jeder Erkenntnistätigkeit vorausgeht (z. B. Kant, AA, Bd. 22, 89 f.) Für ihn geht das Selbstbewusstsein der Erkenntnis oder dem Denken voraus: es ist eine Bedingung des Denkens. Um eine Formulierung Bernard Bourgeois' aufzugreifen, so ist das ›ich denke‹ für Kant dasjenige, was alles Denken ›bedingt‹ *(conditionne)* und nicht, wie es bei Fichte der Fall sein wird, dasjenige was dieses Denken ›bestimmt‹ *(détermine)*: die Transzendentalphilosophie Kants ist eine Philosophie des ›Bedingens‹ *(du conditionner)*, nicht eine des ›Bestimmens‹ *(de la détermination)*. (Vgl. hier den Vortrag von B. Bourgeois, »Cogito kantien et cogito fichtéen« (1994), der jetzt in seinem Band *L'idéalisme allemand. Alternatives et progrès* (2000), 13–25, zugänglich ist. Diese These bleibt gültig, selbst wenn Kant in seiner letzten Schaffensperiode – derjenigen des *Opus postumum* – die Terminologie der Bestimmung und der Selbstbestimmung benutzt.

Freiheit keineswegs nötig, einen Umweg über den kategorischen Imperativ und über das Moralgesetz zu machen. Sich als denkendes oder verstehendes Wesen zu denken oder auch als sich selbst bestimmend, als Selbstbestimmung, das wäre tatsächlich das Gleiche wie sich als frei zu fassen: die Intelligenz, schreibt Fichte, würde »bloß dadurch, dass sie sich als Intelligenz fasst, frei«.[54] Von der Idee der Selbstbestimmung glaubte Fichte den Begriff des *Sollens* ableiten zu können, als »absolutes kategorisches Sollen«; also den Begriff einer Regel: »es soll seyn, schlechthin, weil es seyn soll«. Die Reflexion über die Selbstbestimmung des Selbst durch sich selbst, das heißt über das Wollen, führte für Fichte von selbst zum Bewusstsein des Moralgesetzes, das heißt zum kategorischen Imperativ. Kant hatte etwas ganz anderes sagen wollen – und wenn er in seinem *Opus postumum* so sehr auf dem indirekten Charakter des Beweises der Freiheit, auf dem Vorrang des kategorischen Imperativs vor der Freiheit beharrte, so könnte darin sehr wohl eine Antwort auf Fichte gesehen werden:

> Nicht der Begriff der Freiheit begründet den categorischen Imperativ sondern dieser begründet zuerst den Begriff der Freyheit. – Der Pflicht//Begriff geht noch vor der Freyheit vorher u. beweiset die Realität der Freyheit – Die Möglichkeit der Freyheit kann direct nicht bewiesen [werden], sondern nur indirect durch die Möglichkeit des categorischen Pflichtimperativ der gar keiner Triebfedern der Natur bedarf …[55]

Die Autonomie wird auf der Grundlage des kategorischen Imperativs, der Idee der ›Pflicht‹, des Moralgesetzes als ›Pflicht‹ verstanden; und es verhält sich ebenso mit dem Begriff Gottes: die Idee Gottes als ein moralisches Wesen entsteht in uns nur auf der Grundlage des kategorischen Imperativs, wie es Kant zum Beispiel in folgender Textstelle hervorhebt:

> Es giebt zweyerley Arten wie die Menschen das Daseyn Gottes postuliren; Sie sagen bisweilen: Es ist ein Göttlicher *Richter* und *Rächer* denn die Bosheit und *Verbrechen* erfordern Vertilgung dieser Abscheulichen Race. – Andererseits denkt sich die Vernunft ein *Verdienst* dessen der Mensch fähig ist sich selbst in eine höhere *Classe* nämlich sich selbst gesetzgebender Wesen (durch moralisch//practische Vernunft) setzen zu können und sich über alle blos sinnenfähige Wesen setzen zu können und einen *Beruf* es zu thun und ist als ein solcher nicht ein blos *hypothetisches* Ding sondern eine Bestim-

---

[54] *Das System der Sittenlehre nach den Prinzipien der Wissenschaftslehre* (1798) in: *Fichtes sämmtliche Werke,* Band 4, 36.

[55] *Opus postumum,* in: Kant, AA, Bd. 22, 60, 52, 53.

mung darin zu treten: von seinem Range selbst Urheber zu seyn d. i. verpflichtet und dabey sich selbst verpflichtend zu seyn.[56]

Hier wird ganz deutlich, was Autonomie für Kant bedeutet: eine »*Zwangspflicht*«; »verpflichtet [zu sein] und doch dabey sich selbst verpflichtend«. Kant hatte dies schon seit seiner *Grundlegung zur Metaphysik der Sitten* bekräftigt, wenn er erklärte, dass sich der moralische Imperativ an seinem imperativen Charakter erkennen lässt, am *Sollen* – das die Form eines ›du sollst‹ annimmt, also einen Zwang darstellt; und dass gerade an seiner Legalität seine Universalität erkennbar wird. Die Fassung des kategorischen Imperativs als Autonomie, und die Grundlegung in der Freiheit kommen hier bekanntlich erst ganz am Ende zum Tragen.

Hermann Cohen hat also nicht ganz Unrecht, wenn er in seiner Studie *Kants Begründung der Ethik* bedauert, dass Kant in seiner *Grundlegung zur Metaphysik der Sitten* von der Freiheit und der »eigenen Gesetzgebung des Willens« gesagt habe, »beides seien Autonomie, mithin Wechselbegriffe«. Kant hatte sofort hinzugefügt, dass »eben um deswillen einer nicht dazu gebraucht werden kann, um den anderen zu erklären.«[57] Aber die Gefahr blieb bestehen, dass gerade dieser Fehler begangen wurde, dass die Freiheit also zur Erklärung und Verdeutlichung der Autonomie benutzt werde. Gegen diesen Irrtum, der also von Fichte begangen wurde, betont Cohen, zum Beispiel in seinem Artikel über »Autonomie und Freiheit« (1900), aber auch in vielen anderen Texten, wie falsch es sei, die Freiheit bei Kant als einen Grundsatz der Ethik zu betrachten, der seinem Status nach dem Prinzip der Kausalität in den Naturwissenschaften entspräche. Und er erinnert daran, dass diese Idee der Freiheit erst im Mittelalter, erst in der mittelalterlichen Ethik, und in der christlichen Welt, ihre Bedeutung erlangte, wenn sie nämlich gewissermaßen »der Ausdruck und der Wertmesser für den Anteil [wird], den die Religion an der Philosophie erobern und behaupten möchte. Mehr aber soll die Freiheit nicht besagen und nicht bedeuten dürfen«.[58] Für ihn ist der Begriff der Freiheit lediglich »der historische Ursprungsbegriff der Autonomie«.[59]

---

56 *Ibid.*, AA Bd. 22, 117 f.

57 Kant, AA, IV, 450.

58 Cohen, JS III, 37.

59 *Ibid.*

Die Freiheit kann nicht als Prinzip der Ethik dienen und es wäre falsch, sie gewissermaßen als ›Ursache‹ einer Handlung zu betrachten – oder auch, um einen Ausdruck aufzugreifen, der von Kant stammt – als »das Vermögen, die Handlung ›von selbst anzufangen‹.«[60]

»*Wo aber ist dieses Selbst?*«, fragt Cohen in seinem langen Aufsatz über ›Religion und Sittlichkeit‹ aus dem Jahre 1907:

Ist es etwa schon da? Dann wäre es ja die *absolute Substanz*, die von der dogmatischen Seite behauptet, hier aber kritisch bestritten wird. Und wenn es schon da wäre, dann wäre auch die Freiheit schon da, *die in ihm besteht, wie es in ihr*. Dann wäre die Freiheit nicht, was sie doch allein sein soll, eine *Aufgabe*. Wenn aber die Freiheit nur die Idee einer Aufgabe sein kann, und nicht die *Kausalität eines Naturvermögens*, so kann auch das *Selbst nur als Aufgabe* zu denken sein, wenn es doch nur in dieser Aufgabe der Freiheit sein Sein hat.[61]

Die Freiheit als »eine Aufgabe« zu denken, würde bedeuten, sie als ›Zweck‹ zu denken. Und es ist bekanntlich gerade der Idee des ›Zweckes‹, der Cohen die Aufgabe zuweisen möchte, die Ethik zu begründen: »Diese regulative Bedeutung der Zweckidee bildet die Hauptaufgabe einer Begründung der Ethik«, sagte er schon im Jahre 1877, in *Kants Begründung der Ethik* (1877).[62] Diese Aufgabe versteht er ganz anders als Fichte, denn es handelt sich für ihn darum, den Imperativ der Autonomie nicht auf die Selbstbestimmung eines ›Selbst‹ zu beziehen, das wesentlich frei konzipiert sei, sondern vielmehr um die Konstituierung eines »Reichs der Zwecke«, oder anders ausgedrückt einer »Gemeinschaft autonomer Zwecke«, einer »Gemeinschaft von Gesetzen«.[63] Die Autonomie ist »Autotelie«.[64]

Die Freiheit »unter dem Grundgesetz der Autonomie« zu denken, heißt, die Freiheit als eine Idee zu denken, im platonischen Sinne des Begriffs. In seinem Artikel über »Autonomie und Freiheit« rückt Cohen diese Idee sehr nahe an Platons Idee des Guten heran und betont, dass die Idee der Autonomie an der Platonischen Idee des Guten vorgebildet sei, die bereits für Platon die Grundlage der Ethik bildete: »... eine Idee, keine sinnliche Realität. [...] Eine Idee, das

[60] Vgl. Kant, *Kritik der reinen Vernunft*, A 534/ B 562.
[61] Cohen, JS III, 149f.
[62] KBE, in: Cohen, *Werke* 2, 110.
[63] KBE, in: Cohen, *Werke* 2, 227.
[64] KBE, in: Cohen, *Werke* 2, 288.

heißt aber nicht: ein Hirngespinst, ein frommer Gedanke; sondern das will sagen, eine Aufgabe, und *immerdar Aufgabe.*«[65]

Aber er bezieht sie nicht auf das Christentum, wie noch in dem Aufsatz »Bekenntnis in der Judenfrage«, den Rosenzweig bevorzugte. Und wenn man sich näher ansieht, was er in dem »Bekenntnis in der Judenfrage« schrieb, dann lässt sich feststellen, dass der Grund, weshalb er die Idee der Autonomie dem Christentum annäherte, wesentlich *geschichtlicher* oder präziser kulturgeschichtlicher Art ist. Ohne die Idee der Menschwerdung Gottes fehle uns die Möglichkeit, die Autonomie des Sittengesetzes *geschichtlich* zu verstehen. Diese Lehre hat eine »kulturgeschichtliche Mission« erfüllt[66], in dem Maße, wie sie es erlaubt hat zu verstehen, »daß die Sittlichkeit das Werk des Menschen sein müsse.«[67]

Es gibt keinen Widerspruch zwischen dieser Idee und dem jüdischen Gottesbegriff, der wesentlich ein ethischer Begriff ist: für den jüdischen Monotheismus ist und bleibt

> *das Wesen Gottes [...] das Wesen der menschlichen Sittlichkeit.* Und dieses Wesen der menschlichen Sittlichkeit hat die strenge Bedeutung: *daß der Mensch seine Sittlichkeit selbst sich zu erschaffen, zu erbauen, zu erhalten, und daher auch zu verantworten habe.*[68]

Es gibt keinen Widerspruch zwischen dieser jüdischen Konzeption der Sittlichkeit und der christlichen Konzeption, und Cohen hebt »die überall durchwirkende ethische Tendenz und Kraft der christlichen Gottesidee« stark hervor.[69] Was den jüdischen Gottesbegriff im Gegensatz zur christlichen Konzeption charakterisiert, ist für ihn vielmehr, dass er sich in jener ethischen Konzeption »erschöpfe«.[70] Die Frage nach dem Wesen Gottes sei für das Judentum nicht zentral, wie sie es aber im Christentum ist.

Diese ethische Konzeption des Judentums lässt sich überall in Cohens Werk wiederfinden, bis hin zu seinen allerletzten Schriften. Und es ist von daher wohl nicht überflüssig an dieser Stelle erneut hervorzuheben, dass der Begriff der Autonomie für ihn nicht nur

---

65 Cohen, JS III, 40 f.
66 Cohen, JS II, 76.
67 Cohen, JS III, 136.
68 Cohen, JS III, 134 f.
69 *Ebd.*
70 Cohen, JS III, 135: *»so erschöpft sich der jüdische Gottesbegriff in der ethischen Bedeutung der Gottesidee.«*

kein Problem, sondern vielmehr gerade den Grundinhalt seiner Konzeption bildet. Für die Ethik des Judentums, wie für Kant, soll

Die Sittlichkeit [...] als ein *Gesetz* zu denken sein, welches *ohne Ausnahme für* jeden Menschen und *von* jedem Menschen gültig ist. Dieses Gesetz soll zwar auf der *Selbstgesetzgebung (Autonomie)* der Vernunft beruhen; aber die Vernunft darf keine andere Beziehung zum Willen einnehmen, als dass sie ihm ein *allgemeines* Gesetz auferlegt. Wir dürfen nicht ›*Voluntäre* der Sittlichkeit‹ sein. Es ist, als ob Kant diesen Ausdruck von einem jüdischen Philosophen und im Talmud selbst vernommen hätte. ›Grösser der unter dem Gebot handelt als der ohne Gebot‹.

Denjenigen, die ihm doch einen grundlegenden Unterschied zwischen dem Gesetzesbegriff des Judentums und dem kantischen Begriff entgegenhalten möchten, antwortet Cohen, dass der Unterschied zwar gewiss wesentlich sei – bei Kant gründet sich die Autonomie auf der menschlichen Vernunft – dass aber auch für Kant »Gott der Urheber und der Bürge des Sittengesetzes« sei.

Die genannten Ausführungen stammen aus einem Vortrag, den Cohen im Jahre 1910 über die »Inneren Beziehungen der Kantischen Philosophie zum Judentum«[71] gehalten hat, also aus einem Text, der nicht unbedingt von allen Interpreten als maßgebend betrachtet wird, zumindest, was die Religionsphilosophie betrifft, die Cohen in seinen letzten Lebensjahren entwickelt hat. Dennoch ist festzuhalten, dass Cohen dieselben Thesen in seinem Nachlasswerk *Religion der Vernunft aus den Quellen des Judentums* fast wörtlich übernimmt:

Sehr lehrreich ist der Doppelsinn des Wortes für Gesetz: Mizwa heißt gleicherweise Gesetz und Pflicht. Die Korrelation von Gott und Mensch wird in diesem Worte lebendig. Das Gesetz kommt von Gott, die Pflicht aber vom Menschen. Und das Gesetz ist ebenso zugleich Pflicht, wie die Pflicht zugleich Gesetz. Gott gebietet dem Menschen, und der Mensch nimmt in seinem freien Willen das ›Joch des Gesetzes‹ auf sich. Das Gesetz bleibt ein Joch. Auch nach der Lehre Kants ist der Mensch nicht ein Voluntär des Sittengesetzes, sondern der Pflicht soll er sich unterwerfen.[72]

Zwischen ›Gesetz‹ und ›Korrelation‹ besteht also für Cohen kein Widerspruch. Wenn er in seinen späteren Schriften, insbesondere der *Religion der Vernunft*, die Wichtigkeit der ›Korrelation‹ betont, so geschieht dies eher zur »Abwendung jeder Vermittlung«. Für ihn ist die ›Korrelation‹ eine »Funktion«, ein logisches »Verbindungsglied«,

[71] Cohen, *Werke* 15, 311–345, hier 324 ff.
[72] Cohen, RV, 401.

das dabei behilflich sein kann, die Verbindung, ja sogar die »Vereinigung«, zu begreifen, beispielsweise zwischen Gott und Mensch:

Die Funktion hat nur eine logische Bedeutung, und zwar die der Vereinigung. Aber die Vereinigung darf nur als Korrelation gedacht werden. Nur die Korrelation hält die Vereinigung in den Schranken der Abstraktion. Die Vereinigung ist keinerlei sachliche Verbindung. Gott und Mensch müssen getrennt bleiben, sofern sie vereinigt werden sollen.[73]

Etwa später auf derselben Seite betont er noch einmal, dass die »Vereinigung« die »Vermittlung« ausschließen würde. Dadurch wollte Cohen die Vorwürfe des Christentums und auch des Pantheismus, denen zufolge das Judentum »keine Verbindung von Mensch und Gott zulasse«, entkräften. In jenen Jahren verschärft sich auch seine Kritik des ›Pantheismus‹, bzw. des Spinozismus – wie ist aber diese Verschärfung zu verstehen?

II

Zur Zeit der Abfassung seines Heine-Aufsatzes[74] scheint Kant für Cohen höchstens »ein großer Name ohne erhebliche Bedeutung für die Probleme der Gegenwart«[75] gewesen zu sein. Sein gründliches Studium der Werke des Philosophen erfolgte erst einige Jahre später und führte zu einer philosophischen Umorientierung. Im Jahre 1877 behauptete er in der Einleitung zur ersten Auflage von *Kants Begründung der Ethik,* dass Kant der Erste gewesen sei, der die Frage nach der Aufgabe der Ethik richtig gestellt habe, weil er zwischen *Sein* und *Sollen* unterschieden hat: »Die Ethik hat nach Kant zu lehren, nicht was ist, sondern was *sein soll.*«[76] Zwar glaubte Cohen noch immer, einige Verdienste in Spinozas Ethik und ihrem »Monismus« finden zu können: ähnlich wie zehn Jahre vorher in dem Heineaufsatz beschreibt er dann die »Steigerung des Monotheismus zum Pantheismus« als eine historisch bedeutsame Erscheinung, die »in mancher Beziehung wenigstens als solche anzuerkennend« sei.[77] Er kritisierte jedoch nun die »Verflachung des ethischen Problems, welche im Spi-

[73] Vgl. Cohen, RV, 122.
[74] Vgl. hier oben Kap. 3, 96.
[75] Vgl. H. Liebeschütz, *Von Georg Simmel zu Franz Rosenzweig,* loc.cit., 19.
[76] Cohen, KBE in: Cohen, *Werke* 2, 5. *Kants Begründung der Ethik,* op. cit., 4.
[77] Vgl. Cohen, KBE, S. 48 (2. Auflage) mit S. 572 (erste Auflage).

nozismus ihre Wurzel hat«[78] und darin bestehen würde, »die menschlichen Handlungen und Bestrebungen« zu betrachten, »als ob es sich um Linien, Flächen oder Körper handelte«. Ihm zufolge betrieb derjenige, der diese Perspektive annimmt, »alles Andere«, nur nicht »Ethik«. Denn:

Beim Zirkel, sagt Kant, darf ich nicht fragen, was soll er sein, sondern was ist sein Gesetz. Beim Menschen hat die Anthropologie, und zwar die physische, ihrerseits zu erforschen, was er ist; die Ethik aber will wissen, was er soll; was er sein und wie er handeln soll; was unter Menschen, was für Menschen, was durch Menschen sein soll. Wer dieses Soll nicht anerkennt; nicht zum Problem macht, der will keine Ethik; der will das Gegenteil von Ethik. Wir dagegen halten diese These aufrecht; uns leitet der problematische Grenzbegriff zu dem Problem der ethischen Realität. Also fordern wir jenen andern Zusammenhang, in welchen Linien und Flächen und Körper nicht gehören.[79]

Die Kritik an Spinoza verstärkt sich in der *Ethik des reinen Willens* (erste Auflage 1904, zweite Auflage 1907). Dort ist nicht mehr von »Steigerung« oder sogar Kontinuität die Rede, sondern eher von einem »scharfen Gegensatze« des »Monotheismus der Propheten« zum »Pantheismus«.[80] Cohen gesteht zwar noch zu, dass »die Verdienste nicht zu unterschätzen [sind], welche dem göttlichen Naturalismus Spinozas für die religiöse Aufklärung und damit für die allgemeine geistige Kultur andauernd beiwohnen«, fügt aber unmittelbar hinzu, dass man sie auch nicht überschätzen darf«, da die »Mängel und inneren Schäden« jener Konzeption, insbesondere für die Ethik, beträchtlich sind: »man begreift es, dass dieser harte Formalist der Identität auch an der Formel keinen Anstoß nahm, dass das *Recht mit der Macht identisch* sei«![81] Den ›Monismus‹ will Cohen durch einen neuen metaphysischen »Dualismus«[82] ersetzen, weil ihm der Pantheismus als »eine tiefe Gefahr der reinen Ethik«, »für den Radikalismus ihrer Prinzipien und ihrer Tendenzen«, erscheint.[83]

Im »Pantheismus« sieht er also nicht mehr wie im Jahre 1867 jene »hohe Auffassung vom Wesen der Menschen«, welche den Glauben an ihren Fortschritt, ihr Streben zu glücklicheren Zuständen

[78] Cohen, KBE, 150.
[79] Cohen, KBE (2. Auflage), 187 und vgl mit S. 589 (erste Auflage).
[80] Cf. Cohen, ErW in: Cohen, *Werke* 7, 404.
[81] Cohen, ErW in: Cohen, *Werke* 7, 459.
[82] Cohen, *Werke* 7, 431.
[83] Cohen, *Werke* 7, 459 f.

ernähren würde.[84] Dabei hat Cohen zwar den Glauben an den Fortschritt keineswegs aufgegeben, doch hat für ihn seitdem das Wort ›Pantheismus‹ andere Konnotationen gewonnen. Pantheismus verweist von nun an auf eine »Philosophie der Identität«[85], in welcher Recht und Macht gleichgesetzt werden und die Ästhetik die Hauptrolle erfüllt. Bemerkenswert ist aber, dass Cohen eine solche ästhetische Philosophie trotz aller Kritik zu würdigen weiß: er erwähnt die starke Anziehungskraft des Pantheismus in der Ästhetik und betont, wie schwer es sei »alle die Zauber auch nur zu beschreiben, mit denen der Pantheismus zu allen Zeiten Geist und Gemüt der Menschheit bestrickt hat«[86]:

> Die Liebe zur Natur erzeugt die Liebe zur Kreatur; so bewährt sich diese Alleinheit als ein Motiv der Sympathie und des Wohlwollens. Aber welchen Aufschwung gewinnt nun erst der Geist aus diesem Gedanken, der daher einer der Leitgedanken der Kultur geworden ist. Was wär' ein Gott, der nur von aussen stiesse. Ist Gott dagegen nicht verschieden vom All, so bin ich selbst, der ich im All enthalten bin, in Gott enthalten. Es kann keine Gedankenform geben, in welcher der Wert des Menschen mehr erhöht würde als durch diesen seinen Anteil an der Gottheit.
>
> Was will denn alle Ethik, so sagt man, Höheres und Besseres lehren und erzielen als die Verewigung des Menschen; seine Erlösung von dem Erdenstaube, von dem Nichtigen und Vergänglichen aller selbstischen Natürlichkeit? Dieser tiefste Sinn der Ethik wird am mächtigsten, am klarsten, am schärfsten durch die Göttlichkeit des Menschen bezeichnet. Man verschmäht es nicht, sich hierbei auch auf die Religion zu berufen ...[87]

Cohen zufolge gefährdet nun der Pantheismus die Ethik und die Idee des Menschen, aber auch die Religion, und die Idee Gottes. Nur dem Scheine nach gibt es aber einen Bruch zwischen dieser in der *Ethik des reinen Willens* dargestellten Auffassung und den Ideen, die er in seinen ersten Aufsätzen entwickelt hatte. Denn Cohen übernimmt hier die schon von Heine formulierte Kritik der romantischen Schule[88], die er aber erheblich erweitert, indem er jetzt, im Unterschied zu Heine, nicht nur Schleiermacher und Schelling, sondern auch Hegel zu den Mitgliedern der »romantischen Schule« rechnet.[89] Cohens

---

[84] Vgl. hier oben Kap. 3, S. 101.
[85] Vgl. z. B. Cohen, *Werke* 5, 37sq.
[86] Cohen, *Werke* 7, 457.
[87] *Ibid.*
[88] Vgl. hier oben Kap. 3, S. 101 sq.
[89] Cohen, *Werke* 7, 16.

Kritik richtet sich aber nicht primär gegen Hegel oder gar gegen den jungen Schelling, sondern vielmehr gegen die gesamte Strömung des Deutschen Idealismus, wie sie zu jener Zeit interpretiert wurde: so zum Beispiel durch Wilhelm Dilthey (1833–1911), der die Bedeutung des Terminus ›Pantheismus‹ für Cohen wie auch für viele seiner Zeitgenossen in jenen Jahren bestimmte, und dessen zentrale Rolle in den damaligen Debatten nicht unterschätzt werden sollte.[90] Sowohl in seinen Studien zu Schleiermacher und Hegel[91] als auch in vielen Aufsätzen über die *Weltanschauung und Analyse des Menschen seit Renaissance und Reformation*[92], und in der seit ihrem Erscheinen im Jahre 1905 sehr beliebten Sammlung *Das Erlebnis und die Dichtung* hatte Dilthey die Herausbildung und Entfaltung einer pantheistischen ›All-Einheit‹-Lehre beredt beschrieben. Ihm zufolge wäre eine solche Lehre »nicht eine metaphysische Doktrin, sondern die Erfahrung eines schönheitsfreudigen Künstlers«, und sie würde die spätere Religionsphilosophie eines Schellings oder gar Hegels »pantheistische Mystik« schon am Anfang des 19. Jahrhunderts bei Hölderlin sowie bei anderen deutschen Dichtern ankündigen.[93] In jener Diltheyschen Deutung des Deutschen Idealismus gehörte Hegel zur selben Denkrichtung wie Schleiermacher und der hartnäckige, zuweilen verbitterte Kampf Hegels gegen Schleiermacher und die Romantik wurde somit gänzlich verdrängt. Dies ermöglicht es, besser zu verstehen, wieso Hermann Cohen Hegel und Schleiermacher in einer und derselben Verurteilung, nämlich der Verurteilung des ›Pantheismus‹ im Sinne Diltheys, zusammenstellen konnte.[94] Bei Cohen ver-

---

[90] Über diese Debatten und das Verhältnis zu Hermann Cohen, vgl. hier insbesondere H. Liebeschütz in: *Von Georg Simmel zu Franz Rosenzweig* (1970), 15–35.

[91] Vgl. W. Dilthey, *Die Jugendgeschichte Hegels und andere Abhandlungen zur Geschichte des deutschen Idealismus,* in: *Gesammelte Schriften,* IV, Stuttgart (1959), z.B. 50f.

[92] W. Dilthey, *Weltanschauung und Analyse des Menschen seit Renaissance und Reformation,* Stuttgart, 1957.

[93] Vgl. W. Dilthey, *Das Erlebnis und die Dichtung,* 16. Auflage, Göttingen (1985), hier 280f. Zu Diltheys ›pantheistischer‹ Auffassung Hölderlins vgl. auch Myriam Bienenstock, Mythologie de la raison: un thème des Lumières? In: *Les Lumières et l'idéalisme allemand,* hg. von J.-C. Bourdin, Paris, 2006, 31–44.

[94] Vgl. zu diesem Punkt N. Waszek, Die Hegelforschung mit Wilhelm Dilthey beginnen? In: *Anfänge bei Hegel,* hrsg. von W. Schmied-Kowarzik und H. Eidam, Kassel (2009), 13–30; sowie: Philosophie et *Geisteswissenschaften* à l'Université de Berlin au XIXe s., in: *Néokantisme et sciences morales, Revue germanique internationale* n° 6, 2007, 39–57, hier 49–57.

weist auch der heute öfters mit Hegel assoziierte Terminus ›Vermittlung‹ in erster Linie auf Schleiermacher, und mittels Schleiermacher auf die christliche Theologie, so dass sich dann eine Kritik des Christentums mit der Kritik des ›Vermittlung‹-Gedankens verbindet.[95] Cohen scheint sich aber nie die Mühe gemacht zu haben, Texte von Hegel ernsthaft zu lesen. Es ist erstaunlich, dass es bei ihm im Gegensatz zu Rosenzweig offensichtlich keine ernsthafte Hegel-Rezeption gegeben hat. In jedem Fall keine, die derjenigen Rosenzweigs vergleichbar wäre.

Anders verhielt er sich mit Spinoza. Es ist nicht sicher, ob er schon zur Zeit der Abfassung und Veröffentlichung seines Heine-Aufsatzes, also um 1867, die Haupttexte des Philosophen – die *Ethik*, auch den *Theologisch-Politischen Traktat* – gründlich studiert hatte. In jenem Heine-Aufsatz Cohens findet sich nur ein einziger direkter Hinweis auf Spinozas Schriften, der sich auf bekannte Zeilen aus der Vorrede des dritten Teils der *Ethik* bezieht[96], wo Spinoza

> sagt, die Leidenschaften seien nicht Auswüchse und fehlerhafte Bildungen der menschlichen Natur, sie seien denselben Gesetzen unterworfen, nach denen alles Normale abläuft. Er wolle die menschlichen Leidenschaften behandeln, als ob die Untersuchung Linien, Flächen oder Körper beträfe.[97]

Dann fragte Cohen, anscheinend naiv und ohne Stellung zu nehmen, wie Spinoza jenen »schaurig großen Gedanken« entwickeln konnte. In späteren Jahren wird er auf jene oben zitierten Zeilen immer wieder zurückkommen und sie verurteilen. Sie selber beweisen aber keine enge Vertrautheit mit Spinozas Schriften[98] und insbesondere nicht mit dem *Theologisch-politischen Traktat*, den Cohen erst spät ent-

---

[95] Zur vagen, aber damals häufig benutzten Bezeichnung »Vermittlungstheologie« vgl. F. W. Graf, im *Historischen Wörterbuch der Philosophie*, hier Bd. 11, 726–728, bes. S. 727.: »In der theologiegeschichtlichen Literatur des Protestantismus dient »Vermittlungstheologie« seitdem [in der zweiten Hälfte des 19. Jahrhunderts] als Richtungsbezeichnung für Schüler und spätere Anhänger Schleiermachers […].« – Ein Bezug zu Hegel dürfte hier nicht relevant sein.

[96] Vgl. Spinoza, *Opera*, Band II, 258–259: »De Affectuum itaque naturâ, et viribus, ac Mentis in eosdem potentiâ eâdem Methodo agam, quâ in precedentibus de Deo, et Mente egi, et humanas actiones, atque appetitûs considerabo perinde, ac si Quaestio de lineis, planis, aut de corporibus esset.

[97] Cohen, *Werke* 12, 227.

[98] Im Jahre 1904 verfasste er eine Rezension über J. Freudenthal, *Spinoza. Sein Leben und seine Lehre.* Erster Band: *Das Leben Spinozas* (1904). Die Besprechung erschien im *Literarischen Zentralblatt*, wieder veröffentlicht in: Cohen, SPZ S. 501–3. – In der Bibliothek von Cohen fanden sich sowohl frühere als auch spätere Ausgaben der

deckt (vermutlich ab 1908), danach aber gründlich bearbeitet zu haben scheint.

Man beachte zunächst seinen Vortrag über Spinozas Verhältnis zum Judentum aus dem Jahre 1910[99], der lange ungedruckt geblieben war, bis ihn Rosenzweig als Erster im Jahre 1928 veröffentlichte.[100] In der Einleitung zu seiner Veröffentlichung schrieb Rosenzweig, dass der unmittelbare Anlass zu Cohens Vortrag ein Streit gewesen sei, der in B'nai B'rith-Logenkreisen ausgebrochen war, als sich 1910 eine neue Berliner Loge nach Spinoza benannte. Dies ist zweifellos richtig, doch darf man auch vermuten, dass einer der Hauptgründe, der Cohen dazu veranlasste sich damals in den Text von Spinoza vertiefen zu wollen, die gerade zuvor erschienene, annotierte Übersetzung des Spinoza-Texts von Carl Gebhardt gewesen ist.[101] Mit seiner Edition hatte Gebhardt viele verbreitete Spinoza-Legenden zerstören wollen, unter anderen auch diejenige, der zufolge Spinoza seine Bücher *sub quadam specie aeternitatis*, also »unter dem Gesichtspunkt der Ewigkeit«[102], geschrieben hätte. Gebhardt betonte hingegen: »Nicht alle seine Bücher hat Spinoza *sub quadam specie aeternitatis* [unter dem Gesichtspunkt der Ewigkeit] geschrieben. Man muss wissen, für wen und gegen wen er geschrieben hat, um seine Worte zu verstehen.«[103] Auch wenn nicht alle Erklärungen, die Gebhardt damals gab, um die Entstehung des *Traktats* zu erläutern, gültig geblieben sind, lässt sich doch festhalten, dass Gebhardt sein Ziel glänzend erreicht hat: seine Ausgaben und seine Übersetzungen gelten noch heute als maßgebend, und auch Hermann Cohen werden sie tief beeindruckt haben. Bezeichnend ist es aber, dass Rosenzweig es seinerseits vorzog, von Gebhardts Arbeit unberührt zu bleiben, und den späteren, viel berühmteren – und virulenteren – Cohen'schen Aufsatz »Spinoza über Staat und Religion, Judentum und Christentum« aus dem Jahre 1915 als maßgebend zu betrachten.[104]

Werke Spinozas, und diverse Kommentare, vgl. hier H. Wiedebach, Die Hermann-Cohen-Bibliothek, in: *Cohen, Werke Supplementa* 2, 189f.

99 Cohen, *Werke* 15, 347–388.

100 Cohen, *Werke* 16, 319–426.

101 *Theologisch-politischer Traktat.* Übertragen und eingeleitet nebst Anmerkungen und Registern von Carl Gebhardt, Leipzig, Dürr, 3. Auflage 1908.

102 Vgl. z.B. Spinoza, TTP, Kap. 6, 118.

103 Vgl. Gebhardt in der Einleitung zum *Theologisch-politischen Traktat* (1908), S. XII.

104 Vgl. Rosenzweig, GS III, 165–167, hier 165. Zur Rolle der Gebhardt'schen Spino-

In diesem Zusammenhang ist es besonders wichtig darauf hinzuweisen, dass Cohen seine positive Wertschätzung Spinozas lange beibehielt. Diese positive Wertschätzung zeigt sich noch in seinem Aufsatz »Liebe und Gerechtigkeit in den Begriffen Gott und Mensch« aus dem Jahre 1900, in dem Cohen Folgendes schreibt:

Endlich aber ist für das Prinzip von Lohn und Strafe zu bedenken, daß es nicht minder anerkannt bleibt in dem von Spinoza angenommenen Satze: »Der Lohn der Tugend ist die Tugend.« In der Mischna lautet der Satz: »Der Lohn der Pflichterfüllung ist die Pflichterfüllung.«[105]

Nicht nur hier, sondern auch an anderen Stellen des Aufsatzes mag Cohen an Spinoza gedacht haben, so zum Beispiel als er sich auf »die verhängnisvollen Fragen des Pantheismus« bezieht und bemerkt: »ohnehin steckt der Pantheismus dem strengen Begriffe der Einheit im Blute«.[106] Der Einheitsbegriff des Monotheismus ist es, der dort ganz nah zum Pantheismus gerückt wird. Spinoza wird aber nicht ausdrücklich zitiert.

Die zweite Auflage von *Kants Begründung der Ethik*, erschienen im Jahre 1910[107], weist auf ein erneutes Interesse Cohens an Spinoza und auf einige der Fragen, die er sich nun stellt, hin. Der neu hinzugefügte vierte Teil des Texts behandelt »Die Anwendung der ethischen Prinzipien« zur gesamten »geschichtlichen Erfahrung«, genauer zum Recht und zur Religion und es ist hierbei zuvorderst Spinoza, den Cohen dabei berücksichtigt.[108] Vehement kritisiert er den »pantheistischen Monismus«, der »die Möglichkeit einer eigenen und absonderlichen Geltung des Sittlichen ausschließen musste«.[109] Doch

---

za-Ausgabe vgl. auch Franz Nauen, Hermann Cohen's Perceptions of Spinoza: A Reappraisal, in: AJS Review, 4, 1979, 111–124, hier 122.

105 Liebe und Gerechtigkeit in den Begriffen Gott und Mensch, *Jahrbuch für jüdische Geschichte und Literatur*, Bd. 3 (1900), 75–132, heute in: Cohen, JS III, 43–97, hier 85, und vgl. mit Cohen, RV, 374, wo Cohen den »grossen Satz« der Mischna zitiert: »Der Lohn der Pflicht ist die Pflicht«, danach aber hinzufügt, dass Spinoza »diesen Satz der Mischna wörtlich übersetzt hat, ohne die Quelle anzuführen: *praemium virtutis virtus.*«

106 Cohen, JS III, 46.

107 Erste Auflage 1877.

108 Merkwürdigerweise hatte er sich auch im ersten Teil des Werkes die Mühe gegeben, die sich auf Spinoza beziehenden Zeilen zu ändern: Vgl. Cohen, *Werke* 2, »Varianten«, 564 ff.

109 Vgl. Cohen, *Werke* 2, 5 f. Vgl. auch in dem Vortrag über Spinoza vom Jahre 1910 die Anprangerung jener »pedantischen Gleichmacherei des Pantheismus« (Cohen, *Werke* 15, 347–388, hier 359). Zur Verstärkung der Kritik schon im ersten Teil von

sind es vor allem die Gefahren für das Recht, und die Rechtslehre, die er in den Vordergrund rückt. »Man wundert sich«, schreibt Cohen, »dass im Naturrecht der deutschen Aufklärung der Einfluss Spinozas nicht bemerkbar ist«. Schuld daran sei »die innerliche Unklarheit im Spinozismus« gegenüber der Verbindung von Moral und Rechtswissenschaft, die in Deutschland sehr wohl bemerkt wurde:

> Die Fernhaltung, welche die deutsche Aufklärung Spinoza gegenüber im Naturrecht bewahrte, ist ein Symptom ihres Strebens nach Klarheit und Schlichtheit und Wahrheit; wie solches überall diese Periode des Geisteslebens auszeichnet. Der Mensch sollte sein Recht empfangen, als ein Mensch der Vernunft und der Geschichte; nicht aber als ein Teil Gottes; als welcher er nicht minder auch Bestie ist.[110]

Cohen, der sich auf die deutsche Aufklärung beruft, behauptet hier, dass diese Bewegung gute Gründe hat, sich von Spinoza fernzuhalten, denn die Identifizierung des Rechts mit der Macht bei Spinoza sei noch viel gefährlicher als bei Hobbes – und dies gerade wegen des bei Spinoza darunter liegenden Pantheismus. Er beklagt auch hier die mangelnde Unterscheidung zwischen ›Sein‹ und ›Sollen‹, die er bereits in früheren Schriften aus den Jahren 1870 kritisiert hatte.[111] Er fügt zudem hinzu, dass bei Spinoza »der Naturmensch [...] so zum *Gottmenschen;* und das Naturrecht des Individuums zum göttlichen Rechte der Gottnatur« würde.[112] Für Cohen ist es dies, was Spinozas Lehre so gefährlich machen würde. Aber nicht nur die Frage des Naturrechts, sondern auch die Frage des Verhältnisses von Religion und Staat mache, so Cohen, die Theorie Spinozas zweideutig und verwirrend.[113]

Zur gleichen Zeit scheint er sich auch in die Lektüre des *Theologisch-Politischen Traktats* vertieft zu haben – was ihn offenbar zu unzähligen Fragen führte. Denn es sind nicht so sehr die negativen Äußerungen über Spinoza, die hervorstechen, sondern vielmehr die

Kants Begründung der Ethik, vgl. auch die Detailuntersuchung von Ernst Simon, Zu Hermann Cohens Spinoza-Auffassung, in: *Monatsschrift für Geschichte und Wissenschaft des Judentums* 79, 1935, 181–194.

110 Cohen, *Werke* 2, 387.

111 Vgl. hier oben S. 143.

112 Cohen, *Werke* 2, 386. Notizen aus derselben Zeit erwähnen auch die »Zweideutigkeit und methodische Unexactheit des Spinozismus in seinem Verständnis der Legis nec. Natural.« Vgl. Cohen, *Werke*, Supplementa I, 93 f.

113 Cohen, *Werke* 2, 388.

Fragezeichen, die in seinem Vortrag aus dem Jahre 1910 ins Auge springen. Man beachte folgende Liste:

Warum sollte Spinoza bei seiner geistigen Klarheit und sittlichen Tiefe Vorurteile haben gegen die Religion, in der er nicht nur geboren, sondern auch in der vorzüglichsten Weise nach der damaligen Lehrverfassung der Gemeinde Amsterdam unterrichtet worden ist, so daß er zur Rabbinerwürde ausersehen würde?[114]

Wie ist es zu verstehen, daß er am Mosaismus, der zu allen Zeiten die Bewunderung des Menschengeschlechts erwecken wird, so irre werden konnte?[115]

Wie besonders kann es uns begreiflich werden, daß er Moses gegen Christus, an dessen Göttlichkeit er doch nicht glauben wollte, religiös und philosophisch herabsetzte?[116]

Wie konnte es ihm entgehen, daß der mosaische Staat, welche Nachteile er sonst immer haben mag, in seiner theokratischen Anlage wenigstens methodisch auf einem gesunden, rationalen Fundamente ruht, auf der Verbindung von Gott und Mensch in der Religion?[117]

Enthält denn die Lehre Christi die Philosophie und ihre Freiheit?[118]

Wie konnte er […] den Hauptunterschied übersehen, der zwischen Mythos und Sage einerseits und Geschichte andererseits, endlich aber zwischen allen diesen Bestandteilen und der Lehrverfassung selbst bestehen mag![119]

An der jüdischen Philosophie hat er d[ies]en Zug zum Pantheismus doch zugestehen müssen: woher sollte er aber gekommen sein, wenn ihm nicht die rationalistische Auffassung des biblischen Wortsinns und vor allem der Kampf gegen alle Anthropomorphismen hervor getrieben hätte?[120]

Die zehn Worte am Sinai sind ja doch die Grundlage aller zivilisierten Menschheit geworden. Indessen die jüdische Religion beruht doch nicht ausschließlich auf dem Pentateuch. Was macht Spinoza nun mit den Propheten und den Psalmen und mit Hiob und mit den Sprüchen und mit Kohelet? Kennen auch diese alle nur den Israeliten und nicht den Menschen? Angenommen, der Pentateuch beziehe sich nicht nur vorzugsweise, sondern ausschließlich, auf Israel, fordert nicht die geschichtliche Auffassung der Bibel die homogene Fortentwicklung des Monotheismus über den ganzen Lauf der Geschichte des Volkes und seines Schrifttums?[121]

---

114 Cohen, *Werke* 15, 353.
115 *Ibid.*
116 *Ibid.*, 354.
117 *Ibid.*, 356.
118 *Ibid.*, 357.
119 *Ibid.*, 358.
120 *Ibid.*, 361.
121 *Ibid.*, 362.

Warum hat er vor dem Neuen Testament Halt gemacht? [...] Gibt es etwa da keine Widersprüche? Und lassen sich nicht seine Regeln der Exegese vom Alten Testament auf das Neue Testament übertragen?[122]

Wie steht es nun bei Christus? [...] hat er [...] keine Gestalt? Oder könnte er gestaltlos gesehen werden?[123]

Worin unterscheidet sich der Geist [der Geist Christi] von der Gestalt? [...] Und wenn er nun gar sagt: »Die Stimme Christi kann daher Gottes Stimme genannt werden«, fällt er da nicht wieder in den Bilderdienst herab, den er durch den Geist überwunden haben wollte?[124]

Gibt es denn keine Zeremonialgesetze im Christentum? Und wie hat Spinoza über diese geurteilt? [...] Und das Abendmahl soll nur ein äußeres Zeichen sein?[125]

Hier wendet sich Cohen von Spinoza ab. Dies bedeutet aber keineswegs, dass er auch seine früheren Positionen revidiert. Den »springenden Punkt« seiner früheren Spinoza-Lektüre widerruft er keineswegs: er weiß ganz genau dass Spinoza seine Motivation, gegen den Anthropomorphismus zu kämpfen, aus biblischen, alttestamentlichen Quellen übernommen hat. Ausdrücklich notiert er noch im Jahre 1910 (und auch später), dass der sogenannte Pantheismus eine Ethik enthält, und zwar eine »rationalistische«, die den »Kampf gegen alle Anthropomorphismen hervor getrieben« hat.[126] Er bemerkt aber, dass Spinoza diesen Kampf nirgendwo in seinem *Traktatus* erwähnt, und stattdessen eine Fülle von Zitaten gibt, um zu beweisen, dass das Alte Testament und auch die Propheten Gott vollständig *verkörpert* hätten. In dem Spinoza-Aufsatz aus dem Jahre 1915 wird Cohen dieser angeblichen »Verkörperung« Gottes im Alten Testament viele Seiten widmen und danach die Frage erneut stellen, ob die Propheten, und auch Moses, »eine wirkliche Stimme gehört«, und Gott auch wirklich *gesehen* hätten? Darf man, da die Schrift sagt: »von Angesicht zu Angesicht hat Gott mit euch geredet«, daraus schließen, dass Gott ein Angesicht, und auch einen Körper hat? Und würde er daher als Körper mit uns Menschen in Beziehung stehen?[127] Schon im 12. Jahrhundert hatte Abraham Ibn Esra aus Toledo (1192/93–1167) geschrieben, dass die Schrift »gemäß der Ausdrucksweise der Men-

[122] *Ibid.*, 362 f.
[123] *Ibid.*, 368.
[124] *Ibid.*, 369.
[125] *Ibid.*, 377 f.
[126] Vgl. Cohen, *Werke* 15, 355, 361.
[127] Vgl. Cohen, *Werke* 16, 353–360.

schen« gesprochen habe. In den ersten Zeilen seines Aufsatzes von 1910 hatte Cohen vermerkt, dass sich Spinoza selber auf Ibn Esra in seinem *Traktat* berufen hatte[128] und danach gefragt, ob er daher nicht vor Spinoza als erster Urheber der Bibelkritik betrachtet werden sollte.[129] In seinem Aufsatz von 1915 staunt er nun, dass Spinoza in seiner »Philologie der Buchstäblichkeit«[130] nichts von Ibn Esras oben erwähnter Erklärung wissen zu wollen scheint und auch nichts von der »treffenden Erklärung«, die Ibn Esra von Mose gegeben hatte: »von Angesicht zu Angesicht«, d. h. »ohne einen Mittler« (בלא אמצעי: *belo emtsa'i*).[131]

Immer wieder hob Cohen diesen Punkt hervor. Schon Maimuni, so schrieb er beispielsweise im Jahre 1908,

> eignet sich den Satz *Ibn Esras* an, den man den Folgesatz zum »Höre Israel« nennen möchte: »der Mittler zwischen Gott und Mensch ist die Vernunft«.[132]

Dieser Punkt – »ohne einen Mittler« – ist für Cohen von zentraler Bedeutung und dies nicht so sehr wegen seiner Kritik am Pantheismus, der mit dem Vermittlungsbegriff eng verbunden ist: im Pantheismus fehlt zwar die Auffassung eines Gottes, der »nur von außen stieße«, wie dies Goethe einmal ausdrückte, und stets wiederholt Cohen diese Worte.[133] Im Pantheismus fehlt auch die Transzendenz; aber auch er enthält eine Ethik und sogar eine, die in ihrem Rationalismus Cohen ganz nahe lag und auch ganz nahe blieb, selbst wenn sich die Bedeutung des Worts in seinem Wortschatz erheblich änderte.

»Ohne einen Mittler [... denn] der Mittler zwischen Gott und Mensch ist die Vernunft«: dieser Punkt ist für Cohen umso wichtiger, weil die Frage des ›Mittlers‹ im Verständnis des Verhältnisses zwi-

---

128 Vgl. Spinozas TTP, Kap. 1, S. 15 und Anm. S. 364, insbes. Kap. 8, 163–167.

129 Vgl. Cohen, *Werke* 15, 350.

130 Vgl. Cohen, *Werke* 16, 354.

131 *Ibid.*

132 Vgl. Cohen, *Werke* 15, 224. Auch noch Cohen, *Werke* 17, 641 f., und RV, 87.

133 Vgl. Cohen, *Werke* 16, 49. Goethes Gedicht lautet:
»Was wär' ein Gott, der nur von außen stieße,
Im Kreis das All am Finger laufen ließe!
Ihm ziemt's, die Welt im Innern zu bewegen,
Natur in sich, sich in Natur zu hegen,
So daß, was in ihm lebt und webt und ist,
Nie seine Kraft, nie seinen Geist vermißt.«
Goethes Werke, Hamburger Ausgabe (1998), Bd. I: *Gedichte und Epen I*, hier S. 357.

schen Christentum und Judentum zentral ist. Es ist diese wichtige Frage nach dem Verhältnis zwischen Judentum und Christentum, die Cohen allem Anschein nach dazu bewegte sich damit auseinanderzusetzen, ob bei Spinoza ein ›aufgeklärter‹ Geist und Toleranz gegenüber dem Judentum, aber auch gegenüber anderen Religionen zu finden war. In seinen Schriften erwähnt Cohen regelmäßig ›Aufklärung‹ und ›Toleranz‹ gemeinsam und in Verbindung miteinander.[134] So zum Beispiel in seinem bekannten Aufsatz »Deutschtum und Judentum« von 1915, in dem er schreibt, dass »die ganze deutsche Aufklärung den Geist der Toleranz atmet.«[135] Oder bereits früher im Jahre 1910, als er in seinem kurzen Beitrag »Gesinnung« behauptete, dass »die Grundlagen des modernen Deutschland im 18. Jahrhundert gelegt worden sind, im Zeitalter der Aufklärung und der Toleranz«.[136] Bis zum Ende seines Lebens hat Cohen solche Erklärungen öfter wiederholt.

Doch hat er auch in seinen letzten Schriften anerkannt, dass der *Theologisch-Politische Traktat* Spinozas »eine *Grundschrift des politisch-religiösen Liberalismus*« gewesen sei[137] und »in *religiöser*, wie in *politischer* Hinsicht die allgemeine *Aufklärung* gefördert« hätte.[138] Auch in seiner Abhandlung von 1915 »Spinoza über Staat und Religion, Judentum und Christentum« fügte er zudem hinzu, dass man dieses Verdienst Spinoza »ungeschmälert lassen« solle.

Trotz dieser Anerkennung von Spinozas Leistung wandte sich Cohen sehr kritisch und voller Groll gegen ihn, so dass sich der Leser von Cohens Spinozatext »erschreckt« – oder wie dies Franz Rosenzweig einmal formulierte:

> mit einem plötzlichen Erschrecken, einem Erschrecken aus dem innersten Geheimnis des Judentums: der preußische Geheimrat aus Marburg sieht sich leibhaft in der Amsterdamer portugiesischen Synagoge, ein paar Sitze

[134] Vgl. z.B. Cohen, *Werke* 16, 74, und im Aufsatz von 1915 über Spinoza, *ibid.*, 409.

[135] Cohen, *Werke* 16, 506.

[136] »Gesinnung« (1910), in: Cohen, *Werke* 15, 412. Weitere Beispiele hierfür sind aus dem Jahr 1911: »Nicht allein der politischen Einsicht, noch auch der religiösen Toleranz des 18. Jahrhunderts haben wir unsere Emanzipation zu verdanken, sondern nicht minder auch der Anerkennung, welche die Kulturkraft unserer Religion sich abgezwungen hat …« (Zum Jubiläum unserer staatsbürgerlichen Gleichberechtigung, in: Cohen, *Werke* 15, 562; auch *ibid.*, 617 (»Emanzipation«, 1912). – Vgl. auch Cohen, *Werke* 17, 474 (über die Feindeslehre); auch *ibid.*, 467–471 (im Jahre 1917: »Was einigt die Konfessionen?«): Toleranz als positives Prinzip, *ibid.*, 475, 491.

[137] Cohen, *Werke* 16, 324.

[138] Cohen, *Werke* 16, 321.

weit von dem Marranensproß des siebzehnten Jahrhunderts [und seine Problemstellung ist es, die] es wagt, der Amsterdamer Gemeinde »alles Recht« zur Ausstoßung des Gottesverlästerers und Gottesverleugners zuzuerkennen.[139]

Wie kommt es, dass Cohen, der sein Leben lang für die Aufklärung, das heißt für religiöse Toleranz, gekämpft hat, zu einem der hartnäckigsten, um nicht zu sagen fanatischsten, Ankläger von Spinoza wird?

III

Seine Kritik an Spinoza bezog Cohen in seinem Aufsatz von 1915 auf die »Atmosphäre«, die im damaligen Deutschland herrschte:

Daß in einer Zeit, in welcher die protestantische Kathedertheologie in der neuen Charakteristik des israelitischen Prophetismus so große Leistungen der Forschung und der Klärung hervorbrachte, zugleich der Judenhaß seine Orgien feiern konnte, das wäre unerklärlich, wenn nicht innerlich, wie äußerlich, der böse Dämon Spinozas jene Atmosphäre noch immer vergiftete. Die Kernsprüche, in denen Spinoza seines Rachehasses gegen die Juden sich entlud, finden sich noch heute fast wörtlich in den Tageszeitungen jener politischen Richtungen.[140]

Cohen erwähnt nicht, um welche Tageszeitungen es sich dabei handelt und ob Spinoza in jenen Zeitungen überhaupt explizit erwähnt wurde, so dass es schwierig wird, jene Zeitungen und die spezifischen Ziele seiner Kritik zu bestimmen.[141] Um jedoch manche Missver-

---

[139] F. Rosenzweig, Über den Vortrag Hermann Cohens »Das Verhältnis Spinozas zum Judentum« (1929), heute in: Rosenzweig, GS III: *Zweistromland*, 165–187, hier 166.

[140] Cohen, *Werke* 16, 414.

[141] Vermutlich ist es die Überfülle von einschlägigem Material zum Thema ›Judenhass‹, die erklärt, warum die hier oben formulierte Frage bis heute erstaunlicherweise nie gestellt wurde. – Über den antisemitischen Diskurs jener Zeit und die zeitgenössischen Reaktionen, bei Juden und auch Christen, vgl. zum allerersten Christian Wiese, Jahwe – Ein Gott nur für Juden? Der Disput um das Gottesverständnis zwischen Wissenschaft des Judentums und protestantischer alttestamentlicher Wissenschaft im Kaiserreich, in: Leonore Siegele-Wenschkewitz (Hg.), *Christlicher Antijudaismus und moderner Antisemitismus. Theologische und kirchliche Programme Deutscher Christen* (1994), 27–94; auch *Wissenschaft des Judentums und protestantische Theologie im wilhelminischen Deutschland. Ein Schrei ins Leere?* (1999), insbes. 206–237. Vgl. auch neuerdings Christoph Jahr, *Antisemitismus vor Gericht: Debatten über die juristische Ahndung judenfeindlicher Agitation in Deutschland (1879–1960)*, 2010.

ständnisse über Cohens gesamtes späteres Denken zu vermeiden, ist es wichtig seine Kritik an Spinoza besser zu verstehen. Daher werde ich im Folgenden einige Grundlinien für eine plausible Antwort vorschlagen.

Unter den antisemitischen und hasserfüllten Flugschriften der Zeit ist die vom Publizisten Theodor Fritsch im Jahre 1901 in Leipzig gegründete Zeitschrift *Hammer* ein herausragendes Beispiel. Dies nicht nur, weil es in den ersten Jahrzehnten des 20. Jahrhunderts zu Prozessen gegen Theodor Fritsch und seine Angriffe auf das »Gottesverständnis der hebräischen Bibel«[142] kam, sondern auch weil Cohen selbst in die darauf folgenden Auseinandersetzungen um die hebräische Bibel hineingerissen wurde. Die Prozesse gegen Fritsch fanden in den Jahren 1910/1911 und 1912/1913 in Leipzig statt und kreisten um die Frage, ob der alttestamentliche und talmudische ›Jahwe‹ als identisch mit dem christlichen Gott zu betrachten sei oder vielmehr als ein »Stammesgötze«, der ausschließlich für die Juden gesprochen hätte und ihnen allerlei unsittliche Taten erlauben würde. Eine der gerichtlich behandelten und für unsere Untersuchung besonders relevante Frage ist die, ob der »ausschließliche Stammesgott der Juden« auch den »gegenwärtigen Judengott« oder nur den historischen Gott lang vergangener, vorprophetischen Zeiten betraf, wie dies die Verteidiger von Fritsch behaupteten. Jene strategische Behauptung der Verteidigung wurde im Jahre 1911 vom Gericht zurückgewiesen. Das zweite Urteil erwies sich aber als weniger eindeutig, da es weder den alten jüdischen Gott der Patriarchen und des Sinai-Bundes, noch die zeitgenössische jüdische Orthodoxie von der Anklage befreite.[143] In diesem Zusammenhang wurde auch Hermann Cohen namentlich erwähnt und von dem deutschen Alttestamentler Rudolf Kittel angegriffen, dessen Gutachten zu jenem Urteil aus dem Jahre 1913 geführt hatte.[144] Kittel zielte dabei auf eine der Hauptlehren Cohens: die Lektüre des Gebots der Nächstenliebe, die Cohen schon im Jahre 1888

---

[142] Vgl. hier insbesondere Christian Wiese, *Wissenschaft des Judentums und protestantische Theologie im wilhelminischen Deutschland*, loc.cit., Kap. 5, 206ff.

[143] Vgl. dazu Christian Wiese, Jahwe – Ein Gott nur für Juden?, *loc. cit.*, 37; auch *Wissenschaft des Judentums und protestantische Theologie im wilhelminischen Deutschland*, 211.

[144] Rudolf Kittel, *Judenfeindschaft oder Gotteslästerung? Ein gerichtliches Gutachten. Mit einem Schlußwort: Die Juden und der gegenwärtige Krieg*, Leipzig (1914). Online: https://books.google.ch/books?hl=fr&id=SnU13Be8ICUC&dq=rudolf+kittel +1914&q=Kittel#v=onepage&q&f=false

vor Gericht verteidigt hatte.[145] Dieser Angriff muss Cohen besonders stark getroffen haben, da er sich gerade von der »protestantischen Wertschätzung der Prophetie [...] weitreichende Wirkungen auf das Judentumbild der deutschen Gesellschaft« versprochen hatte.[146] So hatte zum Beispiel Carl Heinrich Cornill (1854–1920), der aus der Schule von Wellhausen (1844–1918) kommt, geschrieben, dass »Die Geschichte der gesammten Menschheit nichts hervorgebracht« hätte,

> was sich auch nur entfernt mit dem israelitischen Prophetismus vergleichen ließe: durch seinen Prophetismus ist Israel der Prophet der Menschheit geworden. Möchte das doch niemals übersehen und vergessen werden: das köstlichste und edelste, was die Menschheit besitzt, sie verdankt es Israel und dem israelitischen Prophetismus.[147]

Seine Hoffnung äußerte Cohen erneut in den folgenden Sätzen aus dem Aufsatz »Religion und Sittlichkeit« von 1907:

> Die Bibelkritik der protestantischen Theologie ist das beste Gegengift gegen den Judenhaß. Der Prophetismus ist als Universalismus nunmehr erkannt. Und die soziale Predigt ist als ein sittliches Urelement der Religion fest gegründet.«[148]

Auch im Jahre 1913, in seiner unter dem Titel »Die Eigenart der Alttestamentlichen Religion« veröffentlichten Rezension von Alfred Bertholets Antrittsrede an der Universität Tübingen, wiederholte er, dass »Der Prophetismus als die Seele der jüdischen Religion erkannt« wurde[149]. Dass ein damals breit anerkannter Theologe wie Rudolf Kittel seine Auffassung des hebräischen Prophetismus schroff angriff, muss ihn schwer getroffen haben.

Immer wieder wurde dasjenige, was Cohen als die »Leistungen der Forschung und der Klärung« der protestantischen Theologie rühmte, von protestantischer Seite verneint. So zum Beispiel in dem kurzen, am 22. Dezember 1913 in einer Beilage zum *Berliner Ta-*

---

[145] Vgl. »Die Nächstenliebe im Talmud. Gutachten, dem Königlichen Landgerichte zu Marburg erstattet«, in: Cohen, JS I, 145–174. Danach auch »Zum Prioritätsstreit über das Gebot der Nächstenliebe« (1894), heute in: Cohen, JS I, 175–181

[146] Wie dies Christian Wiese ganz richtig in seiner schönen Arbeit *Wissenschaft des Judentums und protestantische Theologie im wilhelminischen Deutschland: ein Schrei ins Leere?* betont, loc.cit., 1999, hier 200.

[147] Die Formulierung, erschienen in: *Der israelitische Prophetismus* [1894], wird nach der Ausgabe vom Jahre 1909 zitiert: hier 75 f.

[148] Cohen, *Werke* 15, 100.

[149] Cohen, *Werke* 16, 19–26, hier 25.

geblatt, Der Zeitgeist, unter dem Titel »Nosismus. Ein terminologischer Vorschlag«, veröffentlichten Beitrag von Karl Otto Erdmann (1858–1931).[150] Der in Dresden lehrende Sprachwissenschaftler Erdmann kritisierte hier den damals wie heute verbreitete Gegensatz von ›Egoismus‹ und ›Altruismus‹ und hatte vorgeschlagen als Antonym zu »Egoismus« eher den Begriff »Nosismus« zu verwenden, da – so Erdmann in seinem Aufsatz – sich »alle Moral« zunächst aus »nosistischen Trieben« entwickeln würde, also aus einem Verhalten, das das Wohl eines »Wir« *(nos)*, einer bestimmten Menschengruppe, sei sie grösser oder kleiner, bezweckt. Auch Tiere, beziehungsweise »Muttertiere«, und »primitive Menschen«, würden ihre Sippe oder ihren Stamm verteidigen und »erst mit steigender Zivilisation« würden sich die Grenzen des »Nos«, des »Wir«, weiten und die ideale Forderung eines reinen Altruismus entstehen, der seine »radikalste Form« in der christlichen Lehre, speziell in der Forderung der Feindesliebe, gefunden hätte. In den allerletzten Zeilen seines Aufsatzes hatte Erdmann behauptet, dass

der Satz ›Liebe deinen Nächsten wie dich selbst‹ im neuen Testament nur ein Zitat aus dem ältesten Teil des Alten, wo der Zusammenhang deutlich zeigt, daß mit dem Nächsten nur der Volksgenosse, wahrscheinlich sogar nur der Familienangehörige gemeint ist.

Weniger als zwei Wochen nach der Veröffentlichung von Erdmanns Aufsatz, am 5. Januar 1914, antwortete Cohen in derselben Zeitung mit der ersten Fassung seines Beitrags »Der Nächste«.[151] Seine Überlegungen verortete er im breiteren Kontext der damaligen Debatten,

---

150 Vgl. *Der Zeitgeist* (Beilage zum Berliner Tageblatt) vom 22.12.1913, Nummer 58. Zu Erdmann vgl. Auch https://books.google.ch/books?id=RwHtFaHBbtoC&pg=PA435&lpg=PA435&dq=karl+otto+erdmann+dresden&source=bl&ots=dfckLMJXCI&sig=q2yKagJuAnvL0FxN_JxCSUP-6ho&hl=fr&sa=X&ved=0CDcQ6AEwBGoVChMIou7FnJSxwIVQQssCh3iuw4n#v=onepage&q=karl%20otto%20erdmann%20dresden&f=false

151 Vgl. Hermann Cohen, Der Nächste. Bibelexegese und Literaturgeschichte. In: *Berliner Tageblatt.* Abendausgabe vom 5. Januar 1914, S. 1f. Der Aufsatz wurde öfters wieder abgedruckt, so z. B. in dem *Korrespondenzblatt des Verbandes der Deutschen Juden,* Nr. 14, Juni 1914, S. 1–6; *Allgemeine Zeitung des Judentums,* Jg. 74, vom 14. Juli 1914, 355–357; Der Nächste. Bibelexegese und Literaturgeschichte [zusammen mit »Gesinnung«], in: *Vom Judentum. Aufsätze und Vorträge,* hg. vom Verband der deutschen Juden, Berlin, 5/6, o. J., S. 13–27 und 27–30 (»Schlußbetrachtung«); in: *Jüdische Schriften* I, S. 182–195, 208–210; *Der Nächste. Vier Abhandlungen über das Verhalten von Mensch zu Mensch nach der Lehre des Judentums,* Berlin, Schocken, 1935. Heute in: Cohen, *Werke* 16, 51–97.

wie derjenigen zwischen den Vertretern der Religionsgeschichte, die sich damals entfaltete und der »Kathederwissenschaft des Alten Testaments«, die sich gegen »die Übergriffe oder gar die Alleinherrschaft der Religionsgeschichte« sträubte. Sein Aufsatz ist eine Reaktion auf Erdmanns partikularistische Lektüre des Gebots der Nächstenliebe. Cohen betont hier, dass das Wort ›Rea‹ im Hebräischen des Pentateuchs öfters ganz allgemein den *andern* bedeutet, wie etwa in dem Ausdruck ›einer mit seinem Rea‹, und dass der Satz aus 3. Mose 19, 18 ›Du sollst nicht rachgierig und nachträgerisch sein gegenüber deinen Volksgenossen‹ nicht mit einem einschränkenden ›aber‹, eher mit dem gegensätzlichen ›sondern‹ übersetzt werden sollte, so dass die korrekte Übersetzung lauten muss: ›sondern liebe Deinen Nächsten wie Dich selbst …‹. Cohen zufolge bedeute also Rea »den *andern (alter)*« und erläuternd fügt er hinzu: »und dieser ist freilich manchmal auch der andere Volksgenosse«. Damit stellte sich Cohen dezidiert gegen Erdmanns – und nach ihm Kittels – verallgemeinerndes Verständnis.[152]

In seinem Vortrag von 1910 beklagte Cohen, dass auch Spinoza jene problematische Lesart des Gebots teilte. Ausführlich zitierte er die scharfen Sätze des 17. Kapitels denen zufolge »die Liebe der Hebräer zum [bzw. zu ihrem] Vaterlande […] nicht einfache Liebe [war], sondern Frömmigkeit, durch welche zugleich auch der Haß gegen die übrigen Völker so durch den täglichen Kultus genährt und gehegt wurde, daß er in die Natur sich kehren mußte«.[153] Dann bedauert er, Spinoza nehme »daher den Nächsten in dem Gebot der Nächstenliebe als Mitbürger *(concivis)*«[154] – also *nur* als Mitbürger, und nicht im allgemeineren Sinne des Wortes *alter*, wie das Wort *re'a* ihm zufolge genommen sein müsste – und fügt hinzu:

> … schlechterdings unverständlich muß es ja sein, daß er sogar den Satz der Bergpredigt anführt und sich zu eigen macht: »Liebe Deinen Nächsten und hasse Deinen Feind«. (Matth. 5. 43). Hier darf man doch sagen: mit dem Wissen hat ihn auch das Gewissen verlassen …

Dem Kontext zufolge bezog sich jene Passage des 19. Kapitels[155], so wie schon die frühere Passage aus Kapitel 17, auf eine längst vergangene Zeit der Geschichte, während welcher die Hebräer noch ein

---

[152] Vgl. Cohen, *Werke* 16, 59f.
[153] Cohen, *Werke* 15, 375 und vgl. TTP, 314.
[154] *Ibid.*
[155] TTP, 341.

eigenes Reich hatten und folglich nicht auf die Gegenwart und auf die Juden seiner Zeit. Zweifelsohne zog Spinoza aus jener vergangenen Zeit aber allgemeingültige Lehren, die er auch auf die zu seiner Zeit lebenden Juden bezog. Dies tat er beispielsweise im dritten Kapitel seines Traktats, in dem er behauptete, dass sich die Juden »einmal in einer Weise von allen Völkern abgesondert, die ihnen den Haß aller zugezogen hat«, und es sei dann »der Hass der Völker«, der sie »in erster Linie erhält.«[156] Auch wenn Cohen Spinoza keineswegs für die Judenfeindschaft seiner Zeit verantwortlich machte, werden jene Spinozistischen »Kernsprüche« über den Haß in seinen Ohren besonders bedrohlich widergehallt haben.[157] In seinem Aufsatz aus dem Jahre 1915 zitiert er jedenfalls jene Sätze aus dem 17. Kapitel von Spinozas Traktat ausführlicher als im Jahre 1910. Cohen stellte auch einen Bezug zu Spinozas philosophischer Lehre her und fragte, »ob der Hass, als ein positiver Faktor geltend gemacht, mit seiner [Spinozas] Affektenlehre in Einklang steht«[158]. Diese Frage ließ er allerdings unerörtert.[159]

Seine »apologetische Methode des Denkens« manifestierte sich mit aller Deutlichkeit in der Stellung, die er in den folgenden Jahren bis zu seinem Tode, insbesondere in seinem allerletzten Werk *Religion der Vernunft*, gegenüber der Frage des Hasses einnahm. Sein letztes Werk, das erst nach seinem Tode veröffentlicht wurde, hatte Cohen während des Krieges verfasst, was hinsichtlich des letzten Kapitels mit dem Titel »Der Friede« zweifellos von Bedeutung ist. Dort kommt Cohen auf das Problem der Feindesliebe zurück, um noch einmal festzustellen, dass die »alte Bibel« dieses Gebot nirgendwo enthält, wohingegen sie »das Verbot der Feindschaft, des Menschenhasses […] in grundsätzlichen Wendungen« statuiert. Anschließend stellte er den »Fortschritt«, den die »talmudische Weisheit über die der Bibel hinaus vollzogen« hätte, dar:

Der Talmud hat den Begriff des »grundlosen Hasses« (שׂנאת חינם) entdeckt und in die Gebote eingeführt. Der Haß darf nicht nur keinen falschen

---

[156] TTP, 75.

[157] Hinzu kam die zeitliche Begrenzung des Leipziger Urteils vom Jahre 1912/1913, nach welcher nur der historische Gott vergangener, vorprophetischen Zeiten zu verurteilen wäre (siehe hier oben, S. 181), nicht der »gegenwärtige Judengott«. Ein solches Urteil war für Cohen natürlich völlig inakzeptabel.

[158] Cohen, Werke 16, 406; vgl. auch 419 f.

[159] Ganz am Ende seines Aufsatzes vom Jahre 1815 (vgl. Cohen, *Werke* 16, 426) tut er dies wieder.

Grund haben, sondern er hat überhaupt keinen Grund. Jeder Grund für ihn ist ein falscher. Jeder Grund zum Haß ist nichtig und eitel. Der Haß ist immer ein grundloser Haß. Das ist die tiefe Weisheit, welche alle Feindesliebe überragt, und welche erst das Gebot der Menschenliebe psychologisch sichert und festigt. Es genügt nicht, daß ich meinen Feind lieben zu sollen erkenne – abgesehen von der Grundfrage, ob beide Begriffe überhaupt vereinbar seien. Ich kann den Haß nur dadurch aus dem Menschenherzen entfernen, dass ich überhaupt keinen Feind kenne; daß die Kunde und das Wißen davon, daß ein Mensch mein Feind sei, daß er mich hasse, mir ebenso unverständlich wird, ebenso daher aus meinem Bewußtsein ausfällt und verschwindet, wie gar dass ich selbst einen Menschen hassen könnte. Das eine muß mir so unbegreiflich werden, wie das andere. Die Menschen reden es sich ein, daß sie einander hassen, aber das ist ihr Wahn, das Schicksal ihrer Unwissenheit von ihrer eigenen Seele und ihrem Bewußtsein. Die Eitelkeit, die Kohelet von Allem aussagt, wird hier auf den Haß bezogen. Und das Eitle wird hier durch das Wort ausgedrückt, welches das Vergebliche und das, was umsonst ist, bedeutet. Aller Haß ist umsonst. Ich bestreite den Haß im Menschenherzen. Daher bestreite ich, daß ich einen Feind habe, daß ein Mensch mich hassen könnte. Ich bestreite dies mit derselben Klarheit des Bewußtseins, mit dem ich es von mir bestreite, daß ich einen Feind habe, daß ich einen Menschen hassen könnte. Was ist der Haß? Ich bestreite seine Möglichkeit. Es ist ein eitles Wort, das einen solchen Begriff bezeichnen will.[160]

Diese Stelle ist in vielerlei Hinsicht verblüffend.[161] Denn Cohen hatte nur wenige Jahre zuvor, in seinem Vortrag über »Spinozas Verhältnis zum Judentum« aus dem Jahre 1910, eine andere, verbreitetere und viel traditionellere Sicht verteidigt, wobei er sich auf Maimonides berufend darlegte, »daß unter den Feinden Gottes nur die Götzendiener als solche zu verstehen sind, nicht aber die Menschen und Völker, die vom Götzendienst sich befreien können.«[162] In seiner *Religion der Vernunft* erwähnte er jene traditionelle Auslegung nur noch, bejahte sie aber nicht mehr:

Die Bibel kennt im Psalm nur den falschen, den trügerischen Haß und die falschen Feinde: Ps. 38:20; 35:19; 69:5). In allen diesen Versen wird der Grund des Hasses als ein falscher bezeichnet; es bleibt daher noch die Mög-

---

[160] Cohen, RV, 522. Vgl. auch RV, 267, wo Cohen sich auf die Gebete des Versöhnungstag bezieht.

[161] Vgl. hierzu Dieter Adelmann, *Einheit des Bewußtseins als Grundproblem der Philosophie Hermann Cohens*, 2012, 260ff.; so wie P. Fiorato und P. A. Schmid (Hg.), *»Ich bestreite den Haß im Menschenherzen.« Überlegungen zu Hermann Cohens Begriff des grundlosen Hasses*, 2015.

[162] Vgl. Cohen, *Werke* 15, 374–376.

lichkeit bestehen, daß es einen richtigen Grund zum Hasse geben könnte. Und das Verbot des Götzendienstes und das Gebot der Ausrottung des Götzendienstes gibt ja diesem Gedanken einen nachhaltigen Vorschub, wie denn die Psalmen aus dieser Gedankenrichtung heraus scheinbar ungestümen Haß und unersättlichen Rachedurst atmen.[163]

Cohen erkannte, dass manche Psalmen eher zweideutig sind und bei Spinoza selbst wird dies deutlich, wenn er sich zum Beleg seiner Behauptung des Hasses als Frömmigkeit im 17. Kapitel seines Traktats auf einen Psalm – Psalm 139, v. 21 und 22 – berief.[164] Cohen, der sich zweifellos an jene Stelle bei Spinoza erinnerte, erwähnte aber weder Spinoza noch andere Autoren im letzten Kapitel der *Religion der Vernunft.* Er wollte das Verbot des Hasses in der »alten Bibel« aus seinen eigenen »begrifflichen Erwägungen« erörtern »ohne sich von der Polemik dazu bewegen zu lassen«: weder die von Antisemiten propagierte, noch die polemischen Erklärungen seiner christlichen Zeitgenossen oder jene Stellungnahmen der vielen Juden, die mit Cohens Positionen und Auslegungen auch damals keineswegs einverstanden waren.

Bereits im Jahre 1900 hatte Cohen in seinem Aufsatz über »Liebe und Gerechtigkeit« insbesondere im 4. Abschnitt über »Die Feindesliebe«[165], eine eigene Position aus seinen »eigenen begrifflichen Erwägungen« entwickelt. Er zitierte hierfür den talmudischen Traktat Yoma 9b, in dem gesagt wird, dass der ›grundlose Hass‹ (שׂנאת חינם) »gleichwiegend mit Götzendienst, Blutschande und Mord« sei. Daher war für Cohen das Verbot des »grundlosen Hasses« also »den wichtigsten der sieben noachidischen Gebote« gleichgesetzt. Da der noachidische Codex ihm zufolge »die Grundlage der allgemeinen menschlichen Sittlichkeit« sei, folgerte er, dass das Verbot des »grundlosen Hasses« im Talmud genauso allgemeingültig sei und daher als ein allgemeingültiges Verbot erkannt werden sollte: »mehr als die Nächstenliebe, ist der negative Ausdruck des grundlosen Hasses das entscheidende Symptom der menschlichen Sittlichkeit.«[166] Das Verbot des ›grundlosen Hasses‹ müsste als ein genauso universalistischgültiges Verbot wie das Gebot der Nächstenliebe verstanden werden.

---

163 Cohen, RV, 521 f.

164 Vgl. TTP, 314.

165 Cohen, JS III, 65–75.

166 Vgl. Cohen, JS III, 73. Vgl. auch Cohen, JS III, 59, wo Cohen sich auf seine Analyse in seinem früheren Aufsatz *Die Nächstenliebe im Talmud* bezieht (*supra*, S. 181 f.).

Mit der traditionellen Lektüre der Talmudischen *sinat chinam* Passagen war er keineswegs einverstanden. Jener Lektüre zufolge wäre es der ›grundlose Hass‹ der Juden zueinander gewesen, der zum Bürgerkrieg und folglich zum Verlust der politischen Unabhängigkeit führte. Der Hass sollte wegen dieses schlimmen Ergebnisses verurteilt werden. Dass Cohen mit dieser Auslegung keineswegs einverstanden sein konnte, kann aus seinem eigenen Denken heraus verstanden werden. Die traditionelle Lektüre scheint vorauszusetzen, dass politische Überlegungen wichtiger seien als die sittlichen. Cohen zufolge stehen im Gegensatz dazu aber sittliche Ziele – auch religiöse – weit über den politischen, wobei egal sei, um welche genau es sich dabei handelt.

Indessen hat das letzte Kapitel der *Religion der Vernunft* über den Frieden – ein Kapitel, das auch als Cohens letztes Wort gelten kann – eine eindeutig politische Bedeutung. Wenn Cohen dort betont: »Die Völker hassen sich nicht [...] Aller Haß ist nichts als Illusion [...] das Trugbild einer falschen Volkspsychologie«[167], dann hat Cohen hier vor allem den angeblichen ›Haß‹ der Franzosen gegenüber den Deutschen und der Deutschen den Franzosen gegenüber im Auge und nicht so sehr den sogenannten ›Judenhass‹ oder den angeblichen Hass der Juden anderen Völkern gegenüber. Cohen zufolge sind all diese Formen des Hasses bloß ›Illusionen‹. Erst ein paar Zeilen vorher hatte er erklärt:

> Die Menschen reden es sich ein, dass sie einander hassen, aber das ist ihr Wahn, das Schicksal ihrer Unwissenheit von ihrer eigenen Seele und ihrem Bewußtsein.[168]

Seine Kritik richtete sich hier gegen jede Art von Nationalismus und insbesondere gegen den französischen und den deutschen. Auch in diesem Zusammenhang muss seine Analyse und Verurteilung des ›grundlosen‹ Hasses verstanden werden.[169]

---

[167] Cohen, RV, 522.

[168] *Ibid.*

[169] Im Jahre 1915 stand Deutschland mitten im Ersten Weltkrieg und es ist vor allem dieser Zusammenhang und weniger der zionistische Kontext, der für Cohens Überlegungen über den Hass – und in seiner Abkehr von Spinoza – zu berücksichtigen sind. Mir scheint daher die Interpretation von Ernst Simon nicht überzeugend, der zufolge »die nach 1910 immer noch zunehmende Schärfe der Äußerungen gegen Spinoza aus dem immer aktueller werdenden Kampfe gegen den Zionismus [erklärte]: beiden gegenüber fühlte er sich in seinem heiligen Recht als echter Glaubensstreiter«

Auch wenn die Schärfe seiner Kritik sicherlich zu einem erheblichen Teil aus seiner Ablehnung gegen die nationalistisch-chauvinistischen Hassformen, die zu seiner Zeit virulent waren, stammte, wäre es aber nicht richtig, sie auf einen politischen Diskussionszusammenhang zu begrenzen. Denn was Cohen hier entwickeln wollte, war vielmehr eine Anthropologie. Die Zeilen der *Religion der Vernunft*, die sich auf den Hass beziehen, betreffen die Natur des Menschen. Die Frage, die er stellte, ist die grundsätzlichere nach der Natur oder dem Wesen des Hasses.

Die Realität dieser Leidenschaft hat er keineswegs verneint. Eher bezog er auf ihn alle anderen Leidenschaften:

> Die Leidenschaften haben allesamt ihren gemeinsamen Grund in einem Mysterium der Seele, welches der Haß bildet. Es ist weder in der Psychologie ausgemacht, noch in der Ethik, ob der Haß überhaupt eine ursprüngliche Richtung des Bewußtseins, oder nur die Umdeutung einer anderen Triebkragt ist. Es ist ja vorab die Frage, ob er nicht vielmehr in das pathologische Gebiet gehört, aus ihm erwächst und in ihm ein Scheinleben psychischer Normalität führt. Wie Lust und Unlust miteinander verwachsen sind, so können auch Liebe und Haß Wechselglieder derselben Triebkraft sein.[170]

Cohen gibt hier nur wenige Antworten. Er begnügt sich vielmehr damit Fragen zu stellen: über die Unangemessenheit aller Versuche, den Hass auf eine andere Leidenschaft, so zum Beispiel auf den Neid, zurückzuführen[171] oder ihn als ›pathologisch‹ zu verstehen, so als ob er dann mittels psychologischer Untersuchungen aufgeklärt und zerstreut werden könnte. Cohen bietet vielmehr eine eigene These an, die auch heute noch in vielerlei Hinsicht Interesse verdient. Denn für Cohen könne der Hass weder mittels der Psychologie oder der Anthropologie, noch mit Hilfe einer Ethik bekämpft werden, sondern nur mit Hilfe der Religion. Denn für ihn war es die Religion, die die Nächstenliebe verordnet und daher den Menschenhass verbietet.

(E. Simon, Zu Hermann Cohens Spinoza-Auffassung, in: *Monatsschrift für Geschichte und Wissenschaft des Judentums*, 1935, 181–194, hier 193).

170 Cohen, RV, 521.

171 Vgl.auch Cohen, RV, 523.

6. Weltgeschichte – oder Heilsgeschehen? Die Debatte über die Geschichte (I)

Das Hauptthema dieses Kapitels möchte ich hier mittels einer Anekdote in drei Akten erläutern.

Erster Akt. – Eines Tages, in den sechziger Jahren des 19. Jahrhunderts, soll es eine Begegnung zwischen Chayim Heymann Steinthal (1823–1899), Leopold Zunz (1794–1886) und Hermann Cohen (1842–1918) gegeben haben. Der Sprachwissenschaftler und Philosoph Steinthal soll dabei Zunz, dem berühmten und damals schon älteren Mitbegründer der ›Wissenschaft des Judentums‹, den jungen und noch unbekannten Hermann Cohen mit folgenden Worten vorgestellt haben:

›Herr Dr. Cohen, ehemaliger Theologe, jetziger Philosoph‹

Worauf der kaustische Alte, Leopold Zunz, geantwortet hätte:

›Ein ehemaliger Theologe ist immer ein Philosoph‹ …

Es ist Franz Rosenzweig gewesen, der diese Anekdote in der Einführung zu seiner Akademie-Ausgabe der *Jüdischen Schriften* von Hermann Cohen erzählte[1]. Die Anekdote ist recht bekannt, auch wenn ihre Authentizität nicht voll gesichert ist; wie dies übrigens bei vielen anderen Anekdoten, die Franz Rosenzweig erzählt hat, der Fall ist.[2] Sie hatte aber eine folgenreiche Fortsetzung:

Zweiter Akt. Der deutsch-jüdische Philosoph Karl Löwith (1897–1973), Verfasser eines der im 20. Jahrhundert meist gelesenen Bücher über Geschichtsphilosophie: *Meaning in History,* auf Deutsch *Weltgeschichte und Heilsgeschehen. Die theologischen Voraussetzungen*

[1] Jetzt in: Rosenzweig, GS III, 185.

[2] Vgl. über diese Anekdoten: Steven Schwarzschild, Franz Rosenzweig's Anecdotes about Hermann Cohen (1970), 209–218.

der Geschichtsphilosophie[3], nahm diese Anekdote in einem Vortrag wieder auf, den er im Jahre 1968 zum Andenken an Hermann Cohen in Heidelberg hielt.[4] Löwith begnügte sich nicht damit, die von Rosenzweig überlieferte Geschichte zu übernehmen und sie erneut zu erzählen, sondern er ging einen kleinen Schritt weiter. Er fügte hinzu:

> Der Satz lässt sich aber auch umkehren: der Philosoph Cohen ist immer auch jüdischer Theologe geblieben, er ist es sogar immer mehr geworden ...[5]

Es ist keineswegs sicher, dass diese Beschreibung des Werdegangs Cohens korrekt ist – auch sie stammt von Franz Rosenzweig. Und Rosenzweig hatte eine eigene Auffassung von Hermann Cohen entwickelt, die er auch durchsetzen wollte.

Dritter Akt. In seinem wichtigen Werk, *Die Legitimität der Neuzeit* (1966),[6] nahm der Theologe und Philosoph Hans Blumenberg (1920–1996)[7] die Schlüsselanekdote wieder auf, fügte ihr aber seinerseits einen bedeutenden Satz hinzu. Hermann Cohen, so Blumenberg,

> wurde dem Judaisten L. Zunz durch Steinthal mit den Worten vorgestellt: Herr Dr. Cohen, ehemaliger Theologe, jetziger Philosoph. Darauf Zunz: Ein ehemaliger Theologe ist immer ein Philosoph. Löwith setzt, mit dem Blick auf Cohen, hinzu, der Satz lasse sich umkehren; *aber gerade das ist nicht der Fall.*[8]

Blumenberg, der in Deutschland zu den Hauptgegnern von Löwith und zu seinen schärfsten Kritikern gehörte – ihm zufolge hätte das Buch von Löwith »seit seinem ersten Erscheinen [...] nachhaltig dogmatisierend gewirkt«[9] – wählte ein kurzes, wunderbares Zitat aus André Gides Roman *Les Faux-Monnayeurs* – auf Deutsch *Die Falschmünzer* – als Motto seines eigenen Buchs: *C'est curieux comme*

---

[3] Das Buch wurde zuerst auf Englisch im Jahre 1949 unter dem Titel *Meaning in History* veröffentlicht, und erst im Jahre 1953 auf Deutsch übersetzt. Der Titel dieses Kapitels greift auf denjenigen der deutschen Übersetzung zurück.

[4] Dies in einem Vortrag des Jahres 1968: *Philosophie der Vernunft und Religion der Offenbarung in: H. Cohens Religionsphilosophie.*

[5] *Loc.cit.*, 9.

[6] Erneuerte Ausgabe Frankfurt (1988).

[7] Hans Blumenberg studierte zunächst Theologie an der Frankfurter Jesuitenhochschule St. Georgen, danach aber auch Philosophie, Germanistik und klassische Philologie. Im Hinblick auf die Anekdote mag die Reihenfolge wichtig sein.

[8] Vgl. Blumenberg, *Die Legitimität der Neuzeit*, loc.cit., 35.

[9] *Ibid.*

le point de vue diffère, suivant qu'on est le fruit du crime ou de la légitimité – »seltsam ist es, wie sich der Gesichtspunkt ändert, je nachdem, ob einer die Frucht des Verbrechens, oder der Legitimität ist« – Seltsam ist es, wie sich die Identität eines Kindes ändert, je nachdem ob es die Frucht einer legitimen Ehe oder der Auswuchs einer unehelichen Verbindung ist. In anderen Worten gesagt: Seltsam ist es, wie sich die Bedeutung der ›Säkularisierung‹ verändert, je nachdem, ob man einen solchen Prozess als Raub, oder im Gegenteil als legitim betrachtet. Diejenigen, die die Säkularisierung als illegitim, als einen Raub betrachten, beziehen sich auf etwas ganz anderes als diejenigen, die dieses Ereignis als einen legitimen Prozess ansehen. Auch wenn die einen wie die anderen dasselbe Wort »Säkularisierung« benutzen, beziehen sie sich auf eine ganz andere Realität, und auf ganz andere Fragen. Dies wird auch der Grund sein, warum Blumenberg behauptete, dass der Begriff der »Säkularisierung« eine »Kategorie des geschichtlichen Unrechts«[10] ist. Sein Buch im Ganzen befasst sich mit der grundsätzlichen Frage der Säkularisierung und es ist auch diese Frage, die hinter der hier erzählten Anekdote steht: Was bedeutet es denn, dass Theologen zu Philosophen werden – oder umgekehrt Philosophen zu Theologen?

Als Löwith seine Umkehrung vorschlug, dachte er an einen spezifischen Fall der Säkularisierung: Den der Geschichte als Geschichtsphilosophie. Löwith war der Meinung, dass die Geschichtsphilosophie als ganze, als Disziplin, fast immer eine Art »verkappte« Theologie ist. *Weltgeschichte und Heilsgeschehen* wird von dieser Grundüberzeugung getragen. »Alle Philosophie der Geschichte«, behauptete Löwith schon auf der ersten Seite seines Buches, ist »ganz und gar abhängig von der Theologie, d.h. von der theologischen Ausdeutung der Geschichte als eines Heilsgeschehens.«[11] Weiter schrieb er, immer noch auf der ersten Seite seines Buches:

Wenn man bedenkt, dass Deutero-Jesaia und Herodot beinahe Zeitgenossen waren, kann man die unüberbrückbare Kluft zwischen griechischer Weisheit und jüdischem Glauben ermessen. Die biblische und nachchristliche Geschichtsbetrachtung ist prinzipiell futuristisch; sie verkehrt die griechische Bedeutung von *historein*, das sich auf gegenwärtiges und vergangenes Geschehen bezieht. In den griechischen und römischen Mythologien und Genealogien wird die Vergangenheit als immerwährender Ursprung

[10] So der Titel des ersten Teils.
[11] Löwith, *Weltgeschichte und Heilsgeschehen*, loc.cit., 11.

vergegenwärtigt; nach jüdischer und christlicher Geschichtsauffassung ist die Vergangenheit ein Versprechen der Zukunft. Folglich wird die Interpretation der Vergangenheit rückwärtsgewandte Prophetie.[12]

Ihm zufolge hätte es also bei den Griechen Historiker gegeben, bei den Juden aber – und zwar zur selben Zeit – nur Propheten. »Unüberbrückbar« sei auch die Kluft zwischen beiden gewesen: Griechische Weisheit und jüdischer Glauben hätten nichts Gemeinsames gehabt.

Bedrohlich ertönt dort das Argument, dem zufolge der jüdische Glauben, aber auch der christliche, die griechische Klassik in eine Art ›Futurismus‹ verkehrt hätten. Bedrohlich, zumal der ›Futurismus‹, und besonders die italienische Avantgarde-Bewegung in der Kunst, welche die Benennung ›Futurismus‹ in die Wege leitete, zu jener Zeit als das Buch veröffentlich wurde, also nach dem Zweiten Weltkrieg, üblicherweise mit faschistischen politischen Bewegungen assoziiert wurde. Diese Assoziation – und die implizite Anklage – werden allerdings von Löwith selbst nicht ausdrücklich dargelegt.

Und es war kein geringerer als Hermann Cohen, den Löwith wegen eines solchen ›Futurismus‹ anklagte, und einige Seiten später auch zitierte – hatte er in seinem posthumen Werk, *Religion der Vernunft*, doch behauptet, dass der Geschichtsbegriff »eine Schöpfung des Prophetismus«[13] ist – und in diesem Sinne also eine Theologie. Diesen Hinweis auf Cohen, und auf den jüdischen Prophetismus, verstand Löwith keineswegs als ein Lob. Ganz im Gegenteil. Um sich davon zu überzeugen, genügt es, den heftigen Angriff auf den »jüdischen Prophetismus«, den er schon ganz an den Anfang seines Bestsellers stellte, zu betrachten. Dort schreibt Löwith, dass die Juden, und nach ihnen auch die Christen, die griechische Bedeutung der Geschichte verkehrt und sie in einen ›Futurismus‹ verwandelt hatten. Danach reihte Löwith ein Cohen-Zitat nach dem anderen aneinander, beginnend mit den beredten Worten:

Der Geschichtbegriff ist eine Schöpfung des Prophetismus … […] An die Stelle eines goldenen Zeitalters in mythologischer Vergangenheit wird durch die eschatologische Zukunft die wahre historische Existenz auf der Erde gesetzt.[14]

---

[12] *Op.cit.*, 15.
[13] *Op.cit.*, 25.
[14] Vgl. Löwith, *op.cit.*, 25.

Löwith zufolge war also Cohens Geschichtsphilosophie – so wie übrigens die Geschichtsphilosophie als ganze – eine Eschatologie. »Verkappt« mag diese manchmal gewesen sein, doch wäre die Geschichtsphilosophie immer eschatologisch ausgerichtet gewesen.

Bei seinem Erscheinen (1949/1953) und in den Jahrzehnten danach wurde *Meaning in History* als eine klare Kriegserklärung gegen die Geschichtsphilosophie als solche und als Disziplin aufgenommen. Es war in erster Linie diese Kriegserklärung, die die Aufmerksamkeit von Löwiths Zeitgenossen auf sich zog. Direkt nach dem zweiten Weltkrieg, in einer Zeit also, die von der Gegenüberstellung von Ost und West und vom Kalten Krieg geprägt war, kam die Kritik von Löwith gerade recht, und der große Erfolg seines Buches ist zweifellos in nicht geringem Maß seiner Kritik der sogenannten ›marxistischen‹ Geschichtsphilosophien zuzuschreiben.

Heute hat sich die Situation erheblich geändert: die Kriegserklärung gegen die ›marxistische‹ Geschichtsphilosophie erweckt kein großes Interesse mehr, weder um sie zu kritisieren, noch um sie zu rechtfertigen. Ob sich das Buch von Löwith noch als brauchbar erweisen wird, ist nicht sicher. Dieses Buch war aber so wirkmächtig, dass es noch heute notwendig ist, eingangs darauf einzugehen und seine Thesen mittels einiger der Autoren, die Löwith benutzte, zu kritisieren. An erster Stelle ist hier Franz Rosenzweig zu nennen, weil das Bild, das Löwith nicht nur von Hermann Cohen, sondern auch vom »jüdischen Prophetismus« insgesamt entwarf, von Franz Rosenzweig stammte.[15] Der erste Teil dieses Kapitels widmet sich zunächst diesem Bild und wird mit einigen klärenden Sätzen in den Status der Geschichte bei Franz Rosenzweig einführen. Der zweite Teil befasst sich mit dem Geschichtsbild von Cohen ausgehend von Löwiths Behauptung, dass sich die geistreiche und scharfzüngige Bemerkung von Zunz auch umkehren lässt und demnach ein ehemaliger Philosoph immer Theologe bleiben würde, dass sich daher dessen Philosophie immer wieder in eine Art Theologie verwandeln würde. Diese Frage wird am Schluss zum dritten Akt der Anekdote, und zur ›Legitimität der Neuzeit‹ im Sinne Cohen weiterführen.

---

[15] Zu Löwiths Quellen bei Rosenzweig vgl. meinen Aufsatz Ist der Messianismus eine Eschatologie? In: Myriam Bienenstock (Hg.), *Der Geschichtsbegriff: eine theologische Erfindung?* (2007), 128–147, insbesondere 131 f. Zu Cohens Auffassung in ihrer Unterscheidung von Rosenzweig vgl. auch Pierfrancesco Fiorato, Notes on Future and History in: Hermann Cohen's Anti-Eschatological Messianism, in: *Hermann Cohen's Critical Idealism*, ed. Reinier Munk (2005), 133–160.

I

Ist die Geschichte im *Stern der Erlösung*, dem Hauptwerk von Rosenzweig, *le fruit du crime ou de la légitimité* – die Frucht des Verbrechens, oder der Legitimität? Über die Antwort auf diese Grundfrage ist sich die Rosenzweig-Forschung bis heute nicht einig geworden. In seinem *Stern* hatte Rosenzweig einerseits behauptet, dass es keine ›jüdische Geschichte‹ – keine ›jüdische Geschichte‹ überhaupt – geben würde, was nicht nur eine Absage an die Geschichtsphilosophie, sondern auch an die Geschichte als solche ist. Daher ist es kein Wunder, dass ihn Yosef Hayim Yerushalmi in seinem bekannten Werk *Zachor* als Kronzeugen für die Absage an die Geschichte im jüdischen Denken heranzog.[16] Andererseits gibt es aber Rosenzweig zufolge eine christliche Geschichte in Form der eschatologischen Heilsgeschichte. Diesbezüglich schreibt er in seinem *Stern*, dass das Leben der Völker der Welt »in breitem Strome talwärts« rollen würde, keineswegs aber das Leben des ewigen Volkes, da dieses Volk »für sich schon an dem Ziel« sei, zu »dem die Völker der Welt erst schreiten«.[17] In diesem Volk sei das Ewige »schon da, mitten in der Zeit«.[18] Während in den Völkern der Welt eher »reine Zeitlichkeit« zu finden wäre, bleibt für Rosenzweig das jüdische Volk hingegen der Weltgeschichte – und dem Staat – »allzeit fremd und ärgerlich«.[19]

Diese These hat Rosenzweig schon bei Hegel finden können, und es scheint ganz plausibel, dass er gerade bei diesem Autor, insbesondere in den Fragmenten des jungen Hegel über den »Geist des Judentums« und ebenso in den Quellen, die für die Auffassung des jüdischen Volkes auch die Quellen Hegels gewesen sind, die Grundlage für seine eigene Ansicht des jüdischen Volks gefunden hat: eines Volkes, das ein a-historisches, a-politisches Volk sei und ein ›Zeuge‹, außerhalb der Geschichte. Schon zur Zeit seines Studiums hatte sich Rosenzweig Hegel angeeignet, ihn fleißig gelesen und dabei noch eine andere Lehre Hegels aufgenommen: Die Lehre der *Verweltlichung* des Christentums.

---

[16] Vgl. Yosef Hayim Yerushalmi, *Zachor: Erinnere Dich! Jüdische Geschichte und jüdisches Gedächtnis* (1988). Vgl. hier das letzte Kapitel, »Modern Dilemmas« – auf Deutsch, »Das Unbehagen in der modernen Geschichtsschreibung«, insbesondere 98 f.

[17] Vgl. Rosenzweig, *Stern*, 368.

[18] *Stern*, 369.

[19] Vgl. Rosenzweig, *Stern*, 368–371.

›Mein Reich ist nicht von dieser Welt‹ sagte Christus. In seiner Geschichtsphilosophie hatte Hegel hingegen ausdrücklich und ausführlich gezeigt, wie das Christentum bereits früh in die Welt ging und so gegen das Wort von Jesus »wirkte«.[20] Die ›Säkularisierung‹ der Religion, das »In die Welt-gehen« des Christentums, darf sogar als das Rückgrat von Hegels ganzer Geschichtsphilosophie betrachtet werden. Dies hatte schon Eduard Gans, einer der Begründer der »Wissenschaft des Judentums« und der erste Herausgeber von Hegels posthumer Geschichtsphilosophie (1837), überzeugend dargelegt, als er schrieb, dass der Geist des Christentums doch

> in die Welt gegangen ist, sie durchdrungen, und nach seinem Muster gebildet hat. Wenn nach achtzehn Jahrhunderten die unfreien Zustände allmählich schwinden, die Emancipation aller Unterdrückten ausgesprochen werden, und der Mensch sich nur in dem Ausdrucke wahrhafter Innerlichkeit gefällt, so ist dieses eben die Verwirklichung des Christentums, das freilich vieler Jahrhunderte bedurfte, um das Tägliche zu erschaffen.[21]

Rosenzweig hatte diesen Punkt gut verstanden. Er selber nahm schon in seinem Briefwechsel mit Rosenstock während des Kriegs und danach auch im *Stern* die Hegel'sche These der Verweltlichung der Religion auf. Es war aber keineswegs Hegels Geschichtsphilosophie, sondern ein eschatologisch-konzipiertes Modell, das er danach im *Stern* darbot. Mit einigen seiner Freunde und Gesprächspartner, insbesondere Hans Ehrenberg, hat Rosenzweig Hegel und andere deutsche Idealisten absichtlich ›eschatologisiert‹.

Über die Diskussionen, die er mit Ehrenberg wahrscheinlich geführt hat, stehen zwar mit Ausnahme einiger Briefe und Ehrenbergs *Disputation*, ein Werk in drei Bänden (mit dem Untertitel »Drei Bücher vom Deutschen Idealismus«), das erst nach dem *Stern* verfasst und dann in den Jahren 1923 bis 1925 publiziert wurde, kaum schriftliche Zeugnisse zur Verfügung.[22] Der Inhalt dieses Werkes dürfte Rosenzweig aber sicher viel früher, nicht nur aus seinen Gesprächen

---

[20] Vgl. z.B. G. W. F. Hegel, *Vorlesungen über die Philosophie der Weltgeschichte*. Berlin 1822/1823 (1996), hier 464ff.

[21] Vgl. E. Gans, *Rückblicke auf Personen und Zustände* (1995), 93.

[22] Vgl. hier insbesondere H. Ehrenberg, *Disputation. Drei Bücher vom Deutschen Idealismus*. Bd. 1: *Fichte;* Bd. 2: *Schelling;* Bd. 3: *Hegel* (1923–1925). Die *Disputation* ist übrigens »dem Freunde Franz Rosenzweig und seinem Werke, ›Der Stern der Erlösung‹« gewidmet, in ihr spiegeln sich also sowohl die Ideen Rosenzweigs als auch Ehrenbergs Reaktion darauf wider. Zu dieser Schrift und allgemeiner zum Verhältnis zwischen beiden Autoren siehe H. J. Görtz, Franz Rosenzweig und Hans Ehrenberg.

mit Ehrenberg bekannt gewesen sein, sondern auch weil er vermutlich schon im Wintersemester 1912/13 die Vorlesungen gehört zu haben scheint, die Ehrenberg über den Deutschen Idealismus hielt. Offenbar gab ihm Ehrenberg schon vor dem Krieg Teile seiner Manuskripte zu lesen. Schon sehr früh dürfte Rosenzweig also die Auffassungen von Hans Ehrenberg gekannt, diskutiert und auch in mancher Hinsicht geteilt haben. Besonders aufschlussreich ist es in diesem Zusammenhang, dass Ehrenberg einen der Gesprächspartner der *Disputation*, ›Friedrich‹ – dieser Vorname steht wohl für Schelling –, sagen lässt, dass es ihn »außerordentlich befriedigen würde, wenn wir dazu kommen, Hegel mit der Eschatologie zu verbinden, seine Denkart in ein System des Zwischenreiches münden zu lassen. Das wäre eine glückliche Lösung«.[23]

Nicht nur Hegel hat Ehrenberg in seiner *Disputation* ›eschatologisiert‹, sondern auch Fichte und allgemeiner die »Idealisten«: sie alle hat er als ›liberale Eschatologen‹ gedeutet, um sie dem ›Johannes‹ des Johannes-Evangeliums gegenüber zu stellen: »Man kann Johannes nur verstehen und den Missbrauch mit ihm vermeiden«, ließ er eine Figur mit dem Namen ›Johannes‹ – die wohl für ihn selber steht – sagen,

> wenn man ihn als Übereschatologen deutet, das heißt als den, der vom Ende der Zeiten her spricht. In ihm wird das Letzte zu Gegenwart, aber damit ist die Gegenwart nicht Letztes geworden. Die liberalen Eschatologen aber, die Idealisten, ziehen diesen Trugschluß und vergessen, daß zwischen uns und dem Ende der Tage nur eine Richtung gilt, nämlich die von uns zum Ende hin. Wir dürfen das Ende anticipieren, nie aber ohne zugleich es wieder hinauszuschieben; wir dürfen es nie vergegenwärtigen und sollen es doch stets verlebendigen. Wir sollen schon im Ende leben, aber das Ende nicht in uns. Fichte aber und alle nach ihm wollen das Ende in uns hineinverlegen: als das Reich der Vernunft.[24]

Ehrenberg zufolge sind also Fichte, wie auch viele nach ihm, »liberale Eschatologen« gewesen: Eschatologen, die das Ende, also »das Reich der Vernunft« in uns hineinverlegen wollen, statt es zu antizipieren und zugleich auch immer »hinauszuschieben«, nicht aber zu »ver-

---

Jüdisch-christliches Religionsgespräch als ›Entdeckungsreise‹ in ein ›neues Denken‹«, in: *Das Jüdisch-Christliche Religionsgespräch* (1988), 90–113.

[23] Hans Ehrenberg, *Hegel. Der Disputation drittes Buch* (1925), 27. Ein paar Zeilen vorher hatte Ehrenberg die Figur des »Hegelianers« sagen lassen, dass er »gerade als guter Hegelianer« wissen würde, »daß der Hegelianer nicht dasselbe ist wie Hegel.«

[24] H. Ehrenberg, *Disputation*, Bd. I, 146.

gegenwärtigen«. Gegen diese »liberale Eschatologie« handelte es sich für ihn darum, die Idee eines Johanneischen Christentums geltend zu machen, die Schelling auf den letzten Seiten seiner *Philosophie der Offenbarung* erwähnt hatte.[25]

Ob Rosenzweig Schellings *Philosophie der Offenbarung* wirklich selbst gelesen hat, ist zweifelhaft.[26] Einer der wenigen Belege, der sich dafür anführen ließen, ist ein Brief vom 30. November 1916 an Eugen Rosenstock, in welchem er schreibt, die Kirche sei »in ihre letzte (johanneische, um mit Schelling selbst zu reden) Epoche getreten«[27]. Doch dieser Beleg ist als Beweis nicht hinreichend, denn Rosenzweig hätte, wie bereits gezeigt wurde, die Idee einer Johanneischen Kirche, und mit ihr die so genannte ›Drei-Kirchen-Lehre‹, auch aus seinen Diskussionen und sonstigen Kontakten mit Hans Ehrenberg gewinnen können. Die Auffassung, die Rosenzweig in diesem Brief vertritt – seine Auseinandersetzung mit Rosenstock befand sich damals auf ihrem Höhepunkt –, stellt er auf jeden Fall als seine eigene dar: er will Rosenstock davon überzeugen, dass das Judentum vom Christen nicht einfach als überholtes ›Heidentum‹ abgehandelt werden darf, sondern als ein noch immer präsenter, »*innerer* Feind« betrachtet werden sollte. Von diesem Feind hätte das Christentum die Idee der Auserwähltheit übernommen, um aus ihr den Nationalismus zu bilden:

Denn Nationalismus heißt, daß die Völker nicht bloß glauben, von Gott zu sein (das glauben […] die Heiden auch), sondern zu Gott zu gehen. Aber nun haben diesen Glauben die Völker und darum folgt auf 1789 1914–17 und noch viele »von … bis …« und die Christianisierung des Volksbegriffs ist noch nicht die Christianisierung der Völker […]. Deshalb ist selbst jetzt,

---

[25] Vgl. F. W. J. Schelling, *Philosophie der Offenbarung* [1858] (Schelling, *Werke*, II/4.2, 328). Dort hatte Schelling behauptet, Johannes wäre »der Apostel der zukünftigen, erst wahrhaft allgemeinen Kirche jenes zweiten, neuen Jerusalems […], jener nichts mehr ausschließenden Stadt Gottes […], in die Heiden und Juden gleich eingehen […] Wäre Johannes auch nicht in der Aufzählung der Apostel immer als der Dritte genannt, er wäre durch sich selbst, durch sein Leben wie durch seine Schriften, der dritte Apostel, der Apostel der Zukunft, der letzten Zeit, wo das Christenthum Gegenstand *allgemeiner* Erkenntnis geworden, wo es […] nicht als Staatsreligion, nicht als Hochkirche, sondern als Religion des Menschengeschlechts, das in ihm zugleich die höchste Wissenschaft besitzt.« (Schellings eigene Hervorhebung; M. B.)

[26] Vgl. M. Bienenstock, Auf Schellings Spuren im *Stern*, in: *Rosenzweig als Leser. Kontextuelle Kommentare zum ›Stern der Erlösung‹* (2004), 273–290, bes. 275.

[27] Vgl. auch Rosenzweigs Brief an Eugen Rosenstock vom 7.11.1916, in: Rosenzweig, GS I.1, 280–284, hier 280.

wo die Auserwähltheit Färbereagenz aller Nationalität überhaupt geworden ist, die jüdische Auserwähltheit etwas Einzigartiges […]. Sie hat an metaphysischer Schwere nichts verloren, obwohl ihr Gehalt (der Atavismus war ihr stets nur Symbol, der Messianismus allein Inhalt) jetzt Allgemeingut geworden ist.[28]

Die hier geäußerte Idee sollte Rosenzweig im *Stern* wieder aufgreifen, so zum Beispiel, wenn er schreibt, dass »durch das Christentum solche Erwähltheitsgedanken über den einzelnen Völkern aufgegangen [ist], und mit ihnen notwendig auch ein Anspruch auf Ewigkeit«.[29]

Die These, der zufolge der Nationalismus eine »Säkularisierung« des religiösen Glaubens ist, hatte Rosenzweig also schon im Jahre 1916 ausdrücklich formuliert,[30] lange bevor Karl Löwith sie in seinem Buch *Weltgeschichte und Heilsgeschehen* entwickeln und verbreiten sollte. Eine solche theologische Lektüre der Geschichte darf nicht mit der Hegel'schen Geschichtsphilosophie verwechselt werden, denn es ist für Hegel das politische, nicht das religiöse Leben, das die eigentlich geschichtliche Dimension konstituiert. Zwischen dem ›objektiven Geist‹[31] – dem Bereich des Rechts, der Politik und der Geschichte – und dem ›absoluten Geist‹ – dem Bereich der Philosophie, aber auch der Kunst, und der Religion – hat Hegel bekanntlich klar unterschieden, und auch wenn es ihm zufolge ein ›Ende‹ der Geschichte gäbe, wäre dieses Ende nicht in einem religiösen Sinne, als ›Eschaton‹, zu verstehen. Es ist die politische Freiheit, keineswegs die Erlösung, die für Hegel im geschichtlichen Fortschritt erreicht wird.[32]

---

[28] *Ibid.*, 281 ff.

[29] Rosenzweig, *Stern*, 366.

[30] Rosenzweig, GS I.1, 283.

[31] Zur genaueren Bestimmung dieses Hegel'schen Begriffs vgl. M. Bienenstock, Qu'est-ce que l'esprit objectif selon Hegel? in: *Hegel: droit, histoire, société*, hg. von Norbert Waszek (2001), 103–126.

[32] Hier ist auch daran zu erinnern, dass Hegel den Krieg nie als eine ›religiöse Handlung‹ betrachtet hat, wie Rosenzweig es tut, wenn er zum Beispiel schreibt, dass »Der ›Glaubenskrieg‹, der Krieg als religiöse Handlung, der christlichen Weltzeit vorbehalten blieb, nachdem ihn das jüdische Volk entdeckt hatte« (*Stern*, 367). Es ist zwar gut möglich, dass Hegel – genauer: der junge Hegel – damit einverstanden gewesen wäre, dass es das jüdische Volk gewesen ist, das den Glaubenskrieg entdeckt hatte. Was das jüdische Volk betrifft, war Hegel aber auch davon überzeugt, genauso wie übrigens Rosenzweig selber, dass es in der Geschichte keine Rolle mehr spielen könnte. Als Individuen gab Hegel den Juden in seiner Rechtsphilosophie aber volle Menschen- und Bürgerrechte, auch die religiöse Freiheit, aber keine Rolle als Volk – etwas anderes hätte man damals schwer erwarten können. Über die Frage der Hegel'schen Be-

Es mag aber eine solche Lösung gewesen sein, die Rosenzweig im Abschnitt des *Sterns* über die »messianische Politik« finden wollte. Denn es ist ein eschatologisches Modell, ein Heilsgeschehen, das er dort entwickelt, als er den christlichen Weg, den dreifach gespaltenen Weg, beschreibt, auf welchem das Christentum schreiten oder »strahlen« würde (um hier seinen eigenen Ausdruck zu benutzen). Nach ihm gäbe es drei Wege, oder genauer drei Spaltungen des Wegs, drei Kirchen, die zum Ende, zum *eschaton*, führen würden: Die südliche Kirche, die ihren Ursprung bei Petrus und das Amt der Bekehrung der sichtbaren Rechtsordnung der Welt auf sich genommen hat; die nordische Kirche des Pauls, die das Amt »der Bekehrung des Seelenhaften, des Dichters im Menschen«; und die östliche Kirche, die, »getreu ihrem Ursprung bei Johannes und den griechischen Vätern, das Amt der Bekehrung der Weisheit auf sich genommen hat«[33]. Um hier das Wort von Gide wieder zu verwenden – seltsam ist es wie sich der Gesichtspunkt ändert, je nachdem, ob einer die Frucht des Verbrechens, oder der Legitimität ist – sollte kein Zweifel darüber bestehen, dass Rosenzweig die Geschichte – die christliche – als eine »legitime Frucht« betrachtete – unter der Bedingung aber, dass sie eschatologisch verstanden wird.

Interessanterweise wandelte Rosenzweig auch Hermann Cohen in einen ›Eschatologen‹ um. Er sparte keine Mühe, um zu zeigen, dass Cohen selber eine Eschatologie angeboten hätte, indem er, einem bekannten jüdischen Satz zufolge, »das Heil immer wieder auf ›bald und in unsern Tagen‹ gehofft« hätte. In seiner Rekonstruktion der Auffassungen Cohens geht Rosenzweig sehr weit, denn er begnügt sich nicht damit zu behaupten, dass Cohen den jüdischen, prophetischen Messianismus als ein Heilsgeschehen hätte verstehen müssen. Er rechtfertigt auch das Heilsgeschehen als solches, egal, ob es ein jüdisches, oder irgendein anderes ist – wäre doch »die Erwartung des

---

handlung der ›Judenfrage‹ hinaus gilt es aber anzuerkennen, dass Hegel das Zerstörungspotential von Glaubenskriegen – Kriege, die wegen irgendeines Glaubens geführt werden – immer betont, und strengstens verurteilt hat. Für ihn ist der Krieg eine politische Angelegenheit gewesen, keine religiöse – den Krieg sollte man auf den Staat beziehen, nie auf ein »Volk« oder auf eine Religion. Zu Hegels Haltung den Juden und dem Judentum gegenüber vgl. Shlomo Avineri, A note on Hegel's views on Jewish Emancipation (1963), 145–161; id., *Hegels Theorie des modernen Staates* (1976), 145 ff.; 204 ff.; und neuerdings Myriam Bienenstock, Hegel über das jüdische Volk: »eine bewunderungswürdige Festigkeit [...] ein Fanatismus der Hartnäckigkeit« (2018), 117–134.

[33] Rosenzweig, *Stern*, 443–448.

Messias, von der und um derentwillen das Judentum lebt, ein leeres Theologumen, eine bloße ›Idee‹, ein Geschwätz, – wenn sie sich nicht immer wieder verwirklichte und entwirklichte, täuschte und enttäuschte [auch] an der Gestalt des ›falschen Messias‹«. Der falsche Messias (dies sind seine Worte) ist so alt wie die Hoffnung des echten. Er ist »die wechselnde Form dieser bleibenden Hoffnung«[34].

II

Dass Hermann Cohen diese Auffassung Rosenzweigs akzeptiert hätte, ist aber höchst zweifelhaft. Im Gegensatz zu Rosenzweig hat Cohen keine Eschatologie und überhaupt kein Heilsgeschehen anbieten wollen, sondern ein Geschichtsdenken, in welchem auch Juden eine Rolle spielten; und es sollte daran erinnert werden, dass Rosenzweig Ende des 19. Jahrhunderts in seiner Zurückweisung des Projekts, eine ›jüdische‹ Geschichte zu schreiben, eher eine Ausnahme darstellte, da es damals ein populäres Unternehmen geworden war, eine jüdische Geschichte, oder genauer eine Geschichte der Juden, zu verfassen. Zu einem solchen Zweck konnte Hermann Cohen selber aus den Arbeiten vieler anderer jüdischer Autoren schöpfen, wie beispielsweise denjenigen seines Lehrers am Breslauer Seminar, Heinrich Graetz (1817–1891). Der Diskussionskontext, die Konstellation des Diskurses, in dem Cohen selber seine Werke verfasste, erklärt auch viele wichtige Punkte seiner eigenen Argumentation. Wollen wir zum Beispiel den Akzent verstehen, den er auf die Zukunft legte – jenen Akzent, den Löwith später, in einem ganz anderen Kontext, als ›Futurismus‹ brandmarkte – müssen wir auch den Kontext, in welchem Cohen selber schrieb, berücksichtigen.

Das Programm, das Heinrich Graetz schon im Jahre 1846 darlegte, erschien in der *Zeitschrift für die religiösen Interessen des Judentums* unter dem Titel *Die Konstruktion der jüdischen Geschichte. Eine Skizze.*[35] Die merkwürdige Bezeichnung ›Konstruktion‹ sollte aus der begrifflichen Konstellation, in der Graetz schreibt, erklärt

---

[34] Rosenzweig, GS IV.1, 202 ff.

[35] Ein Neudruck erschien in der Reihe der Schocken-Bücher (59) im Jahre 1936, mit einem Nachwort von Ludwig Feuchtwanger. Hier zitiert nach H. Graetz, *Die Konstruktion der jüdischen Geschichte*, hrsg. von Nils Römer (2000), mit einem instruktiven Nachwort: 79–90.

werden: Graetz konnte den Begriff schon bei Kant und auch bei Schelling finden. Schelling hatte das Wort schon in seiner *Philosophie der Kunst* von 1802 und auch in seinen *Vorlesungen über die Methode des akademischen Studiums* desselben Jahres benutzt. Dort wendete er den Konstruktionsbegriff auch ins Historische. Die achte Vorlesung etwa ist mit dem Titel überschrieben: »Über die historische Konstruktion des Christentums«. Für Schelling offenbarte sich in der christlichen Religion das Göttliche in der Zeit, und nicht, wie in der antiken Religion, in der Natur. Daher ist »das Christentum seinem innersten Geist nach und im höchsten Sinn historisch«.[36] Auch viele andere Autoren, darunter diejenigen, welche die Tradition der hermeneutischen Auslegung in Gang gebracht haben, wie zum Beispiel Friedrich Schlegel, benutzten das Wort. Schlegel zufolge könnte man nur dann sagen, »daß man ein Werk, einen Geist verstehe, wenn man den Gang und den Gliederbau nachkonstruieren kann«.[37] Lapidar formulierte auch Schleiermacher: »Nichts verstanden, was nicht konstruiert ist.«[38] Interpretieren heißt demnach systematische Konstruktion oder, da diese Tradition von einer postulierten Autorenintention ausgeht, Rekonstruktion der »Idee des Werkes«.[39] Diesem Konstruktionsparadigma gemäß wäre auch eine historische Epoche, wie zum Beispiel die Epoche des Christentums, erst dann verstanden, wenn ihre Entwicklung und ihre Gestalten aus einer »Idee« zwingend abgeleitet werden könnte.

Dass Graetz selber den Begriff der ›Konstruktion‹ benutzt, ist also im Kontext dieser begrifflichen Konstellation, und aus diesen Quellen, zu erklären. Auf dem Wege der »noch jungen Wissenschaft: Philosophie der Geschichte« (tatsächlich wurde der Text im Jahre 1846 veröffentlicht), wollte Graetz »den Versuch« machen, auch »die jüdische Geschichte begrifflich zu konstruieren«.[40] Die »Totalität der Geschichte«, so behauptet er,

---

[36] Vgl. Schelling, *Werke* 3, 310.

[37] Vgl. Schlegel, KFSA 2, 60. – Zu bemerken wäre noch, dass der Terminus »Konstruktion« gar nicht zum Hegel'schen Wortschatz gehört. Im Gegensatz zu Rosenzweig ist aber Graetz kein eifriger Leser Hegels gewesen.

[38] F. D. E. Schleiermacher, *Hermeneutik* (1974), 56.

[39] F. D. E. Schleiermacher, *Hermeneutik und Kritik* (1977), 170. Vgl. dazu G. Kurz, Alte, neue, altneue Hermeneutik. Überlegungen zu den Normen romantischer Hermeneutik (48 ff.).

[40] H. Graetz, *Die Konstruktion der jüdischen Geschichte*, op. cit., 12.

ist nur an ihrer Geschichte erkennbar; in der Geschichte muß sich ihr ganzes Wesen, die Summe ihrer Kräfte explizieren. Jede lebenskräftige Idee muß sich eine gediegene Wirklichkeit schaffen, muß sich aus dem monotonen, schlummernden Zustand der Idealität in die wechselvolle, rege Welt der Realität hinausleben. So ist die Geschichte nicht nur der Reflex der Idee, sondern auch das Kriterion ihrer Probehaltigkeit …[41]

In seiner ersten Skizze unterscheidet Graetz zwischen drei »Momenten«:

a) eine vorexilische Periode, beziehungsweise einen vorexilischen Zeitraum, der einen vorherrschend *politisch-sozialen* Charakter hat;
b) einen nachexilischen Geschichtslauf, der sich gerade durch ein überwiegendes *religiöses* Gepräge charakterisiere;
c) und das »theoretisch-philosophische« Moment, in der »letzten diasporischen Periode«: ein Moment, das eine eigentümliche, von den vorhergegangenen verschiedene, *theoretische* Bewegung darstellt …

In seiner späteren *Geschichte der Juden* fügte Graetz eine vierte Epoche hinzu, wobei er seine eigene Zeit nur als erste Periode der vierten Epoche bezeichnete, so dass es nach dieser also noch weitere Entwicklungen geben würde. Diese Modifikation seiner ursprünglichen Konzeption spiegelte vor allem die gewandelte Einstellung des Autors gegenüber der jüdischen Moderne wider.[42] Die allerletzten Zeilen der »Konstruktions-Schrift« verdienen es, hier zitiert zu werden. Nachdem Graetz zwischen den drei oben genannten Momenten unterschied, fügte er hinzu:

Da sich diese drei Momente geschichtlich ausgeprägt haben, so müssen sie in der ursprünglichen Idee des Judentums, wie der Baum im Pflanzenkeime, gelegen haben, und es stellt sich nach dieser historischen Ansicht heraus, daß es die Aufgabe der judentümlichen Gottesidee zu sein scheint, *eine religiöse Staatsverfassung zu organisieren, die sich ihrer Tätigkeit, ihres Zweckes und ihres Zusammenhanges mit dem Weltganzen bewusst ist.*[43]

Die vielen organischen Metaphern, die wir bei Graetz finden – wie auch an anderer Stelle beschreibt er das Judentum als Organismus, als einen Körper mit Herz (die Propheten) und Leib (das Volk) – erfüllen eine apologetische Funktion. Er will zeigen, dass die Juden doch

---

[41] *Ibid.*
[42] Dies ist die Hypothese von Niels Römer in seinem Nachwort, op. cit., 89.
[43] *Op. cit.*, 77.

eine einheitliche, kontinuierliche Geschichte haben. Diese Idee, dieses Grundprinzip einer ›jüdischen Geschichte‹ (die nicht im Anschluss an Hegel, sondern eher gegen ihn ausgerichtet wurde), wäre »nicht einmal die monotheistische Idee«, denn eine solche Idee – so Graetz – wird lediglich aus der »Opposition«, der »Negation« des Polytheismus erreicht. Doch das Judentum bleibt »keineswegs bei dieser negativen Seite, bei dem oppositionellen Charakter stehen […], es ist vielmehr seine Aufgabe, den ihm eigentümlichen Gottesgedanken auch positiv zu betätigen.«[44] Schon in dieser frühen Schrift betont Graetz ganz stark, dass der »lebendige Träger dieser Idee« des Judentums »eine adäquate Staatsverfassung« werden soll, und dass »die geoffenbarte Gottesidee nicht um ihrer selbst willen da ist, um bloß theoretisch gewusst zu werden, sondern ⟨sie⟩ will zugleich eine Heilanstalt sein, die *zeitliche* Glückseligkeit zu fördern; die *Gottesidee* soll zugleich *Staatsidee* sein.«[45] Wegen dieser Staatsidee konnte Graetz auch als ein Vorläufer des Zionismus angesehen werden, so beispielsweise von Shlomo Avineri, der eine intellektuelle Vorgeschichte des Zionismus geschrieben hat.[46]

Im Vergleich mit anderen, späteren Werken von Graetz und insbesondere mit seiner eigentlichen Bearbeitung der *Geschichte,* hat seine »Konstruktion der jüdischen Geschichte« recht wenig Aufmerksamkeit auf sich gezogen. Erst Hermann Cohen ist anlässlich von Graetz' 100. Geburtstagsfeier im Jahre 1917 etwas ausführlicher auf sie eingegangen und hat sie kritisiert.[47] Mit dem Gedankengang von Graetz in dessen früher Schrift ist er nicht einverstanden gewesen. Bei Graetz glaubt er, eine fehlerhafte Unterscheidung des Politischen vom Religiösen zu finden. Cohen hielt die Behauptung, dass das Politische, also die Staatsidee, eine für das Judentum nötige Ergänzung der monotheistischen Idee wäre, für falsch. Für ihn war der jüdische Monotheismus eher eine Ethik, sprich: eine »soziale Ethik«, in der eine Brücke zwischen Religion und Politik geschlagen würde, so dass der Messianismus sowohl den Gipfel wie auch die Wurzel des jüdischen Monotheismus darstellen würde. Graetz hätte dies auch

[44] *Op. cit.*, 16.
[45] S. 16 der Neuausgabe.
[46] Shlomo Avineri, *The Making of modern Zionism: The intellectual origins of the Jewish state* (1981), 23–35.
[47] Vgl. H. Cohen, Graetzens Philosophie der jüdischen Geschichte, in: *Monatsschrift für Geschichte und Wissenschaft des Judentums*, 61 (1917), 356–366, heute in: Cohen, *Werke* 17, 557–574.

selber anerkannt, was sich sogar in der Fortsetzung seines Aufsatzes zeigen würde, insbesondere in seiner Würdigung von Moses Mendelssohn. Denn in dessen Schrift »Jerusalem« würde ihm plötzlich die Identität des ethischen Prinzips des Monotheismus einleuchten. Von Anfang an wäre aber jene Identität Cohen zufolge dagewesen, und sie würde sich bis zur letzten Periode bewahren – einer letzten Periode, die Cohen wie folgt umformuliert:

> Der letzte Satz dieser Abhandlung […] lautet: »Es stellt sich nach dieser historischen Ansicht heraus, daß es die Aufgabe der judentümlichen Gottesidee zu sein scheint, *eine religiöse Staatsverfassung zu organisieren, die sich ihrer Tätigkeit, ihres Zweckes und ihres Zusammenhanges mit dem Weltganzen bewusst ist.*« Wir dürften dem Geiste unseres verewigten Lehrers gerecht werden, wenn wir diesem Satz die Fassung geben: Die monotheistische Idee hat die Aufgabe, eine religiöse Staatsverfassung zu organisieren als Weltorganisation, d. i. als die des Staatenbundes der nach der Idee des Messianismus sich entwickelnden Menschheit. (Meine Hervorhebung; M. B.)

Also bedeute die »judentümliche Gottesidee« keineswegs die religiöse Staatsverfassung einer Nation, sondern eher die Idee einer Weltorganisation. Schon früher, in seinem »Bekenntnis zur Judenfrage« von 1880, in der Hitze der Debatte mit Treitschke verfasst, hatte Cohen Graetz beschuldigt, sich nur um die politische Zukunft des eigenen Stamms zu kümmern.[48]

Auch wenn diese Kritik an Graetz auf den ersten Blick recht scharf erscheinen mag, bleibt sie doch eher äußerlich. Ich würde sogar noch weitergehen und sagen, dass Cohen seine Auffassung des jüdischen Monotheismus als eines ethischen und messianischen zu einem großen Teil aus Graetz selbst geschöpft hatte. Das wird zum Beispiel an der Bestimmung, dass das Judentum »keine Religion der *Gegenwart*, sondern eine der *Zukunft*« sei, deutlich: Diese These, die sich auch bei Cohen findet, hatte schon Graetz in seiner ersten Skizze klar zum Ausdruck gebracht:

> Das Judentum ist keine Religion der *Gegenwart*, sondern eine der *Zukunft*. Wie seine Patriarchen nur in Verheißungen gelebt haben, und in ihrer Gegenwart nur eine Vorbereitung für die Zukunft ihres Geschlechtes erblickten, so ringt das Judentum nach einer Gegenwart, die ihm fehlt, und im Bewußtsein dieser Mangelhaftigkeit, dieser wenig entsprechenden Wirksamkeit schaut es rückwärts nach Sinais Flammenbusch und vorwärts auf

[48] Vgl. Cohen, JS II, 86.

das Zeitenideal der Propheten, wo Gotteserkenntnis, Gerechtigkeit und Glückseligkeit alle Menschen zu einem Bruderbunde vereinigt haben werden. Erinnerung und Hoffnung bilden die Wolken- und Feuersäule, welche Israel seiner Zukunft entgegenführen«.[49]

Erinnerung – und Hoffnung: in seiner *Geschichte der Juden* wird Graetz später nicht nur der Geschichtsschreibung, sondern auch der Erinnerung einen wichtigen Platz einräumen. Wie ist aber diese »Erinnerung«, also jene »Schau rückwärts nach Sinais Flammenbusch«, zu verstehen? Dass eine solche Schau mit einer Geschichtsschreibung und/oder einer Geschichtswissenschaft, vielleicht sogar auch mit ›Erinnerung‹ nichts gemein hat, scheint doch eindeutig, und man darf sich fragen ob die Geschichte selber, hier verstanden als Geschichtsschreibung oder Wissenschaft der Geschichte, nicht schwer benachteiligt wäre. Wichtig ist es aber anzumerken dass Graetz seine Bevorzugung der Zukunft, also seine Behauptung, dass das Judentum »keine Religion der *Gegenwart,* sondern eine der *Zukunft*« sei, auch zweifellos als Kritik der geschichtsphilosophischen Konstruktionen der Weltgeschichte intendierte, die als ihren Dreh- und Angelpunkt nicht nur die Gegenwart, sondern auch das Christentum, bestimmten. Hegel zum Beispiel hatte Christentum und Gegenwart eng zusammengestellt, wie in der berühmten Stelle aus der Vorrede zu seiner *Philosophie des Rechts,* wo er schrieb, er wolle »die Vernunft als die Rose im Kreuze der Gegenwart erkennen und damit dieser sich erfreuen«[50]. Mit diesem Versuch, eine »Versöhnung mit der Wirklichkeit« zu erstreben, wollte und konnte Graetz nicht einverstanden sein. Für ihn fehlte es dem Judentum an Gegenwart, weshalb es nur um eine für die Zukunft ringen könne. Auch in diesem Sinne hat Graetz also gegen Hegel geschrieben und damit nicht nur gegen dessen bekannte These, nach der die Juden keine eigenständige Geschichte hätten, da sie schon lange über keinen Staat mehr verfügten.

Vermutlich hatte Graetz auch ein *bon mot* von Friedrich Schlegel im Sinne gehabt: das recht bekannte Epigramm, demzufolge der Historiker ein »rückwärts gekehrter Prophet«[51] ist. Dieses Epigramm verstehe ich als eine ironische Beschreibung der Praxis vieler Historiker zu Schlegels Zeit, die versuchten, die ganze geschichtliche Ent-

---

[49] H. Graetz, *Die Konstruktion der jüdischen Geschichte,* op. cit., 19.
[50] Vgl. Hegel, *Grundlinien der Philosophie des Rechts,* in: *Werke,* TWA 7, 26.
[51] Vgl. F. Schlegel, *Athenaeum. Eine Zeitschrift* (1798–1800), hier im ersten Band zweites Stück, 20.

wicklung eines Volkes notwendig aus seinen ersten Ursprüngen abzuleiten, das heißt zu prophezeien. Dass manche Historiker ein solches Programm verfolgten, kann nicht bestritten, aber dennoch kritisiert werden. Auch bei Graetz scheint diese Kritik durch, wenn er schreibt, dass der Historiker zwar »rückwärts nach Sinais Flammenbusch« schaut, aber auch »vorwärts auf das Zeitenideal der Propheten«, also in die Zukunft.

Graetz ist nicht der Einzige gewesen, der das *bon mot* von Schlegel aufgenommen hat, um es zu kritisieren. Schon Heinrich Heine hatte sich darüber, und auch über Schlegel selbst, lustig gemacht, wie beispielsweise in den folgenden Zeilen deutlich wird:

> Fr. Schlegel war ein tiefsinniger Mann. Er erkannte alle Herrlichkeiten der Vergangenheit und er fühlte alle Schmerzen der Gegenwart. Aber er begriff nicht die Heiligkeit dieser Schmerzen und ihre Nothwendigkeit für das künftige Heil der Welt. Er sah die Sonne untergehn und blickte wehmüthig nach der Stelle dieses Untergangs und klagte über das nächtliche Dunkel, das er heranziehen sah; und er merkte nicht, daß schon ein neues Morgenroth an der entgegengesetzten Seite leuchtete. Fr. Schlegel nannte einst den Geschichtsforscher »einen umgekehrten Propheten«. Dieses Wort ist die beste Bezeichnung für ihn selbst. Die Gegenwart war ihm verhaßt, die Zukunft erschreckte ihn, und nur in die Vergangenheit, die er liebte, drangen seine offenbarenden Seherblicke.[52]

Diesen Spott von Heine hatte auch Hermann Cohen im Sinne, als er erklärte, dass der Geschichtsbegriff zwar »eine Schöpfung des Prophetismus«[53] gewesen ist, dass aber die Propheten für die Zukunft, nicht für die Vergangenheit, gesprochen hätten. So wie Heine wollte auch Cohen den Vorrang bestreiten, den die Frühromantiker einer Urzeit, und auch einem Urvolk, beimaßen. Mit der »Schöpfung des Prophetismus« wollte er zudem in erster Linie eine politisch-ethische Überzeugung zum Ausdruck bringen. Die erste Stelle, an der Cohen diese These erwähnt – und zwar in seinem frühen Heine-Aufsatz – macht dies eindeutig klar:

> Wenn Schlegel den Geschichtsschreiber einen »rückschauenden Propheten« nennt, so nennt Heine sich mit Vorliebe einen »Tribunen« und »Apostel«. »Ein neuer Glaube beseelt uns und eine Leidenschaft, von welcher die Schriftsteller der früheren Periode keine Ahnung hatten. Es ist dieses der

---

[52] Vgl. Heinrich Heine, *Düsseldorfer Heine-Ausgabe* (1973–1997), hier Bd. 8/1: *Die Romantische Schule* (1835), Zweites Buch, 185.
[53] Vgl. hier oben S. 193 und Cohen, RV, 305.

Glaube an den Fortschritt, ein Glaube, der aus dem Wissen entsprang. Wir haben das Land gemessen, die Naturkräfte gewogen, die Mittel der Industrie berechnet, und siehe, wir haben ausgefunden: daß diese Erde groß genug ist, daß sie jedem hinlänglichen Raum bietet, die Hütte seines Glücks darauf zu bauen, daß diese Erde uns alle anständig ernähren kann, wenn wir alle arbeiten und nicht einer auf Kosten des andern leben will; und daß wir nicht nötig haben, die größere und ärmere Klasse auf den Himmel zu verweisen.«[54]

Das Ende dieser Passage ist ein Zitat von Heine, das Cohen damit schon in einem seiner frühesten Aufsätze angeführt hatte. Trotz des anti-religiösen Pfeils, den Heine hier abschießt, demgemäß wir es nicht nötig hätten, »die größere und ärmere Klasse auf den Himmel zu verweisen«, verteidigte Cohen dieselben geschichtsphilosophischen, sozialistischen Ideen noch in seinen allerletzten Werken. So auch in der *Religion der Vernunft.* Dort wird von ihm noch immer

Fortschritt in der Geschichte des Menschengeschlechts gefordert. Dies ist der Sinn der Zukunft, als der Begründung des wahren, des göttlichen Seins auf Erden: die Zukunft, diese Idee des Seins, stellt das Ideal der Geschichte dar.[55]

Cohen betont in diesem Werk auch den wichtigen Unterschied zwischen einem ›eschatologischen‹ Diskurs einerseits, und einem, den er als ›messianischen‹ bezeichnet, andererseits. Für Cohen ist es eine »falsche Ansicht«, den Messianismus als eine Eschatologie aufzufassen. Denn all die messianischen Bibelstellen – außer einer, die nur als eine poetische Formulierung gedeutet werden könnte – würden »auf eine irdische Zukunft, sei es Israels vornehmlich, sei es aller Völker insgesamt hinweisen.«[56]

Es sollte auch betont werden, dass er die Geschichte, und den »Geschichtsbegriff«, immer in enger Verbindung mit seinen ethisch-politischen Überzeugungen sah. Dies bedeutet aber nicht, dass sich der Philosoph Cohen erneut in einen ›Theologen‹ verwandelt hätte, wie im zweiten Akt der oben erzählte Anekdote behauptet wurde, oder dass er den Geschichtsbegriff in einen ›Futurismus‹ verkehrt hätte, wie es ihm Löwith vorwarf. Den Unterschied zwischen Ethik und Politik auf der einen und den Wissenschaften (den Natur- wie

[54] Cohen, *Werke* 12, 210f.; das lange Zitat Heines stammt ebenfalls aus der *Romantischen Schule, Düsseldorfer Heine-Ausgabe* 8/1, 218 (Drittes Buch).

[55] Cohen, RV, 292.

[56] Vgl. hier RV, 336f. und schon RV, 57.

auch den Geisteswissenschaften) auf der anderen Seite, erkannte er grundsätzlich an. Er wäre kein Kantianer, wenn er dieser bei Kant grundlegenden Unterscheidung zwischen Sein und Sollen, zwischen demjenigen, das ist, und das wir erkennen wollen, und demjenigen, das wir uns als Zweck auferlegen, nicht gefolgt wäre. Dies hinderte ihn aber nicht daran, die Aufmerksamkeit darauf zu richten, dass die sogenannten ›Geisteswissenschaften‹, und insbesondere die Geschichtswissenschaft, auf spezifische, methodische Schwierigkeiten stoßen, die mit der zweideutigen Rolle zusammenhängen, die in ihnen ihre Begriffe, und insbesondere der Begriff des Zwecks, spielen: der Zweck

> hat ja den Januskopf, der rückwärts in die Vergangenheit und vorwärts in die Zukunft blickt. Nach der einen Seite ist der Zweck ein Ordnungsbegriff; nach der anderen ein Normalbegriff, analog den exacten Begriffen, den Abbreviaturen der Gesetze. Beide Bedeutungen jedoch müssen scharf und streng auseinandergehalten werden, wenn nicht einerseits das Interesse der Geschichtsforschung in allen ihren Gebieten, andererseits das der Ethik, die auf allen jenen Gebieten für ihr Problem die herrschende, die leitende Stellung behaupten muß, verletzt werden soll.[57]

Dieser Passus zeigt deutlich, dass Cohen die Geschichtswissenschaften keineswegs in einen prophetischen ›Futurismus‹ umwandeln wollte, dass er sich aber einiger der vielen, methodischen Schwierigkeiten die Geschichtswissenschaften betreffend, bewusst war. Er hat sie nicht alle sehen und lösen können – auch wenn wir bei ihm manche Anregungen finden dürften, die noch heute hilfreich sind.[58].

III

Als Blumenberg behauptete – so der dritte Akt der oben erzählten Anekdote – dass sich Philosophen nicht so einfach in Theologen verwandeln würden, dass Philosophen also keine ›verkappten‹ Theologen

---

[57] Vgl. Cohen, *Logik der reinen Erkenntnis* in: Cohen, *Werke* 6, 386 f.

[58] So zum Beispiel seine Reflexion über den deutschen Terminus ›Geisteswissenschaften‹, den er mit dem französischen ›sciences morales‹, hatte ersetzen wollen: Vgl. hier Myriam Bienenstock (Hg.), *Néokantisme et sciences morales*, 2007 und insbesondere den Aufsatz von Helmut Holzhey (*op.cit.*, 77–90) mit dem gewagten Vorschlag, in Anlehnung an Jürgen Habermas' Klassifikation der Wissenschaften nach ihrem jeweiligen Erkenntnisinteresse in Cohens Konzept der Geisteswissenschaften ein emanzipatorisches Erkenntnisinteresse am Werk zu sehen.

wären, wollte er die Legitimität der Geschichtsphilosophie als Disziplin, und auch die Legitimität eines in der Neuzeit, in der Moderne verankerten Geschichtsbegriffs, wieder aufnehmen, und verteidigen. Gegen Löwith betonte er, sowohl auf Tagungsdiskussionen als auch in eigenen Beiträgen und schließlich in seinem Buch über *Die Legitimität der Neuzeit,* dass es einen grundsätzlichen Unterschied zwischen theologisch-eschatologischen Diskursen einerseits und geschichtsphilosophischen Diskursen andererseits, also denjenigen, die – wie in der modernen Geschichtsphilosophie – die Idee eines Fortschritts aufnehmen, gibt:

> Es ist ein formaler, aber gerade darum manifestierter Unterschied, daß eine Eschatologie von einem in die Geschichte einbrechenden, dieser selbst transzendenten und heterogenen Ereignis spricht, während die Fortschrittsidee von einer jeder Gegenwart präsenten Struktur auf eine der Geschichte immanente Zukunft extrapoliert.[59]

Theologische, eschatologische Diskurse sind solche, die sich auf *von außen kommende* Endereignisse beziehen, also auf Ereignisse, die uns als heterogen, als transzendent zum eigentlichen Verlauf der Geschichte erscheinen. In dem geschichtsphilosophischen Diskurs, auch wenn er sich auf einen Fortschritt beruft, finden wir andererseits keine Hinweise auf Ereignisse, die von außen kommen. Der geschichtsphilosophische Diskurs beruft sich auf einen Fortschritt, der immanent zum Verlauf der Geschichte selber konzipiert wird, der in dem Geschichtsverlauf selber, innerhalb der Regelmäßigkeiten oder Gesetze der Geschichte, in ihrer immanenten Struktur, zu finden ist.

Einer der Gründe, warum Blumenberg auf den grundsätzlichen Unterschied zwischen den eschatologischen Auffassungen der Geschichte einerseits, und den geschichtsphilosophischen andererseits, besteht, ist ein ethisch-politischer Grund: Für ihn ist die theologisch-eschatologische Erwartung irgendwelcher von außen kommender Ereignisse nur eine Verhinderung derjenigen Einstellungen und Aktivitäten, die für die Erreichung ethischer Zwecke politisch nötig wären. Eine eschatologische Auffassung der Geschichte führt gemäß Blumenberg also zu einem bedauerlichen Mangel an ethischer, politischer Tat.

Blumenberg folgt hier einer Auffassung, die schon bei Hermann Cohen zu finden ist. Denn Cohen hatte aus Gründen, die letztendlich

---

[59] *Die Legitimität der Neuzeit,* op.cit., S. 39.

denjenigen von Blumenberg verwandt sind, den wichtigen Unterschied zwischen einem ›eschatologischen‹ Diskurs einerseits, und einem ›messianischen‹ andererseits, stark betont. Diese Unterscheidung rechnete Blumenberg aber nicht Cohen zu. Da er sein Cohen-Bild von Löwith übernahm, und das Bild, das Löwith wiederrum von Cohen entwarf, von Franz Rosenzweig stammte, hatte Blumenberg schlicht nicht erkannt, dass sich diese Unterscheidung schon bei Cohen findet.

Rosenzweig selber hatte gewusst, dass es in der jüdischen Tradition seit je eine Diskussion über die Rolle der Eschatologie im Messianismus gegeben hat.[60] Die Stelle, an der er auf diese Diskussion in seinem *Stern* hinweist, verdient es, mit einer besonders großen Aufmerksamkeit geprüft zu werden:

> Es ist geradezu das Schiboleth, an dem man den Gläubigen des Reichs, der nur um die Zeitsprache zu sprechen das Wort Fortschritt gebraucht und in Wahrheit das Reich meint, von dem echten Fortschrittsanbeter unterscheiden kann: ob er sich gegen die Aussicht und Pflicht der Vorwegnahme des ›Zieles‹ im nächsten Augenblick nicht zur Wehr setzt. Ohne diese Vorwegnahme und den inneren Zwang dazu, ohne das ›Herbeiführenwollen des Messias vor seiner Zeit‹ und die Versuchung, das ›Himmelreich zu vergewaltigen‹, ist die Zukunft keine Zukunft, sondern nur eine in unendliche Länge hingezogene, nach vorwärts projizierte Vergangenheit. Denn ohne solche Vorwegnahme ist der Augenblick nicht ewig, sondern ein sich immerwährend Weiterschleppendes auf der langen Heerstraße der Zeit.[61]

Rosenzweig pflegte zu erzählen, dass Cohen »den Eintritt der messianischen Religionenvereinigung noch zu erleben glaubte«, dass er also im Gegensatz zu seinen eigenen philosophischen Grundsätzen »das Heil immer wieder auf ›bald und in unsern Tagen‹« erhoffte.[62] Wie aber Steven Schwarzschild überzeugend gezeigt hat, ist diese Anekdote, wie übrigens viele andere, die Rosenzweig zur Unterstützung seiner Cohen-Interpretation erzählte, kaum glaubhaft – sie passt so

---

[60] Vgl. zu diesem Punkt S. Schwarzschild, »On Jewish Eschatology«, in: M. Bienenstock (Hg.), *Der Geschichtsbegriff* (2007), 12–41.

[61] Rosenzweig, *Stern*, 253 f.

[62] Die Anekdote erzählte Rosenzweig in der Einleitung, die er zu Hermann Cohens *Jüdische Schriften* verfasste (vgl. Rosenzweig, GS III, 197). Er wiederholte sie auch bei anderen Gelegenheiten, wie zum Beispiel in seinem Kommentar zu seiner Übersetzung von Jehudah Halevi, Fünfundneunzig Hymnen und Gedichte, heute in: Rosenzweig, GS 4.1, 203.

gut zu Rosenzweigs eigener Auffassung des Messianismus, dass es dünkt, er selber hätte sie erfunden.[63] Ob die Anekdote überhaupt zum Lob Cohens beitragen sollte, ist auch nicht sicher: über ihn zu behaupten – so wie Rosenzweig es tut – er hätte »den Messias vor seiner Zeit herbeiführen wollen«, dürfte vom Standpunkt der jüdischen Tradition her kein Lob, sondern eher einen schweren Vorwurf darstellen. Rosenzweig war sich dessen auch bewusst: der dritte Teil des *Sterns* ist im Ganzen gegen die »Tyrannen« gerichtet, gegen alle »Tyrannen des Himmelreichs«, die als »Schwärmer« versuchen das Reich zu »vergewaltigen«, und so, statt sein Kommen zu beschleunigen, es am Ende nur verzögern.[64] Dass Cohen in den Augen Rosenzweigs zumindest teilweise ein solcher ›Schwärmer‹ war, scheint also glaubhaft zu sein.

An diesem Punkt sollte aber beachtet werden, dass Rosenzweigs Auseinandersetzung mit Cohen gerade in jener Zeit nach dem Ersten Weltkrieg stattfand, die Hermann Lübbe in seinen wichtigen, einflussreichen Studien zum Thema *Säkularisierung* Jahre der »Krisen-Theologie« nennt.[65] Damals »kehrt sich die ideenpolitische Funktion des Säkularisierungs-Begriffs um, und aus dem geschichtsphilosophischen Fortschrittsbegriff wird der Zentralbegriff der Theorie einer Verfallsgeschichte.«[66] Wo Hermann Cohen noch um die Jahrhundertwende einen Säkularisierungs-Begriff verteidigen konnte, der einen Fortschritt, und zwar einen legitimen, bezeichnete, ist die ›Säkularisierung‹ bei Rosenzweig illegitim, und das Symptom eines heillosen Verfalls geworden.

---

[63] Vgl. S. Schwarzschild, Franz Rosenzweig's anecdotes about Hermann Cohen, *loc. cit.*, 209–218, hier 210f. Vgl. auch zu diesem Punkt S. Schwarzschild, »On Jewish Eschatology«, in: M. Bienenstock (Hg.), *Der Geschichtsbegriff*. Würzburg, 2007, 12–41

[64] Vgl. Rosenzweig, *Stern*, 295: »In tyrannos!«, mit z.B. *Stern*, 302. Rosenzweig scheint die Fäden der Talmudischen Diskussionen über die ›Beschwörungen‹ im Hohelied (so wurden sie verstanden: vgl. Ket. 111a) gut gekannt zu haben. Vielleicht erinnert er sich auch an an Matthäus 11,12: »Aber von den Tagen Johannes des Täufers bis hierher leidet das Himmelreich Gewalt, und die Gewalt tun, die reißen es an sich«. Zu diesen Punkten vgl. auch unser Aufsatz Die Sprache des Hohelieds: »mehr als Gleichnis«? Zu Rosenzweigs *Stern der Erlösung* (2017), 264–278.

[65] Vgl. hier Hermann Lübbe, *Säkularisierung. Geschichte eines ideenpolitischen Begriffs* (2003), insbesondere Kap. VI: Das Säkularisierungs-Problem in der Krisen-Theologie, 86ff.; vgl. auch *Politische Philosophie in Deutschland* (1974), Dritter und Vierter Teil.

[66] Vgl. hier Hermann Lübbe, *Säkularisierung* (2003), 87ff.

Als Blumenberg behauptete – so der dritte Akt der oben erzählten Anekdote – dass sich Philosophen nicht so einfach in Theologen verwandeln würden, dass Philosophen also keine »verkappten« Theologen wären, wollte er die Legitimität der Geschichtsphilosophie als Disziplin, und auch die Legitimität eines in der Neuzeit, in der Moderne, verankerten Geschichtsbegriffs wieder aufnehmen und verteidigen. Diese Legitimität der Neuzeit war es, die schon Hermann Cohen verteidigen wollte.

7. »Wo sich Mythos bildet, da schlägt das Herz der Geschichte«: Die Debatte über die Geschichte (II)

»Wo sich Mythos bildet, da schlägt das Herz der Geschichte«: jene schillernden Worte hatte Franz Rosenzweig schon im Frühjahr 1914, noch vor Beginn des Ersten Weltkriegs geschrieben, in einem Aufsatz, der den beredten Titel »Atheistische Theologie« trug.[1] Der Aufsatz, den er auf Einladung des jüdischen Philosophen Martin Buber hin verfasste, behandelt die Frage nach dem Verhältnis zwischen dem ›Mythos‹, der bis in die moderne Zeit bei Juden wie auch bei anderen Völkern lebendig blieb, und der monotheistischen, insbesondere der jüdischen, Religion, eine Frage, die in deutsch-jüdischen Kreisen damals häufig erörtert wurde. Schon im Titel seines Aufsatzes spielte Rosenzweig darauf an, dass eine Religion, die sich auf ›Mythen‹ gründet, zu einer »atheistischen Theologie« führen würde. Schon zu Beginn seiner Laufbahn erwies sich der junge Autor als ein zutiefst religiöser Denker und es war für ihn unstrittig, dass eine religiöse Wahrheit keineswegs mit einer in ›Mythen‹ verankerten Geschichtswahrheit verwechselt werden dürfe.

Die Frage des ›Mythos‹ und insbesondere der Rolle, die ein solcher ›Mythos‹ für unser Geschichtsverständnis spielt, steht im Zentrum von Rosenzweigs Denken und er suchte in der Bibel nach einer Antwort auf diese Frage. Da er aber als Historiker – genauer gesagt, als Historiker der politischen Ideengeschichte – ausgebildet worden war, waren es vor allem Historiker, und mit ihnen auch Theologen, die er nach ihrem Verständnis des ›Mythos‹ befragte. Die Fragen, die er bezüglich des Verhältnisses von Mythos und Religion stellte, sind aber nicht nur historische und theologische, sondern auch philosophische Fragen. Ihnen liegt die alte Frage Platons nach den Beziehungen zwischen ›Mythos‹ und Gedächtnis, also die Frage der ›Anamnesis‹ oder ›Erinnerung‹, aus der die Erkenntnis entspringt, zugrunde. Eben

[1] Der Aufsatz erschien erst im Jahre 1937. Heute wieder zugänglich in: Rosenzweig, GS III, 687–697, hier 693.

diese philosophische, erkenntnistheoretische Frage soll im Zentrum dieses Kapitels stehen.

Der erste Teil widmet sich einer Untersuchung des Aufsatzes »Atheistische Theologie«. In diesem Aufsatz wandte sich Rosenzweig gegen den ›Historismus‹, in dem seinerzeit gebräuchlichen Sinne des Wortes.[2] Der ›Historismus‹ fand begeisterte Anhänger bei vielen deutschen Historikern und Philosophen, auch bei vielen derjenigen unter ihnen, die Juden waren. So zum Beispiel bei Martin Buber in der Vorkriegszeit und in den ersten Kriegsmonaten, und auch bei seinen Anhängern. Keineswegs aber bei Rosenzweig, der den ›Historismus‹ verwarf – aus Gründen, die hier erörtert und präzisiert werden sollen. Der zutiefst religiöse Denker, der Rosenzweig schon in der Zeit war, als er seinen Aufsatz verfasste, sah im Historismus eine *Mythologisierung* der Geschichte, die darin bestand, ein ›Volk‹, also eine geschichtlich-politische Realität, zu vergöttern. Für ihn konnte sich aber eine solche Realität nicht durch etwas authentisch Religiöses auszeichnen. Daher das Oxymoron, der in sich widersprüchliche Titel einer »atheistischen Theologie«.

In diesem Artikel, und damit bereits in den frühen Jahren seiner Karriere, setzte er sich mit dem großen Irrtum der ›Historisten‹ auseinander, der seiner Ansicht nach darin bestand, dass sie die Gegenwart in eine mythische Vergangenheit projizierten, statt die Gegenwart zu sehen wie sie ist, das heißt als eine *Gegenwart*. Ein Argument, das er später im *Stern* wieder aufgreifen wird. Die ›Historisten‹, so Rosenzweig, seien nicht in der Lage, zwischen *Vergangenheit* und *Gegenwart* zu unterscheiden. Rosenzweig ging es nicht nur darum, daran zu erinnern, dass jene beiden Zeiten – man könnte auch sagen, jene beiden ›Weltalter‹ – der Gegenwart und der Vergangenheit sich voneinander unterscheiden, sondern auch darum, die Art und Weise zu untersuchen, wie dieser Unterschied in unserem Bewusstsein, bis in unsere alltäglichsten Wahrnehmungen hinein, verankert ist. Im zweiten Teil dieses Kapitels wird gezeigt, dass die Meditation Schellings über die ›Weltalter‹ und insbesondere über das erste dieser Weltalter – die Vergangenheit – für Rosenzweig der ideale Ausgangspunkt seiner eigenen Zielsetzung war, nämlich zwischen

[2] Diese Bedeutung unterscheidet sich natürlich von jener, die Karl Popper wesentlich später dem Begriff des ›Historizismus‹ zuschreiben wird, zum Beispiel in seinem Werk *Das Elend des Historizismus* (1944). Um diesbezüglich jedes Missverständnis zu vermeiden, gebrauche ich den Begriff des ›Historismus‹.

›Vergangenheit‹ und ›Gegenwart‹ zu unterscheiden und damit eine Unterscheidung zu treffen, welche die ›Gegenwart‹ als solche, als eine *Gegenwart*, wahrzunehmen erlaubte, die es aber auch ermöglichte, sich auf sie als Gegenwart zu konzentrieren.

Dass die Unterscheidung von Vergangenheit und Gegenwart ein wesentliches Element der Zeitauffassung, und daher auch grundlegend für Geschichtsbewusstsein und Geschichtswissenschaft ist, haben sowohl Historiker wie auch Psychologen, Linguisten und Anthropologen betont. So zum Beispiel der französische Mediävist Jacques Le Goff, der in seinem Aufsatz »Vergangenheit/Gegenwart«[3] die Terminologie des berühmten Anthropologen Claude Lévi-Strauss und dessen Unterscheidung zwischen ›kalten‹ und ›heißen‹ Gesellschaften *(sociétés ›froides‹ et sociétés ›chaudes‹)* aufgreift, die Levi-Strauss zufolge angemessener ist als die ältere Unterscheidung zwischen Völkern ›ohne Geschichte‹ und Völkern ›mit Geschichte‹. Demgemäß sei die Unterscheidung zwischen Vergangenheit und Gegenwart in den ›kalten‹ Gesellschaften, also denen ohne Geschichte, schwächer und auch anders bestimmt als in den ›heißen‹ Gesellschaften, also in den Gesellschaften mit einer Geschichte. Schwächer, weil der Bezug zur Vergangenheit als ein Bezug auf eine mythische Zeit verstanden wird, also auf eine ›Schöpfung‹, ein ›Goldenes Zeitalter‹, und weil die Zeit, die zwischen diesem Zeitalter und der Gegenwart liegt, ›abgeflacht‹ *(aplati)* würde. Dem ›wilden‹ Denken ist es gemäß dieser Unterscheidung zu eigen, zeitlos zu sein und die Welt zugleich als synchronische und diachronische Totalität zu erfassen:

Durch Mythen und Rituale stellt das wilde Denken eine besondere Beziehung zwischen Vergangenheit und Gegenwart her: »Die mythische Geschichte ist paradoxerweise von der Gegenwart zugleich losgelöst und mit ihr verbunden […]. Dank dem Ritual verbindet sich die ›losgelöste‹ Vergangenheit des Mythos einerseits mit der periodischen Wiederkehr des biologischen Zyklus und der Jahreszeiten, andererseits mit der ›verbundenen‹ Vergangenheit, die über Generationen hinweg die Toten mit den Lebenden verbindet.«[4]

---

[3] Vgl. Jacques Le Goff, *Geschichte und Gedächtnis*, Frankfurt/New York, 1991, 29–48, hier insbes. 34–36.

[4] Vgl. Jacques Le Goff, *Geschichte und Gedächtnis*, 34. Ausdrücklich zitiert Le Goff Levi-Strauss, z. B. S. 40: »Das wilde Denken ist seinem Wesen nach zeitlos; es will die Welt zugleich als synchronische und diachronische Totalität erfassen […].« Vgl. Claude Lévi-Strauss, *Das wilde Denken*, Frankfurt, 1979, hier 302–303. Vgl. auch S. 273: »Die mythische Geschichte zeigt uns also das Paradox, von der Gegenwart zugleich

Diese Beschreibung des Anthropologen Levi-Strauss, der aber in erster Linie als Philosoph ausgebildet war, soll als geeigneter Rahmen dienen, um zu verstehen, was Rosenzweig selbst im ersten Teil seines *Sterns*, also in dem Teil über »Die Elemente, oder die immerwährende Vorwelt«, beschreiben wollte: »das Wesen des Mythos«[5], die »Welt des Mythos«, den »Geist des Mythischen«[6], also das Element des Mythos, in dem Gott »zu einem lebendigen Gott wird«, und »seine Stärke in jener Geschlossenheit« [des Mythos] hatte. In seinem Werk steht diese Beschreibung an erster Stelle, weil Rosenzweig dachte, dass es zuerst darum gehen müsse, die Stärke dieses mythischen Elements in unserem Bewusstsein zu betonen, er mit dem ›Mythischen‹ aber gleichzeitig brechen wollte. Im dritten Teil dieses Kapitels wird gezeigt, dass diese Position Rosenzweigs eine Quelle der Inspiration auch für Levinas wurde.

I

Wie Paul Mendes-Flohr überzeugend zeigte[7], stehen die Ideen Rosenzweigs über die Geschichte, insbesondere in seinem Essay »Atheistische Theologie« aus dem Jahre 1914, im »breiteren Kontext« dessen, was man als »die Krise des Historismus« bezeichnet. Rosenzweig wollte selbst Historiker werden. Er war jedoch von den Berufshistorikern sehr schnell enttäuscht und kritisierte die Sterilität ihrer rein akademischen Forschungen, oder mit Paul Mendes-Flohr gesprochen: die Gelehrtheit um ihrer selbst willen. Gleichzeitig hegte Rosenzweig den unverhohlenen Wunsch, sich von dem Relativismus abzuheben, der den Positionen vieler seiner geistigen Lehrer, den deutschen Historikern seiner Zeit, zugrunde lag.

Wie jedoch Leo Strauss in *Naturrecht und Geschichte* deutlich gemacht hat, sind »Skeptizismus und Historismus zwei völlig verschiedene Dinge«.[8] In demselben Werk merkte Leo Strauss auch an,

---

losgelöst und mit ihr verbunden zu sein. […] Dank dem Ritual fügt sich die ›losgelöste‹ Vergangenheit des Mythos einerseits der biologischen und jahreszeitlichen Periodizität ein, andererseits der ›verbundenen‹ Vergangenheit, die über die Generationen hinweg die Toten und die Lebenden vereint«.

[5] Vgl. Rosenzweig, *Stern*, 37.

[6] *Stern*, 38.

[7] P. Mendes-Flohr (1988), 139.

[8] L. Strauss, *Naturrecht und Geschichte* (1956), 21.

dass »die Behauptung eines absoluten Moments der Geschichte eine grundlegende Gegebenheit der historistischen These ist«[9]. Um Rosenzweigs Haltung zum Historismus verstehen zu können, ist der zweite Punkt von Strauss noch wichtiger als der erste, denn für Rosenzweig war der ›Historismus‹ nicht einfach nur eine simple Spielart des akademischen Skeptizismus oder Relativismus. Rosenzweig hatte wohl verstanden, dass der Historismus seine Kraft aus der ›Vergöttlichung‹ eines ›Volkes‹ und dessen Produkt, dem ›Mythos‹, zog; und dass es eine Bewegung war, die auf diese Weise zur ›Vergöttlichung‹ der historischen Realität führte.

In seinem Essay »Atheistische Theologie« setzte er sich vor allem mit dieser Art der Vergöttlichung kritisch auseinander. Der Essay wurde im Frühjahr 1914 verfasst, also noch vor dem Ausbruch des ersten Weltkriegs, aber bereits zu einer Zeit, als sich die deutsche Philosophie sozusagen schon im Krieg befand.[10] Erst vor diesem Hintergrund versteht man Rosenzweigs Reaktionen: seine Bestürzung darüber, wie sehr sich der deutsche Idealismus in der letzten Generation verändert hat, aber auch sein vehementer Protest gegen die Äußerungen des Nationalismus in Deutschland, »jene scheinbare Entgeistigung des Volkes zur Rasse, des ›nationalen‹ zum ›völkischen‹ Gedanken«[11], wie er selbst schrieb. Er war besonders konsterniert, als er feststellte, dass seine Glaubensbrüder von solchen Tendenzen keineswegs frei waren. Die gesamte Entwicklung, so Rosenzweig wörtlich in seinem Essay, »sehen wir nun in unsrer Mitte« und, so Rosenzweig weiter, »auch auf jüdischer Seite konnte es jetzt zu einer atheistischen Theologie kommen«, zu einer Theologie, deren Triumph letztlich nichts anderes bedeute, als »die Offenbarung als Mythologie zu erweisen«[12]:

Wo sich Mythos bildet, da schlägt das Herz der Geschichte. Was so als Mythos erkannt wird, hört zwar auf, im gleichgültigen Sinne wahr zu sein: aber die historische Wirklichkeit, an die sich die Kristalle des Mythos ansetzten, hat eben dadurch ihre Kraft erwiesen, Wirklichkeit für den Glauben

[9] Deutsche Übersetzung (geändert), *op. cit.*, 31. Vgl. L. Strauss, *Natural Right and History*, 1953, 29: »the assumption of an absolute moment in history is essential to historicism«.

[10] Vgl. dazu die hervorragende Beschreibung von H. Lübbe des »Geistes von 1914« in dessen Werk über die politische Philosophie Deutschlands jener Zeit: *Politische Philosophie in Deutschland* (1963), 171–235.

[11] Rosenzweig, GS III, 691.

[12] Rosenzweig, GS III, 692 f.

zu sein. Ist sie zu solcher Bedeutung schon von andrer Seite her prädestiniert, ist sie also z. B. Persönlichkeit oder, neuerdings, Volkheit, so steht ihrer Vergöttlichung nichts mehr im Wege.[13]

Bei der Lektüre dieser Zeilen dürfte klargeworden sein, dass Rosenzweig für eine solche »Vergöttlichung« oder ›Mythologisierung‹ der Geschichte keineswegs eintrat. Ganz im Gegenteil: Mit solchen Glaubensmeinungen, oder ideengeschichtlichen Tendenzen, wollte er deutlich brechen, wie er es übrigens schon in den Jahren zuvor versucht hatte, als er beispielsweise in einem Brief an Hans Ehrenberg vom September 1910, im Alter von 24 Jahren, schrieb: »Wozu bräuchten wir einen Gott, wenn die Geschichte göttlich wäre?«[14] Damit wollte er bestimmt nicht sagen, dass die Geschichte oder der Mythos unausweichliche Dimensionen unserer Existenz seien und dass man ihre Macht anerkennen müsse. Er wollte vielmehr die Notwendigkeit betonen, sich vom Mythos und damit für ihn auch von der ›Geschichte‹ zu verabschieden und sich entschlossen der Religion zuzuwenden. Genau diese Position verteidigt er auch vier Jahre später in dem Artikel »Atheistische Theologie«. Was er dort an seinen Zeitgenossen kritisiert, ist deren *Mythologisierung* der Substanz der Geschichte in ihren Werken, die auch zu ihrer »Vergöttlichung« verleite und so die Erzählungen der Historiker jeglichen Wahrheitsgehalts beraube.

Diese Kritik richtete sich sowohl gegen die Politiker seiner Zeit als auch gegen viele deutsche Historiker, Theologen, und Philosophen, und vor allem gegen viele deutsche Juden und ihre Wortführer. Gleich zu Beginn des Artikels unterstreicht Rosenzweig, dass es sein Ziel sei, »eine noch junge, doch wie es scheint wirkungsstarke Richtung im modernen Judentum [zu] schildern und [zu] erwecken.«[15] Er sagt zwar nicht explizit, gegen wen sich seine Kritik richtet, dies ist aber nur allzu deutlich, da er auf Martin Buber und seine Freunde und Jünger anspielt.[16] In ihrer Haltung sah er ein Abdriften in Richtung einer »Vergöttlichung« eines Volkes, das man durch seine ›Rasse‹ definierte, und in Richtung einer Mythologisierung der Geschichte. Offenbar hat Rosenzweig Bubers damaliges Ab-

---

[13] Rosenzweig, GS III, 693.

[14] Brief an Hans Ehrenberg, Kassel, den 26. September 1910, in: Rosenzweig, GS I.1, 112.

[15] Rosenzweig, GS III, 687.

[16] Zu diesem Punkt siehe auch R. Mayer in: Rosenzweig, GS III, 858.

driften in Richtung einer Befürwortung des Krieges klar erkannt. Es muss jedoch hinzugefügt werden, dass es sich dabei um eine kurze Episode handelte und nur Bubers Ideen in den Monaten, die der Kriegserklärung vorausgingen, und die ersten Kriegsmonate des Jahres 1914 betrifft, nicht aber die Ideen, die Buber in den darauffolgenden Monaten und Jahren entwickelte und die bekanntlich ganz anderer Natur waren.[17]

Bestimmt kannte Rosenzweig das wunderbare kleine Buch Bubers über *Die Legende des Baalschem* (1907) gut. In dem Vorwort dieses Buches hatte Buber nachdrücklich unterstrichen, dass »die Juden ein Volk [sind], das nie aufgehört hat, Mythos zu erzeugen.«[18] Sehr wortgewandt hatte er dort auch den langen Kampf der jüdischen Religion gegen den Mythos beschrieben; ein Kampf, aus dem der Mythos zwar als Sieger hervorging, diesen Sieg jedoch nur habe erringen können, indem er der »Religion«, das heißt dem »Gesetz« entflohen sei. Der Mythos im Judentum sei in die Kabbala abgewandert, in die Legenden und in jüngerer Zeit auch in den Chassidismus.[19]

Im selben Vorwort hatte Buber auch sehr deutlich zwischen »Mythos« und »Legende« unterschieden: »Der Gott des reinen Mythos beruft nicht, er zeugt; er sendet den Gezeugten, den Heros. Der Gott der Legende beruft den Menschensohn: den Propheten, den Heiligen«.[20] Durch diese Unterscheidung zwischen »Mythos« und »Legende« versuchte Buber der sehr alten und heftigen Opposition vieler Juden – sowohl orthodoxer als auch nichtorthodoxer – gegenüber der Idee einer jüdischen *Mythologie* zu begegnen. Zu Bubers Zeiten war unter Juden wie Nichtjuden die Vorstellung sehr verbreitet, dass das Judentum als monotheistische Religion, dem mythischen Denken entgegengesetzt, ja sogar *per definitionem* gegen Mythen immun sei.

---

[17] Siehe dazu die Veröffentlichung der Briefe Bubers durch P. Mendes-Flohr und N. Glatzer: *The Letters of Martin Buber* (1991), hier 160 f. Über die Entwicklung Bubers, siehe auch H. Kohn, *Martin Buber* (1930).

[18] Martin Buber, *Die Legende des Baalschem* [1907], Zürich, 1955, 9.

[19] Terminologisch stammt ›Chassidismus‹ von dem hebräischen Wort ›Chassid‹, der ›Fromme‹, ab. Der Begriff bezeichnet verwandte aber voneinander unabhängige Bewegungen im Judentum. Diese Bewegungen zeichnen sich durch strenge Observanz religiöser Lebensregeln und eine mystische Gottesnähe aus. Der osteuropäische Chassidismus, der im 18. Jahrhundert entstand, ist der bekannteste und nahezu weltweit verbreitet. Unter den chassidischen Gemeinschaften der Gegenwart ist zuerst die Chabad-Bewegung zu nennen; unter den zahlreichen weiteren Gruppen verdienen auch andere Gemeinschaften Erwähnung: Satmar, Belz, Ger, Wischnitz …

[20] Martin Buber, *Die Legende des Baalschem*, 13.

Eine Vorstellung die sich beispielsweise bei Ernest Renan findet.[21] Sie war auch ein Leitgedanke Hermann Cohens, unter anderem in seinem Essay über *Religion und Sittlichkeit,* der 1907 fast gleichzeitig mit Bubers kleinem Buch erschienen war.[22] In diesem Essay hatte Cohen zwar anerkannt, dass die Religion und damit die gesamte Kultur aus Mythen entstanden war. Er hatte auch eingeräumt, dass der Mythos in der Religion fortlebt, allerdings nur wie eine von der Religion unabhängige Wurzel, so dass er keineswegs als integraler Bestandteil der Religion, als authentisches religiöses Motiv betrachtet werden dürfe. Denn Cohen hatte sich, zumindest was das Judentum anbelangt, gegen jede »Einfärbung«, gegen jede »Beimischung des Mythos in dem Gottesbegriff« gewandt. Ganz deutlich hatte Cohen auf der grundlegenden Unterscheidung zwischen mythischen Göttern und dem jüdischen Gottesbegriff, einem Konzept, das essentiell ethischer beziehungsweise moralischer Natur sei, bestanden:

> Wo in aller Welt fände sich in den Mythen ein solcher Satz: die Götter oder einer derselben künden den Menschen, was gut sei? Glück oder Unglück, Sieg oder Untergang verkünden sie, oder lassen es verkündigen [...]. Den Begriff des Guten aber haben die Philosophen erdacht, so die Propheten den Gedanken des Guten.[23]

1907 hatte Cohen also klar auf der Notwendigkeit bestanden, den Mythos aus dem Judentum zu verbannen. Vielleicht unterscheidet Buber in dem Vorwort zu der *Legende des Baalschem* »Mythos« und »Legende« deshalb so genau, um zwischen dieser starken These Cohens und seinem eigenen Werk zu vermitteln. So plausibel diese Hypothese auch sein mag, zeigte Buber sich später, in den Jahren 1913 und 1914, deutlich weniger vorsichtig. In *Der Mythos der Juden,* einem Vortrag, den er 1913 hielt[24], betonte Buber, dass der

---

[21] E. Renan, *Histoire générale et système comparé des langues sémitiques* (1855), 7. Die semitischen Völker, schreibt Renan dort, »haben nie eine Mythologie gehabt« (meine Übersetzung; M. B.).

[22] Vgl. Hermann Cohen, Religion und Sittlichkeit, heute in: Cohen, *Werke* 15, 1–101.

[23] Vgl. Cohen, *Werke* 15, 35 ff., hier 44.

[24] Es handelt sich um den dritten einer Reihe von Vorträgen, die 1916 unter dem Titel *Vom Geist des Judentums* (75–95) veröffentlicht wurden. Vgl. dazu jedoch auch den Band, der von dem *Verein jüdischer Hochschüler Bar Kochba* in Prag unter dem Titel *Vom Judentum* (1913) herausgegeben wurde und der die früheste Veröffentlichung von Bubers Essay darstellt. Es ist nicht sicher, doch zumindest sehr wahrscheinlich, dass Rosenzweig den Essay schon früh gelesen oder wenigstens von ihm gehört hatte.

Mythos eine »ewige Funktion der Seele«[25] sei und »die nährende Quelle aller wahrhaften Religiosität«[26]. Mit Nachdruck hält er daher auch fest:

Es ist gar nicht wahr, daß Monotheismus und Mythos einander ausschlössen und ein monotheistisch empfindendes Volk somit der mythenbildenden Kraft entbehren müßte. Vielmehr ist jeder lebendige Monotheismus des mythischen Elements voll, und nur solange er dies ist, ist er lebendig.[27]

In diesem Vortrag richtet sich Buber vor allem gegen den von ihm so bezeichneten »Rabbinismus«, das heißt gegen das »intellektuelle Gebilde der rational-monotheistischen Rabbinenreligion.«[28] Er kritisiert darin auch alle »jüdischen Apologetiker, […] deren armseliger Eifer darauf geht, darzulegen, daß das Judentum gar nichts Besonderes, sondern nur die pure Humanität sei«[29]. Unter den deutschen Juden hatte diese These eine beträchtliche Zahl von Anhängern. Buber zählte zu ihnen auch Hermann Cohen, und wir wissen, dass Rosenzweig in der Zeit, als er seinen Essay über die »Atheistische Theologie« verfasste, auch regelmäßig die Vorlesungen Cohens in Berlin besuchte.[30]

Welche Position vertrat Rosenzweig 1914 im Hinblick auf die zentrale Frage des Mythos im Judentum, die Buber und Cohen so radikal trennte? Dachte Rosenzweig wie Cohen, dass sich Mythos und Monotheismus gegenseitig ausschlössen, oder war er bereit Buber zu folgen, und sei es auch nur ein Stück weit?

In dem Aufsatz »Atheistische Theologie« erwähnt Rosenzweig Cohen nur ein einziges Mal. Er schreibt, dass Cohen seinerzeit (also 1914) ganz am Anfang »einer streng rationalistischen Umdeutung des Offenbarungsbegriffs« gestanden habe, und er fügt hinzu, dass eine solche Umdeutung »das bedeutendste Zeugnis des ›Wiedererwachens‹ der Philosophie auch in unserer Mitte« sei.[31] Aus diesen Sätzen geht meiner Meinung nach hervor, dass Rosenzweig Cohens ›rationalistische‹ und philosophische ›Umdeutung[en]‹ nicht schätzte. Dennoch war er bereit, dessen Verdienste anzuerkennen, denn ihm

---

[25] M. Buber, *Vom Geist des Judentums*, loc.cit., 91.

[26] M. Buber, *op.cit.*, 78.

[27] M. Buber, *op.cit.*, 82.

[28] Vgl. Buber, *ibid.*, 82.

[29] M. Buber, *op.cit.*, 77.

[30] Rosenzweig erwähnt den Besuch dieser Vorlesungen in demselben Brief vom 8. Februar 1914 (GS I.1, 149), in dem er auch schreibt, dass er hoffe, Buber kennen zu lernen – damals war er Buber also noch nicht begegnet.

[31] Rosenzweig, GS III, 281.

schienen die Ideen Bubers, jedenfalls zu dem damaligen Zeitpunkt, weit bedrohlicher, also noch weniger akzeptabel zu sein, als diejenigen Cohens. Rosenzweig bemerkte mit Recht, dass Bubers Ideen wohl die Wirkung haben könnten, »zu zeigen, daß die Offenbarung Mythologie ist«;[32] und er scheute daher keine Mühen, um darzulegen, wie gefährlich eine solche Entwicklung sein würde. Zu diesem Zweck ging Rosenzweig in seiner Darstellung bis zu David Friedrich Strauss (1808–1874) zurück.

Hier muss kurz an Strauss' *Leben Jesus* (1835–1836)[33] erinnert werden: Darin hatte Strauss die These entwickelt, dass man bei der Lektüre und der Erklärung der Bibel auf einen ›mythischen‹ Standpunkt oder ein ›mythisches‹ Prinzip zurückgreifen müsse. Er hatte erklärt, dass ein ›Mythos‹ gemäß eines solchen Prinzips nicht nur als ein trügerisches Mittel angesehen werden dürfe, um das Volk zu täuschen, oder als eine Allegorie, sondern eher als der Ausdruck fundamentaler Gefühle und Ideen einer religiösen Gemeinschaft, als Ausdruck des ›Geists‹ eines Volkes (um es in den von Hegel inspirierten Begriffen, derer Strauss sich bedient, zu formulieren). Was bei dem ›Mythos‹, so wie er hier definiert wird, zähle, seien nicht die Ereignisse selbst, die erzählt werden, so zum Beispiel das Leben Jesus oder die Wunder, die Jesus bewirkt hätte. Es gehe nicht um die Frage, ob solche Ereignisse wirklich stattgefunden hätten oder nicht, also darum zu wissen, was damals wirklich, wann und wie geschehen sei. Die ›Mythen‹ verkörperten vielmehr die Erwartungen eines Volkes, das sie formuliert und das sie überliefert habe. Dementsprechend sei auch Jesus die Inkarnation der messianischen Erwartungen des jüdischen Volkes, die schon vor dessen Erscheinen sehr lebendig gewesen seien. Bei unserer Lektüre der Bibel dürften wir also nicht auf übernatürliche oder wunderbare Voraussetzungen zurückgreifen, sondern vielmehr auf eine Idee, die in gewisser Weise die Erwartungen der Menschen verkörperte, die Idee eines Mensch gewordenen Gottes.

Diese Art und Weise, das Evangelium zu interpretieren hat Hegel'sche Ursprünge und Rosenzweig selbst stellt fest, dass Strauss' Unternehmen am Anfang im ›Geiste‹ Hegels verankert gewesen sei. Aber er sagt auch, dass es weit darüber hinausging, und bemerkt, dass

---

[32] Vgl. Rosenzweig, GS III, 693.

[33] Zu Strauss siehe M. Bienenstock und N. Waszek, L'École hégélienne. Les hégéliens (1994), 55–68, hier 56–61.

in Wahrheit das gesamte Unternehmen der Leben-Jesu-Theologie von stark romantischen Konzeptionen geprägt war. Letztendlich, so Rosenzweig, sei es die Individualität, die Persönlichkeit von Jesus, die Strauss in seinem Werk *Das Leben Jesus* herausarbeiten wollte. Damit habe sich Strauss im Übrigen in die direkte Nachfolge Schleiermachers und Goethes begeben. Rosenzweig fügt sogar hinzu, dass die »heimliche Grundannahme dieses Lebens Jesu, wie es die deutschliberale Theologie zum Glaubensbrennpunkt zu machen hoffte«, nichts anderes gewesen sei als »das Leben Goethes«.[34] Er sagt nicht, an wen er hier genau denkt, aber der Hinweis auf Schleiermacher, und die Idee, dass das Leben, oder präziser die »Individualität« von Jesus oder jedes anderen Autors von größter Wichtigkeit für das Verständnis einer Lehre sei, verweist eindeutig auf Wilhelm Dilthey. Dieser hatte als Motto für seine Schleiermacherbiographie, eines von ihm hochgeschätzten Autors, einen Satz von Goethe gewählt: *Individuum est ineffabile*.[35] Und Rosenzweig kannte die Werke Diltheys gut. Zu der Zeit, als er seine Doktorarbeit über Hegel schrieb, hatte er den Klassiker Diltheys, die *Jugendgeschichte Hegels* (1905) intensiv studiert. Er war der Interpretationslinie von Diltheys Buch nicht gefolgt, da er, was Hegel anbelangt, Friedrich Meinecke immer näher stand.[36] Dennoch hatte Rosenzweig anerkannt, dass es Dilthey beschieden war, »unter einem Geschlecht, das aus neugeartetem Verlangen den Rückweg suchte zum alten Idealismus, das historische Andenken Hegels zu erneuern«.[37] Das schreibt er zumindest 1920 in dem Vorwort zu *Hegel und der Staat*, wo er den bekannten Essayband Diltheys *Das Erlebnis und die Dichtung* sehr lobt und bei dieser Gelegenheit auch daran erinnert, dass seine gesamte Generation in Dilthey einen Autor gefunden habe, der sie dazu angeregt hat, den deutschen Idealismus der Jahrhundertwende wiederzuentdecken.[38] Hier ist anzumerken, dass auch Buber dieser Generation angehörte, und dass vor allem Buber von Dilthey, bei dem er in Berlin studiert hatte, und der in seinen Augen »der wichtigste seiner Professoren, für das Philosophie-Studium« war, zutiefst beeindruckt war und beein-

[34] Rosenzweig, GS III, 689.

[35] W. Dilthey, *Das Leben Schleiermachers* (Bd. I, 1870), heute in: *Gesammelte Schriften*, XIII (1979), S. 1.

[36] Siehe oben, S. 127 f.

[37] F. Rosenzweig, *Hegel und der Staat* (2010), 16.

[38] F. Rosenzweig, *Hegel und der Staat* (2010), 15 f. – Auch Rosenzweig, GS III, 50.

flusst wurde.[39] Es ist frappierend, wie viel Buber Dilthey verdankt, was insbesondere anhand seiner ersten Vorträge über das Judentum deutlich wird, die oben bereits erwähnt wurden. Dies konnte Rosenzweig nicht verborgen bleiben.[40] Um zu verstehen was er an Buber, und an der Geschichtsschreibung und den Historikern seiner Zeit kritisierte, muss man auch zu Dilthey und zu seinem damaligen Einfluss zurück.

In seinem Werk über die *Jugendgeschichte Hegels* hatte Dilthey vor allem die Manuskripte des jungen Hegel berücksichtigt, die von Religionsgeschichte handeln: die Schrift »Leben Jesus«, von Hegel 1795 verfasst, den Essay über die »Positivität der christlichen Religion« und vor allem das bekannte Manuskript, das unter dem Titel »Der Geist des Christentums und sein Schicksal« (1795–1799) bekannt geworden ist, in dem es auch einen Teil über den »Geist des Judentums« gibt.[41] Dilthey hatte behauptet, dass Hegels früher Ansatz, die Geschichte dieser Religionen darzustellen, auf die Grundlagen seiner gesamten Geschichtskonzeption verweist:

> Hegels Verfahren in diesem Teil der Religionsgeschichte läßt stärker, als in dem vorhergehenden geschehen war, zwei wesentliche Grundlagen seiner historischen Auffassung hervortreten. An der ältesten christlichen Gemeinde kann er deutlicher noch als an den griechischen Politien ein einheitliches Bewußtsein aufzeigen, welches der Träger einer Gesamttätigkeit ist. Und indem er so diese Gemeinde als das Subjekt betrachtet, welches die ganze christliche übersinnliche Anschauungs- und Begriffsordnung hervorbringt, analog wie das Ich Fichtes die Welt, findet er hier in der Geschichte selber die Bestätigung für die Lehre Kants und Fichtes von der schöpferischen Natur des Subjektes. So entsteht hier der erste bedeutende Versuch, Geschichte aus diesem Grundbegriff des transzendentalen Idealismus verständlich zu machen.[42]

Nach Dilthey bedeutete also für Hegel ›Geschichte‹ zu schreiben, so unterschiedliche Phänomene wie die Religion, den Mythos, die

[39] Paul Mendes-Flohr, *From Mysticism to Dialogue* (1989), 34. Vgl. auch S. 140, Anm. 40.

[40] Ein kurzer Artikel, den er wesentlich später zu Ehren Bubers verfasste, zeigt übrigens, dass er den Bezug klar gesehen hatte: »Zu einer Stelle aus Martin Bubers Dissertation«, abgedruckt in: Rosenzweig, GS III, 713–716, hier 715.

[41] Einer der Schüler Diltheys, Herman Nohl, veröffentlichte 1907 zum ersten Mal diese frühen Texte Hegels unter dem Titel *Theologische Jugendschriften*.

[42] W. Dilthey, *Die Jugendgeschichte Hegels* (1905b), in: *Gesammelte Schriften*, Bd. IV, 171.

Kunst, aber auch die sozialen und politischen Institutionen, der Aktivität, der Produktion oder genauer der Erschaffung eines kollektiven ›Subjektes‹ zuzuschreiben. Nach Dilthey war bei Hegel dieses kollektive Subjekt der Geschichte letztendlich einem individuellen menschlichen Subjekt sehr ähnlich: es hatte ebenfalls ein Bewusstsein, ein gemeinsames, einheitliches oder homogenes Bewusstsein. Im Zentrum der Neuinterpretation Diltheys stand also die Idee des »Gesamtbewußtseins«, des »Gemeinschaftsbewußtseins«; oder auch, in Anlehnung an die etwas anachronistische französische Übersetzung dieser Begriffe, die eines ›Kollektivbewusstseins‹.[43] Hinzu kommt bei Dilthey eine folgenreiche Reflexion über die Ausdrucksform oder, mit dem charakteristischen Begriff des späteren Werkes Diltheys gesprochen, über die »Objektivation« dieses Bewusstseins: Nach Dilthey ist es tatsächlich die Idee der »Objektivation des Lebens«, die dazu geeignet ist, über alles Geschichtliche und die Historizität oder Geschichtlichkeit Rechenschaft abzulegen:

Durch die Idee der Objektivation des Lebens erst gewinnen wir einen Einblick in das Wesen des Geschichtlichen. Alles ist hier durch geistiges Tun entstanden und trägt daher den Charakter der Historizität. In die Sinnenwelt selbst ist es verwoben als Produkt der Geschichte. Von der Verteilung der Bäume in einem Park, der Anordnung der Häuser in einer Straße, dem zweckmäßigen Werkzeug des Handwerkers bis zu dem Strafurteil im Gerichtsgebäude ist um uns stündlich geschichtlich Gewordenes. Was der Geist heute hineinverlegt von seinem Charakter in seine Lebensäußerung ist morgen, wenn es dasteht, Geschichte. Wie die Zeit voranschreitet sind wir von Römerruinen, Kathedralen, Lustschlössern der Selbstherrschaft umgeben. Geschichte ist nichts vom Leben Getrenntes, nichts von der Gegenwart durch ihre Zeitferne Gesondertes.[44]

Auch wenn der Ausgangspunkt dieser Konzeption Begriffe und Konzepte sind, die auf Hegel zurückgehen, so ist sie gleichwohl nicht

[43] Vgl. W. Dilthey, *Der Aufbau der geschichtlichen Welt in den Geisteswissenschaften* (1910), in der hier zitierten Ausgabe S. 98. Der Gebrauch des Ausdrucks ›Kollektivbewusstsein‹ wird von Dilthey selbst nicht verwandt, und heute gemeinhin Maurice Halbwachs (1877–1945) zugeschrieben, dessen Arbeiten erst lange nach dem ersten Weltkrieg erschienen: Vgl. *Das Gedächtnis und seine sozialen Bedingungen*, erschienen 1925 (deutsch zuerst 1985); und das 1950 posthum erschienene Werk über *Das kollektive Gedächtnis* (deutsche Ausgabe 1985).

[44] W. Dilthey, *Der Aufbau der geschichtlichen Welt in den Geisteswissenschaften*, op. cit., 147 f.

hegelianisch.[45] Bei seiner Lektüre und Interpretation Hegels hielt Dilthey es für sehr wichtig, die Hegel'sche Unterscheidung zwischen einem so genannten »objektiven« und »absoluten« Geist, zwischen der historischen und politischen Wirklichkeit einerseits und der Kunst, der Religion und der Philosophie andererseits aufzuheben. Dilthey, der ein repräsentativer Autor der Jahrhundertwende war – einer Zeit, die von dem Triumph verschiedener wissenschaftlicher ›Positivismen‹ gekennzeichnet war – hatte den *metaphysischen* Charakter der Hegel'schen Unterscheidung bemängelt. Er sah sich in der Lage diese zu überwinden und einen Ansatz zu entwickeln, der seiner Zeit und ihren positivistischen Ansprüchen angemessener wäre. Rosenzweig weist in seinem Vorwort zu *Hegel und der Staat* aus dem Jahr 1920 auf diesen Aspekt hin: er merkt an, dass Dilthey »empfänglich, allzu empfänglich war für die echten Ausgeburten des neuen Geistes, ›Positivismus‹ und ›Empirismus‹«.[46]

Rosenzweig fügt eine weitere Anmerkung hinzu: Dilthey sei Zeit seines Lebens von einem tiefen Glauben an die »Kontinuität« der deutschen Kultur getragen gewesen, und dieser Glaube habe ihn von der Richtigkeit der Idee überzeugt, die Vergangenheit zu bewahren und die Vergangenheit in der Gegenwart zu bestätigen – trotz und gegen die sehr hellsichtige Auffassung, die er selbst von dem Gegensatz zwischen Vergangenheit und Gegenwart hatte.[47] Offensichtlich ist Rosenzweig vorsichtig: Dilthey war an der deutschen Universität sehr einflussreich, besonders in Berlin. Aber es ist auch klar, dass Rosenzweig den entwicklungsgeschichtlichen Ansatz dieses Autors nicht gutheißen konnte. Er sieht in diesem Ansatz eher eine große Schwäche, die ich hier als Frage formulieren möchte: Wenn man mit Dilthey voraussetzt, dass jedes Ereignis oder jeder Zustand, jede empirische Realität, die wir in der Umwelt beobachten können, die »Objektivation« eines »Geistes« oder einer »geistigen« Realität

---

[45] Zu dieser Frage vgl. meinen Artikel »Qu'est-ce que l'esprit objectif selon Hegel?« (2001).

[46] F. Rosenzweig, *Hegel und der Staat* (2010), 15. – GS III, 49.

[47] *Hegel und der Staat* (2010), 15 f.: »lebte in ihm ein tief persönlicher Drang, das Bild des Gipfels von 1800, ob auch die Zeit ihn weiter und weiter verschwinden ließ, im Auge festzuhalten, und […] ein Glaube an das geschichtliche Einssein mit jener Vergangenheit, das trotz aller Gegenwart und alles klar gesehenen und nicht abgelehnten Gegensatzes zu wahren sei: daraus wuchs ihm der bewußte Wille, die »Kontinuität unserer geistigen Entwicklung« zu sichern. Daraus wuchs ihm […] die Jugendgeschichte Schleiermachers.«

ist, wie können wir dann unter all diesen Phänomenen, die wir beobachten, diejenigen, die ›gegenwärtig‹ oder aktuell sind von solchen unterscheiden, die der Vergangenheit angehören? Mit anderen Worten, wie können wir zwischen dem *Lebendigen* und dem *Toten* unterscheiden?

Ein Beispiel: Können wir mit einer von Dilthey inspirierten Konzeption eine Kathedrale oder eine Synagoge, in der wir beten möchten, von einer Kathedrale, die wir als Touristen besichtigen oder von einer Synagoge, die nur noch eine Ruine ist, unterscheiden? Eine Konzeption, die auf einem ›entwicklungsgeschichtlichen‹ Ansatz Diltheys gründet, scheint nicht dafür geeignet, der Aufgabe gerecht zu werden, eindeutig zwischen *Vergangenheit* und *Gegenwart* zu unterscheiden. Sie behandelt alles gleich: die Ruinen wie die Institutionen, die noch lebendig, noch aktuell sind. Die grundlegende Überzeugung Diltheys war: »Geschichte ist nichts vom Leben getrenntes, nichts von der Gegenwart durch ihre Zeitferne Gesondertes«. Aber in den Worten, die Dilthey selbst benutzte, bedeutet dies, dass sie aus jedem historischen Phänomen eine *lebendige* Realität und damit einen *lebendigen* Mythos macht. Die Auffassung Diltheys setzt sich das Ziel, vergangene, zeitferne Erscheinungen gegenwärtig zu machen. Wie könnte es ihr gelingen, zwischen dem, was lebendig ist und dem, was tot ist zu unterscheiden, daher zwischen der Vergangenheit und der Gegenwart?

II

Dank dieser Frage, die Rosenzweig sich gewiss gestellt hat, kann man seinen Enthusiasmus verstehen, als er die *Weltalter* Schellings[48] entdeckte, ein Manuskript, dessen erste Sätze eben die Unterscheidung zwischen drei ›Weltaltern‹ erklären: Vergangenheit, Gegenwart und Zukunft.

[48] Rosenzweig las die von Ludwig Kuhlenbeck (1857–1920) besorgte Reclam-Edition des Textes, welche er wohl erst 1916 entdeckte: Vgl. seinen Brief vom 11. November 1916 an Eugen Rosenstock, in: Rosenzweig, GS I.1, S. 291. Diese Edition der *Weltalter* greift die Fassung aus dem Jahre 1815 auf, die einzige, die man zu jener Zeit kannte: vgl. Schelling, *Werke*, VIII, 198–344. Deshalb wird auch hier diese Ausgabe der *Weltalter* – und nicht die Urfassungen oder »ersten Versionen« (1811 und 1813) – zugrunde gelegt.

Das Vergangene wird gewußt, das Gegenwärtige wird erkannt, das Zukünftige wird geahndet. Das Gewußte wird erzählt, das Erkannte wird dargestellt, das Geahndete wird geweissagt.

Damit versprach Schellings Buch genau das, was die Geschichtsphilosophien zu Rosenzweigs Zeit nicht zu leisten vermochten: zwischen Vergangenheit und Gegenwart und zwischen Gegenwart und Zukunft zu unterscheiden. Das Buch von Schelling ist unvollendet geblieben. Schelling hat von 1811 bis zu seinem Tod 1845, fast 35 Jahre lang, weiter daran gearbeitet und dabei den ersten Satz: »Das Vergangene wird gewußt«, immer wieder neu gefasst, ohne es aber zu schaffen, sein Projekt abzuschließen.[49] Rosenzweig sagte einmal, wenn Schelling dies gelungen wäre, so hätte er sein eigenes Werk, den *Stern der Erlösung*, nicht schreiben brauchen[50] ...

Er wollte das Unternehmen Schellings fortsetzen und dabei insbesondere die ersten Sätze ausführen: Schelling, so Rosenzweig, hätte »in der Vorrede seines genialen Fragments ›Die Weltalter‹ eine erzählende Philosophie geweissagt«. Dann fügte er hinzu, dass der zweite Band seines eigenen Werkes, der *Stern der Erlösung*, »versucht, sie zu geben«.[51]

Rosenzweig fragte sich aber, ob er dann nicht *alles erzählen* müsste – also sowohl das Vergangene als auch das Gegenwärtige und das Zukünftige, wodurch sich die Philosophie als solche in eine erzählende, eine narrative Philosophie verwandeln würde: »Meine Unsicherheit über die Methode meines Denkens«, dies schrieb er in einem Brief vom 11. November 1916 an Eugen Rosenstock,

besteht darin: ich weiß nicht, wo das ›Denken‹ anfangen, bzw. auch aufhören muß und das ›Erzählen‹ aufhören bzw. anfangen. Man müßte alles ›erzählen‹ (vgl. Schelling in dem Reclambändchen ›Die Weltalter‹ in der Einleitung über die historische Philosophie).[52]

Aber hieße das nicht, sich ausschließlich auf die Vergangenheit zu beziehen? Schließlich hatte Schelling nichts anderes getan. Er hatte nur einen Entwurf des ersten Buches über »die Vergangenheit« geschrieben. Rosenzweig war nicht einverstanden.

---

[49] Vgl. dazu X. Tilliette, *La mythologie comprise* (1984), 50.

[50] Vgl. seinen Brief an Hans Ehrenberg vom 18. März 1921 (Rosenzweig, GS I.2, 701).

[51] Vgl. Das neue Denken, in: Rosenzweig, GS III, 148.

[52] Vgl heute Rosenzweig, GS I.1, 291.

Wir wissen, wie er Schellings Idee verändern wollte: In seinem Neuen Denken, so schreibt er im selben Brief an Eugen Rosenstock, würden »Schellings erstes und drittes Weltalter in dem zweiten aufgesogen; dies zweite wird dadurch allerdings zu nichts weiter als zur Geschichte der Offenbarung des ersten und dritten«.[53] Weder auf der Grundlage der Vergangenheit, noch der der Zukunft, sondern auf derjenigen der Gegenwart der Offenbarung, wollte Rosenzweig daher sowohl die Vergangenheit der Schöpfung als auch die Zukunft der Erlösung deuten. Hier stellt sich jedoch die Frage, was diese Veränderung der Schelling'schen These bedeutet und welche Implikationen sich daraus für die Beziehungen des Mythos zur Geschichte und für die Beziehungen zwischen Mythos und Religion, ergeben.

In seinen Vorbereitungsmanuskripten zu den »Weltaltern« schreibt Schelling selber nicht ausdrücklich vom Mythos oder von der Mythologie. Das ist insofern erstaunlich, da er dort eine Auffassung des ›Mythos‹ als Grundlage zu seiner Zeitkonzeption entwickelt.[54] Rosenzweig scheint dies sehr gut verstanden zu haben. Um seine These zu begründen, der zufolge Schelling der Autor des *»Ältesten Systemprogramms des deutschen Idealismus«* gewesen sei, hatte er das »System der Identität«, das vom idealistischen Philosophen Schelling um die Jahrhundertwende ausgearbeitet worden war, schon zu Beginn seiner Karriere ausführlich studiert und insbesondere die Eröffnung dieses Systems, mit der gewagten Behauptung einer Identität zwischen ›Denken‹ und ›Sein‹, zwischen dem ›Ideellen‹ und dem ›Reellen‹.[55] Diese frühen Studien erklären, wieso er dann im ersten Teil seines *Sterns* eine Konzeption des Mythos entwickelte, die letztlich der Schelling'schen These der ›Tautegorie‹, sehr ähnelt: einer Konzeption, der zufolge die mythischen Vorstellungen *ideeller* Art, dem Bewusstsein zugehörig, ebenso wie *reell*, also außerhalb des Bewusstseins stehend, wären. Wie schon bei Schelling[56] werden für Rosenzweig im ersten Teil des *Sterns* mythische Vorstellungen von

---

[53] *Ibid.*, 293.

[54] Vgl. dazu X. Tilliette, nach dem (in: *La mythologie comprise*, op.cit., 51) Schelling diese Frage ausspart, weil er zu Görres – ein Autor, der zur selben Zeit dieses Thema ausführlich behandelte – Distanz halten wollte.

[55] Vgl. Schelling, *System des transzendentalen Idealismus* (1800) in: *Werke*, I/3, 329 sq. Vgl. auch die *Darstellung meines Systems der Philosophie* von 1801 in: Schelling, *Werke*, I/4, 116.

[56] Vgl. z. B. die *Philosophie der Mythologie* in: Schelling, *Werke* XI, 197 f.

dem Bewusstsein erlebt, aber auch auf einer objektiv reellen Theogonie gegründet, auf der Geschichte realer Götter.

Rosenzweig hatte aber auch andere Gründe, sich für die *Weltalter* zu begeistern. Wenn er beispielsweise in einem Brief an Hans Ehrenberg vom 18. März 1921 schreibt, dass die *Weltalter* »ein großes Buch bis zum Ende« sind[57], denkt er dabei aller Wahrscheinlichkeit nach an die Art und Weise, wie Schelling fast am Ende seines Manuskriptes auf die allerersten Sätze der Genesis hinwies, einen Text, den der deutsche Philosoph, der zugleich Theologe war, offensichtlich auch auf Hebräisch studiert hatte:

> Im Anfang schuf Gott Himmel und Erde; in diesen einfachen Worten drückt sich das älteste Buch der Welt über diese Zeit aus, die es dadurch bestimmt von der folgenden abschließt und unterscheidet. So oft auch mißdeutet, ja absichtlich verkannt, sind sie dem Verstehenden unschätzbar […] Alle Auslegung ist trüglich, oder diese Hervorbringung im Anfang, die ein Schöpfen genannt wird, ist eine andere als die spätere, die ein Sprechen ist. Dies eine Wort gerade nur im Anfang gebraucht, ist der entscheidende Beweis, daß das heilige Buch die allererste Schöpfung, deren Geschichte es nur mit der nächsten andeutet, als eine für sich bestehende (als die Schöpfung einer eignen Zeit) von der folgenden absondern wollte.[58]

Mit jener Aufwertung der Idee der Schöpfung hatte Schelling Hegel kritisieren wollen, und mit ihm auch Spinoza. Hier taucht eine der Hauptfragen des Spinozismus- beziehungsweise Pantheismusstreits auf – was Rosenzweig, ein ausgewiesener Kenner des Deutschen Idealismus, zweifellos gewusst hat. Wenn er ganz zu Beginn des zweiten Teils des *Sterns,* den er der »Schöpfung« widmet, unterstreicht, dass der wahre »Anfang« keineswegs das »Gott sprach« ist, sondern vielmehr das »Gott schuf«, hat er vermutlich nicht nur jene Grundfrage, sondern auch die Sätze Schellings im Kopf, mit denen er sich einverstanden erklärte:

> Gott sprach. Das ist das zweite. Es ist nicht der Anfang. Es ist schon die Erfüllung, die laute, des schweigenden Anfangs. Es ist schon das erste Wunder. Der Anfang ist: Gott schuf.
>
> Gott schuf. Das ist das neue. Hier zerbricht die Schale des Geheimnisses. Alles, was wir bisher von Gott wußten, war nur Wissen um einen verborgenen Gott, einen Gott, der sich und sein Leben in einem eigenen mythischen Bezirk, einer Götterburg, einem Götterberg, einem Götterhimmel

---

[57] Vgl. Rosenzweig, GS I.2, 701.
[58] Schelling, *Werke,* VIII, 331 f.

verbarg. Dieser Gott, von dem wir wußten, war an seinem Ende. Aber Gott der Schöpfer ist im Anfang.[59]

Wenn Rosenzweig dann auf derselben Seite des *Sterns* eine »Geburt Gottes aus dem Grunde«, eine »Schöpfung vor der Schöpfung«, erwähnt, dann folgt er somit ebenfalls einem Gedanken Schellings. In den *Weltaltern* hatte Schelling, der sich auch sehr explizit auf Texte von Isaiah[60] bezog, tatsächlich zwischen drei hebräischen Begriffen unterschieden, nämlich zwischen »Schöpfen« oder »Schöpfung« (בריאה), »Formieren« (יצירה) und »Machen« (עשיה). Schelling, der hierin eine »Stufenfolge« sah, hatte vor allem betont, dass der erste der drei Begriffe, das hebräische Wort *bara* eine entscheidende Trennung »zwischen jener im *Anfang* geschehenen Schöpfung und der nachfolgenden«[61] eingeführt habe; und er hatte auf dieser Trennung bestanden, indem er die Leser der ersten Sätze der Genesis dazu anhielt, zu bedenken,

daß der geschilderte Zustand ein vergangener, von dem gegenwärtigen, den sie unwillkürlich der Betrachtung zu Grund gelegt, völlig verschiedener, nicht aus ihm begreiflicher, vielmehr ihm zu Grunde liegender ist …[62]

Genau dieses Projekt Schellings, das darin besteht, die Vergangenheit als *wirklich vergangen* zu beschreiben, als von der Gegenwart aus nicht vorstellbar, sondern als etwas, das »auf dem Grund« oder »zu Grunde« liegt, greift Rosenzweig im *Stern* wieder auf.

Es ist auch Schelling, der Rosenzweig den Weg zu einem Verständnis dafür aufzeigt, wie jene völlig chaotische »Schöpfung« des Anfangs beschrieben werden könnte. Um eine solche Schöpfung zu verstehen, hatte Schelling nicht so sehr auf Phänomene der natürlichen Ordnung verwiesen, wie zum Beispiel die Bewegung der Kometen, sondern vielmehr auf Phänomene geistiger Ordnung: auf eine »verneinende Kraft«, die dem geistigen Sein innewohne und die durch eine alternative Bewegung der Systole und Diastole, des Widerspruchs und der Ausdehnung, zum »Prinzip der Selbstheit« führe.[63] Schelling hatte sich, vielleicht besonders in diesem Kontext, sehr für einige Texte der Kabbala interessiert.[64] Rosenzweig selbst scheint auf

[59] *Stern*, 124 f.
[60] Jesaja 43,7 und 45,7.
[61] Schelling, *Werke*, I.8, 332.
[62] *Ibid.*, 334.
[63] *Ibid.*
[64] Es ist jedoch anzumerken, dass die Spezialisten, die sich heute für diese Frage inte-

diesem Weg dazu gekommen zu sein, sich mit der Kabbala zu beschäftigen und sich in einige grundlegende Texte dieser Disziplin zu vertiefen.[65]

Es scheint so, als hätte Hans Ehrenberg hier die Rolle des Mentors gespielt. Es ist kein Zufall, dass Rosenzweig in der »Urzelle« des *Sterns der Erlösung* (einem Brief an seinen entfernten Großvetter Victor Ehrenberg) die Idee eines »dunklen Grundes« zwei Mal mit einem anderen seiner Großvetter, Hans Ehrenberg, assoziiert – und durch ihn auch mit Schelling: ausdrücklich erwähnt er die »Verinnerung Gottes, die nicht bloß seiner Selbstentäußerung, sondern sogar seinem Selbst *vorhergeht* (wie es, soviel ich weiß, die Lurjanische Kabbala lehrt«.[66] Zwar gibt es kaum Dokumente, die es erlauben, den Gehalt der zahlreichen Diskussionen, die Franz Rosenzweig und Hans Ehrenberg über den Deutschen Idealismus insgesamt und besonders über Schelling geführt haben, näher zu bestimmen. Doch wissen wir, dass der Dialog zwischen beiden Großvettern schon früh begann und sich als äußerst wichtig für beide erwies. So bezeichnete Rosenzweig Hans Ehrenberg beispielsweise als seinen »eigentlichen Lehrer in Philosophie«.[67] Einige der Vorlesungen, die Hans Ehrenberg ab dem Wintersemester 1910/11, insbesondere diejenigen vom Wintersemester 1912/13 zu »Fichte, Schelling, Hegel« hielt, scheint Rosenzweig besucht zu haben, oder ließ sich die Unterlagen davon

---

ressieren, vorsichtiger über die Tiefe von Schellings Kenntnis der Kabbala urteilen als früher. Vgl. zu dieser Frage Christoph Schulte (1993b).

[65] Vgl. dazu Moshe Idel, Franz Rosenzweig and the Kabbalah, in: Paul Mendes-Flohr (Hg.), *The Philosophy of Franz Rosenzweig* (1988), 162–171 und 242–245. Zu dieser Frage vgl. auch Warren Zeev Harvey, How much Kabbalah in the *Star of Redemption?* in: *Immanuel* 21 (1987), 128–134; und neuerdings Enrico Lucca, Gershom Scholem on Franz Rosenzweig and the Kabbalah. Introduction to the text, in *Naharaim* 1 (2012), 7–19.

[66] Rosenzweig, GS III, 128.

[67] Rosenzweig, GS I.2, 809. Zu Rosenzweig und Hans Ehrenberg, vgl. auch hier oben Kap. 6, S. 196 ff., und Wolfdietrich Schmied-Kowarzik, Vom Totalexperiment des Glaubens. Kritisches zur positiven Philosophie Schellings und Rosenzweigs. In Schmied-Kowarzik (Hg.), *Der Philosoph Franz Rosenzweig* (1988), Bd. 2, 771–799, hier 773 f.; auch Schmied-Kowarzik, Hans Ehrenbergs Einfluss auf die Entstehung des Stern der Erlösung, in: M. Brasser (2004), 71–118. Vgl. auch Heinz-Jürgen Görtz, Franz Rosenzweig und Hans Ehrenberg. Jüdisch-christliches Religionsgespräch als ›Entdeckungsreise‹ in ein ›neues Denken‹. In *Das jüdisch-christliche Religionsgespräch.* Hg von Heinz Kremers und Julius Schoeps (1988), 90–113.

nach Freiburg schicken, wo er sich damals aufhielt.[68] Ehrenbergs Ideen finden sich dann in der *Disputation*, einem Text, dessen Thesen Rosenzweig zweifellos mit seinem Großvetter diskutierte und teilweise übernahm, wobei Ehrenberg selbst ihn als eine bedeutende Inspirationsquelle betrachtete, hat er doch den ersten Band seiner Disputation »Dem Freunde Franz Rosenzweig und seinem Werk ›Der Stern der Erlösung‹« gewidmet.[69]

Seine Widmung betrifft zweifellos alle drei Bände und insbesondere den zweiten, der den Titel »Schelling« trägt.[70] In diesem Band behauptete Hans Ehrenberg, anhand eines der Protagonisten des von ihm dargestellten Gesprächs namens ›Johannes‹, dass Schelling es nie ganz fertig gebracht hätte, »den Idealismus abzuschütteln«: ihm hätte »die Sphäre der Sprache« gefehlt, und auch »das Du, der Nächste«.[71] In seinem Unterfangen, die antike Form der Anamnesis wieder aufzunehmen, sei Schelling deshalb »steuerlos« geworden[72]. Bei ihm handelte es sich nicht wie bei Platon um ein Wissen und um den Ursprung dieses Wissens in einem anderen Wissen, sondern um die Wirklichkeit selbst: von einer »Urwirklichkeit«[73], in der der Begriff »nicht bloß äußerlich aufgedrückt, sondern innerlich eingeboren und mit dem Stoff in ihm gänzlich eingeschmolzen« sei[74] – mit dem »Stoff« selbst! Hier geht es also nicht mehr um die antike Form der Anamnese, sondern um etwas ganz anderes:

So genügt nicht die antike Form der Anamnesis, obwohl auch sie lehrt, daß jedes zeitlich sich bildende Wissen seine Wurzel in einem ihm vorangegangenen Urwissen trägt. […] Schellings Anamnesis greift nicht auf eine von der Wirklichkeit getrennte andere Wirklichkeit zurück, sondern auf die dem Sein urhaft eingeborene Natur, die Natur des Geistes. Und die Offen-

---

[68] Vgl. dazu W. Schmied-Kowarzik, Hans Ehrenbergs Einfluss auf die Entstehung des Stern der Erlösung, *op.cit.* (2004), 76 und Rosenzweig, GS I.1, 166.

[69] Vgl. hier Hans Ehrenberg, *Disputation* (1923–25), loc.cit., hier Band I, 5.

[70] Mit dem treffenden Urteil von Heinz-Jürgen Görtz gesprochen, liest sich das zweite Buch [der Disputation] »in weiten Passagen, vor allem im Abschnitt ›Der Konflikt auf der Höhe‹, wie eine Kritik der Weltalter Schellings aus dem Geist des Sterns«:Vgl. dazu H.-J. Görtz, *Tod und Erfahrung* (1984), 362 und die *Disputation* (1923–1925), II, insbes. 118–149.

[71] Hans Ehrenberg, *Disputation* (1923–1925), Bd. II, hier 127.

[72] *Ibid.*, 126 f.

[73] Vgl. Hans Ehrenberg, *Disputation* (1923–1925), Band II, 129.

[74] Vgl. Hans Ehrenberg, *Disputation* (1923–1925), Band II, 126 f. Der letztzitierte Satz stammt aus Schellings *Aphorismen zur Einleitung in die Naturphilosophie* (1806: vgl. Schelling, *Werke* I/7, 140–197, hier 192).

barung wird also in die Schöpfung zurückverlegt […] Schelling wird fast ausschließlich jetzt ebensosehr Schöpfungsphilosoph wie der Idealismus bis dahin ausschließliche Offenbarungsphilosophie war. Gegenwartsphilosophie bis jetzt, nunmehr Vergangenheitsphilosophie![75]

Was Schelling verteidigte – so Ehrenberg – sei ein Idealismus gewesen, von dem sich Schelling nie vollständig habe freimachen können. Dort, wo der Idealismus auf die Gegenwart einer Offenbarung ausgerichtet war, hat Schelling als »inverser Idealist« nur eine »Vergangenheitsphilosophie« entwickelt.[76] Als Leitgedanken seines Entwurfs zog Ehrenberg die These heran, der zufolge die Natur »ein Abgrund von Vergangenheit« sei: ein »herrliches Wort aus Schellings Weltaltern«.[77] Er versuchte, die schon zitierten Anfangssätze von Schellings Werk: »Das Vergangene wird gewußt […] das Gewußte wird erzählt …«[78] zu erörtern.

Anhand von ›Johannes‹ erklärte er, dass es eine »ungeheure Errungenschaft« sei, Begriffe ins »Historische« gleiten zu lassen:

Das ist eine ungeheure Errungenschaft, es ist aber auch eine Versuchung; diese liegt darin, das Historische auch auf den Gottesbegriff auszudehnen; ihr erliegt Schelling, der, anstatt Gottes Taten, Gottes Wesen historisiert. Nun ist aber das Wesen etwas Allgemein-ewiges, nichts Geschichtliches, darin hat der Idealismus recht; das, worin er immer unrecht hat, ist, daß er sich das Wesen als Wirklichkeit aufschwatzen ließ; Schelling nun, in den Weltaltern, dreht es um, als inverser Idealist, und stempelt die Wirklichkeit Gottes, das Historische, zum Wesen um.[79]

Schellings Position, so Ehrenberg, sei letzten Endes ganz nah an derjenigen der Gnosis. Für Schelling gibt es eine »Geschichte Gottes, in drei Potenzen, ähnlich wie in aller Gnosis«.[80] Ihm sei es sogar gelungen, einige unerwünschte Konsequenzen der gnostischen Haltung, wie die eines »bösen Schöpfers«, zu umgehen, doch er ist dabei in seinem Unterfangen, aus dem »Wesentlichen« selbst etwas »Historisches« gemacht zu haben, zu weit gegangen.[81]

Hier lassen sich Anklänge an eine Diskussion wahrnehmen, die seit Anfang des Jahrhunderts um Adolf von Harnacks *Wesen des*

---

75 *Ibid.*, 127–130.
76 *Ibid.*, 130.
77 Vgl. Schelling, *Werke*, I.8, 243 zu Ehrenbergs *Disputation*, II, 120.
78 Vgl. Hans Ehrenberg, *loc.cit.*, 131 f.
79 H. Ehrenberg, *Disputation* (1923–1925), Bd. II, 140 f.
80 *Ibid.*, 139.
81 *Ibid.*

Christentums (1900) und dessen Darstellung eines christlichen »Gott der Liebe«, der in völliger Diskontinuität mit demjenigen des Judentums sei, tobte.[82] Solche oft als »markionistisch« gebrandmarkten Thesen wurden von Rosenzweig wahrgenommen und auch diskutiert, so zum Beispiel mit Rudolf Ehrenberg, an den er im Oktober 1916 schrieb, dass er damals Harnacks »Wesen des Christentums« zum ersten Mal las. Im selben Brief rühmte er die Gnostiker, die »durchaus nicht reaktionär wie die Neuplatoniker [wären], sondern eigentlich die Modernen …«[83] Es gibt aber keine eindeutigen Belege für eine Diskussion zwischen Ehrenberg und Rosenzweig über diese wichtigen Fragen. Dagegen sind die Echos des Dialogs über Schelling viel deutlicher. So zum Beispiel, wenn Ehrenberg behauptet, wieder anhand von ›Johannes‹, dass Schelling »einmal in seiner eigenen früheren Philosophie tief steckt, und er hat nie recht verstanden, eine Vergangenheit abzustoßen, trotz des wundervollen Wortes, das er in den *Weltaltern* gerade über den Menschen spricht, der fähig ist, sich eine Vergangenheit zu erschaffen.[84]

Rosenzweig hat diese Kritik in seinem *Stern* übernommen und radikalisiert, indem er sie verallgemeinerte. Er verwandelte sie in eine Kritik, die sich nicht nur gegen Schelling allein richtete, sondern auch gegen Hermann Cohen und gegen Hegel und damit letztlich gegen alle Philosophen, die vorgeben, auf ›Begriffe‹ zurückzugreifen, um sich mit Hilfe dieser Begriffe ein wissenschaftliches Bild der Wirklichkeit zu machen. Wenn Rosenzweig im *Stern* betont, dass er den »Grund« dafür gefunden habe,

> weshalb alle Begriffe, mit denen man die Wirklichkeit allgemein umfaßt, die Form der Vergangenheit annehmen [suchen]. Gleich der Begriff des »Grundes« und »Grund«-begriffes selbst, die »Ur«-sache, der »Ur-sprung«, die »Voraus-setzung«, das »Apriori«, – jedes Mal wird die Welt in die Vergangenheit projiziert, um erkennbar zu werden[85]

---

[82] Vgl. Adolf von Harnack, Das Wesen des Christentums (1900). Vgl. auch Marcion. Das Evangelium vom fremden Gott (1921, 2. Auflage 1924).

[83] Vgl. Rosenzweig, GS I.1, 239–241, hier 240. Im selben Brief wird das Nachtgespräch von 1913 erwähnt, aber keineswegs in Verbindung mit der Diskussion über die Rolle der Kirche gestellt. Zu Rosenzweig über Harnack siehe auch Michael Zank, Vom Innersten, Äußersten und Anderen: Annäherungen an Baeck, Harnack und die Frage nach dem Wesen (2004), 25–45.

[84] Vgl. H. Ehrenberg, *Disputation*, II, 140f.

[85] Rosenzweig, *Stern*, 146.

dann zielt er zweifellos auf Schelling ab, von dem Ehrenberg sagte, dass er jede Philosophie in eine »Philosophie der Vergangenheit« verwandelt habe. Aber er zielt auch auf Hermann Cohen ab: denn Cohen hatte beispielsweise in seiner *Logik der reinen Erkenntnis* Begriffe wie den des ›Ursprungs‹ benutzt.[86] Ihm wird also vorgeworfen »die Welt in die Vergangenheit projiziert« zu haben, um sie der Erkenntnis zugänglich zu machen.

Letztendlich zielte Rosenzweig damit aber auf Hegel ab, dessen berühmte These aus dem Vorwort zu den *Grundlinien der Philosophie des Rechts* man hier wie ein Echo wahrnehmen kann: Dass nämlich die Philosophie wie die Eule der Minerva »erst mit der einbrechenden Dämmerung ihren Flug beginnt«, also immer erst nach dem Geschehenen kommt: »Als der *Gedanke* der Welt erscheint sie erst in der Zeit, nachdem die Wirklichkeit ihren Bildungsprozess vollendet und sich fertig gemacht hat.«[87] Hegel hatte keine »Philosophie der Vergangenheit«, die derjenigen Schellings vergleichbar wäre, konzipiert, sondern eine, die imstande war, »die Vernunft als die Rose im Kreuze der Gegenwart« hervorzubringen[88]; also einer Philosophie, die sich die Aufgabe zuschrieb, die Vergangenheit von der Gegenwart zu unterscheiden und in dieser das ›Wirkliche‹ oder ›Vernünftige‹ zu enthüllen. Hegel gebrauchte den Begriff der Erinnerung, das heißt des ›In-sich-Aufrufens‹, der ›Verinnerlichung‹, um das Gedächtnis zu charakterisieren, wie beispielsweise am Ende seiner *Phänomenologie des Geistes,* in den meisterhaften Sätzen, die das gesamte Werk zusammenfassen und beschließen:

> *Das Ziel,* das absolute Wissen, oder der sich als Geist wissende Geist hat zu seinem Wege die Erinnerung der Geister, wie sie an ihnen selbst sind und die Organisation ihres Reichs vollbringen. Ihre Aufbewahrung nach der Seite ihres freien, in der Form der Zufälligkeit erscheinenden Daseins ist die Geschichte, nach der Seite ihrer begriffenen Organisation aber die *Wissenschaft des erscheinenden Wissens;* beide zusammen, die begriffene Geschichte, bilden die Erinnerung und die Schädelstätte des absoluten Geistes,

---

[86] Vgl. dazu Pierfrancesco Fiorato und Hartwig Wiedebach, Hermann Cohen im Stern der Erlösung in: *Rosenzweig als Leser. Kontextuelle Kommentare zum ›Stern der Erlösung‹*. Hg. von Martin Brasser (2004), 305–355, hier S. 310 und für die weitere Literatur ebd. Fußnote 26.

[87] Vgl. Hegel, TWA 7, 28.

[88] Dies in den Worten des Vorworts zu den *Grundlinien der Philosophie des Rechts.* Vgl. Hegel, TWA 7, 26f.

die Wirklichkeit, Wahrheit und Gewißheit seines Throns, ohne den er das leblose Einsame wäre; nur –

> aus dem Kelche dieses Geisterreiches
> schäumt ihm seine Unendlichkeit.[89]

Eines der grundlegenden Ziele Hegels in seiner Philosophie des Geistes – in der *Phänomenologie*, aber auch in der *Philosophie des Geistes* der *Enzyklopädie* – war das ›In-sich-Aufrufen‹, die ›Verinnerlichung‹ der Erfahrung des Geistes und in diesem Sinne die Erinnerung: Das sich des Geistes ›erinnern‹, das sich in seinem Inneren erinnern *(Erinnerung)*, hatte für Hegel bedeutet, in dem historischen Leben eines Volkes zwischen jenen Institutionen, die tot, und jenen, die noch lebendig oder ›wirklich‹, das heißt ›aktuell‹[90] sind, zu unterscheiden. Um hier das Beispiel aufzunehmen, das oben in der Diskussion des Dilthey'schen Begriffs einer ›Objektivation‹ des Geistes angeführt wurde, bedeutet dies für uns, zwischen einer Kathedrale beziehungsweise einer Synagoge zu unterscheiden, die heute nur noch Ruinen oder Überreste einer Vergangenheit sind und die von Touristen besichtigt werden, und einer Kathedrale oder Synagoge, die wir aufsuchen, um zu beten. Letztere sind immer noch lebendige Institutionen, die »wirklich« oder »vernünftig« sind, um hier die Worte der berühmten Identitätsthese Hegels von dem »Vernünftigen und Wirklichen« aufzugreifen.

III

Nach dem Ersten Weltkrieg wollte Rosenzweig aber mit Hegel brechen und dabei nicht nur die Hegel'sche Geschichtsphilosophie, sondern die gesamte Philosophie mit ihrem Rückgriff auf ›Konzepte‹, eingeborene Ideen oder ein Apriori, zurückweisen. Rosenzweig wies *Er-innerung* im Hegel'schen Sinne als In-sich-Aufrufen des Geistes zurück, aber auch jede *Er-innerung* im eigentlichen, wörtlichen Sinne des Begriffes und damit alles, was dazu führte, sich an irgendein inneres oder innerseelisches Element zu erinnern, an etwas, das uns innerlich ist. Rosenzweig behauptete, dass diese Art, die Vergangen-

[89] Hegel, *Phänomenologie des Geistes*, in: Hegel, TWA 3, 591.

[90] Vgl. dazu M. Bienenstock, »Die wahrhafte Gegenwart ist … die Ewigkeit«. Zum Gegenwärtigen in der Hegelschen Geschichtsphilosophie, in: *Die Weltgeschichte – das Weltgericht?* Stuttgart, 2001, 121–142.

heit zu erinnern, uns nur dem Mythos und den mythischen Wurzeln unserer Erfahrung näherbringen würde. Er aber wollte mit dem Mythos brechen. Auf diesem Weg traf er sich, das ist festzuhalten, auch mit Hermann Cohen, dessen scharfe Ablehnung jeglicher »Beimischung des Mythos in dem Gottesbegriff« bereits weiter oben Thema war.[91]

In seinem Willen, mit jeglicher apriorischen Idee zu brechen, ging aber Rosenzweig wesentlich weiter als Hermann Cohen. In seiner Entscheidung, eine ›Offenbarung‹ in Anspruch zu nehmen, also ein Ereignis, das uns von außen anrührt, anstatt aus dem Inneren zu kommen, beziehungsweise innerlich ist, ging Rosenzweig auch viel weiter als die beiden Philosophen der Offenbarung Hegel und Schelling. Hegel hatte gleichwohl anerkannt, dass »alles auf äußerliche Weise an uns kommen muss«[92], und Schelling war der Philosoph, der seinerzeit am meisten auf diesem Charakter der Äußerlichkeit, der Positivität der Offenbarung bestanden hatte.[93] Schelling hatte sich selbst jedoch immer als Philosophen und gleichzeitig als Historiker verstanden, so wichtig diese Anerkennung der Äußerlichkeit der Offenbarung auch gewesen sein mag.[94] In seinem Werk bezog er sich sehr häufig auf Platon. Wie Platon war er der Meinung, dass jede Forschung, jeder Wissenserwerb ein Wiedererinnern ist und dass die Suche nach Erkenntnis ein Versuch ist, sich an etwas zu erinnern, das uns schon innewohnt und unserer Seele innerlich ist. Rosenzweig wollte aber darüber hinausgehen. Dafür berief er sich auf die jüdische Tradition.

Hier muss hervorgehoben werden, dass die Entscheidung, mit jedem Apriori, mit jeglicher Innerlichkeit, die auch die Form einer Rationalität annehmen kann, völlig zu brechen, in der jüdischen Tradition nicht die einzige Wahlmöglichkeit darstellt. Es ist vielleicht nicht einmal die übliche Option. Man denke nur an jenen ›Midrasch‹ (eine mündliche Auslegung der Schrift, die in der jüdischen Tradition immer wieder erzählt wird), dem zufolge jedes Kind schon alles wis-

---

[91] Vgl. hier oben S. 221.

[92] Vgl. dazu die *Vorlesungen über die Philosophie der Religion* in: Hegel, TWA, 17, 194.

[93] Vgl. z.B. die allerletzten Zeilen der Münchner Vorlesungen *Zur Geschichte der neueren Philosophie* (1827), in: Schelling, *Werke*, X, 198–200.

[94] Vgl. zu diesem Punkt Myriam Bienenstock, »Religion und Philosophie bei Schelling und Hegel« in: H. Paetzold und H. Schneider (Hg.), *Schellings Denken der Freiheit* (2010), 213–236.

sen würde, noch bevor es geboren wird. Bei der Geburt legt ihm aber ein Engel den Finger auf den Mund, so dass es alles vergisst und die gesamte Thora von neuem lernen muss.[95] Auch diese Vorstellung, die eine Variante der platonischen Anamnese oder Erinnerungslehre darstellt, scheint Rosenzweig zurückweisen zu wollen, da er jede Vorstellung einer Quelle der Erkenntnis, oder des Gesetzes, die unserer Seele innerlich, inhärent wäre, ablehnt.

Ging Rosenzweig eventuell so weit, weil er persönlich die Erfahrung dessen gemacht hatte, was er in seinem Artikel »Atheistische Theologie« den »Fluch der Geschichtlichkeit«[96] nannte? Insbesondere während des Ersten Weltkriegs hatte er gesehen, welche enorme Macht der Mythos auf die Historiker auszuüben vermochte, aber auch auf den religiösen Glauben. Er stellte fest: »wo sich Mythos bildet, da schlägt das Herz der Geschichte« – und entschied sich dafür, damit zu brechen.

Um seine Entscheidung noch von anderer Seite zu erhellen, sei zum Schluss Emmanuel Levinas in den Zeugenstand gerufen, denn es darf wohl behauptet werden, dass Levinas einen Weg verfolgte, der Rosenzweigs eigenem ähnelt. In einem Vortrag mit dem Titel *Liberté et commandement* (»Freiheit und Gebot«) führte Levinas seinen Kampf gegen den Mythos aus. Ihm zufolge würde dieser Kampf dazu führen, zu verleugnen, »dass alle Äußerlichkeit zuvor innerlich, alle Vergangenheit zuvor gegenwärtig hätten sein sollen, dass jedes Gebot Autonomie und jeder Lehrsatz Erinnerung seien«.[97] In diesem Zusammenhang hob er auch hervor, dass man sich ein Gebot auferlegen müsse, um frei zu sein: »aber gerade ein äußerliches Gebot, nicht einfach ein Gesetz der Vernunft, kein kategorischer Imperativ, welcher der Tyrannei gegenüber wehrlos ist, aber ein äußerliches Gesetz, ein geschriebenes Gesetz, mit Befugnis gegen die Tyrannei – dies ist, in einer politischen Form, der Sinn des Gebots als Bedingung der Freiheit«.[98]

Dort zitierte er Platon, dachte aber nicht nur an die Gesetze im Sinne Platons oder einfach an politische Gesetze, also Gesetze eines

---

[95] Niddah, 30b. Zu dem Midrasch und seinen Folgen für die Geschichte und das Gedächtnis vgl. Y. H. Yerushalmi, »Réflexions sur l'oubli« in: *Usages de l'oubli* (Paris, 1988), 18.

[96] Vgl. Rosenzweig, GS III, 697.

[97] Emmanuel Levinas, *Liberté et commandement*, hg. von P. Hayat (Montpellier, 1994), 45 f.

[98] *Op.cit.*, 34.

Staats. Was für ihn den Charakter von Gesetzen ausmacht, war, dass sie uns äußerlich sind, dass sie uns von außen gegenübertreten, dass sie *gegeben* sind. Er dachte aber auch an die Gabe des Gesetzes, an das Gesetz, das auf dem Berg Sinai gegeben wurde. Daher behauptete er, dass dieses Gesetz, anstatt ins Gedächtnis gerufen worden und ›verinnerlicht‹ (im wörtlichen Sinne des deutschen Wortes Erinnerung) zu sein, vielmehr gegeben und »offenbart« wurde: Es kommt von außen und muss durch einen langen und mühsamen Lernprozess erworben werden. Für Levinas, genauso wie für Rosenzweig, war dieses Gesetz, und das Lernen dieses Gesetzes, der bestmögliche Schutz angesichts des »Fluchs der Geschichtlichkeit«.

8. Auf den Spuren von Cohen und Rosenzweig im frühen Werk von Emmanuel Levinas

Schwierige Freiheit (Difficile Liberté), aus der Feder von Emmanuel Levinas, ist kein einheitliches Werk, sondern eine Sammlung von Aufsätzen und anderen Texten unterschiedlicher Provenienz.[1] Mit der Zeit hat Levinas selbst die Zusammensetzung der Sammlung geändert und nur einige der später nicht mehr gedruckten Texte sind ins Deutsche übersetzt worden.[2] Alle Editionen sind aus Gelegenheitsschriften zusammengesetzt, was aber keineswegs bedeutet, dass es sich nicht lohnen würde, sie zu studieren. Ganz im Gegenteil: Viele der wichtigsten und einsichtsvollsten Gedanken von Levinas sind in Texten solcher Art erschienen. Man könnte sogar so weit gehen zu sagen, dass diese »ungezügelte Form« *(la forme effrénée)* vieler seiner Schriften diejenige des Talmuds nachahmt. Dabei handelt es sich um eine Form, über die er gerade in einem der in *Difficile Liberté* erschienenen Aufsätze sagt, dass sie »keineswegs, wie dies die Nichtfachleute öfters denken, dem Chaos einer unordentlichen Kompilation« entspricht, sondern vielmehr der »unaufhörlichen Wallung« *(le bouillonnement incessant)*, die denjenigen ergreift, der sich hineinstürzt. Eine solche Form entspricht »einem Denkmodus, für welchen die Schematisierung immer zu früh« kommen würde.[3]

Wie verhält sich aber ein ›ungezügelter‹ Denker wie Levinas zum Denken von Philosophen, die ›systematische‹ Philosophen waren, und/oder sich als solche darstellten, wie beispielsweise Hermann

---

[1] Die Originaledition, aus dem Jahre 1963, umfasste 44 Texte, die er in acht Teile gliederte. Bei den späteren Editionen fügte er andere, neuere Texte hinzu, und entfernte dafür einige der älteren Texte: vgl. E. Levinas, *Difficile Liberté: essais sur le judaïsme*, Paris, 1963. Die 2. Auflage *»refondue et complétée«* erschien 1976; die 3. Auflage *»revue et corrigée«* 1983; die 4. Auflage, die letzte zu Lebzeiten des Autors, erschien 1994, ein Jahr vor Levinas' Tod (Sigle: Levinas, DL).

[2] *Schwierige Freiheit. Versuch über das Judentum*, der von Eva Moldenhauer betreute deutsche Band (1992; Sigle: Levinas, SF), umfasst weniger als die Hälfte der letzten, französischen Editionen. Hier sind es die deutschen Übersetzer und/oder Herausgeber, die die Auswahl getroffen haben werden.

[3] Levinas, DL 166, Fußnote 1 (in: Avez-vous relu Baruch?, 158–169).

Cohen und auch Franz Rosenzweig?[4] Für uns ist die Versuchung groß, auch in dieser Hinsicht ›systematisch‹ zu verfahren, und mit dem Vorwort des ersten Hauptwerks von Levinas, *Totalität und Unendlichkeit*, anzufangen, in dem angekündigt wird:

Das Gesicht des Seins, das sich im Krieg zeigt, konkretisiert sich im Begriff der Totalität. Dieser Begriff beherrscht die abendländische Philosophie.[5]

Auch wenn Levinas dies nicht ausdrücklich sagt, erinnert diese Eröffnungsgeste deutlich an diejenige Rosenzweigs in der Einleitung des *Sterns:* »Über die Möglichkeit, das All zu erkennen – *In philosophos*«.[6] Ist es aber richtig, die Rosenzweig-Rezeption von Levinas hauptsächlich von seiner Eröffnungsgeste aus zu interpretieren? Falls dies der Fall ist, wie sollen wir dann jene Geste verstehen?

Levinas hat den Terminus ›Totalität‹ nicht einfach zurückgewiesen. Wie dies der Titel seines ersten Hauptwerks *Totalität und Unendlichkeit* schon zeigt, hat er den Terminus ›Totalität‹ mit demjenigen der ›Unendlichkeit‹ keineswegs ersetzen wollen, sondern ihm den der ›Unendlichkeit‹ mittels des Wörtchens ›und‹ hinzugefügt. Schon dort zeigt sich der Einfluss Rosenzweigs, der in einem Text, mit dem Levinas sehr vertraut war, das Wörtchen ›und‹ hervorhob – und behauptete, es wäre »den Philosophen unbekannt«.[7] In demselben Text beklagte sich Rosenzweig darüber, dass

die ersten Seiten philosophischer Bücher in einem besonderen Respekt beim Leser stehen. Er glaubt, sie seien die Grundlage für alles weitere. […] Er denkt, sie müßten doch »besonders logisch« sein, und versteht darunter die Abhängigkeit des jeweils folgenden Satzes von jeweils vorhergehenden; so daß also, wenn der berühmte eine Stein herausgezogen wird, »das Ganze zusammenstürzt«. In Wahrheit ist das nirgends weniger der Fall als in philosophischen Büchern. Hier folgt ein Satz nicht aus seinem Vorgänger, sondern viel eher aus seinem Nachfolger. Wer einen Satz oder Absatz nicht verstanden hat, dem hilft es wenig, wenn er in dem gewissenhaften Glauben, nichts unverstanden zurücklassen zu dürfen, ihn etwa wieder und wieder liest oder gar noch mal von vorn anfängt. Philosophische Bücher versagen sich solcher methodischen *ancien régime*-Strategie, die keine Festung

[4] Zu Rosenzweig über die systematische Aufgabe der Philosophie, vgl. Benjamin Pollock, *Franz Rosenzweig and the Systematic Task of Philosophy* (2009).

[5] Levinas, TU 20.

[6] Rosenzweig, *Stern*, 3 ff.

[7] Vgl. Rosenzweig, GS III (Das neue Denken), 158 – und in der Einleitung in die Akademieausgabe der *Jüdischen Schriften* Hermann Cohens 211.

unerobert im Rücken lassen zu dürfen meint; sie wollen napoleonisch erobert werden, in kühnem Vorstoß auf die feindliche Hauptmacht, nach deren Besiegung die kleinen Grenzfestungen schon selbst fallen werden. Wer also nicht versteht, darf die Aufklärung am sichersten erwarten, wenn er mutig weiterliest.[8]

Bevor man sich daher bereits auf eine bestimmte Interpretationslinie bezüglich Levinas' Rezeption von Rosenzweig festlegt, ist es also geboten, nicht bei den ersten Zeilen stehenzubleiben, sondern mutig weiterzulesen. Denn Levinas selbst hat in seinem Vorwort zu *Totalität und Unendlichkeit* gestanden, dass *Der Stern der Erlösung* »zu häufig in diesem Buch gegenwärtig ist, um zitiert zu werden.«[9] Tatsächlich wird der Kenner des *Sterns* den Einfluss von Rosenzweig fast bei jedem Gedanken, jeder Idee, die in *Totalität und Unendlichkeit* eingeführt wird, erkennen.

Levinas sagte, dass er schon vor dem Krieg, genauer im Jahre 1935, den *Stern* – und auch andere Schriften von Rosenzweig – las.[10] Bei den anderen Schriften dürfte es sich insbesondere um die ebenfalls im Jahre 1935 erschienenen *Briefe* handeln, denn damals sagte er, dass die *Briefe* eigentlich als erstes, also noch vor dem *Stern,* ins Französische hätten übersetzt werden müssen.[11]Diese für uns heute erstaunliche Feststellung von Levinas hat sich als richtig erwiesen und ist zudem aufschlussreich, hinsichtlich seiner eigenen Rosenzweig-Rezeption.[12]

Vermutlich hat Jakob Gordin (1896–1947) Levinas mit den Büchern Rosenzweigs bekannt gemacht. Wie Levinas stammte auch dieser Gelehrte aus Russland und arbeitete damals als Bibliothekar bei der *Alliance israélite universelle,* in deren Schule auch Levinas ange-

---

[8] Rosenzweig, GS III, 141 f.

[9] Levinas, TU 31.

[10] Vgl. François Poirié, *Emmanuel Levinas. Qui êtes-vous?* (1987), 121 – und die Bestätigung in einem Interview mit Richard A. Cohen: vgl. *Elevations. The Height of the Good in Rosenzweig and Levinas* (1994), 237.

[11] Vgl. Levinas, DL 256, SF132. In der Edition vom Jahre 1935, die Levinas rezipierte, wurde der Briefwechsel mit Eugen Rosenstock getrennt gedruckt: vgl. Franz Rosenzweig, *Briefe*. Unter Mitwirkung von Ernst Simon ausgewählt und herausgegeben von Edith Rosenzweig, Berlin, 1935, und im Anhang (637–720) Franz Rosenzweig und Eugen Rosenstock: Judentum und Christentum.

[12] Zu diesem Punkt siehe unser Aufsatz How to Philosophize by means of Letters. Rosenzweig as a Letter-Writer in: *Gebot, Gesetz, Gebet / Love, Law, Life,* Rosenzweig-Jahrbuch 8/9, 2014, 45–68.

stellt war.[13] Gordin hatte an der Berliner »Akademie für die Wissenschaft des Judentums« studiert und eine Dissertation über Hermann Cohen verfasst.[14] Er war ein ausgezeichneter Kenner des deutsch-jüdischen Denkens und begeisterte sich für Hermann Cohen. Um diese Begeisterung Gordins zu beschreiben, benutzt Levinas das Wort *engouement*[15], das so viel wie ›leicht verliebt‹ bedeutet – zwar besitzt das französische Wort keine feindselige Konnotation, dürfte es dennoch von Seiten Levinas' eine gewisse Skepsis ausdrücken. Wie dem auch sei: man kann sich gut vorstellen, dass beide, Levinas und Gordin, manch ein Gespräch nicht nur über Rosenzweig, sondern auch über Cohen geführt haben. Insbesondere über dessen Opposition zu Spinoza werden sie sich unterhalten und dabei entdeckt haben, dass sie in dieser Opposition mit Cohen einig waren. Im ersten Teil dieses Kapitels wird uns diese gemeinsame Opposition gegen Spinoza dabei helfen, die Aufnahme einiger Hauptthemen aus Hermann Cohens Philosophie bei Levinas zu identifizieren und hervorzuheben. Insbesondere seine Kritik der spinozistischen, politischen Auffassung der hebräischen Religion. Der zweite Teil dieses Kapitels ist einer Klärung der Unterscheidung zwischen dem ›Sakralen‹ und dem ›Heiligen‹, die dem frühen Werk von Levinas zugrunde liegt, gewidmet. Bei Levinas bedeutet ›heilig‹, dem Hebräischen קדוש gemäß, ›getrennt‹, und es ist diese Bedeutung der ›Trennung‹, die seine Haltung der ›Totalität‹ – und der Philosophie – gegenüber am besten erhellt.[16] Davon ausgehend wird im dritten und letzten Teil dieses Kapitels das Verhältnis von Levinas zu Rosenzweig erneut untersucht.

---

[13] Levinas widmete Gordin einen verspäteten Nachruf, der ebenfalls in: *Difficile Liberté* veröffentlicht, ins Deutsche aber nicht übersetzt wurde: vgl. DL 234–240.

[14] Jakob Gordin, *Untersuchungen zur Theorie des unendlichen Urteils*, Berlin (1929).

[15] Vgl. Levinas, DL 234–240, hier 235.

[16] Da Levinas selber die Unterscheidung zum Titel einer seiner Veröffentlichungen erhob – *Du sacré au saint. Cinq nouvelles lectures talmudiques*, Paris, 1977. *Vom Sakralen zum Heiligen. Fünf neue Talmud-Lesungen*. Aus dem Französischen von Frank Miething, Frankfurt a. M., 1998 – wurde sie zwar nicht gänzlich übersehen, leider dennoch in vielen Übersetzungen und Kommentaren übersprungen und dabei die grundlegende Bedeutung der hebräischen Worte *kadosh* oder *keduscha* – Heiligkeit als *séparation* – ignoriert.

I

Zu Spinoza hat sich Levinas wenig geäußert. Von einigen eher beiläufigen Bemerkungen in anderen Texten abgesehen, gibt es nur zwei Aufsätze, die er diesem Autor ausdrücklich widmete. Bezeichnenderweise beziehen sich beide nicht auf Spinozas *Ethik,* sondern auf seinen berühmt-berüchtigten *Theologisch-politischen Traktat.* Es handelt sich zunächst um den Aufsatz *Le cas Spinoza,* also »Der Fall Spinoza«: ein kurzer, weniger als sechs Druckseiten umfassender Beitrag, der ursprünglich in der Dezember 1955/Januar 1956 Ausgabe der ephemeren, jüdischen Zeitschrift *Trait d'union* veröffentlicht wurde. Bei dem zweiten Aufsatz, *Avez-vous relu Baruch?* (»Haben Sie Baruch erneut gelesen?«), handelt es sich um die ursprünglich 1966 in der Zeitschrift *Les Nouveaux Cahiers.* N° 7 erschienene Rezension des im Vorjahr in Paris veröffentlichten Spinoza-Buches von Sylvain Zac, *Spinoza et l'interprétation de l'Écriture.*

In dem ersten Aufsatz *Le cas Spinoza* behauptete Levinas, dass Spinoza ein »Verräter« des Judentums beziehungsweise an der jüdischen Sache sei: *un traître à la cause du judaïsme.* »Wir sind«, so schreibt er hier, »mit unserem wunderbaren verstorbenen Freund Jakob Gordin völlig einer Meinung: es gibt einen Verrat Spinozas.« Dieser Verrat besteht darin, dass Spinoza »in der Geschichte der Ideen die Wahrheit des Judentums der Offenbarung des Neuen Testaments untergeordnet hat«.[17] Fast am Ende dieses ersten Beitrags fügt Levinas noch folgende Sätze hinzu, die er noch öfters wiederholen sollte, und die ein Kennzeichen seiner Position geworden sind:

Unsere Sympathie für das Christentum ist ungeschmälert, aber sie bleibt freundschaftlich und brüderlich. Sie kann nicht väterlich werden. Wir können kein Kind anerkennen, das nicht das unsere ist. Gegen seine Ansprüche

---

[17] Levinas, DL 155; SF 106 f.: »Ein Judentum, das Jesus präfiguriert – damit ließ der Spinozismus das irreligiöse Judentum eine Bewegung vollziehen, der es sich, als religiöser, siebzehn Jahrhunderte lang widersetzte. Wie vielen jüdischen Intellektuellen, die von jedem religiösen Glauben losgelöst sind, erscheint die Gestalt Jesus nicht als die Vollendung der Lehren der Propheten, auch wenn dieser Gestalt oder diesen Lehren in ihrem Geist die Helden der Französischen Revolution oder der Marxismus folgen. Einem Léon Brunschvicg, dessen Andenken wir verehren, einem Jankélévitch, den wir bewundern, ist das Neue Testament weit geläufiger als das Alte, und häufig wird dieses durch jenes erhellt. […] Dank dem von Spinoza geförderten Rationalismus triumphiert heimlich das Christentum.«

auf die Erbschaft, gegen seine Ungeduld als Erbe protestieren wir, lebhaft und gesund.

Der Prozess währt seit zweitausend Jahren.[18]

In dem zweiten der Spinoza gewidmeten Aufsätze, der etwa zehn Jahre später entstandenen Rezension des Jahres 1966, drückt er sich scheinbar ganz anders aus. Nun schreibt er:

Man muss darauf bestehen auf die Freiheit, mit der Spinoza – trotz des häufigen Zurückgreifens auf eine christliche Terminologie, trotz des Ressentiments, das er der jüdischen Gemeinde gegenüber, die ihn hart behandelt hatte, behalten haben mag – den beiden Testamenten [also dem Alten, und dem Neuen] einen gleichen Wert zuerkannte, jedem in seiner Perspektive – und gelegentlich dem Alten Testament gegenüber dem Neuen sogar die Überlegenheit zugestand.[19]

Levinas fügt an dieser Stelle eine lange Fußnote ein, in der er Beispiele anführt, um zu zeigen, wieso Spinoza das Alte Testament höher als das Neue bewertet hatte:

Spinoza hätte sein eigenes politisches Ideal anhand des jüdischen Staates in der Zeit der Richter beschrieben: der Weg des Alten Testaments zur Gerechtigkeit würde die unüberschreitbare Grundlage des politischen Lebens bleiben; der Dekalog von Moses sei die Rede Gottes, dem wurde nie widersprochen, doch hätten die Propheten in ihren Predigten ihre Lehre an das Gesetz Moses' angepasst und so aus ihm die Religion ihres Vaterlandes geschaffen; der Patriotismus der alten Hebräer stamme aus der Liebe und nicht aus der Furcht Gottes; die Bücher des Neuen Testaments unterschieden sich nicht von der Lehre des Alten; das Judentum sei Staatsreligion, das Christentum eine Religion des Individuums, doch wäre der christliche Universalismus ein bloßer Anspruch geblieben.[20]

Und an den Schluss seiner Anmerkung stellt Levinas noch diese Frage, die er aber offen lässt:

---

[18] Levinas, DL 157; SF 108.

[19] Levinas, DL 162.

[20] *Ibid.*, 162, Anm. 1: »Par exemple: l'idéal politique de Spinoza aurait été calqué sur l'Etat juif à l'époque des juges; la voie de la justice de l'Ancien Testament reste le fondement indépassable de la vie politique; le Décalogue de Moïse est Parole de Dieu, qui n'a jamais été contredite, mais les prophètes conformant leurs enseignements à la Loi de Moïse la prêchent comme religion de la Patrie; le patriotisme des hébreux dû à l'amour et non pas à la crainte de Dieu (108); les livres du Nouveau Testament ne diffèrent pas de la doctrine de l'Ancien; le judaïsme religion d'Etat, le christianisme religion de l'individu (101); mais l'universalisme chrétien est resté pure prétention (103)«.

Hatte Bergson, als er den allerletzten Punkt vergaß, noch andere Lehrer als Spinoza gehabt?[21]

Solche Ausführungen werfen die Frage auf, ob sich Levinas Einschätzung Spinozas völlig gewandelt und sich geradezu ins Gegenteil gekehrt hatte. Denkt er nun nicht mehr, dass Spinoza ein Verräter war, wie er dies zehn Jahre zuvor noch behauptet hatte?

Dies ist keineswegs der Fall. Er hat seine eigenen Überzeugungen nicht einfach revidiert, sondern diese treten im zweiten Aufsatz vielmehr in den Fußnoten hervor und seltener im Haupttext selbst. Sie werden zudem knapp formuliert und um zu verstehen, was er sagen will, müsste man fast »zwischen den Zeilen« lesen, wie uns dies Leo Strauss gelehrt hat.[22] Nicht alles kann und muss daher auch explizit gesagt werden. Dies hat Spinoza, so Levinas, selbst schon gewußt. Um zu verstehen, was Levinas über Spinoza sagen möchte, muss man auch bedenken, dass er zwar in einer französischen und/oder deutschen, und damit einer ›abendländischen‹ philosophischen Tradition geschult war, aber auch in einer jüdischen, in der es extrem wichtig ist, in Dialog zu treten. Denn die jüdische, ›talmudische‹ Tradition ist keineswegs eine spekulativ-dogmatische wie diejenige Spinozas, sondern eine Tradition des Dialogs, vielleicht sogar die dialogische Tradition *par excellence*. Dies betont Levinas im zweiten seiner Spinoza-Aufsätze:

Vielleicht ist es der Talmud, der am besten die Idee Eines Geistes einführt, durch den die Menschen in Dialog treten ...[23]

Jedenfalls war der Anlass für den ersten seiner Spinoza-Aufsätze im Jahre 1955 bereits vielsagend. Ende des Jahres 1953 hatte David Ben Gurion, der damalige Präsident des Staates Israel, in der ›Labour‹-

---

[21] *Ibid.*:»Bergson a-t-il eu sur ce point d'autres maîtres que Spinoza pour oublier le tout dernier point?«

[22] Der Hinweis, ganz am Anfang seines zweiten Spinoza-Aufsatzes, auf den deutsch-jüdischen, später amerikanischen Philosophen Leo Strauss (1899–1973), sollte uns vorsichtig machen. Denn Leo Strauss, heute weltberühmt, hatte sich schon ganz am Anfang seines Weges ins Studium von Spinozas *Theologisch-politischer Abhandlung* vertieft, und er war dazu gekommen, zwischen einer exoterischen und einer esoterischen Schreibart zu unterscheiden. Mit Strauss, den Levinas direkt am Anfang seines zweiten Spinoza-Aufsatz zitiert, zeigt er sich aber nicht einverstanden: Denn die Philosophiegeschichte, sagt er, sei keineswegs mit der Detektivkunst, der Kunst des Kriminalpolizisten, zu verwechseln (Levinas, DL 158).

[23] Levinas, DL 166.

Zeitschrift *Davar* einen Aufsatz veröffentlicht, in dem er dazu aufgerufen hatte, »das Schiefe« oder »Verdrehte« zu reparieren, das heißt »die Werke des seit zwei tausend Jahren schöpferischsten und tiefsten Denkers unter den Hebräern [nämlich Spinoza], wieder in Verbindung zu stellen zur hebräischen Sprache und Kultur«.[24] Für Ben Gurion war der Bann, die Exkommunikation Spinozas, die in Amsterdam im 17. Jahrhundert von der dortigen Gemeinde vollzogen wurde, und dessen mögliche Aufhebung nicht die Hauptsache, auch wenn er manchmal so verstanden wurde. Für Ben Gurion ist die Gültigkeit oder die Aufhebung des Bannes ein historisches Kuriosum, denn empirisch-geschichtlich gesehen sei der Bann ohnehin schon außer Kraft gesetzt, da Spinoza stets auch jüdische Leser hatte. Doch für Ben Gurion bliebe die Hebräische Literatur unvollständig, solange nicht die gesamten Schriften Spinozas ins moderne Hebräische übersetzt worden wären. Diese Schriften sollten dem hebräischen Volk zugänglich sein und zur Verfügung gestellt werden.

Auf diese Ausführungen von Ben Gurion reagierte Levinas mit seinem ersten Aufsatz über Spinoza. Es war seine Absicht – daran kann wohl nicht gezweifelt werden – Ben Gurions Forderung zu widersprechen. Sein Aufsatz beginnt daher auch mit Ben Gurion[25] und endet mit einem nachdrücklichen Angriff auf Ben Gurions Vorschlag einer Revision des Urteils über Spinoza. Denn gemäß Levinas würde eine solche Revision »die große Gewissheit unserer Geschichte« in Frage stellen.[26] Die Reaktion von Levinas auf Ben Gurions Vorschlag war daher keineswegs so positiv wie die vieler Israelis damals – und noch heute. Er war zwar bereit anzuerkennen, dass Spinoza auf das Abendland *(l'Occident)* einen entscheidenden Einfluss im Hinblick auf die grundsätzliche ideengeschichtliche Frage der Freiheit, der Freiheit des Geistes, hatte; denn »Abendland« – *l'Occident* –, schrieb er, bedeute gerade »Freiheit des Geistes« *(liberté de l'esprit)*. Diese Freiheit stünde in engem Zusammenhang mit der »Vernunft«, der das Werk Spinozas »die höchste und gewiss anerkannte Huldigung darbringt«. Das Judentum könne sich von dieser Vernunft, diesem Rationalismus, nicht trennen; es könne gegenüber der »Demokratie und der sozialen Frage nicht gleichgültig werden«, so wenig wie es

[24] Vgl. hier David Ben Gurion, *Davar*, Dec. 27, 1953: נתקן את המעוות, »Let Us Make Amends«.
[25] Vgl. Levinas, DL 152; SF 104.
[26] Levinas, DL 155–157; SF 106–108.

»den Mathematikern nicht den Rücken kehren« kann.[27] Gleichzeitig erklärte Levinas aber auch, dass Spinoza »einen entscheidenden, antijüdischen Einfluss« auf die Geschichte des Rationalismus ausgeübt und »eine unheilvolle Rolle [...] beim Zerfall der jüdischen Intelligenzija« gespielt habe.[28] Insofern gäbe es auch »einen Verrat Spinozas« dem Judentum gegenüber.[29] Allerdings erläutert Levinas nirgendwo warum und aus welchen Gründen dies der Fall sei.

Er erwähnt aber in diesem Zusammenhang Jakob Gordin namentlich: »Wir sind mit unserem wunderbaren verstorbenen Freund Jakob Gordin völlig einer Meinung: es gibt einen Verrat Spinozas.«[30] Gordin hatte sich nicht gegen die Philosophie Spinozas, die wir in der *Ethik* finden, gerichtet. Denn diese galt für ihn als eine der größten Leistungen in der gesamten Philosophiegeschichte. Ihm ging es vielmehr darum, dass Spinoza, gerade weil er ein wichtiger Philosoph war, vielleicht sogar einer der größten, die es je gab, eine antijüdische Rolle mit katastrophalen Folgen gespielt hat. Mit seinem *Traktatus*, in dem Jakob Gordin »einen der gewaltigsten Angriffe nicht nur gegen die biblischen Auffassungen, sondern auch gegen die geistliche Tätigkeit des jüdischen Volkes insgesamt«[31] sah, hatte Spinoza »eine fast satanische Lebenskraft« *(une vigueur presque satanique)* bewiesen.[32]. Die Nähe zu Levinas ist unverkennbar, auch wenn Gordin in der Beschuldigung Spinozas vielleicht noch weiter als Levinas gegangen ist.[33] Sein eigener Hauptaufsatz gegen Spinoza – *Benedictus ou maledictus. Le cas Spinoza* (den Untertitel hat Levinas übernommen!) – wurde erstmals im Jahre 1935 veröffentlicht und im Jahre 1954 nachgedruckt,[34] also in zeitlicher Nähe zu Levinas' eigenem

[27] Levinas, DL 153; SF 105.

[28] Levinas, DL 154; SF 106.

[29] Levinas, DL 155; SF, 106.

[30] *Ibid.*

[31] »Indépendamment de la valeur philosophique intrinsèque de l'*Ethique*, il est hors de doute que l'ouvrage de Spinoza qui nous révèle la véritable cuisine où se fabriquent les théorèmes de l'*Ethique*, c'est le *Traité théologico-politique* qui représente une des plus violentes attaques, non seulement envers les conceptions bibliques, mais envers l'activité spirituelle du peuple juif, en général«. (Gordin, *Ecrits*, 65)

[32] Vgl. J. Gordin, Les crises religieuses dans la pensée juive [1946], heute zugänglich in: ders., *Ecrits: le renouveau de la pensée juive en France*, Paris, 1995, 58–69, hier 67.

[33] Vgl. die These, der zufolge Spinoza »beim Zerfall *(décomposition)* der jüdischen Seele eine schicksalshafte Rolle« gespielt hätte (Gordin, *Ecrits*, 147).

[34] Jacob Gordin, Benedictus ou maledictus. Le cas Spinoza [1935/1954], heute zugänglich in: Gordin, *Ecrits*, 145–164.

Aufsatz mit fast demselben Titel: *»Le cas Spinoza«*. Seinen Aufsatz hat Gordin mit einer ausführlichen Wiedergabe des Banns, des *Cherems* gegen Spinoza, begonnen, um ihn daraufhin zu rechtfertigen.[35] Gordin zufolge ist Spinoza von einer Lehre durchdrungen gewesen, die markionitische und sozzinistische Quellen hatte und die ihn dazu geführt habe zu behaupten, dass die Religion der hebräischen Bibel keineswegs eine Religion der »Liebe« zu Gott sei, sondern die eines »blinden Gehorsams«, der aus einer körperlichen, materiellen Angst hervorgehe. Spinoza sei zudem der Urheber der äußerst populären Identifizierung der jüdischen Religion mit einer Anzahl politisch-strategischer Regeln, »Zeremonien« oder »Zeremonialgesetze«, die »nichts zur Glückseligkeit beitragen, sondern sich bloß auf die zeitliche Wohlfahrt eines Staates beziehen.« In den sogenannten fünf Büchern Moses, so schreibt Spinoza im Kap. V seines Traktats, und Gordin zitiert ihn,

> wird […] nichts anderes verheißen als diese zeitliche Wohlfahrt, nämlich Ehren, Ruhm, Siege, Reichtum, Freuden und Gesundheit. Allerdings enthalten jene fünf Bücher außer den Zeremonien auch viele Sittenlehren, aber auch diese nicht als Sittenlehren, die für alle Menschen gültig sind, sondern bloß als Gebote, die hauptsächlich der Fassungskraft und dem Charakter bloß des hebräischen Volks angepasst sind, und die darum auch nur den Nutzen seines Reiches bezwecken. So lehrt z. B. Moses den Juden nicht als Lehrer oder Prophet, sie sollten nicht töten und nicht stehlen, sondern als Gesetzgeber und Fürst; denn er begründet seine Lehre nicht durch die Vernunft, sondern fügt seinen Befehlen eine Strafe bei, und Strafen können und müssen ja nach dem Charakter der einzelnen Völker verschieden sein […].[36]

Dagegen, so Spinoza, habe Christus »das allgemeine Gesetz« (die Sittengesetze) lehren wollen. Diese seien »von den Staatsgesetzen zu unterscheiden, und zwar in erster Linie wegen der Unwissenheit der Pharisäer, welche glaubten, nur der lebe glückselig, der die Staatsrechte oder das mosaische Gesetz aufrecht halte.«[37] Um zu begründen, dass man eine irrtümliche Auffassung solcher Staatsgesetze entwickeln würde, wenn man sie mit den sittlichen, moralischen Gesetzen gleichsetze, und sei es auch nur teilweise, bemühte sich

---

[35] *Ibid.*, 147: »Der Fall Spinoza, welcher durch den Bannspruchakt symbolisch festgestellt wurde, bleibt aktuell. Der 27. Juli 1656 ist ein denkwürdiges Datum *(une date mémorable)*«.

[36] Vgl Spinoza, TTP, 95.

[37] Spinoza, TTP, Kap. V, 95 f.

Spinoza darum zu beweisen, dass »die Gesetze des Alten Testamentes bloß den Juden offenbart und vorgeschrieben worden sind«[38]. Daraus wird geschlossen, dass »die Hebräer nach den Geboten der Religion keine Verpflichtung gegenüber den Völkern hatten, die in diesem Vertrag [dem Vertrag mit Gott, den sie geschlossen hatten] nicht einbegriffen waren, sondern lediglich gegen ihre Volksgenossen.«[39]

Aus diesem »extrem egoistischen Partikularismus« (der Ausdruck stammt von Gordin) folgt, dass – und hier zitiert er Spinoza:

> die Liebe der Hebräer zu ihrem Vaterlande keine einfache Liebe war, sondern Frömmigkeit, die zugleich mit dem Haß gegen die übrigen Völker durch den täglichen Kult so gehegt und gepflegt wurde, daß sie ihnen zur zweiten Natur werden mußte […] Es mußte darum […] ein beständiger Haß entspringen, der tiefer als irgendetwas in der Seele Wurzel fassen konnte. War es doch ein Haß, der aus tiefer Verehrung oder Frömmigkeit entsprang, und der für fromm gehalten wurde, und einen tieferen und hartnäckigeren Haß kann es nicht geben. Es fehlte auch an der gewöhnlichen Ursache nicht, die den Haß immer mehr und mehr entfacht, nämlich seine Erwiderung, denn die anderen Völker mußten auch ihnen mit dem erbittertsten Hasse begegnen.[40]

Um diese Behauptungen zu begründen, zieht Spinoza einen bekannten Satz aus dem Matthäus-Evangelium (V, 43) heran: »Ihr habt gehöret, daß gesagt ist: Du sollst deinen Nächsten lieben, und deinen Feind hassen«. Er wendet ihn aber auf das Alte Testament an, um zu behaupten, daß der Haß gegen die anderen »nicht nur erlaubt, sondern geradezu durch die Frömmigkeit geweiht« sei.[41] Hier stützt er sich auch auf Tacitus – was Jakob Gordin zu Recht noch viel bezeichnender findet[42] – um zu dem Schluss zu kommen, dass es kein Wunder sei, dass sich die Juden »so viele Jahre hindurch in der Zerstreuung und ohne eigenes Recht erhalten haben«, denn es ist »der Haß

---

[38] Spinoza, TTP, Kap. III, 61.

[39] Spinoza, TTP, Kap. XVII, 323.

[40] Vgl. Spinoza, TTP, Kap. XVII, 314 f.

[41] Vgl. Spinoza, TTP, Kap. XVII, 315.

[42] Vgl. hierzu neuerdings unseren Aufsatz: A Hatred ›Required by Religion‹? – Spinoza and Cohen on Hatred, *Jewish Studies Quarterly* 25 (2018), 1–18 so wie in diesem Buch Kap. 5, 98. Zu Tacitus vgl. auch René Bloch, *Antike Vorstellungen vom Judentum: Der Judenexkurs des Tacitus im Rahmen der griechisch-römischen Ethnographie*, Stuttgart, 2002 und sein neuer Aufsatz, Tacitus' Excursus on the Jews through the Ages: An Overview of its Reception Story, Oxford (2012), 377–410.

der Völker, der sie in erster Linie erhält, das hat schon die Erfahrung gezeigt«.[43]

Auf der Basis dieser Textstellen aus dem *Theologisch-politischen Traktat* kam Gordin zum Schluss, dass der Bannspruch völlig berechtigt gewesen sei. Darin war er Hermann Cohen gefolgt, der die Art und Weise kritisiert hatte, in der Spinoza die Bergpredigt angeführt hatte, um den Satz vom Hass des Feindes auf das Alte Testament zu beziehen. Zudem hatte Cohen Spinozas Thesen kritisiert, denen zufolge das Neue Testament eine allgemeine Religion sei, wohingegen dem Alten Testament die Allgemeinheit fehlen würde. Cohen hatte sich damit in erster Linie gegen eine Bibellektüre gestellt, der zufolge die jüdische Religion nur Staatslehre, also keine Ethik und kein Prophetismus sei.[44] Für Cohen war die Anklage, die auch eine Wehklage wurde, besonders bitter, gerade weil er Spinozas *Ethik* viele Jahre nahegestanden war, sowohl philosophisch als auch politisch. Bis zum Ende seines Lebens hatte sich Cohen im Kampf um religiöse Aufklärung und Toleranz engagiert und auch anerkannt, dass der theologisch-politische Traktat Spinozas »eine Grundschrift des politisch-religiösen Liberalismus« ist,[45] und dass diese Schrift »in religiöser wie in politischer Hinsicht die allgemeine Aufklärung gefördert« hatte.[46]

Der *engouement* – die Schwärmerei, die Begeisterung – für Hermann Cohen, die Levinas in seinem Nachruf auf Jacob Gordin erwähnt, lässt vermuten, dass er Hermann Cohen durch Gordin entdeckt hat und mit ihm manches Gespräch über den deutsch-jüdischen Philosophen führte. Im Hinblick auf den ersten Punkt, den er in seinem ersten Aufsatz über Spinoza hervorhob – die Verkürzung der hebräischen Bibel zu einer rein politischen Lehre –war er mit Gordin über Cohens Opposition gegen Spinoza auf jeden Fall einverstanden.

Für Levinas – und für Gordin – mag es aber das Bild der Juden als Pharisäer bei Spinoza gewesen sein, das sie noch stärker berührte und auf sie wirkte. In der Sammlung *Difficile Liberté* gibt es einen ande-

---

43 Vgl. Spinoza, TTP, Kap. 3, 75. Direkt danach kommt der Passus, der vielen Anhängern von Ben Gurion vermutlich gefiel: »wenn die Grundsätze ihrer Religion ihren Sinn nicht verweichlichen, so möchte ich ohne weiteres glauben, daß sie einmal bei gegebener Gelegenheit […] ihr Reich wieder aufrichten und daß Gott sie von neuem auserwählt«.

44 Vgl. z. B. den Spinoza-Aufsatz von 1915, in: Cohen, *Werke*, 16, 407 ff.

45 Vgl. Cohen, *loc.cit.*, 324.

46 Vgl. Cohen, *loc.cit.*, 321.

ren, kurzen Beitrag – er zählt nur ganze vier Seiten – der den beredten Titel trägt *Le pharisien est absent*[47] (»Der Pharisäer ist abwesend«). Auch dieser Beitrag wurde nicht ins Deutsche übersetzt, vermutlich nicht nur, weil er so kurz und daher unbedeutend erschien, sondern vielleicht auch, weil Levinas dort versucht hat, die Figur des Pharisäers zu rehabilitieren: Ein wohl vergeblicher Versuch, noch vergeblicher als der Versuch, Spinoza erneut zu verbannen!

Beide Versuche sind aber miteinander verbunden, denn Spinoza selber hat zur Verbreitung der abwertenden Bezeichnung ›Pharisäer‹ viel beigetragen. In seinem *Theologisch-politischen Traktat* beschreibt er die Pharisäer nicht nur als diejenigen, die Pilatus dazu gebracht hatten, Christus hinzurichten, »obgleich er [Pilatus] ihn [Christus] für unschuldig hielt«, und Pilatus ihren »Zorn« zu beschwichtigen versucht habe. Er begnügte sich nicht damit zu behaupten, dass die Pharisäer auch diejenigen gewesen seien, welche die Religionsstreitigkeiten und die Anklagen gegen die Sadduzäer begonnen hätten; überall, so Spinoza, hätten sie »die Männer verfolgt, die sich durch Rechtschaffenheit auszeichneten und durch Tüchtigkeit hervortraten und darum dem Volke ein Dorn im Auge waren; sie haben ihre Meinungen öffentlich verflucht und den Haß einer wilden Menge gegen sie entflammt«.[48] Er verallgemeinerte die Bedeutung des Wortes so sehr, dass er auch Maimonides als »Primus inter Pharisaeos«, den »ersten unter den Pharisäern« bezeichnete, da er »offen« behauptet hatte, die Schrift müsse der Vernunft angepasst werden.[49] An vielen Stellen scheint er mit dem Wort sogar alle traditionsgläubigen Juden zu meinen. Was hat ihn aber bewogen, traditionsgläubige Juden als Pharisäer zu bezeichnen? Wie kam er dazu, statt von Juden von Pharisäern zu sprechen, und »seinen Glaubensgenossen das Stigma eines Namens aufzudrücken, der seit reichlich anderthalb Jahrtausenden in seinem ursprünglichen Sinne außer Gebrauch, längst schon lediglich in alten Urkunden (Talmud und N.T.) ein unlebendiges Dasein fristete und höchstens noch im christlichen Volksmunde als Bezeichnung für Heuchler fortlebte?«[50] Insbesondere in Deutschland, in der letzten Hälfte des 19. und während des 20. Jahrhunderts,

---

[47] Vgl. Levinas, DL 47–51.

[48] Spinoza, TTP, XVIII. Kap., 330.

[49] Spinoza, TTP, XV. Kap., 261.

[50] Vgl. Nathan Porges, Das Wort Pharisäer bei Spinoza, *Monatsschrift für Geschichte und Wissenschaft des Judentums* 61 (1917), 150–165, hier 156.

wurde das Wort in solcher Weise ins antisemitische Vokabular aufgenommen, dass diese Fragen erneut gestellt und bis zu Spinoza und seiner Zeit zurückverfolgt wurden: Friedrich Niewöhner zufolge ist der damalige Streit zwischen Uriel da Costa – und nach ihm Spinoza – mit der jüdischen Gemeinde als ein Kampf zwischen Sadduzäern und Pharisäern beschrieben worden, zu jener Zeit aber ohne jede gehässige Nebenbedeutung. So kam es, dass das Wort bei Spinoza allgemein alle Anhänger der jüdisch-religiösen Überlieferung meint.[51]

Die Bedeutung, die Levinas dieser Bezeichnung gibt, ist genauso allgemein wie diejenige, die ihr zur Zeit Spinozas gegeben wurde. Für ihn ist ›Pharisäer‹ keineswegs die Bezeichnung einer Richtung des religiösen Judentums, die sich historisch entwickelt hatte, sondern sie verweist vielmehr auf religiöse Formen, die er für unvereinbar mit seiner eigenen Auffassung der Ethik und des geistigen Lebens hält. In diesem Diskussionszusammenhang ist für ihn der ›Pharisäer‹ vor allem derjenige, der sich gegen jede Verteidigung eines auf Gnade begründeten »Sinns des Göttlichen«[52] und gegen einen sich auf »Enthusiasmus« berufenden religiösen Glauben stellt. Laut Levinas klagt der ›Pharisäer‹ über »jenes bekannte, laute Gebet, das gemäß den Weisen Israels die Manifestation selbst des falschen Prophetismus« sei, und »schon in der Öffentlichkeit und in unseren Debatten erklingt«.[53]

Andere zur selben Zeit veröffentlichte und ebenfalls in der Sammlung *Schwierige Freiheit* wieder aufgenommene Aufsätze beklagen die Tatsache, dass die »jüdische Erneuerung« *(le renouveau juif)* »unter dem Zeichen des Irrationalen, des Numinösen, des Sakramentalen« *(l'irrationnel, le numineux, le sacramentel)* stattfindet.[54] Immer wieder kommt das Wort ›Enthusiasmus‹ (Hebräisch: התלהבות, *Hitlahawut*) vor.[55] ›Enthusiasmus‹, dies betont Levinas allerdings, ist »sicherlich nicht die reinste Art, sich in Verbindung mit Gott zu

---

[51] Vgl. dazu F. Niewöhner, Spinoza und die Pharisäer: Eine begriffsgeschichtliche Miszelle zu einem antisemitischen Slogan, *Studia Spinozana*, 1 (1985), 347–355, hier 347.

[52] Vgl. Levinas, DL 48.

[53] »Cette fameuse prière à haute voix qui, au dire des sages d'Israël, est la manifestation même du faux prophétisme, retentit déjà sur la place publique et dans nos réunions« *(ibid.)*.

[54] Vgl. Levinas, DL 17; SF 14.

[55] So z. B. DL 18, 22, 28 ff., 48, 83. Vgl. auch auf Deutsch SF 15 f., 19, 24–27 – leider ist die deutsche Übersetzung jener letzten Seiten (24–27) irreführend, siehe dazu hier unten S. 259.

setzen«.[56] Denn »Betrunken sollen sie ins Heiligtum nicht treten«.[57] Deutlich hebt dieses für den ersten Teil von *Difficile Liberté* gewählte Motto den wesentlichen Inhalt der dort gesammelten Essays hervor: Das Judentum muss »eine Religion für Erwachsene«, eine »Religion des Geistes« *(une religion de l'esprit)* sein. Eine Religion des Geistes ist aber eine Religion, die Wert auf die ›Erkenntnis‹, auf das ›Wissen‹, das »das einzige Mittel« sei, »über das ein Geist verfügt, um in Berührung mit einem ihm äußeren Geist zu treten«.[58] Eine Religion des Geistes ist eine Religion, »die sich [zum] Bewusstsein macht« *(qui se fait conscience)*. Dies ist eine Religion, die zum Anbruch einer mit Vernunft, Diskurs und Sprache identischen »geistigen Ordnung« *(un ordre spirituel)* ruft, und aus diesem Grund alle Gewalt verabscheut: »Vernunft und Sprache sind der Gewalt äußerlich. Sie sind die geistige Ordnung! Und soll die Moral Gewalt wirklich ausschließen, dann muss ein tiefes Band Vernunft, Sprache und Moral miteinander verknüpfen.«[59]

Diese Themen deuten auf Diskussionen, die in jener Zeit stattgefunden haben: Diskussionen zwischen Anhängern einer chassidischen, eher mystischen Orientierung und Anhängern derjenigen Richtung, welche eher Bildung und Erkenntnis bevorzugten – wie Levinas selbst. Ziel seiner damaligen Angriffe waren die Erstgenannten, die den ›Enthusiasmus‹ und das religiöse Gefühl, mittels welchem die individuelle Seele sich in Gott verlieren würde und von Gott »besessen« *(possédée)* sei, bevorzugten.[60] Das Hebräische Wort התלהבות, *Hitlahawut* ist der Terminus, der von den mystischen Anhängern des Chassidismus benutzt wird, wenn sie die seelische Verfassung bezeichnen, die der Gerechte im Gebet erreicht – ein Gemütszustand, den der Chassid übrigens täglich pflegen sollte.[61] Seinerseits ist Levinas dem Chassidismus und auch Buber gegenüber vorsichtig gewesen. Er bemerkte, dass Buber selbst das religiöse Leben nie mit

56 Levinas, DL 49.

57 »שלא יכנסו שתויי יין למקדש...« Raschi, zu Leviticus 10, 2. Der erste Teil der Sammlung *Difficile Liberté* war betitelt »Jenseits des Pathetischen« *(Au-delà du pathétique)*: Vgl. Levinas, DL 11.

58 »seul moyen dont dispose un esprit pour toucher un esprit à lui extérieur« (Levinas, DL 49).

59 Levinas, DL 19; SF 16.

60 Vgl. Levinas, DL 22; SF 19.

61 Für Hitlahawut benutzte Buber auch das Wort ›Extase‹. Vgl. z. B. M. Buber, Hitlahawut: Von der Inbrunst, in: *Die Legende des Baalschem*, 1955, 19–29.

einem mystischen Enthusiasmus identifiziert hatte,[62] und scheint eher an Verzerrungen oder Perversionen des Chassidismus zu denken, also an unterschiedliche Formen des religiösen Eifers, die sich damals offenbar immer mehr verbreiteten. So zum Beispiel wenn er das »Numinöse« als dasjenige beschreibt, das »die Verhältnisse zwischen den Personen aufhebt«, indem es »die Seienden an einem von ihnen nicht gewollten Drama, an einer Ordnung, in welche sie einstürzen, teilnehmen lässt, und sei es auch in der Extase«.[63] Fest steht aber, dass die von Levinas beschriebene jüdische Welt sich deutlich von derjenigen, die Martin Buber noch zur Zeit Rosenzweigs wiederentdeckte, unterscheidet: Zwar ist der Chassidismus ein Teil der jüdischen Welt, doch dürfen die Erzählungen der Chassidim keineswegs die Grundlage für eine jüdische Erziehung werden: »Chassidismus und Kabbala«, betont Levinas, »haben in der jüdischen Seele nur dann Bürgerrecht, wenn sie vom talmudischen Wissen durchdrungen sind.«[64]

II

Der in *Difficile Liberté* wiederholte Gebrauch des Ausdrucks *numineux* (›Das Numinose‹) als Synonym zu *sacré* (›sakral‹), und die Andeutung an jene »Modernen«, die glauben, den Ursprung aller Religion in primitiven Religionen zu finden,[65] weisen auch auf andere Angriffsziele. Levinas wird insbesondere an Rudolf Otto gedacht haben, der in seinem Werk *Das Heilige* (1917) – ins Französische unter dem Titel *Le sacré* (»Das Sakrale«) im Jahre 1949 übersetzt – den Ausdruck ›Das Numinose‹ in den Religionswissenschaften einführte. In dem Buch von Otto verweist der Ausdruck auf all das, was im menschlichen Gemüt ein Gefühl des »schauervollen Geheimnisses«, des *mysterium tremendum* erweckt: ein Gefühl, das »zu seltsamen Aufgeregtheiten, zu Rausch Verzückung und Ekstase führen kann«

[62] Vgl. Levinas, *Hors sujet* (1987), 22: »vivre religieusement, cela n'a jamais coïncidé pour Buber avec la vie selon une religion, mais n'a jamais signifié non plus pour lui l'enthousiasme mystique.«

[63] Levinas, DL 29.

[64] Levinas, DL 17; SF 15.

[65] Vgl. Levinas, DL 28; auch 29–30 und in dem Aufsatz »le lieu et l'utopie« 145 f., oder auch in dem Aufsatz über Heidegger 325. Vgl. SF 25.

und uns in Schrecken versetzt.[66] Otto gemäß fühlt man sich dabei mit einer *majestas*, einer absolut überlegenen Macht konfrontiert, mit einem »Ungeheuer«[67], das uns fasziniert aber auch beunruhigt, weil man dabei auf das »ganz Andere«[68], das Unermessliche, stoßen würde. So verstanden, besitzt das ›Numinose‹ noch nicht die Bedeutung, die wir heute dem Wort ›heilig‹ zuschreiben. Denn heute schreiben wir dem Wort eine moralische und ethische Bedeutung zu, die es nicht von vornherein und niemals ganz ausschließlich hatte.[69] Otto gibt dies zu, doch behauptet er auch, dass das ›Numinose‹ in allen Religionen existieren würde, da sie, ihm zufolge, ohne das Numinose gar keine Religion wären. Er gesteht zu, dass das Numinose in Aberglaube regredieren kann, falls es für die Rationalität nicht offen sei. Er selber möchte das religiöse Gefühl vom Aberglaube befreien und das »Religiöse« dem »Rationalen« daher keineswegs entgegensetzen. Das wird schon am Untertitel seines Buches deutlich: *Über das Irrationale in der Idee des Göttlichen und sein Verhältnis zum Rationalen.*[70]

Levinas kannte Ottos Buch,[71] und hatte auch zweifellos zur Kenntnis genommen, dass Otto jüdische Gebete anführte – insbesondere die »wundervollen Gebete« der »Liturgie des Jom Kippur, des großen Versöhnungstages der Juden«[72] – um seine These zu verdeutlichen. Besonders anstößig muss aber die Kontinuität auf ihn gewirkt haben, die Otto zwischen der Religion der ›Primitiven‹ und dem später einsetzenden Monotheismus, auch dem jüdischen, feststellte. Denn gegen diese These wandte er sich ausdrücklich in *Schwierige Freiheit*, indem er dort feststellte, dass die »Modernen« Unrecht gehabt hätten, alle Religionen, auch die jüdische, auf eine einzige Quelle zu reduzieren. Für ihn gab es vielmehr einen vollständigen Bruch zwischen den Götzendienern und dem jüdischen Monotheismus, da

---

[66] Vgl. R. Otto, *Das Heilige* (1947), 13ff.

[67] Goethes berühmte Worte in seinem *Faust* (2. Teil, 1. Akt): *»Das Schaudern ist der Menschheit bestes Teil; Wie auch die Welt ihm das Gefühl verteure, Ergriffen, fühlt er tief das Ungeheure«* hatte Otto als Motto seines ganzen Werkes gewählt (vgl. auch wieder *op.cit.*, 52). Levinas wählte sie (teilweise) auch als Motto des letzten Teils von *Autrement qu'être* (1974, hier 269; *Jenseits des Seins* (1998), hier 375. Vgl. auch das 7. Kap. in Ottos Buch, *op.cit.*, 50f.

[68] Vgl. R. Otto, *op.cit.*, 27–36.

[69] Vgl. R. Otto, *op.cit.*, 5f.

[70] Vgl. auch R. Otto, *Das Heilige*, 72.

[71] Vgl. z. B. die Erwähnung in dem Aufsatz, den er Lévy-Bruhl et la philosophie contemporaine widmet (*Entre nous*, 1991, 49–63, hier 56).

[72] Vgl. R. Otto, *op.cit.*, 37f.

ihre Auffassung des ›Sakralen‹ *(sacré)* mit dem jüdischen Verständnis des ›Heiligen‹ *(saint)* und der ›Heiligkeit‹ *(sainteté)* nichts gemein hätte. *Du sacré au saint, Vom Sakralen zum Heiligen:* diesen Unterschied, oder präziser den Bruch, zwischen beiden Begriffen wählte Levinas als Titel einer späteren Sammlung seiner Talmud-Lesungen.[73] Diesbezüglich schrieb er:

> Das Judentum hat die Welt entzaubert, hat sich von dieser angeblichen Entwicklung der Religionen aus dem Enthusiasmus und dem Sakralen abgehoben. Dem Judentum steht jede offensive Rückkehr dieser Formen menschlicher Erhebung fern. Es sieht in ihnen das Wesen des Götzendienstes.
>
> Das Numinose oder das Sakrale umhüllt und entrückt den Menschen über seine Kräfte und seinen Willen hinaus. [...] Das Sakrale, das mich enthüllt und entrückt, ist Gewalt.
>
> Der jüdische Monotheismus preist nicht eine sakrale Macht, ein numen, das über andere numinose Mächte triumphiert, aber an ihrem verborgenen und geheimnisvollen Leben noch teilhat. [...] Der Monotheismus bricht mit einer bestimmten Auffassung des Sakralen. Weder vereinheitlicht noch hierarchisiert er diese vielen numinosen Götter; er negiert sie. Gegenüber dem Göttlichen, das sie verkörpern, ist er schierer Atheismus. [...]
>
> Die rigorose Behauptung der menschlichen Unabhängigkeit, ihrer geistigen Gegenwart in einer intelligiblen Realität, die Zerstörung des numinosen Begriffs des Sakralen enthalten das Risiko des Atheismus, das eingegangen werden muss.[74]

Jenseits der Thesen, die Otto vertrat, weist Levinas also die gängige Darstellung der Religionsgeschichte, und der Rolle der jüdischen Religion in dieser Geschichte, zurück. Er lehnt jede Auffassung der Religion und der Religiosität ab, die sie mit dem ›Sakralen‹ und damit auch dem ›Irrationalen‹ zusammenführt, so zum Beispiel mit der Magie und mit Zauberei – Erscheinungen, die ein Verhältnis zum ›Sakralen‹ zeigen. In der oben erwähnten Talmudischen Lesung, »Das Sakrale und der Heilige. Desakralisierung und Entzauberung«, ver-

---

[73] *Du sacré au saint. Cinq nouvelles lectures talmudiques,* Paris, 1977. *Vom Sakralen zum Heiligen. Fünf neue Talmud-Lesungen.* Aus dem Französischen von Frank Miething, Frankfurt a. M., 1998.

[74] Levinas, DL 28 f.; SF, 25 f. Vgl. auch im Aufsatz Ethik und Geist: »Ein Spiritualismus des Irrationalen ist unweigerlich ein Widerspruch. Auf dem Sakralen *(sacré)* zu beharren ist unendlich materialistischer, als den – unbestreitbaren – Wert von Brot und Steaks im Leben der Menschen zu propagieren.« (DL 19; SF 16. – die Übersetzung habe ich verändert, denn es ist unbedingt nötig, in jeder Übersetzung von Levinas ins Deutsche *sacré* mit ›sakral‹ und nicht mit ›heilig‹, zu übersetzen).

sucht Levinas den Unterschied zwischen beiden Termini anhand des Traktats Sanhedrin zu erklären. Die jüdische Tradition, so Levinas hier, würde zur »Heiligkeit« streben, das heißt zur »Trennung« *(séparation)* oder »Reinheit«: zwei Worte, die Levinas zusammenstellt, wobei er hinzufügt, dass sie »das unvermischte Wesen, das Geist genannt werden kann« bezeichnen. Zwar ist vom ›Sakralen‹ im erwähnten Text nicht direkt die Rede, dafür aber von Erscheinungen, die mit dem Sakralen verwandt sind, so zum Beispiel von der »Zauberei«.[75] Danach macht sich Levinas daran, die Bedeutung des ›Sakralen‹ in der heutigen Welt zu entziffern.

> Das Sakrale mit der Furcht und dem Zittern – aber auch mit dem Rausch – den seine leuchtende Anwesenheit erregt, wird zum großen Wort, wenn nicht zum großen Begriff, einer ganzen religiösen Neubelebung. Dasjenige, das die zeitgenössische Soziologie in der prälogischen Mentalität in Australien und Afrika entdeckt hat, nimmt den Rang einer bevorzugten religiösen Erfahrung ein.[76]

In jenen Jahren richtete Levinas seine Kritik des ›Sakralen‹ auch gegen die Auffassung einer »primitiven Mentalität«, die von Lucien Levy-Bruhl entwickelt wurde,[77] gegen »den absoluten Indifferentismus der *Traurigen Tropen*« von Claude Levi-Strauss[78] und gegen Simone Weil, die das Judentum »vollständig ignoriert« hätte und tief ins »Heidentum« *(paganisme)* zurückgekehrt sei.[79]

Jenseits der konkreten Personen wird das ›Heidentum‹ *(paganisme)* wiederholt als Hauptziel der Kritik von Levinas benannt. Sein Angriff richtet sich aber auch gegen Philosophien und Weltanschauungen, die sich ganz außerhalb der religiösen Welt, sei sie jüdisch oder christlich, entwickelten. So zum Beispiel gegen jene

> einflussreiche Strömung des modernen Denkens, die in Deutschland entstand und die heidnischen Schlupfwinkel unserer abendländischen Seele überschwemmt. Ich denke an Heidegger und die Heideggerianer …[80]

---

[75] Vgl. Levinas, *Du sacré au saint* (1977), 88 ff. und für die deutsche Übersetzung von Frank Miething 88 ff.

[76] Levinas, DL 145.

[77] Vgl. Levinas, Levy-Bruhl et la philosophie contemporaine, in: *Entre nous*, 53–68; und in diesem Kapitel, S. 258.

[78] Levinas, DL 280; SF, 153.

[79] Levinas, DL 190, 194 ff.

[80] Levinas, DL 324; SF 174.

In der Auffassung von Heidegger sieht Levinas

> die ewige Verführung des Heidentums *(paganisme)*, jenseits der Infantilität des seit langem überwundenen Götzendiensts. Das Sakrale *(le sacré)*, das durch die Welt hindurch scheint – vielleicht ist das Judentum nur die Negation davon. Die sakralen Pflanzungen zerstören – jetzt verstehen wir die Reinheit dieses vermeintlichen Vandalismus. Das Mysterium der Dinge ist die Quelle jeder Grausamkeit gegen den Menschen.[81]

Diese Kritik stammt aus einem kurzen Aufsatz mit dem Titel »Heidegger, Gagarin und wir«[82], der von einer seltenen Schärfe gegen Heidegger geprägt ist. Der Aufsatz wurde im Jahre 1961 veröffentlicht, danach in der Sammlung *Difficile Liberté* wiederaufgenommen, und rief eine heftige Reaktion Jacques Derridas hervor. Wo Levinas das »Heidentum« *(paganisme)*, das heißt die von Heidegger exaltierte »Verwurzelung« *(enracinement)* an einem »Ort« und seine negative Haltung der Technik gegenüber verurteilt hatte, antwortete Derrida in seinem Beitrag »Gewalt und Metaphysik«[83] mit einem Hinweis auf die Texte, in denen Heidegger auf ähnliche Angriffe bereits selbst geantwortet hatte. Derrida behauptete, dass die Reaktion von Levinas von einer angeblichen »Allergie«, dem »Klima« der Heidegger'schen Philosophie gegenüber, geprägt sei und dass sie daher letztendlich auch nicht ernsthaft begründet wäre.[84] Denn, so Derrida, das »Sakrale« *(le sacré)*, von dem die Philosophie Heideggers spricht, gehöre »weder der Religion überhaupt noch irgendwelcher Theologie an, und lässt sich also durch keinerlei Religionsgeschichte bestimmen«. Das Sakrale sei vielmehr »zuvorderst die wesentliche Erfahrung der Göttlichkeit oder der Gottheit«, also hätte Levinas selber diese Erfahrung voraussetzen müssen.[85] Wie in der obigen Analyse der Levinas'schen Auseinandersetzung mit Ottos Werks klar gezeigt wurde, hatte aber das »Judentum« gerade mit jener »Erfahrung«, also derjenigen des Sakralen, brechen wollen. Dass Levinas sie daher nicht voraussetzte war also seinerseits ganz richtig.

---

[81] Levinas, DL 325; SF 175 (veränderte Übersetzung).

[82] Levinas, DL 323–327; SF 173–176.

[83] Jacques Derrida, Violence et métaphysique. Sur la pensée d'Emmanuel Levinas, in: *L'écriture et la différence* (1967), 117–125; Gewalt und Metaphysik. Essay über das Denken Emmanuel Levinas. In: *Die Schrift und die Differenz*, Frankfurt, Suhrkamp, 1987, 121–235.

[84] Vgl. Derrida, *loc.cit.*, 213 ff. Deutsche Übersetzung 221.

[85] Vgl. Derrida, *loc.cit.*, 215. Deutsche Übersetzung 222.

Derrida muss auch gewusst haben, dass Levinas selbst den Terminus ›Allergie‹ keineswegs leichtsinnig benutzt hatte. So zum Beispiel in einer wichtigen Sektion von *Totalität und Unendlichkeit,* wo er schrieb:

Die Beziehung mit dem Anderen oder die Rede ist eine nicht-allergische Beziehung, eine ethische Beziehung, aber diese empfangene Rede ist eine Unterweisung.[86]

Etymologisch wird ›allergisch‹ aus dem Griechischen ἔργον ›Tat‹ und ἄλλος ›Andere‹ zusammengestellt, so dass die Bezeichnung der Beziehung mit dem ›Anderen‹ als eine ›allergische‹ bedeuten würde, dass der – das oder die – ›Andere‹ – zum menschlichen Wesen selbst gehört. Dies scheint Levinas in *Totalität und Unendlichkeit* verneinen zu wollen. Es ist gut möglich, dass er damit eine Gegenposition zu Maurice Blondel (1861–1949) einnehmen wollte, denn Blondel hatte damals in verbreiteten Philosophielehrbüchern behauptet, dass das menschliche Wesen ›Allergie‹ sei: das Wort ist aus ἄλλος (›anderes‹) und ἔργον (›Aktion‹) zusammengesetzt und würde also bedeuten, dass die Aktion Anderer dem menschlichen Wesen inhärent sei.[87] Wie dem auch sei: Derrida hat die ›Allergie‹, die Levinas Heidegger nachwies, zweifellos herunterspielen wollen. Ohne hier zu entscheiden, ob er mit seiner Deutung von Heidegger recht hatte, darf man doch sagen, dass die ›Allergie‹, die Levinas dem deutschen Philosophen gegenüber empfand etwas ganz Anderes gewesen ist als die hautnahe und rein oberflächliche Reaktion, zu der Derrida sie reduzieren wollte. Implizit erkannte dies Derrida selbst, wenn er seinen ganzen Aufsatz hindurch mit dem Gegensatz zwischen dem »Hebraismus« von Levinas und den »Hellenismus« von Heidegger spielt. Ihm zufolge gäbe es bei Levinas »einen mächtigen Willen, sich mit der Geschichte der griechischen Philosophie auseinanderzusetzen«, der sich auch in seiner Beschäftigung mit Heidegger zeigen würde. Gemäß Derrida waren Husserl und Heidegger in einem zwar nicht

---

[86] »Le rapport avec autrui ou le discours est un rapport non-allergique, un rapport éthique, mais ce discours accueilli est un enseignement«: TI, 43; deutsche Übersetzung TU, 64.

[87] Vgl. Maurice Blondel (nicht zu verwechseln mit Charles Blondel, dessen Unterricht Levinas in Strasbourg gehört hatte), *L'Action. Essai d'une critique de la vie et d'une science de la pratique,* Paris, 1893, z. B. 215. Deutsche Übersetzung von Anton van Hooff: *L'Action – Die Tat (1893).Versuch einer Kritik des Lebens und einer Wissenschaft der Praxis* (2018).

literalen, aber dennoch mächtigen Sinne des Wortes »Griechen« gewesen. Derrida behauptete sogar, dass Heidegger viel authentischer als jeder andere Philosoph zu den griechischen Quellen der Philosophie zurückgekehrt war.[88] Gegen diese eher gezwungene These wäre aber anzumerken, dass Levinas selber sich in jenen Jahren auf einen griechischen Philosoph berief, und dass dieser kein anderer als Sokrates war:

Sokrates zog der Landschaft und den Bäumen die Stadt vor, wo man den Menschen begegnet. Das Judentum ist ein Bruder der sokratischen Botschaft.«[89]

Hier hallen die Sätze Hermann Cohens vom Anfang seiner *Ethik des reinen Willens* wider:

Sokrates […] redet wie ein Nazarener von der Natur: die Bäume können mich nicht belehren, wohl aber die Menschen in der Stadt […]. *Die Ethik, als die Lehre vom Menschen, wird das Zentrum der Philosophie.*[90]

In den Jahren, in denen Levinas die hier behandelten Aufsätze verfasste, war Heidegger also keineswegs derjenige, der für ihn die griechische Philosophie repräsentierte. Levinas dachte vielmehr an Sokrates, weil die »Lehre« von Sokrates nicht nur die Ethik, sondern auch das Erkennen und sogar die Ontologie betraf.

Als er *Totalität und Unendlichkeit* schrieb, lehnte Levinas die Ontologie als solche noch nicht ab. Er berief sich vielmehr auf Eric Weil und stellte fest, dass die Geburt der Ontologie mit dem Verlust und dem Verschwinden des Sakralen zusammenfiel und dass die Menschen die Ontologie als Bollwerk gegen die Gewalt erfunden hatten. Levinas scheint zwar gegenüber der Art und Weise, in der Eric Weil das Wort ›Gewalt‹ definierte, etliche Vorbehalte gehabt zu haben, doch zeigte er sich in völliger Übereinstimmung mit dessen Grundthese:

Wir verdanken der Habilitationsschrift von Eric Weil – deren philosophische Bedeutung und logische Kraft sich durchsetzen werden – den systematischen und strengen Gebrauch des Terminus »Gewalt« in seinem Gegensatz zur »Rede«.[91]

---

[88] Vgl. hier die ersten Seiten seines Aufsatzes in: *L'écriture et la différence* (1967), 117–122, hier bes. 123. Deutsche Übersetzung 126 ff.

[89] Levinas, DL 325; SF, 175.

[90] Cohen, *Werke* 7, 1.

[91] Levinas, DL 18, Fußnote 1. In der deutschen Übersetzung wurde ›discours‹ mit ›Rede‹ übersetzt: vgl. Levinas, SF 15, Fußnote 1.

Würde man mit Jacques Derrida davon ausgehen, dass »der Diskurs, den E. Weil als gewaltlos anerkennt, Ontologie, Entwurf einer Ontologie ist«, dann müsste man auch annehmen, dass Levinas die Legitimität und das Projekt einer Ontologie in den Jahren, in denen er die oben genannten Aufsätze verfasste, genauso wie Eric Weil anerkannte.[92] Das wird Levinas auch noch viele Jahre später bestätigen, so zum Beispiel, wenn er im Jahre 1975 sagt, dass »die ontologische Sprache, die in *Totalität und Unendlichkeit*

> benutzt wurde, keineswegs eine endgültige Sprache ist. In *Totalität und Unendlichkeit* ist die Sprache ontologisch vor allem, weil sie nicht psychologisch sein will. In Wahrheit handelt es sich aber schon um eine Suche nach demjenigen, das ich das ›Jenseits des Seins‹ nenne.[93]

Zu der Zeit, als Levinas die hier behandelten Aufsätze verfasste, kritisiert er an der Ontologie, und spezieller an der Ontologie als *prima philosophia,* keineswegs die Ontologie als solche, sondern eher das Fortbestehen beziehungsweise Wiedererwachen des Sakralen in ihr. Ihm zufolge ist es gerade dieses Bestehen und dieses Wiedererwachen, das sie zu einer Philosophie der ›Macht‹[94] – oder auch des Kriegs und der Gewalt – führt.

III

Es ist auch das Fortbestehen, beziehungsweise Wiedererwachen des ›Sakralen‹ im oben erklärten Sinne des Wortes in der abendländischen Philosophie, das Levinas dazu führt, die Herangehensweise der abendländischen Philosophie als Ganze zu kritisieren. So vor allem, wenn er erklärt, dass der Begriff der Totalität, der »die abend-

[92] Vgl. J. Derrida, *L'écriture et la différence* (1967), 171, Fußnote 1 – Deutsche Übersetzung: *Die Schrift und die Differenz* (1987), 177, Fußnote 47. – Anzudeuten, wie dies Derrida in derselben Passage schreibt, dass »[d]iese Kohärenz in der Ontologie […] für Levinas die Gewalt selbst [ist]« geht zu weit. Eric Weil selber hatte keine Ontologie sondern eine ›Logik‹ verfassen wollen – und kein Projekt einer Ontologie formuliert, auch wusste er ganz gut dass es nicht nur einen sondern viele ontologischen ›Diskurse‹ gibt; dass solche Diskurse sich widersprechen und Gewalt nicht ausschließen, selbst wenn sie ganz kohärent sind. Gewalt kann es in dem Diskurs selber geben – es gibt auch Diskurse der Gewalt.

[93] *De Dieu qui vient à l'idée* (1982), 133. *Wenn Gott ins Denken einfällt. Diskurse über die Betroffenheit von Transzendenz* (2004), 102.

[94] Vgl. hier z. B. Levinas, TI 36 ff., TU 55 ff.

ländische Philosophie beherrscht«, darin besteht, die »Trennung« *(séparation)* zwischen den Personen zu verneinen und die Menschen zu fassen, als ob sie gleichsam durch Kräfte, die auf sie übergreifen, ›besessen‹ *(possédés)* wären. Der Krieg ist für ihn »Gewalt«, weil er darin besteht, den Personen »Rollen zuzuweisen, in denen sie sich nicht wiederfinden«, und nicht, weil er eine Kraftprobe, das heißt eine Frontalopposition einer Kraft gegen eine anderen, ist.[95] In der »Totalität« werden die Individuen darauf reduziert, »Träger von Kräften zu sein, die die Individuen ohne ihr Wissen steuern.«[96] Levinas verurteilt hier den ›Totalitarismus‹, auch wenn er das Wort selbst im Vorwort zu *Totalität und Unendlichkeit* noch nicht benutzt.[97] Der Krieg, dies schreibt er noch deutlicher in »Freiheit und Gebot«, einem späteren Aufsatz aus dem Jahre 1994, ist

> keineswegs der Aufprall von zwei Substanzen, er ist nicht der Schock von zwei Absichten, sondern der Versuch, den die eine [Substanz] tut, überraschend, hinterhältig, um die zweite zu beherrschen. Der Krieg, dies ist der Hinterhalt. Er besteht darin, dass man die Substanz des Anderen, desjenigen, das in ihm stark und absolut ist, mittels desjenigen, das in ihm schwach ist, ergreift.[98]

Das Schreckliche am Krieg ist demnach nicht die Frontalopposition, sondern jene Art und Weise, den Feind »schräg« *(de biais)*[99], man möchte fast sagen, durch eine *List*, anzugreifen. Die Levinas'schen Analysen der Gewalt, insbesondere diejenigen, in denen Levinas die Gewalt des Kriegs zur ›Gewalt‹, die sich in der Arbeit – im Handeln, den Objekten gegenüber – zeigt, annähert, erinnern an die bekannten Hegel'schen Ausführungen über die ›List der Vernunft‹. Hegel hatte gedacht, dass er anhand des Gebrauchs der Werkzeuge und Arbeitsmittel aufzeigen könnte, was er eine ›List‹, einen ›Betrug‹ der Ver-

---

[95] Levinas, TI 6, TU 20.

[96] *Ibid.*

[97] Er benutzt es aber in anderen Kontexten, so z. B. in dem Vortrag »Liberté de parole« (1957; heute in der Sammlung *Difficile Liberté* wieder aufgenommen, 287–290, hier 289), wo er behauptet, dass »der politische Totalitarismus auf einen ontologischen Totalitarismus beruht«. Vgl. auch *Entre nous*, 260.

[98] »La guerre n'est pas le choc de deux substances, elle n'est pas le choc de deux intentions, mais la tentative faite par l'une pour maîtriser l'autre, par surprise, par embuscade. La guerre, c'est l'embuscade. C'est se saisir de la substance de l'autre, de ce qu'il a de fort et d'absolu à partir de ce qu'il a de faible.« (E. Levinas, *Liberté et commandement* (1994), 38.

[99] *Ibid.*, 40.

nunft genannt hatte. Das Modell einer ›List der Vernunft‹ hatte Hegel zuerst genutzt, um die Arbeit und insbesondere die Technik, den Gebrauch von Werkzeugen im Arbeitsprozess, zu erklären. Erst danach wurde der Ausdruck auch auf die Geschichtsphilosophie angewandt und in diesem Zusammenhang bei Hegel berühmt:

Man kann es die List der Vernunft nennen, daß sie die Leidenschaften für sich wirken lässt, wobei das, durch was sie sich in Existenz setzt, einbüßt und Schaden leidet. Denn es ist die Erscheinung, von der ein Teil nichtig, ein Teil affirmativ ist. Das Partikuläre ist meistens zu gering gegen das Allgemeine; die Individuen werden aufgeopfert und preisgegeben«.[100]

Daher ist die Versuchung groß, daraus zu schließen, dass Levinas auf den ersten Seiten von *Totalität und Unendlichkeit* nicht nur die Hegel'sche Geschichtsphilosophie, sondern auch die Hegel'sche Vernunft selbst, samt ihren Begriffen der ›Totalität‹ und ›Identität‹ und vielleicht auch die Vernunft als solche wegen ihrer angeblich inhärenten Gewalt, verurteilen wollte. Eine solche Verurteilung der Vernunft war aber keineswegs das Anliegen von Levinas. Der Titel, den er für sein Werk wählte – also *Totalität und Unendlichkeit* – bezeugt vielmehr, dass er die Idee der Totalität keineswegs beseitigen, sondern ihr ein *und*, ein ›Mehr‹ oder ein ›Jenseits‹ hinzufügen wollte.[101] Wollen wir seine schon erwähnte Eröffnungsgeste von ihrer stärksten Seite her interpretieren, dann gilt es, in seiner Kritik der Idee der Totalität keineswegs eine Ablehnung jeglicher rationalen, begrifflichen Erkenntnis zu sehen, sondern eher eine Zurückweisung des ›Sakralen‹ im oben dargelegten Sinn und eine gleichzeitige Aufwertung von dem, was er »das Heilige« nannte, und als ›Trennung‹ *(séparation)* fasste. Was Levinas am ›Begriff‹ oder ›Begreifen‹ ablehnte, war keineswegs der Begriff selbst, sondern vielmehr die Einwirkung des ›Sakralen‹. Wo aber ›begreifen‹ ›greifen‹ bedeutet, also den Versuch, in den Besitz von etwas zu gelangen, das man erkennen möchte, würde das Begreifen eine Art von Gewalt sein. Es würde dem Menschen Gewalt antun, insbesondere seiner Freiheit, wobei Freiheit für Levinas die »Bedingung jedes Werts, den der Mensch erreichen kann«, ist.[102] Weit davon entfernt alle rationale Erkenntnis, auch die Er-

---

100 Vgl. hier Hegel, TWA 12, 49.
101 Vgl. z. B. TI 7; TU 22.
102 »la condition de toute valeur que l'homme puisse atteindre«: Levinas, DL 28; SF 25 (veränderte Übersetzung).

kenntnis mittels Begriffen, abzulehnen, warnte Levinas vor einer Gotteserkenntnis im irrationalistischen Sinne, wie sie sich beispielsweise im Enthusiasmus oder der Begeisterung zeige. Er warnte also vor einer Erkenntnis im Sinne des mystischen Deliriums von Menschen in Extase, die glauben durch einen Gott ›besessen‹ zu sein. Wollen wir die Gotteserkenntnis als ›Besessenheit durch einen Gott‹ beschreiben, also als Enthusiasmus, so Levinas noch in *Totalität und Unendlichkeit,* dann ist das nur in dem »höheren Sinne des Denkens« möglich, von dem Plato gesprochen hatte, als er die Vernunft beschrieb, die sich zu den Ideen erhebt.[103]

Hier ist daran zu erinnern, dass Hegel denselben religiösen Irrationalismus ebenfalls abgelehnt hatte. Die Philosophie Hegels hatte sich im Kampf gegen ein Verständnis der Religion entwickelt, wie es Schleiermacher vertrat.[104] Und es ist kein Zufall, dass Schleiermacher eine der wichtigsten Inspirationsquellen für Rudolf Otto wurde.[105] Hegel hatte behauptet, dass die Bejahung eines als wesentlich irrational verstandenen religiösen Gefühls zur Gewalt, insbesondere der politischen, treiben kann. Um dieser Gewalt entgegenzuwirken, hatte Hegel die von Jakob Fries gefeierte Begeisterung der Burschenschaftler in seiner Vorrede vom Jahre 1820 zu seiner *Rechtsphilosophie* bösartig angegriffen.[106] Hinsichtlich dieses Konflikts und dem Willen, einer durch religiöse Gefühle motivierten Gewalt entgegenzutreten, steht Levinas auf derselben Seite wie Hegel. Er will denselben Feind bekämpfen. Darüber kann kein Zweifel bestehen.

Levinas war durch seine Auseinandersetzung mit Hegel selbst mit dem Bild vertraut, das Rosenzweig in wenigen Sätzen seines

---

[103] Levinas, TI 20; TU 62.

[104] Man denke zum Beispiel an die Kritik an Schleiermacher, die Hegel schon im Jahre 1802 in seinem Aufsatz »Glauben und Wissen« entwickelt hatte, und an seine Kritik des Religionsphilosophen in anderen Texten, die er in Berlin verfasst hatte. Vgl. hier, in dem Aufsatz »Glauben und Wissen«, die letzten Seiten des Teils über Jacobi (Hegel, TWA 2, 388–393) sowie die Vorrede, die Hegel unmittelbar nach dem Erscheinen des Werkes Schleiermachers *Der Christliche Glaube* (1821–1822) für die *Philosophie der Religion* von Hinrichs im Jahre 1822, verfasste. (TWA 11, 58 ff.) Vgl. auch die Vorrede zur dritten Ausgabe der *Enzyklopädie* (TWA 8, 32–41).

[105] Vgl. Otto, *Das Heilige,* op. cit., 20. Kapitel, 168 ff. – Otto hatte eine neue Edition der Reden über die Religion von Schleiermacher veröffentlicht (1899). In *Kantisch-Fries'sche Religionsphilosophie und ihre Anwendung auf die Theologie* (1909) hatte er sich auch als Anhänger von Fries, einem anderen Gegner Hegels, erklärt.

[106] Vgl. Hegel, TWA 7, 18. Über die ›Begeisterung‹ (›Enthusiasmus‹), siehe auch hier oben S. 103 ff. und meinen Aufsatz »De l'esprit« (1995).

Sterns skizziert hatte. Ob er es je für nötig hielt, Rosenzweigs *Hegel und der Staat* gründlich zu studieren, darf bezweifelt werden, da er seine Wertschätzung dieses Werks erst anhand einer späten, nach dem Ersten Weltkrieg verfassten Beurteilung Rosenzweigs formulierte.[107] Es ist daher kein Wunder, dass er dazu neigte, im Hegel'schen Staat einen Machtstaat im Sinne Bismarcks zu sehen und so wie Rosenzweig die ›Macht‹ des Staats als ›Gewalt‹ zu identifizieren.[108] Hinzu kommt, dass Levinas den stark judenfeindlichen Inhalt der Texte, die der junge Hegel über den »Geist des Judentums« in Bern und Frankfurt geschrieben hatte, nicht mehr einfach übergehen konnte, wie dies Rosenzweig in seinem *Hegel und der Staat* noch tat: In den Entwürfen über den »Geist« der jüdischen Geschichte hatte Rosenzweig nur »das erste große Beispiel der eigentümlich Hegelschen Geschichtsdeutung« gesehen, »das erste Probestück seiner Kunst, Edelgestein vergangenen Geschehens zur goldenen Kette zu fassen«[109]– weiter nichts. Nach dem Zweiten Weltkrieg konnten solche Entwürfe zum »Geist des Judentums« umso weniger harmlos angesehen werden, weil sie in der französischen Hegelrezeption besonders aufgewertet wurden.[110] Die Art und Weise, in der Levinas Hegel kennenlernte, erklärt aber, warum er vor Hegels System zurückschreckte[111] – selbst wenn er diesem System in mancher Hinsicht nahe stand.

Fest steht also, dass Levinas seine eigene Philosophie unabhängig von Hegel erarbeitete. Er berief sich explizit auf Rosenzweig und betonte nicht nur den starken Eindruck, den »der Widerstand gegen die Idee der Totalität« im *Stern der Erlösung* auf ihn ausübte, sondern erwähnte auch die Möglichkeit, die Beziehung zwischen Judentum und Christentum in ihrer Positivität zu denken – als »Dialog« und

---

[107] In seinem Aufsatz Zwischen zwei Welten. Der Weg von Franz Rosenzweig schätzt er *Hegel und der Staat* als »monumental« und fügt dann hinzu, es sei ein »Werk, das viele kühne, aber stets wissenschaftlich fundierte Ansichten und Ideen enthält, Ergebnis seiner Studien von 1914, aber gleich nach der Veröffentlichung nennt er [also Rosenzweig] dieses Buch die *dem deutschen Geiste gezahlte Miete.*« (DL, 253–28, hier 254; SF 129–154, hier 130),

[108] Vgl. hier oben Kap. 4, S. 128–131.

[109] Vgl. hier insbes. *Hegel und der Staat* (2010), 112 f., hier 113.

[110] Zur damaligen Diskussion um »Hegel und die Juden« vgl. hier den Aufsatz von Levinas in: DL 328–333; SF 177–181 – und neuerdings unseren Aufsatz »Hegel über das jüdische Volk« (2018).

[111] Levinas, DL 333, SF 181.

sogar »Symbiose«.[112] Diese Auffassung des Dialogs, des Verhältnisses zum Anderen, bezieht er auf Rosenzweigs *Stern der Erlösung:*

Es ist dies die Quelle dessen, was wir heute Philosophie des Dialogs nennen, deren Prinzip jedoch von fast allen ihren Vertretern fast empirisch gesetzt wird, indem man die eigentümliche Nichtobjektivierbarkeit der Ich-Du Beziehung betont.[113]

Die Dialogauffassung von Levinas orientiert sich an Rosenzweig und nicht an Buber, dessen Auffassung vom Dialog Rosenzweig schon kritisiert hatte.[114]

Einer der Hauptpunkte, den Levinas auf Rosenzweig bezieht, ist die Entdeckung des »Vorrangs der Sprache vor dem ›reinen Denken‹.«[115] Rosenzweig selbst hatte dies als sein eigenes Programm verstanden. Das ›reine Denken‹, das er kritisiert hatte, war das Denken des deutschen Idealismus und insbesondere des Hegelianismus. Dabei handelte es sich um ein Denken, das zwar den Vorrang der Sprache – oder besser des *logos* – behauptete, Rosenzweig zufolge aber ihr radikalster Feind ist. Denn für Rosenzweig ist das, was die Idealisten geltend machen wollten, wenn sie den Satz von Johannes »Am Anfang war das Wort« aufgreifen, nicht die Sprache, sondern eine Emanationslogik, in der alles schon vorausgesetzt ist.[116] Die Sprache als Logos betrachtete aber Rosenzweig keineswegs als das Erste:

Gott sprach. Das ist das zweite. Es ist nicht der Anfang. […] Der Anfang ist: Gott schuf.[117]

Zu sagen, dass die Welt vom *logos*, von der Sprache geschaffen wurde, ist für Rosenzweig dasselbe wie zu sagen, dass sie nicht wirklich ge-

---

[112] Vgl. hier insbesondere Judentum und Christentum nach Franz Rosenzweig (1987), 163–183. Französische Fassung in: *A l'heure des nations* (1988), 191 f.

[113] Vgl. Stéphane Mosès, *Système et Révélation* (1982). Ins Deutsche übersetzt von Rainer Rochlitz: *System und Offenbarung* (1985); auf Französisch wieder abgedruckt in: *A l'heure des nations* (1988), 175–185.

[114] Vgl. insbesondere Rosenzweig, GS I.2, 824 ff. und die weiteren Briefe vom September 1922. Zur Auffassung des Dialogs beziehungsweise der Anerkennung bei Levinas und Rosenzweig, siehe auch neuerdings das umfangreiche *Handbuch Anerkennung* hg. von Ludwig Siep, Heikki Ikäheimo & Michael Quante (2018), dort insbesondere meine beiden Aufsätze über Rosenzweig und Levinas.

[115] *A l'heure des nations* (1988), 185. Deutsche Übersetzung in der Vorrede zu *Stéphane Mosès, System und Offenbarung* (1985), 18.

[116] Rosenzweig, *Stern,* 153 f.

[117] Rosenzweig, *Stern,* 124.

schaffen wurde und dass sie immer schon da war. Wenn es eine Schöpfung gibt, dann muss sie vor aller Sprache sein.

Die Sprache selbst ist keine Schöpfung, sie kommt mit der Offenbarung. Sie ist Offenbarung: diese Grundthese Rosenzweigs übernimmt Levinas. Die Priorität der Sprache vor dem Denken anzuerkennen, bedeutet für Levinas, wie zuvor schon für Rosenzweig, die Sprache als Offenbarung zu verstehen. Eine Erklärung dafür findet sich in den folgenden, sehr bekannten, schönen Sätzen des *Sterns*:

> Der Mensch verbirgt sich, er antwortet nicht, er bleibt stumm, er bleibt das Selbst, wie wir es kennen. Die Antworten, die Gott ihm schließlich abfragt, sind keine Antworten; kein Ich, kein »Ich bins«, »Ich habe es getan« antwortet der göttlichen Frage nach dem Du, sondern statt des Ich kommt aus dem antwortenden Munde ein Er-Sie-Es: der Mensch vergegenständlicht sich selbst zum »Manne«: das Weib, und zwar dieses ganz vergegenständlicht zum Weib, das dem Menschen »gegeben« ist, hat es getan, und dieses wirft die Schuld auf das letzte Es: die Schlange wars. Das Selbst will mit einem stärkeren Zauber als der bloßen Frage nach dem Du beschworen sein, auf daß es seinen Mund zum Ich auftue. An Stelle des unbestimmten, bloß hinweisenden und so vom Menschen auch mit bloßem Hinweise – das Weib, die Schlange – beantworteten Du tritt der Vokativ, der Anruf; und jeder Ausweg zur Vergegenständlichung wird dem Menschen abgeschnitten, indem an Stelle seines Allgemeinbegriffes, der sich hinter das Weib und hinter die Schlange flüchten kann, das Unfliehbare angerufen wird, das schlechthin Besondere, Begriffslose, dem Machtbereich der beiden Artikel, des bestimmten und unbestimmten, das alle Dinge, wenn auch nur als Gegenstände einer allgemeinen, keiner besonderen Vorsehung, umfaßt, Entrückte: der Eigenname. Der Eigenname, der doch kein Eigen-name ist, nicht ein Name, den sich der Mensch willkürlich gegeben hat, sondern der Name, den ihm Gott selber geschöpft hat, und der nur deshalb, nur als Schöpfung des Schöpfers, sein eigen ist. Der Mensch, der auf Gottes »Wo bist Du?« noch als trotziges und verstocktes Selbst geschwiegen hatte, antwortet nun, bei seinem Namen, doppelt, in höchster, unüberhörbarer Bestimmtheit gerufen, ganz aufgetan, ganz ausgebreitet, ganz bereit, ganz – Seele: »Hier bin ich«.[118]

Jenem »Hier bin ich« verdankt Levinas seine Auffassung der Verantwortung und seine Auffassung des dazu gehörenden ›Subjekts‹, dessen Identität in der »Unmöglichkeit, sich der Verantwortung, der Aufnahme des Anderen zu entziehen«, besteht.[119]

---

[118] Rosenzweig, *Stern*, 195 f.

[119] Vgl. z. B. Levinas, *Autrement qu'être* (1974), 29.

Seine Verpflichtung gegenüber Rosenzweig hinsichtlich der Auffassung des ›Subjekts‹ oder des ›Selbst‹ hat Levinas ausdrücklich betont, so zum Beispiel in *De Dieu qui vient à l'idée*, wenn er schreibt:

Wenn wir an die bemerkenswerte Unterscheidung denken, die Franz Rosenzweig im Menschlichen zwischen dem der Welt zugehörigen Individuum und der »Selbstheit« macht, wenn wir an die Einsamkeit der »Selbstheit«, worin das Ich sich aufhält, denken (wobei m.E. das Geheimnis des Psychischen das »Wie« ist), so werden wir vielleicht die ontologische Trennung zwischen Menschen ermessen, die Transzendenz abschätzen können, die zwischen ihnen klafft.[120]

Diese als »Trennung« und sogar als »absolute Trennung«[121] begriffene Transzendenz, welche die »Rede« *(discours)* oder den »Dialog« ermöglicht, wird Levinas in den folgenden Jahren öfters wiederholen. So zum Beispiel an einer oben bereits zitierten Stelle in *De Dieu qui vient à l'idée* wo er betont:

Gerade weil das Du absolut anders ist als das Ich, gibt es, von einem zum anderen, Dialog. Dies ist vielleicht die paradoxe Botschaft jeder Philosophie des Dialogs oder eine Art, den Geist durch die Transzendenz, d.h. durch die Sozialität, durch die unmittelbare Beziehung zum anderen zu definieren.[122]

Levinas zufolge beruht der Dialog, und Sprache allgemein, nicht nur auf einer grundsätzlichen Asymmetrie vom Menschen zu Gott. Er setzt auch eine »Einsamkeit« *(solitude)* und »absolute Distanz«, »ohne jedes gemeinsame Maß« zwischen den Gesprächspartnern, voraus.[123]

Das ist das Paradoxe dieser Auffassung: Die Sprache setzt nichts Gemeinsames voraus, sie ist keineswegs immer schon da, wie dies öfters in der philosophischen Tradition behauptet wurde, wo das Grundproblem eher war, die Bildung allgemeiner oder gemeinsamer Termini zu erklären, wobei die besonderen oder singulären Termini sich von selbst verstanden. Levinas dreht die Frage um: Ihm zufolge

---

[120] Vgl. hier Levinas, *De Dieu qui vient à l'idée* (1982), 221 ff. Deutsche Übersetzung von Heinz-Jürgen Görtz und Martine Lorenz-Bourjot, unter Mitarbeit von Alois Müller-Herold: Dialog, in: *Christlicher Glaube in moderner Gesellschaft*. Teilband I. Freiburg/Basel/Wien: Herder, 1981, 61–85, hier 75.

[121] Man beachte die Titel der Sektionen I.B von *Totalité et infini* – und natürlich ihren Inhalt: »Trennung und Rede« *(Séparation et Discours)*, »Trennung und Absolutes« *(Séparation et Absolu)*.

[122] Levinas, *De Dieu qui vient à l'idée* (1982), 223. Deutsche Übersetzung in: Dialog, *loc.cit.*, 76.

[123] Levinas, *De Dieu qui vient à l'idée*, 221–222; Dialog, *loc.cit.*, 74–75.

muss man nicht so sehr über das Gemeinsame der allgemeinen Termini Rechenschaft ablegen. Denn, so Levinas, wo es Gemeinsamkeit oder Allgemeinheit gibt, brauchen wir keine Sprache: »Ein universales Denken benötigt keine Kommunikation« *(une pensée universelle se passe de communication)*.[124] Um es mit anderen Worten zu sagen: »Die Sprache wird da gesprochen, wo die Gemeinsamkeit der aufeinander bezogenen Termini fehlt, wo die gemeinsame Ebene fehlt, wo sie erst konstituiert werden muss. Die Sprache steht in dieser Transzendenz.«[125] Wie sind aber diese Sätze zu verstehen? Wie kann es Sprache, Kommunikation und sogar einen Dialog mit dem ›absolut Fremden‹ und Anderen überhaupt geben?

Levinas stellt sich hier die Frage nach der Möglichkeit ›heilige‹ Schriften lesen und verstehen zu können. Wie ist es möglich, eine geoffenbarte Sprache, also eine, die von Gott selbst kommt, zu verstehen, wenn Gott das ›absolut Andere‹ ist? Bei Levinas ist es der Talmudist, der versucht, auf diese Frage zu antworten. Der Talmud, sagt er:

> lehrt ein Prinzip von Rabbi Jismael, das er entlang seiner Traktate achtzehnmal wiederholt: die Tora spricht des Menschen Sprache. Dies ist auch recht erstaunlich: die souveräne, die inspirierende Rede fließt in das Sprechen der Menschen.[126]

In seinen Talmud-Lesungen fängt Levinas damit an, die einfachste Lesart dieses Prinzips wiederzugeben, und meint, dass es sich bei diesem Prinzip darum handelt, den interpretativen Fleiß der Talmudisten, ihre ständige und manchmal übertriebene Suche nach immer neuen Interpretationen der Texte, zu bremsen. Man soll die Texte nicht ständig verdrehen und in ihnen einen versteckten, metaphysischen Sinn suchen, sondern sie *auch* in ihrem literalen Sinn lesen. Dennoch gibt es hier ein grundsätzliches Problem: Wie kann eine Sprache sowohl göttlich sein und damit die Sprache von jemandem, der das ganz Andere ist, und gleichzeitig für Menschen verständlich sein? Hierzu schreibt Levinas:

> Der großartige Gedanke des Rabbi Jismael besteht darin, zuzugeben, dass die Rede der übermenschlichen Botschaft in der Rede von miteinander sprechenden, geschaffenen und endlichen Menschen enthalten sein kann.

---

[124] Levinas, TI 44, TU 98 *(veränderte Übersetzung)*.
[125] Levinas, TI 45; TU 100.
[126] E. Levinas, Ecrit et sacré (1989), 357.

Wunderbare Kontraktion des Unendlichen, das »Mehr« im »Weniger« weilend [...] Daher für den Leser rätselhafter Sinnesüberschuss, daher schon beim Lesen eine implizite Exegese – und Ruf nach einer Exegese.

Sinnesüberschuss, der eine Bedeutung erst und nur *à bon entendeur*, für das Ohr, das die Stimmen ersucht und erwartet, erhält. Der Übergang zum Jenseits oder zur Transzendenz ereignet sich in der Exegese, die sich zwischen dem offensichtlichen und dem nicht-unmittelbaren, aber *lehrenden* Sinn einordnet. Tora bedeutet zu allererst Lehre.[127]

Levinas, der sich hier auf die etymologische Bedeutung des hebräischen Worts ›Tora‹ – also ›Lehre‹ – beruft, behauptet nicht nur, dass es einen die Exegese bedürfenden Sinnesüberschuss in jedem Satz der Tora gibt, sondern auch, dass die Transzendenz in der Exegese selbst steckt. »Die Tora spricht des Menschen Sprache«: dies bedeutet, dass die Transzendenz, das Heilige, keineswegs in einem Jenseits, sondern hier unten in der Welt, in der Lehre der Menschen zu suchen ist.

Es geht dabei nicht darum, eine göttliche Inspiration zu suchen. Denn: »Die Tora wurde den Menschen gegeben«; und dies bedeutet, dass sie nicht mehr im Himmel weilt. »Nun sind die Menschen diejenigen, die über sie verfügen [...]. Der Mensch ist die Stätte, durch welche sich die Transzendenz ereignet.«[128] Die Transzendenz findet sich in der Art und Weise, in der die Menschen selbst die Schrift verstehen, und nicht in einem Ritualismus, der die Schrift fetischisiert und das Numinose – das »Numinose des reinen Ritualismus«[129] – zum Prinzip macht. In seiner Kritik aller Fetischisierung und Sakralisierung der Schrift geht Levinas allerdings so weit, den Bereich seiner Aussage über die Heilige Schrift hinaus auf »jedes Schreiben« und sogar »jedes Sprechen« auszudehnen

... weil die Bibel die Schrift *par excellence*, Sprechen und Ausdruck *par excellence* ist. – Das ist meine These. Sodann fragt man sich: fängt nicht das Sakrale – wenn es richtig ist, es so zu nennen – mit *jedem* Lesen an, und bis zu einem gewissen Maß mit jedem Sprechen? Besteht nicht die Auslegung – schon wenn sie sich auf Sätze bezieht, die keine Sprüche sind, sondern zum Beispiel einfache Verse oder Belletristik – in der Weise selbst, in der eine Stimme sich unter uns hören lässt, die radikal *anders* ist?[130]

---

127 *Ibid.*

128 *L'homme est le lieu où passe la transcendance:* Vgl. Levinas, La Révélation dans la tradition juive, in: *L'Au-delà du verset* (1982), 175.

129 Vgl. Levinas, Ecrit et sacré (1989), 355. Vgl. auch schon *L'Au-delà du verset* (1982), 7 ff.

130 E. Levinas, Ecrit et sacré (1989), 356. Vgl. auch 358 und De la lecture juive des Ecritures, in: E. Levinas (1982), 136 ff.

Für Levinas ist ein Buch *heilig*, wenn sich in ihm eine *andere* Stimme vernehmen lässt. Die Bibel zeigt eine *radikal andere* Stimme und ist daher das heilige Buch *par excellence*.[131]

Diese andere Stimme lässt sich aber nur *in einem Buch* vernehmen. Die religiöse und sittliche Anrufung fand Levinas in den Büchern der Bibel und damit nicht unmittelbar im Gewissen. Diesbezüglich schreibt er in einer Kritik an Martin Buber: »Ich denke weiterhin, dass man dem Gewissen nicht zuhören kann, ohne das Buch der Bücher mit extremer Aufmerksamkeit zu berücksichtigen«.[132] Diese These ist in seinem Frühwerk besonders stark ausgeprägt. Die Frage ist nicht, ob Levinas die Antwort auf den moralischen Anruf des ›Hier bin ich‹ an derselben Stelle, wie der von Rosenzweig gewählten, oder an einer anderen findet. Levinas wählt hierfür in seinem späteren Werk *Anders als Sein* eine Stelle, an der er das ›Hier bin ich‹ auf das ›Sende mich‹ bei Jesaja (6.8) bezieht.[133] Wichtig ist vielmehr der Bezug von Rosenzweig und Levinas zur Schrift selbst und zur Tradition der Auslegung, ohne die diese Schrift nicht verstanden werden kann. Es genügt daher nicht, sich auf das Gewissen oder auf ein unmittelbares Gefühl zu berufen, sondern es ist nötig zu lesen und zu lehren, was die Bibel sagt.

Aber auch andere Bücher sind dafür notwendi. In seinen ersten Aufsätzen, die im Band *Schwierige Freiheit* gesammelt sind, hat Levinas betont, dass »die Erziehung für den Juden mit der Unterweisung verschmilzt und dass der Unwissende nicht wirklich fromm sein kann. Und es gibt sehr viele merkwürdige talmudische Texte, die versuchen, die Natur der Spiritualität Israels so darzustellen, als beruhe sie auf seiner intellektuellen Vortrefflichkeit.«[134] Dies wiederholt er in vielen seiner Talmudischen Lesungen.[135] Dachte Levinas, dass es notwendig sei, die biblischen Texte samt ihrer mündlichen und tal-

---

[131] Ich denke, schreibt Levinas, »dass der Eigenstatus der Schrift, und der Heiligen Schriften, die wahrscheinlich ihre ursprüngliche Unruhe sind, keineswegs an der dogmatischen Erzählung über den supranaturalen Ursprung jener Schriften, sondern an jenem Gesichtsausdruck des anderen Menschen, aus welchem sie stammen, gebunden ist.« (Levinas, 1989, 361.)

[132] »Gewiss hat Buber gedacht, dass sein Gewissen ihn besser als die Bücher über den Willen Gottes informieren würde« (in: F. Poirié, *Emmanuel Levinas – Qui êtes-vous?* (1987), 124 ff.

[133] Vgl. Levinas, *Autrement qu'être ou au-delà de l'essence* (1974), 228.

[134] Levinas, DL 29; SF 26.

[135] So z. B. Levinas, *L'Au-delà du verset* (1982), 170.

mudischen Interpretationen zu lesen und zu verstehen, um ein jüdisch-religiöses und auch moralisches Leben führen zu können?

Es kann nicht bezweifelt werden, dass es einen elitären Zug im Frühwerk von Levinas gibt, der sich auch in seiner Kritik am Chassidismus zeigt. Man wird daher bei ihm keine Apologie der ›Massen‹ finden. In seinem Frühwerk bewertet er auch eine andere Auffassung des Lebens des Geistes, die ihm zufolge genauso wesentlich zum jüdischen Leben gehört, als die erste:

> Merken wir an – denn dies ist charakteristisch für die Art und Weise, wie der Talmud an die Fragen herangeht –, dass der Gegensatz zwischen Rabbi Jochanan und Schemuel – wie alle Gegensätze der Schriftgelehrten – zwei Positionen widerspiegelt, zwischen denen das Denken gewissermaßen ewig schwankt. Deutet der Geist auf ein quasi göttliches Leben hin, das von den Einschränkungen der menschlichen Verfassung befreit ist, oder artikulieren die menschliche Verfassung, ihre Grenzen und ihr Verlauf das Leben des Geistes selbst?[136]

Zu sagen, dass »der Mensch die Stätte ist, durch welche sich die Transzendenz vollzieht«[137] bedeutet, dass die Transzendenz in dieser Welt weilt und nicht in einem Jenseits:

> Dass die Beziehung zum Göttlichen über das Verhältnis zu den Menschen führt und mit der sozialen Gerechtigkeit zusammenfällt, eben dies ist der Geist der jüdischen Bibel. Moses und die Propheten kümmern sich nicht um die Unsterblichkeit der Seele, sondern um den Armen, die Witwe, die Waise und den Fremden. Die Beziehung zum Menschen, in der die Berührung mit dem Göttlichen stattfindet, ist nicht eine Art geistige Freundschaft, sondern diejenige, die sich in einer gerechten Ökonomie manifestiert, erprobt und erfüllt, einer Ökonomie, für die jeder Mensch voll verantwortlich ist.«[138]

Hier ließen sich viele weitere Stellen aus dem frühen Werk von Levinas – und auch aus dem Werk von Hermann Cohen – zitieren, die zeigen würden, dass für ihn »das geistige Leben als solches untrennbar mit der ökonomischen Solidarität gegenüber dem Anderen verbunden bleibt […]. Das geistige Leben ist wesentlich moralisches Leben, und sein bevorzugter Ort ist das Ökonomische.«[139]

---

[136] Levinas, DL 96; SF 64.

[137] Vgl. Levinas, La Révélation dans la tradition juive, in: *L'Au-delà du verset* (1982), 175.

[138] Levinas, DL 36 f.; SF 32.

[139] Levinas, DL 93 ff.; SF 62.

Eine fast materialistische Linie durchzieht die ersten Seiten von *Difficile liberté,* wodurch Levinas eine zu seiner Zeit gegen Juden öfters erhobene Beschuldigung umkehrt: Munter bejaht er die These, der zufolge der Jude sich hier auf Erden um all das kümmert, was mit den niedrigen, materiellen Bedürfnissen der Menschen zu tun hat. Doch fügt er sofort hinzu, dass es »unendlich materialistischer« wäre, »auf dem Sakralen zu beharren, als den – unbestreitbaren – Wert von Brot und Steaks im Leben der Menschen zu propagieren«.[140] Denn derjenige, so Levinas, der das Gewicht natürlicher Bedürfnisse im menschlichen Leben vermindert oder verneint, zeigt, dass er im Leben des Geistes, also des wirklichen religiösen Lebens, nichts verstanden hat. Denn der Geist ist »die Sorge selbst um einer gerechten Gesellschaft« willen – er ist in seinem »Wesen« selbst ethisch.[141]

Diese Sätze hätte auch Hermann Cohen schreiben können. Genauso gut könnten sie von Hegel kommen, was Levinas und auch Hermann Cohen allerdings vehement verneint hätten. Doch ist die Nähe keineswegs erstaunlich, denn wenn man einen gemeinsamen Gegner hat, findet man sich auf derselben Seite wieder: »Ein Spiritualismus des Irrationalen ist unweigerlich ein Widerspruch.«[142]

---

140 Levinas, DL 19; SF 16 (veränderte Übersetzung).
141 Levinas, DL 145.
142 Levinas, DL 19; SF 16.

Abkürzungen und Siglen

für die vollständigen Verweise siehe unten S. 279 sq.

Cohen, *Werke*	Hg. vom Hermann-Cohen-Archiv unter der Leitung von H. Holzhey, Olms 1977 ff. ArG *Ästhetik des reinen Gefühls.* ErW *Ethik des reinen Willens.* KBA *Kants Begründung der Ästhetik.* KTE *Kants Theorie der Erfahrung.*
Cohen, JS	Hermann Cohens *Jüdische Schriften,* 3 Bde., hg. von Bruno Strauß, eingel. von Franz Rosenzweig, Berlin 1924.
Cohen, RV	Hermann Cohen, *Religion der Vernunft aus den Quellen des Judentums,* Darmstadt 1966.
Cohen, SPhZ	Hermann Cohen, *Schriften zur Philosophie und Zeitgeschichte,* hg. von A. Görland und E. Cassirer, 2 Bände, Berlin 1928.
Hegel, GW	Hegel, *Gesammelte Werke,* Hamburg 1968 ff.
Hegel, TWA	Hegel, *Werke in zwanzig Bänden,* Theorie-Werkausgabe, Frankfurt 1986.
Kant, AA	*Kant's gesammelte Schriften,* hg. von der Preussischen Akademie der Wissenschaften, Berlin 1922.
Levinas, TI	Emmanuel Levinas, *Totalité et infini. Essai sur l'extériorité,* Paris 1990.
Levinas, TU	Emmanuel Levinas, *Totalität und Unendlichkeit. Versuch über die Exteriorität,* Freiburg 1987.
Levinas, DL	Emmanuel Levinas, *Difficile Liberté. Essais sur le judaïsme,* Paris 1994.
Levinas, SF	Emmanuel Levinas, *Schwierige Freiheit. Versuch über das Judentum,* Deutsche Teilübersetzung von Eva Moldenhauer, Frankfurt 1992.
Rosenzweig, GS	Franz Rosenzweig, *Der Mensch und sein Werk. Gesammelte Schriften I-IV,* Den Haag 1976–1984.
GrBr	Franz Rosenzweig, *Die »Gritli«-Briefe. Briefe an Margrit Rosenstock-Huessy,* hg. von Inken Rühle und Reinhold Mayer, Tübingen 2002.
Stern	Franz Rosenzweig, *Der Stern der Erlösung.* 4. Auflage. Seitenidentisch mit der Taschenbuchausgabe bei Suhrkamp, Frankfurt 1988.

Schelling, *Werke*	*Sämmtliche Werke*, hg. von K. F. A. Schelling, Stuttgart 1856–1861.
Schlegel, KFSA	*Kritische Friedrich Schlegel Ausgabe*, hg. von Ernst Behler et al., Paderborn 1958 ff.
Spinoza, TTP	Spinoza, Baruch, *Theologisch-politischer Traktat*. Übertragen und eingeleitet nebst Anmerkungen und Registern von Carl Gebhardt. Leipzig, 3. Auflage 1908.

Literaturhinweise

Schriften von Hermann Cohen

Die Schriften Hermann Cohens werden, falls nicht ausdrücklich anders vermerkt, zitiert nach:

Hermann Cohen, *Werke.* Hg. vom Hermann-Cohen-Archiv am Philosophischen Seminar der Universität Zürich unter der Leitung von Helmut Holzhey. Hildesheim: Olms, 1977 ff. (Cohen, *Werke*).
– 1: *Kants Theorie der Erfahrung* (Cohen, KTE). Nachdruck der dritten Auflage (1918) mit einer Einleitung von Geert Edel (1.1), Textkritischer Apparat und Register (1.2), Nachdruck der ersten Auflage (1871: 1.3).
– 2: *Kants Begründung der Ethik.* Nachdruck der 2. Auflage (1910). Mit einer Einleitung von Peter Müller und Peter A. Schmid.
– 3: *Kants Begründung der Ästhetik* (1889). Einleitung von Helmut Holzhey (Cohen, KBA).
– 4: *Kommentar zu Immanuel Kants Kritik der reinen Vernunft.* 2. Auflage (1917). Mit einer Einleitung von Helmut Holzhey.
– 5: 2 Teile in 1 Band. Teil I: *Das Prinzip der Infinitesimal-Methode und seine Geschichte. Ein Kapitel zur Grundlegung der Erkenntniskritik.* Nachdruck der ersten Auflage (1883). Einleitung von Peter Schulthess. Teil II: *Einleitung mit kritischem Nachtrag zur »Geschichte des Materialismus« von F. A. Lange.* Nachdruck der 3., erweiterten Auflage (1914). Einführung von Helmut Holzhey. Variantenverzeichnis, besorgt von P. Schulthess.
– 6: *System der Philosophie.* Erster Teil: *Logik der reinen Erkenntnis.* Nachdruck der 2. Auflage (1914). Einleitung von Helmut Holzhey.
– 7: *System der Philosophie.* Zweiter Teil: *Ethik des reinen Willens,* Nachdruck der 2. Auflage (1907). – 5. Auflage mit einer Einleitung von S. S. Schwarzschild, 6. Auflage mit einer Einleitung von Peter A. Schmid (ErW).
– 8–9: *System der Philosophie.* Dritter Teil: *Ästhetik des reinen Gefühls.* Nachdruck der 1. Auflage (1912). Mit einer Einleitung von Gerd Wolandt (ArG).
– 10: *Der Begriff der Religion im System der Philosophie.* Mit einer Einleitung von Andrea Poma.
– 11: *Religion der Vernunft aus den Quellen des Judentums,* Nach dem Manuskript des Verfassers neu durchgearbeitet und mit einem Nachwort versehen von Bruno Strauß. 1. Auflage (1919). 2. Auflage (1929). (Cohen, RV).
– 12: *Kleinere Schriften I. 1865–1869.* Bearbeitet von Hartwig Wiedebach und Helmut Holzhey.

– 13 und 14 (In Vorbereitung): *Kleinere Schriften II. 1871–1888* und *Kleinere Schriften III. 1890–1906.*
– 15: *Kleinere Schriften IV. 1907–1912.* Bearbeitet und eingeleitet von Hartwig Wiedebach.
– 16: *Kleinere Schriften V. 1913–1915.* Bearbeitet und eingeleitet von Hartwig Wiedebach.
– 17: *Kleinere Schriften VI. 1916–1918.* Bearbeitet und eingeleitet von Hartwig Wiedebach.
Supplementa 1: *Hermann Cohens Notizen und Reflexionen aus dem Nachlaß Paul Natorps. Mit Einleitung, fortlaufendem Kommentar und Register.*
Supplementa 2: Hartwig Wiedebach, *Die Hermann-Cohen Bibliothek.*

Hermann Cohens *Jüdische Schriften,* 3 Bände hg. von Bruno Strauß mit einer Einleitung von Franz Rosenzweig. Berlin: Schwetschke, 1924 (Cohen, JS).
Schriften zur Philosophie und Zeitgeschichte, 2 Bände hg. von A. Görland und E. Cassirer. Berlin: Akademie Verlag, 1928 (Cohen, SPhZ).
Briefe. Ausgewählt und hg. von Bertha und Bruno Strauß. Berlin: Schocken, 1939.

Schriften von Franz Rosenzweig

Die Schriften Rosenzweigs werden, falls nicht ausdrücklich anders vermerkt, zitiert nach:

Franz Rosenzweig, *Der Mensch und sein Werk. Gesammelte Schriften I-IV.* Den Haag/Dordrecht: Nijhoff, 1976–1984 (Rosenzweig, GS).
– 1: *Briefe und Tagebücher,* 2 Bände hg. von Rachel Rosenzweig und Edith Rosenzweig-Scheinmann unter Mitwirkung von Bernhard Casper.
– 2: *Der Stern der Erlösung.* Einführung von Reinhold Mayer. 4. Auflage. Seitenidentisch mit der Taschenbuchausgabe bei Suhrkamp (Frankfurt, 1988), welche auch Gershom Scholems Gedenkrede aus dem Jahre 1930 enthält *(Stern).*
– 3: *Zweistromland. Kleinere Schriften zu Glauben und Denken.* Herausgegeben von Reinhold und Annemarie Mayer.
– 4: *Sprachdenken im Übersetzen.*
1. Band: *Jehuda Halevi. Fünfundneunzig Hymnen und Gedichte deutsch und hebräisch.* Herausgegeben von Rafael Rosenzweig.
2. Band: *Arbeitspapiere zur Verdeutschung der Schrift.* Herausgegeben von Rachel Bat-Adam.
Hegel und der Staat. 2 Bde. 1920, Unveränderter Nachdruck in einem Band Aalen: Scientia, 1962. Hg. von Frank Lachmann mit einem Nachwort von Axel Honneth. Frankfurt: Suhrkamp, 2010.
– *Das Büchlein vom gesunden und kranken Menschenverstand,* hg. von Nahum N. Glatzer. Düsseldorf: Melzer, 1964.

– *Briefe.* Unter Mitwirkung von Ernst Simon ausgewählt und herausgegeben von Edith Rosenzweig. Berlin: Schocken, 1935.
– *Zweistromland. Kleinere Schriften zu Religion und Philosophie,* mit einem Nachwort von Gesine Palmer. Berlin: Philo Verlag, 2001.
Die »Gritli«-Briefe. Briefe an Margrit Rosenstock-Huessy, hg. von Inken Rühle und Reinhold Mayer. Tübingen: Bilam-Verlag, 2002. – Die Briefe werden mit der Sigle (GrBr) und dem Datum zitiert, damit sie auch in der im Auftrag des Eugen Rosenstock-Huessy-Fonds von Michael Gormann-Thelen herausgegebenen Internet-Edition leicht aufzufinden sind: www.eugen-rosenstock-huessy-research-institute.de.
Die Schrift. Verdeutscht von Martin Buber gemeinsam mit Franz Rosenzweig. 1925–1961, 10., verbesserte Auflage der neubearbeiteten Ausgabe von 1954 Stuttgart: Deutsche Bibelgesellschaft, 1992.
Rosenzweigs Bibliothek: Der Katalog des Jahres 1939 mit einem Bericht über den derzeitigen Zustand in der tunesischen Nationalbibliothek, hg. und mit einer Einleitung von N. Waszek. Freiburg: Alber, 2017.

Bibeltexte

Die Bibel oder die ganze Heilige Schrift des alten und neuen Testaments nach der deutschen Übersetzung D. Martin Luthers. Carlsruhe und Leipzig: Expedition der Carlsruher Bibel, 1836.
Der Babylonische Talmud. Nach der ersten zensurfreien Ausgabe unter Berücksichtigung der neueren Ausgaben und handschriftlichen Materials ins Deutsche übersetzt von Lazarus Goldschmidt, 12 Bde. Frankfurt: Jüdischer Verlag, 1996.

Nachschlagwerke

Encyclopaedia Judaica, 10 Bde., hg. von Jakob Klatzkin u. a., Berlin: Eschkol, 1928–1934.
Historisches Wörterbuch der Philosophie, 12 Bde., hg. von Joachim Ritter, Karlfried Gründer und Gottfried Gabriel, Basel: Schwabe; Darmstadt: WBG, 1971–2007.
Theologische Realenzyklopädie. 36 Bde., hg. von Gerhard Müller, Horst Balz, Gerhard Krause. Berlin/New York: De Gruyter, 1977–2004.

Frühere und zeitgenössische Autoren (in alphabetischer Ordnung)

Bacher, Wilhelm, *Die jüdische Bibelexegese vom Anfange des zehnten bis zum Ende des fünfzehnten Jahrhunderts.* Trier: Mayer, 1892.

Benjamin, Walter, *Gesammelte Schriften.* 7 Bände in 14 Teilbänden. Frankfurt a. M.: Suhrkamp, 1974–1989.

Blondel, Maurice, *L'Action. Essai d'une critique de la vie et d'une science de la pratique,* Paris: Alcan, 1893. Deutsche Übersetzung von Anton van Hooff: *L'Action – Die Tat (1893).Versuch einer Kritik des Lebens und einer Wissenschaft der Praxis,* Freiburg: Alber, 2018.

Brann, Marcus, *Geschichte des Jüdisch-Theologischen Seminars (Fraenckel'sche Stiftung) in Breslau. Festschrift zum fünfzigjährigen Jubiläum der Anstalt,* Breslau: Schatzky, 1904.

Buber, Martin, *Die Legende des Baalschem* [1907], Zürich: Manesse, 1955.

– *Vom Geist des Judentums. Reden und Geleitworte.* Leipzig: K. Wolff, 1916.

– Das Ende der deutsch-jüdischen Symbiose, in: *Der Jude und sein Judentum. Gesammelte Aufsätze und Reden* [1939], 2. Auflage. Gerlingen: Schneider, 1992.

– *The Letters,* ed. by Paul Mendes-Flohr and Nahum Glatzer. New York: Schocken, 1991.

Cassirer, Ernst, Hermann Cohen. Worte gesprochen an seinem Grabe am 7. April 1918 [1918 veröffentlicht in: *Neue Jüdische Monatshefte*], hier zitiert nach dem Nachdruck in: *Hermann Cohen,* hg. von Helmut Holzhey (1994), 67–74.

– *Davoser Vorträge. Vorträge über Hermann Cohen. Mit einem Anhang: Briefe Hermann und Martha Cohens an Ernst und Toni Cassirer.* Hg. von Jörn Bohr und Klaus Christian Köhnke, Hamburg: Meiner, 2014.

Dilthey, Wilhelm, *Gesammelte Schriften.* Stuttgart: Teubner, und Göttingen: Vandenhoeck & Ruprecht, 1914 ff.

– *Leben Schleiermachers* [1870]. Bde XIII und XIV, 1991 und 1985.

– *Das Erlebnis und die Dichtung* [1905]. Bd. XXVI, 2005. Kleine Vandenhoeck Reihe, 1985.

– *Die Jugendgeschichte Hegels und andere Abhandlungen zur Geschichte des deutschen Idealismus* [1905]. Bd. IV, 1974.

– *Der Aufbau der geschichtlichen Welt in den Geisteswissenschaften* [1910]. Bd. VII, hg. von Bernhard Groethuysen, 1992.

Ehrenberg, Hans, *Die Parteiung der Philosophie. Studien wider Hegel und die Kantianer* [1911]. Hg. von Michael Gormann-Thelen, Wilfried Gärtner und W. L. Hohmann, Essen: Die blaue Eule, 1998.

– und Link, Herbert, *Hegels erstes System,* nach den Handschriften der Kgl. Bibliothek in Berlin. Heidelberg: Winter, 1915.

– *Die Geschichte des Menschen unserer Zeit.* Heidelberg: Omega Verlag, 1911.

– *Disputation. Drei Bücher vom Deutschen Idealismus.* 1: *Fichte;* 2: *Schelling;* 3: *Hegel,* München: Drei Masken Verlag, 1923–1925.

Fichte, Johann Gottlieb, *Sämmtliche Werke*, hg. von Immanuel Hermann Fichte. 8 Bde, Berlin: Veit & Comp, 1845–1846 (Nachdruck Berlin: De Gruyter, 1971).

– *Gesamtausgabe* der Bayerischen Akademie der Wissenschaften. 42 Bde, hg. von Reinhard Lauth und Hans Gliwitzky. Stuttgart: Frommann-Holzboog, 1962–2012.

– *Wissenschaftslehre nova methodo. Kollegnachschrift K. Chr. Fr. Krause 1798/99*, hg. von Erich Fuchs. Hamburg: Meiner, 1982.

Freudenthal, Max, *Das Leben Spinozas*, Stuttgart: Frommann-Holzboog, 1904.

– *Aus der Heimat Mendelssohn: Moses Benjamin Wulff und seine Familie, die Nachkommen des Moses Isserles*, Berlin: Lederer [1900], Neudruck Dessau, 2006.

Gans, Eduard, *Rückblicke auf Personen und Zustände* [1836], neu hg. von N. Waszek. Stuttgart: Frommann-Holzboog, 1995.

Goethe, Johann Wolfgang, *Werke*. Hamburger Ausgabe in 14 Bänden, hg. von Erich Trunz, 1948 bei Wegner in Hamburg begonnen, 1972 von C. H. Beck übernommen und seit 1982 im Taschenbuch bei dtv (Deutscher Taschenbuch Verlag).

Graetz, Heinrich, *Geschichte der Juden von den ältesten Zeiten bis auf die Gegenwart*. Aus den Quellen neu bearbeitet [11 Bände, 1853–1875], zahlreiche Ausgaben und Übersetzungen, gekürzt *Volkstümliche Geschichte der Juden*, 3 Bände [1887–1889], viele Auflagen.

– *Die Konstruktion der jüdischen Geschichte*, hg. von Nils Römer, Düsseldorf: Parerga-Verlag, 2000.

Harnack, Adolf von, *Das Wesen des Christentums. Sechzehn Vorlesungen vor Studierenden aller Fakultäten im Wintersemester 1899/1900 an der Universität Berlin*. Leipzig: J. C. Hinrichs, 1900. Danach viele Folgeauflagen.

– *Marcion. Das Evangelium vom fremden Gott*, Leipzig: J. C. Hinrichs, 1921. 2. Aufl. 1924.

Hegel, Georg Wilhelm Friedrich, *Gesammelte Werke*. In Verbindung mit der Deutschen Forschungsgemeinschaft hg. von der Rheinisch-westfälischen Akademie der Wissenschaften. Hamburg: Meiner, 1968 ff. (Hegel, GW).

– *Theorie-Werkausgabe*. Auf der Grundlage der Werke von 1832–1845 neu edierte Ausgabe. Redaktion Eva Moldenhauer und Karl Markus Michel, Frankfurt: Suhrkamp, 1969–71. (Hegel, TWA).

– *Theologische Jugendschriften*, hg. von Hermann Nohl. Tübingen: Mohr, 1907.

– *Der Geist des Christentums. Schriften 1796–1800 mit bislang unveröffentlichten Texten*, hg. und eingeleitet von Werner Hamacher. Frankfurt/Berlin: Ullstein, 1978.

– *Vorlesungen über die Philosophie der Weltgeschichte. Berlin 1822/1823*. Hamburg: Meiner, 1996.

Heine, Heinrich, *Sämmtliche Werke. Rechtmässige Original-Ausgabe*, hg. von Adolf Strodtmann. Hamburg: Hoffmann und Campe, 1861–1884.

– *Sämtliche Schriften in zwölf Bänden*, hg. von Klaus Briegleb. Frankfurt: Ullstein, 1981.

– *Düsseldorfer Heine-Ausgabe* hg. von Manfred Windfuhr. Bd. 1–16. Hamburg: Hoffmann & Campe, 1973–1997.

Heller, Hermann, *Hegel und der nationale Machtstaatsgedanke in Deutschland. Ein Beitrag zur politischen Geistesgeschichte.* Stuttgart: Teubner, 1921.
Herder, Johann Gottfried, *Sämmtliche Werke,* hg. von Bernhard Suphan in 33 Bänden. Berlin: Weidmannsche Buchhandlung [1877–1913]. Neudruck Hildesheim: Olms, 1967.
– *Werke,* hg. von W. Pross. Darmstadt: WBG, 1984*ff.*
– *Schriften zu Philosophie, Literatur, Kunst und Altertum,* hg. von Jürgen Brummack und Martin Bollacher, in: *Werke in zehn Bänden,* Bd. 4. Frankfurt: Deutscher Klassiker Verlag, 1994.
Herodot, *Historien,* hg. von Josef Feix, zweisprachig Griechisch-Deutsch. 2 Bände, Düsseldorf: Artemis & Winkler, 2004.
Herzog, David, *Joseph Bonfils (Tobh Elem) und sein Werk Sophnath Pane'ah: ein Beitrag zur Pentateuchexegese des Mittelalters.* Heidelberg: Winter, 1911.
Hölderlin, Friedrich, *Sämtliche Werke. Große Stuttgarter Ausgabe,* hg. von Friedrich Beissner *(Werke)* und Adolf Beck *(Briefe; Dokumente; Rezensionen und Würdigungen),* Stuttgart: Kohlhammer, 1946–1985.
– Entwürfe zur Poetik, in: *Sämtliche Werke. Historisch-kritische Ausgabe. Frankfurter Ausgabe,* hg. von D. E. Sattler. Frankfurt: Roter Stern, Bd. XIV, 1979, 11–49.
– *Sämtliche Werke und Briefe,* hg. von Michael Knaupp. 3 Bände. Darmstadt: WBG, 1998.
Humboldt, Wilhelm von, *Die sprachphilosophischen Werke,* hg. von Heymann Steinthal. Berlin: Dümmler, 1883.
Joel, Manuel, *Beiträge zur Geschichte der Philosophie* [1876], Neudruck Hildesheim: Gerstenberg, 1978.
Kant's gesammelte Schriften. Akademie-Ausgabe. G. Reimer, dann W. de Gruyter, 1900 *ff.*
Kierkegaard, Sören, *Der Begriff Angst* [1844]. Aus dem Dänischen übersetzt und hg. von Emanuel Hirsch. Gütersloh: Gütersloher-Verlagshaus, 1991.
Karpeles, Gustav, *Heinrich Heine und das Judenthum.* Breslau: Bruno Heidenfeld, 1868.
– *Heinrich Heine: biographische Skizzen.* Berlin: Hausfreund-Expedition, 1869.
Lange, Friedrich Albert, *Geschichte des Materialismus und Kritik seiner Bedeutung in der Gegenwart.* Iserlohn [1866]. 5. (wohlfeile und vollst.) Aufl. Mit Biographischem Vorwort und Einleitung mit kritischem Nachtrag von H. Cohen. Leipzig: Baedeker, 1896.
Leibniz, Gottfried Wilhelm, *Nouveaux Essais sur l'entendement humain* [1704], Paris: Garnier Flammarion, 1966.
Lukàcs, Georg, *Der junge Hegel. Über die Beziehungen von Dialektik und Ökonomie,* Band I. Zürich: Europa Verlag, 1948; Frankfurt: Suhrkamp, 1973.
Meinecke, Friedrich, *Weltbürgertum und Nationalstaat. Studien zur Genesis des deutschen Nationalstaats* [1908]. 2. Auflage in: *Werke,* München: R. Oldenburg, 1957 ff. Hier Bd. V.
– *Die Idee der Staatsräson in der neueren Geschichte* [1924], in: *Werke, loc. cit.,* Bd. I.
– *Die Entstehung des Historismus, in: Werke, loc. cit.,* Bd. III, 1965.

Otto, Rudolf, *Kantisch-Fries'sche Religionsphilosophie und ihre Anwendung auf die Theologie,* Tübingen: Mohr, 1909.

– *Das Heilige. Über das Irrationale in der Idee des Göttlichen und sein Verhältnis zum Rationalen,* Breslau: Trewendt und Granier, 1917. Französische Übersetzung von André Jundt auf der Basis der 18. deutsche Ausgabe: *Le sacré. L'élément non-rationnel dans l'idée du divin et sa relation avec le rationnel.* Paris: Payot, 1929.

Ranke, Leopold von, *Über die Epochen der neueren Geschichte. Vorträge dem Könige Maxmillian II. von Bayern im Herbst 1854 zu Berchtesgaden gehalten.* In: *Historisch- kritische Ausgabe,* hg. v. Theodor Schieder und Helmut Berding. München: R. Oldenbourg, 1971.

Renan, Ernest, *Histoire générale et système comparé des langues sémitiques* [1855], neue Ausgabe Paris: Imprimerie impériale, 1858.

Riesser, Gabriel, *Gesammelte Schriften,* Frankfurt: Riesser-Stiftung, 4, 1868.

Rosenstock-Huessy, Eugen, *Die Sprache des Menschengeschlechts. Eine leibhaftige Grammatik in vier Teilen,* Heidelberg: Lambert Schneider, 1963.

– *Soziologie I. Die Kräfte der Gemeinschaft,* Berlin and Leipzig: Walter de Gruyter & Co, 1925.

Schelling, Friedrich Wilhelm Joseph, *Sämmtliche Werke,* hg. von K. F. A. Schelling, Stuttgart: Cotta, 1856–1861.

– *Schriften zur Identitätsphilosophie 1801–1806.* Hg. von M. Schröter, *Werke,* 3. Bd., München 1927, ND 1958.

Schiller, Friedrich, *Werke. Nationalausgabe, Historisch-kritische Ausgabe,* Weimar: Böhlau, 1943 *ff.*

Schlegel, August Wilhelm und Karl Wilhelm Friedrich, *Athenaeum. Eine Zeitschrift* [1798–1800], Nachdruck Darmstadt: WBG, 1992.

Schlegel, Friedrich, *Kritische Friedrich Schlegel Ausgabe,* hg. von Ernst Behler et al., Schöningh: Paderborn, 1958 *ff.*

Schleiermacher, Friedrich Daniel Ernst, *Über die Religion. Reden an die Gebildeten unter ihren Verächtern* [1799], Hamburg: Meiner, 1958.

– *Der christliche Glaube,* 2 Bde [1821/22], Berlin: W. de Gruyter, 1984.

– *Hermeneutik.* Hg. von Heinz Kimmerle, Heidelberg: C. Winter, 2. Ausgabe, 1974.

– *Hermeneutik und Kritik.* Hg. von Manfred Frank, Frankfurt a. M.: Suhrkamp, 1977.

Solger, Karl Wilhelm Ferdinand, *Erwin. Vier Gespräche über das Schöne und die Kunst* [1815]. Nachdruck der Ausgabe Berlin 1907 zusammen mit Solgers Rezension von A. W. Schlegels Vorlesungen über dramat. Kunst u. Literatur. Mit einem Nachwort und Anmerkungen hg. von Wolfhart Henckmann, München: W. Fink, 1971.

Spinoza, Baruch, *Theologisch-politischer Traktat.* Übertragen und eingeleitet nebst Anmerkungen und Registern von Carl Gebhardt. Leipzig: Dürr, 3. Auflage 1908 (TTP).

– *Opera – Werke.* Lateinisch und Deutsch. 2 Bände. Zweiter Band hg. von Konrad Blumenstock: *Abhandlung über die Berichtigung des Verstandes. Ethik,* Darmstadt: WBG, 1980.

Steinthal, Heymann, *Die Sprachwissenschaft Wilhelm v[on] Humboldt's und die Hegel'sche Philosophie*, Berlin: Dümmler [1848], Nachdruck Hildesheim/New York: Olms, 1971.
Über Juden und Judentum. Vorträge und Aufsätze [1906], 3. Auflage Berlin: Poppelauer, 1925.
Strauss, David Friedrich, *Das Leben Jesu kritisch bearbeitet*, 2 Bde. Tübingen: Osiander, 1835/1836.
Treitschke, Heinrich von, *Deutsche Geschichte im neunzehnten Jahrhundert*, Leipzig: Hirzel, 1879–1895.
Strodtmann, Adolf, *Heinrich Heine's Wirken und Streben: dargestellt an seinen Werken*. Hamburg: Würger, 1857.
– *H. Heine's Leben und Werke*. 2 Bde. Berlin: Duncker, 1867–1869.
Vischer, Friedrich Theodor, *Aesthetik oder Wissenschaft des Schönen*, Reutlingen/Leipzig: Carl Mäcken Verlag, 1846.
Windelband, Wilhelm, *Die Erneuerung des Hegelianismus*. Sitzungsberichte der Heidelberger Akademie phil.-hist.-Klasse, Abh. 9, Heidelberg: Winter, 1910.

Sekundärliteratur

Adelmann, Dieter, *Einheit des Bewusstseins als Grundproblem der Philosophie Hermann Cohens. Vorbereitende Untersuchung für eine historisch-verifizierende Konfrontation der Fundamentalontologie Martin Heideggers mit Hermann Cohens »System der Philosophie«*. Aus dem Nachlass herausgegeben, ergänzt und mit einem einleitenden Vorwort versehen von Görge K. Hasselhoff und Beate Ulrike La Sala, Potsdam: Universitätsverlag, 2012.
– *»Reinige dein Denken« – Über den jüdischen Hintergrund der Philosophie von Hermann Cohen*. Aus dem Nachlass herausgegeben, ergänzt und mit einem einleitenden Vorwort versehen von Görge K. Hasselhoff, Würzburg: Königshausen und Neumann, 2010.
– H. Steinthal und Hermann Cohen, in: S. Mosès, H. Wiedebach (Hg.), *Hermann Cohen's Philosophy of religion*, Hildesheim: Olms, 1997, 1–33.
Adler, Hans Günter, *Die Juden in Deutschland von der Aufklärung bis zum Nationalsozialismus* [1960], München: Piper, 1988.
Altmann, Alexander, Franz Rosenzweig on History [1958], in: *Between East and West: Essays Dedicated to the Memory of Bela Horowitz*, London, 194–214; repr. in: *Studies in Religious Philosophy and Mysticism*, Ithaca: Routledge, 1969, 275–291, und in: Mendes-Flohr, Paul (Hg.), *The Philosophy of Franz Rosenzweig*. Hanover: New England, 1988.
– Hermann Cohens Begriff der Korrelation (1962), repr. in: Holzhey, Helmut (Hg.), *Hermann Cohen* (1994), 247–268.
Amir, Yehoyada, *Reason out of Faith. The Philosophy of Franz Rosenzweig* (hebr.), Tel Aviv: Am Oved, 2004.

Anckaert, Luc und Casper, Bernhard, *An exhaustive Rosenzweig Bibliography. Primary and secondary writings,* Leuven: Bibliotheek van de Faculteit Godgeleerdheid. 2nd ed., 1995.
Anckaert, Luc und al., *The Legacy of Franz Rosenzweig. Collected Essays,* Louvain: Presses universitaires, 2004.
Aubenque, Pierre, *Ernst Cassirer / Martin Heidegger. Débat sur le kantisme et la philosophie (mars 1929) et autres textes de 1929–1931,* Paris: Beauchesne, 1972.
Avineri, Shlomo, A note on Hegel's views on Jewish Emancipation, in: *Jewish Social Studies.* 25 (1963), 145–161.
– *Hegels Theorie des modernen Staates,* übers. von R. und R. Wiggershaus, Frankfurt a. M.: Suhrkamp, 1976.
– Rosenzweig's Hegel Interpretation: Its Relationship to the Development of His Jewish Reawakening, in: W. Schmied-Kowarzik (Hg.), *Der Philosoph Franz Rosenzweig* (1988), Bd. II, 831–838.
Baffo, Giancarlo, Die ästhetische Dimension im Denken Rosenzweigs, in: W. Schmied-Kowarzik (Hg.), *Der Philosoph Franz Rosenzweig* (1988), Bd. II, 956–978.
Batnitzky, Leora F., *Idolatry and Representation: The Philosophy of Franz Rosenzweig Reconsidered,* Princeton: U.P., 2000.
Behler, Ernst, Schellings Ästhetik in der Überlieferung von Henry Crabb Robinson, in: *Philosophisches Jahrbuch.* 83 (1976), 133–183.
– *Frühromantik,* Berlin: De Gruyter, 1992.
– *Ironie und literarische Moderne,* Paderborn: Schöningh, 1997.
Ben-Sasson, Hayim Hillel (Hg.), *Geschichte des jüdischen Volkes.* 3 Bde. München, Beck, 1978–1980.
Bienenstock, Myriam, *Macht* and *Geist* in Hegel's Jena Writings, in: *Hegel-Studien.* 18 (1983), 139–172.
– Zu Hegels erstem Begriff des Geistes (1803–1804): Herdersche Einflüsse oder Aristotelisches Erbe? In: *Hegel-Studien.* 24 (1989), 27–54.
– The Logic of Political Life: Hegel's Conception of Political Philosophy. In *Knowledge and Politics. Case Studies in the Relationship between Epistemology and Political Philosophy,* hg. von M. Dascal und O. Grüngard, Boulder: San Francisco and London, Westview Press, 1989, 145–170.
– Rosenzweig's Hegel, in: *The Owl of Minerva.* 23.2 (1992), 177–182.
– Mythe et Révélation dans l'*Étoile de la Rédemption.* Contemporanéité de Franz Rosenzweig, in: *Archives de philosophie.* 55.1 (1992), 17–34.
– *Politique du jeune Hegel,* Paris: P. U. F., 1992.
– (mit Norbert Waszek), L'École hégélienne. Les hégéliens, in: *Philosophie politique.* 5 (1994), 55–68.
– Qu'est-ce qu'être idéaliste en politique? – La réponse de Hegel, in: *Revue de synthèse,* 4e série, n° 1 (1995), 5–25.
– De l'esprit: les philosophes allemands et l'*Aufklärung,* in: *Revue germanique internationale.* 3 (1995), 157–179.
– »Die wahrhafte Gegenwart ist … die Ewigkeit«. Zum Gegenwärtigen in der Hegelschen Geschichtsphilosophie, in: R. Bubner, W. Mesch (Hg.), *Die Welt-*

geschichte – das Weltgericht? Stuttgarter Hegel-Kongress, Stuttgart: Frommann-Holzboog, 2000, 121–142.
– Qu'est-ce que l'esprit objectif selon Hegel?, in: N. Waszek (Hg.), *Hegel: droit, histoire, société.* Paris: PUF, 2001 [*Revue germanique internationale,* 15], 103–126; auch in: O. Tinland (Hg.), *Lectures de Hegel,* Paris: Le Livre de Poche, 2005, 223–267.
– Auf Schellings Spuren im Stern, in: M. Brasser (Hg.), *Rosenzweig als Leser. Kontextuelle Kommentare zum Stern der Erlösung* (2004), 273–290.
– Mythologie de la raison: un thème des Lumières? In: *Les Lumières et l'idéalisme allemand,* hg. von J.-C. Bourdin, Paris: L'Harmattan, 2006, 31–44.
– *Der Geschichtsbegriff: eine theologische Erfindung?* Würzburg: Echter, 2007.
– *Néokantisme et sciences morales. Revue germanique internationale,* nouvelle série, 2007.
– Hermann Cohens Heine und der Kampf um Spinoza, in: *Heine-Jahrbuch.* 49 (2010), 192–200.
– La mémoire des noms. A Propos de Scholem, Rosenzweig – et Stéphane Mosès, in: *Retours. Mélanges à la mémoire de Stéphane Mosès,* hg. von P. Farazzi und M. Valensi, Paris: éditions de l'Eclat, 2009, 115–127.
– Die Sprache des Hohelieds: »mehr als Gleichnis«? Zu Rosenzweigs *Stern der Erlösung.* In: *Zeitschrift für Religion und Geistesgeschichte.* 69.3 (2017), 264–278.
– Hegel über das jüdische Volk: »eine bewunderungswürdige Festigkeit [...] ein Fanatismus der Hartnäckigkeit«, in: *Der Begriff des Judentums in der klassischen deutschen Philosophie.* Hg. von Jörg Noller und Amit Kravitz. Tübingen: Mohr Siebeck, 2018, 117–134.
– A Hatred ›Required by Religion‹? – Spinoza and Cohen on Hatred, *Jewish Studies Quarterly.* 25 (2018), 1–18.
Bloch, René, *Antike Vorstellungen vom Judentum: Der Judenexkurs des Tacitus im Rahmen der griechisch-römischen Ethnographie.* Stuttgart: Franz Steiner, 2002.
– Tacitus' Excursus on the Jews through the Ages: An Overview of its Reception Story, in: R. Asch (Hg.), *Oxford Readings in Tacitus,* Oxford: OUP, 2012, 377–410.
Blumenberg, Hans, »Säkularisation«. Kritik einer Kategorie historischer Illegitimität, in: H. Kuhn, F. Wiedmann (Hg.), *Die Philosophie und die Frage nach dem Fortschritt,* München: Pustet, 1964, 240–266.
– *Die Legitimität der Neuzeit,* Frankfurt: Suhrkamp, 1966. Erneuerte Ausgabe 1988.
– *Arbeit am Mythos,* Frankfurt: Suhrkamp, 1979.
Boehlich, Walter, *Der Berliner Antisemitismusstreit,* Frankfurt: Insel, 1988.
Bourel, Dominique, *Moses Mendelssohn. La naissance du judaïsme moderne,* Paris: Gallimard, 2004. Deutsche Übersetzung von Horst Brühmann, *Moses Mendelssohn. Begründer des modernen Judentums,* Zürich: Ammann Verlag, 2007.
Bourgeois, Bernard, *L'idéalisme allemand. Alternatives et progrès,* Paris: Vrin, 2000.

Brasser, Martin (Hg.), *Rosenzweig als Leser. Kontextuelle Kommentare zum »Stern der Erlösung«*, Tübingen: De Gruyter, 2004.

Breuer, Mordechai, *Jüdische Orthodoxie im Deutschen Reich 1871–1918. Die Sozialgeschichte einer religiösen Minderheit*, Frankfurt: Jüdischer Verlag, 1986.

Bronsen, David (Hg.), *Jews and Germans from 1866 to 1933. The Problematic Symbiosis*, Heidelberg: Winter, 1979.

Carlebach, Julius (Hg.), *Wissenschaft des Judentums. Anfänge der Judaistik in Europa*, Darmstadt: WBG, 1992.

Casper, Bernhard, *Das dialogische Denken: Franz Rosenzweig, Ferdinand Ebner und Martin Buber* [1967], Freiburg: Alber, 2. Ausgabe 2002.

– *Religion der Erfahrung: Einführungen in das Denken Franz Rosenzweigs*, Paderborn: Schöningh, 2004.

Ciglia, Francesco Paolo, *Scrutando la »Stella«. Cinque Studi su Rosenzweig*, Padova: Cedam, 1999.

Cohen, Richard A., *Elevations. The Height of the Good in Rosenzweig and Levinas*, Chicago und London: U. of Chicago Press, 1994.

Cohen-Levinas, Danielle, *La voix au-delà du chant: une fenêtre aux ombres*, Paris: Vrin, 2006.

Crépon, Marc, *Politique, histoire, judaïsme*, Paris: Vrin, 2003.

Debluë, Vera, *Anima naturaliter ironica. Die Ironie im Wesen und Werk Heinrich Heines*, Bern: Peter Lang, 1970.

Derrida, Jacques, Violence et métaphysique. Sur la pensée d'Emmanuel Levinas, in *L'écriture et la différence*, Paris: Seuil, 1967, 117–125. Deutsche Übersetzung von Rodolphe Gasché: Gewalt und Metaphysik. Essay über das Denken Emmanuel Levinas. In: *Die Schrift und die Differenz*, Frankfurt: Suhrkamp, 1987, 121–235.

Deuber-Mankowsky, Astrid, *Der frühe Walter Benjamin und Hermann Cohen. Jüdische Werte. Kritische Philosophie. Vergängliche Erfahrung*, Berlin: Vorwerk, 2000.

Dober, Hans Martin, *Die Zeit ernst nehmen. Studien zu Franz Rosenzweigs ›Der Stern der Erlösung‹*, Würzburg: Königshausen & Neumann, 1990.

Edel, Geert, *Von der Vernunftkritik zur Erkenntnislogik*, Freiburg: Alber, 1988.

Fackenheim, Emil, Antrittsvorlesung vom 24. April 1997, in: W. Schmied-Kowarzik (Hg.), *Vergegenwärtigungen des zerstörten jüdischen Erbes*. Franz-Rosenzweig-Gastvorlesungen Kassel 1987–1998, Kassel: Kassel U.P., 1997, 290–294.

– *An Epitaph for German Judaism. From Halle to Jerusalem*, Madison, The University of Wisconsin Press. 2007.

Fiorato, Pierfrancesco, *Geschichtliche Ewigkeit. Ursprung und Zeitlichkeit in der Philosophie Hermann Cohens*, Würzburg: Königshausen & Neumann, 1993.

– Die Gegenwart muss indessen zur Zukunft werden. Über die ›logischen‹ Grundlagen des Cohenschen Messianismus, in: E. W. Orth, H. Holzhey (Hg.), *Neukantianismus. Perspektiven und Probleme*, Würzburg: Königshausen & Neumann, 1994, 366–378.

– Hermann Cohen im *Stern der Erlösung*. Zusammen mit H. Wiedebach in: Brasser, Martin (Hg.), *Rosenzweig als Leser. Kontextuelle Kommentare zum »Stern der Erlösung«* (2004), 305–356.
– Notes on Future and History in Hermann Cohen's Anti-Eschatological Messianism, in: *Hermann Cohen's Critical Idealism*, Reinier Munk (Hg.), Dordrecht: Springer, 2005, 133–160.
– *»Ich bestreite den Haß im Menschenherzen.« Überlegungen zu Hermann Cohens Begriff des grundlosen Hasses.* Mit P. A. Schmid (Hg.) Basel: Schwabe, 2015.
Fleischmann, Eugène, *Le christianisme »mis à nu«. La critique juive du christianisme*, Paris: Plon, 1970.
Freund, Else, *Die Existenzphilosophie Franz Rosenzweigs. Ein Beitrag zur Analyse seines Werkes »Der Stern der Erlösung«*, Leipzig: Meiner, 1933.
Gadamer, Hans-Georg, *Wahrheit und Methode. Grundzüge einer philosophischen Hermeneutik* [1960], *in: Gesammelte Werke.* Band I: *Hermeneutik I*, Tübingen: Mohr, 1986.
Gamba, Ezio, *La legalità del sentimento puro. L'estetica di Hermann Cohen come modello di una fi losofi a della cultura*, Milano: Mimesis, 2008.
Gay, Peter, (1968), *Weimar Culture. The Outsider as Insider* [1968]. Deutsche Übersetzung: *Die Republik der Außenseiter. Geist und Kultur in der Weimarer Zeit*, 1918–1933, Frankfurt am Main: Fischer, 1970.
Gelber, Mark H. (Hg.), *The Jewish Reception of Heinrich Heine*, Tübingen: Niemeyer, 1992.
Gerhardt, Volker, »Selbstbestimmung«, in: *Historisches Wörterbuch der Philosophie*, hg. von Joachim Ritter und Karlfried Gründer, Darmstadt: WBG, Band 9, 1995, 335–346.
Gibbs, Robert, *Correlations in Rosenzweig and Levinas*, Princeton: U.P., 1992.
– *Why Ethics? Signs of responsibilities*, Princeton: U.P., 2000.
Gigliotti, Gianna et al. (Hg.), *Man and God in Hermann Cohen's Philosophy*, Milani: Cedam, 2003.
Glatzer, Norbert Nahum, *Franz Rosenzweig: his life and thought*, New York: Schocken, 1953.
Görtz, Hans-Jürgen, *Tod und Erfahrung. Rosenzweigs »Erfahrende Philosophie« und Hegels »Wissenschaft der Erfahrung des Bewusstseins«*, Düsseldorf: Patmos, 1984.
– Franz Rosenzweig und Hans Ehrenberg. Jüdisch-christliches Religionsgespräch als ›Entdeckungsreise‹ in ein ›neues Denken‹. In: *Das Jüdisch-Christliche Religionsgespräch*. Hg. von Heinz. Kremers und Julius. H. Schoeps, Stuttgart / Bonn: Burg Verlag, 1988, 90–113.
– *In der Spur des »neuen Denkens«. Theologie und Philosophie bei Franz Rosenzweig*, Freiburg: Alber, 2008.
Gordin, Jakob, *Untersuchungen zur Theorie des unendlichen Urteils*, Berlin: Akademie, 1929.
– *Ecrits: le renouveau de la pensée juive en France*. Vorwort von Léon Askénazi, textes réunis et présentés par Marcel Goldmann, Paris: Albin Michel, 1995.
Gordon, Peter Eli, *Rosenzweig and Heidegger. Between Judaism and German Philosophy*, Berkeley/Los Angeles: University of California Press, 2003.

Greenberg, Yudith, *Better than wine. Love, Poetry and Prayer in the thought of Franz Rosenzweig*, Atlanta: Scholars Press, 1996.
Grözinger, Karl-Erich, *Jüdisches Denken: Theologie, Philosophie, Mystik*, Bd. 2, Frankfurt a. M./New York: Campus Verlag, 2005.
Habermas, Jürgen, Der deutsche Idealismus der jüdischen Philosophen [1961], in: *Philosophisch-politische Profile*, Frankfurt: Suhrkamp, 1971.
Halbertal, Moshe et al., *Idolatry*, Harvard: University Press, 1992.
– *People of the Book: Canon, Meaning and Authority*, Cambridge (Mass.): Harvard U.P., 1997.
Halbwachs, Maurice, *Les cadres sociaux de la mémoire*, Paris: Alcan, 1925.
– *La mémoire collective*, Paris: PUF, 1950.
Hallo, William W., Two Centenaries, in: *Leo Baeck Institute Yearbook* 36, 1991, 491–500.
Harvey, Warren Zeev, How much Kabbalah in the *Star of Redemption? Immanuel.* 21 (1987), 128–134.
Haym, Rudolf, *Hegel und seine Zeit. Vorlesungen über Entstehung und Entwicklung, Wesen und Werth der Hegel'schen Philosophie*, Berlin: Gaertner, 1857
Henckmann, Wolfhart, Solgers Schellingstudium in Jena, in: *Hegel-Studien.* 13 (1978), 53–74.
Henrich, Dieter, *Hegel im Kontext*, Frankfurt: Suhrkamp, 1967.
Höhn, Gerhard, *Heine-Handbuch*, Stuttgart: Metzler, 1987.
Hollander, Dana, Love-of-Neighbor and Ethics Out of Law in the Philosophy of Hermann Cohen, in: *German-Jewish Thought Between Religion and Politics. Festschrift in Honor of Paul Mendes-Flohr on the Occasion of His Seventieth Birthday*, hg. von Christian Wiese und Martina Urban, Berlin: de Gruyter, 2012, 83–113.
Holzhey, Helmut, *Cohen und Natorp: Ursprung und Einheit. Die Geschichte der Marburger Schule als Auseinandersetzung um die Logik des Denkens*, 2 Bde, Basel/Stuttgart: Schwabe & Co., 1986.
– *Hermann Cohen*, Frankfurt: Peter Lang, 1994.
– *Ethischer Sozialismus. Zur politischen Philosophie des Neukantianismus* (Hg.), Frankfurt: Suhrkamp, 1994.
– *»Religion der Vernunft aus den Quellen des Judentums.« Tradition und Ursprungsdenken im Spätwerk Hermann Cohens*, Internationale Konferenz in Zürich 1998, Hildesheim/New York: Olms, 2000.
– Pantheismus, Ethik und Politik: Hermann Cohens Spinozakritik, in: M. Senn, M. Walther (Hg.), *Ethik, Recht und Politik bei Spinoza.* Vorträge gehalten anlässlich des 6. Internationalen Kongresses der Spinoza-Gesellschaft, vom 5. bis 7. Oktober 2000 an der Universität Zürich, Zürich: Schulthess, 2001, 239–254.
Horwitz, Rivka, The Shaping of Rosenzweig's Identity According to the Gritli Letters, in: M. Brasser (Hg.), *Rosenzweig als Leser. Kontextuelle Kommentare zum Stern der Erlösung* (2004), 11–42.
Idel, Moshe, Franz Rosenzweig and the Kabbalah, in: P. Mendes-Flohr (Hg.), *The Philosophy of Franz Rosenzweig*, Hannover: New England, 1988, 162–171.

Jamme, Christoph und Schneider, Helmut, *Mythologie der Vernunft. Hegels »Ältestes Systemprogramm« des deutschen Idealismus*, Frankfurt: Suhrkamp, 1984.

Jordan, Stefan, Der Weltgeist als Betrüger oder Das kleinliche Interesse des Historikers. Elemente geschichtstheoretischen Denkens bei Hegel und Ranke, in: *Jahrbuch für Hegelforschung.* 3 (1997), 219–243.

– Hegel und der Historismus, in: *Hegels Vorlesungen über die Philosophie der Weltgeschichte,* hg. von Elisabeth Weisser-Lohmann und Dietmar Köhler. Bonn: Bouvier, 1998 [*Hegel-Studien,* Beiheft 38], 205–224.

Kajon, Irene, *Ebraismo e sistema difilosofia in Hermann Cohen,* Padova: Cedam, 1989.

– und De Cumis, N. S., *Homo homini magister: educazione e politica nel pensiero dialogico del Novecento,* Rome: Lithos, 2006.

Kellermann, Benzion, *Das Ideal im System der Kantischen Philosophie,* Berlin: Schwetschke, 1920.

Kisch, Guido, *Das Breslauer Seminar: Jüdisch-theolog. Seminar (Fraenckelscher Stiftung) in Breslau. 1854–1938. Gedächtnisschrift,* Tübingen: Mohr, 1963.

Kohn, Hans, *Martin Buber. Sein Werk und seine Zeit, ein Beitrag zur Geistesgeschichte Mitteleuropas 1880–1930* [1930], 3. Ausgabe Köln: Melzer, 1961.

Le Goff, Jacques, *Histoire et mémoire,* Paris: Gallimard, 1988; aus dem Franz. von Elisabeth Hartfelder: *Geschichte und Gedächtnis.* Frankfurt/New York: Campus, 1992.

Lemler, David, Abraham Ibn Ezra et Moïse Maïmonide cités par Spinoza ou l'impossibilité d'une philosophie juive, in: *Revue des études juives.* 168.3–4 (2009), 415–464.

Krochmalnik, Daniel, *Im Garten der Schrift. Wie Juden die Bibel lesen,* Augsburg: Sankt-Ulrich-Verl. 2006.

Kurz, Gerhard, *Mittelbarkeit und Vereinigung: zum Verhältnis von Poesie, Reflexion u. Revolution bei Hölderlin.* Stuttgart: Metzler, 1975.

– *Metapher, Allegorie, Symbol* (1998), Göttingen: Vandenhoeck & Ruprecht, 2004.

– Alte, neue, altneue Hermeneutik. Überlegungen zu den Normen romantischer Hermeneutik, in: S. Heinen / H. Nehr (Hg.), *Krisen des Verstehens um 1800.* Würzburg: Königshausen & Neumann, 2004, 31–54.

– Eine jüdische Geschichte konstruieren: Das Paradigma der Konstruktion und »Die Konstruktion der jüdischen Geschichte« von Heinrich Graetz, in: *Der Geschichtsbegriff: eine theologische Erfindung?,* hg. von M. Bienenstock (2007), 109–127.

Levinas, Emmanuel, L'ontologie est-elle fondamentale ? in: *Revue de métaphysique et de morale* 56 [1951], neu hg. in: *Entre nous* (1991).

– *Totalité et infini. Essai sur l'extériorité.* La Haye, Nijhoff, 1961. Multiples rééditions, depuis 2003 au Livre de Poche (Levinas, TI). Aus dem Französischen übersetzt von Wolfgang Nikolaus Krewani: *Totalität und Unendlichkeit. Versuch über die Exteriorität,* Freiburg: Alber, 1987.

– *Difficile liberté. Essais sur le judaïsme,* Paris: Albin Michel, 1963. 2e éd. »refondue et complétée« 1976, 3e éd. »revue et corrigée« 1983; 4e éd. 1994. –

Deutsche Teilübersetzung von Eva Moldenhauer: *Schwierige Freiheit. Versuch über das Judentum*, Frankfurt: Jüdischer Verlag, 1992.
– *Quatre lectures talmudiques*, Paris: Minuit, 1968.
– *Du sacré au saint. Cinq nouvelles lectures talmudiques*, Paris: Minuit, 1977. *Vom Sakralen zum Heiligen. Fünf neue Talmud-Lesungen*. Aus dem Französischen von Frank Miething. Frankfurt a. M.: Verlag Neue Kritik, 1998.
– *L'Au-delà du verset. Lectures et discours talmudiques*, Paris: Minuit, 1982.
– *De Dieu qui vient à l'idée* [1982], éd. revue et augmentée Paris: Vrin, 1992. Aus dem Französischen übersetzt von Thomas Wiemer: *Wenn Gott ins Denken einfällt. Diskurse über die Betroffenheit von Transzendenz*, Freiburg: Alber, 2004.
– Judentum und Christentum nach Franz Rosenzweig. Ein Gespräch, in: G. Fuchs und H. H. Henrix (Hg.), *Zeitgewinn, Messianisches Denken nach Franz Rosenzweig*, Frankfurt: Verlag Josef Knecht, 1987, 163–183.
– *Hors sujet*, Paris: Éditions fata morgana, 1987. Hg. und aus dem Französischen von Frank Miething: *Außer sich. Meditationen über Religion und Philosophie*, München / Wien: Carl Hanser, 1991.
– *À l'heure des nations*, Paris: Minuit, 1988.
– Écrit et sacré, in: F. Kaplan, J.-L. Vieillard-Baron (éd.), *Philosophie de la religion*, Paris: Cerf, 1989.
– *Entre nous. Essais sur le penser-à-l'autre*, Paris: Grasset, 1991. Aus dem Französischen von Frank Miething: *Zwischen uns. Versuche über das Denken an den Anderen*. München / Wien: Carl Hanser, 1995.
– *Liberté et commandement*, Montpellier: P. Hayat, 1994.
– *Autrement qu'être ou au-delà de l'essence*, Paris: Le livre de poche, 1996. Aus dem Französischen übersetzt von Thomas Wiemer: *Jenseits des Seins oder anders als Sein geschieht*, Freiburg: Alber, 1998.
Lévi-Strauss, Claude, *La pensée sauvage*, Paris: Plon, 1962. Deutsche Übersetzung: *Das wilde Denken*, Frankfurt: Suhrkamp, 1979.
Levy, Zeev, *Baruch Spinoza. Seine Aufnahme durch die jüdischen Denker in Deutschland*, Stuttgart: Kohlhammer, 2001.
Licharz, Werner u. Keller, M. (Hg.), *Franz Rosenzweig und Hans Ehrenberg. Bericht einer Beziehung*, Frankfurt: Haag und Herchen Verlag, 1986.
Liebeschütz, Hans, Jewish thought and its German background, in: *Yearbook Leo Baeck*, 1 (1956), 217–236.
– Hermann Cohen und Spinoza, in: *Bulletin des Leo Baeck Instituts*. 12 (1960), 225–238.
– *Das Judentum im deutschen Geschichtsbild von Hegel bis Max Weber*, Tübingen: Mohr, 1967.
– Hermann Cohen and his historical background, in: *Yearbook Leo Baeck*.13 (1968), 3–33.
– *Von Georg Simmel zu Franz Rosenzweig. Studien zum jüdischen Denken im deutschen Kulturbereich*,Tübingen: Mohr, 1970.
Löwith, Karl, *Von Hegel zu Nietzsche. Der revolutionäre Bruch im Denken des 19. Jahrhunderts*, Zürich: Europa Verlag, 1941.
– M. Heidegger and Franz Rosenzweig, or Temporality and Eternity, in: *Philosophy and Phenomenological Research*, 1942/43, 3, 53–77. Deutsche Fas-

sung in: *Gesammelte Abhandlungen. Zur Kritik der geschichtlichen Existenz,* Stuttgart: Kohlhammer, 1960, 68–98.
– *Meaning in History,* Chicago: U.P., 1949. Deutsche Fassung *Weltgeschichte und Heilsgeschehen. Die theologischen Voraussetzungen der Geschichtsphilosophie.* Stuttgart: Kohlhammer, 1953.
– *Philosophie der Vernunft und Religion der Offenbarung in H. Cohens Religionsphilosophie,* Heidelberg: Karl Winter, 1968.
Lübbe, Hermann, Die politische Theorie des Neukantianismus und der Marxismus, in: *Archiv für Rechts- und Sozialphilosophie.* 44 (1958), 333–350. Wieder abgedruckt in: H. Holzhey, *Hermann Cohen* (1994), 229–246.
– *Politische Philosophie in Deutschland. Studien zu ihrer Geschichte,* Basel: Schwabe, 1963, neue Auflage München: Deutscher Taschenbuch Verlag, 1974.
– *Säkularisierung. Geschichte eines ideenpolitischen Begriffs,* Freiburg: Alber, 1965.
Lucca, Enrico, Gershom Scholem on Franz Rosenzweig and the Kabbalah. Introduction to the text, *Naharaim.* 1 (2012), 7–19.
Malka, Shlomo (Hg.), *Dictionnaire Rosenzweig,* Paris: Ed. du Cerf, 2016.
Marquet, Jean-François, *Restitutions: études d'histoire de la philosophie allemande,* Paris: Vrin, 2001.
Mayer-De Pay, Annemarie, Rosenzweigs Stellung zur Kunst, in: W. Schmied-Kowarzik (Hg.), (1986), Band II, 951–964.
– Die Bedeutung der Kunst in Franz Rosenzweigs Werk, in: W. Licharz (Hg.), *Franz Rosenzweig und Hans Ehrenberg. Bericht einer* Beziehung (1986), 35–54.
Mayer, Reinhold, *Franz Rosenzweig. Eine Philosophie der dialogischen Erfahrung,* München: Kaiser, 1973.
Meineke, Stefan, A Life of contradiction. The Philosopher Franz Rosenzweig and his Relationship to History and Politics, in *Yearbook of the Leo Baeck Institute.* 36 (1991), 461–489.
Mendes-Flohr, Paul (Hg.), *The Philosophy of Franz Rosenzweig,* Hannover: U.P. of New England, 1988.
– *From Mysticism to Dialogue. Martin Buber's Transformation of German Social Thought,* Detroit: Wayne State U.P., 1989.
– *Jüdische Identität. Die zwei Seelen der deutschen Juden,* München: Fink, 2004.
Meyer, Michael A., Heinrich Graetz and Heinrich von Treitschke. A Comparison of their Historical Images of the Modern Jew, in: *Modern Judaism.* 6 (1986), 1–11.
– Jüdische Wissenschaft und jüdische Identität, in: J. Carlebach (Hg.), *Wissenschaft des Judentums. Anfänge der Judaïstik in Europa,* Darmstadt: WBG, 1992, 3–23.
– *Deutsch-jüdische Geschichte in der Neuzeit,* 4 Bde, Bd. II: *Emanzipation und Akkulturation 1780–1871,* hg. von M. Brenner, S. Jersch-Wenzel und M. A. Meyer. Bd. III: *Umstrittene Integration 1871–1918,* hg. von S. M. Loewenstein, P. Mendes-Flohr, P. Pulzer und M. Richarz, München: Beck, 1996/1997.
– Juden – Deutsche – Juden. Wandlungen des deutschen Judentums in der Neuzeit, in: *Deutsch-jüdische Geschichte in der Neuzeit. Zwei Vorträge,* Leo Baeck Institut Information, *Sondernummer,* Frankfurt, 1998, 5–16.

Mosès, Stéphane, *Système et Révélation. La philosophie de Franz Rosenzweig*, avec une Préface d'E. Levinas, Paris: Seuil [1982], 2e éd. revue et corrigée, Paris: Bayard, 2003. Ins Deutsche übersetzt von Rainer Rochlitz: *System und Offenbarung*, München: Fink, 1985.

– L'esthétique de Franz Rosenzweig, Les *Cahiers de la Nuit surveillée*, N° 1, Paris: Verdier, 1982, 119–136.

– *L'ange de l'histoire. Rosenzweig, Benjamin, Scholem*, Paris: Seuil, 1992.

– *Hermann Cohen's Philosophy of religion*, International conference in Jerusalem 1996, mit H. Wiedebach (Hg.), Hildesheim: Olms, 1997.

Mosse, Werner u. Paucker, A., *Deutsches Judentum in Krieg und Revolution 1916–1923*, Schriftenreihe wissenschaftlicher Abhandlungen des Leo Baeck Instituts, Tübingen: Mohr-Siebeck, n° 25, 1971.

– *Juden im wilhelminischen Deutschland*, u. A. Paucker hg., Schriftenreihe wissenschaftlicher Abhandlungen des Leo Baeck Instituts, Tübingen: Mohr-Siebeck n° 33, 1976.

Nauen, Franz, Hermann Cohen's Perceptions of Spinoza: A Reappraisal, *AJS Review.* 4 (1979), 111–124.

Neusner, Jacob, *Judaism in the Beginning of Christianity* [1984]; deutsche Übersetzung von Wolfgang Hudel: *Judentum in frühchristlicher Zeit*, Stuttgart: Calwer, 1988.

Niewöhner, Friedrich, Spinoza und die Pharisäer: Eine begriffsgeschichtliche Miszelle zu einem antisemitischen Slogan, *Studia Spinozana.* 1 (1985), 347–355.

Oesterreich, Peter L., Aufforderung zur nationalen Selbstbestimmung, in: *Zeitschrift für philosophische Forschung.* 46 (1992), 44–55.

Orth, Ernst W. u. Holzhey, H., Hg., *Neukantianismus. Perspektiven und Probleme*, Würzburg: Königshausen & Neumann, 1994.

Ottmann, Henning, *Individuum und Gemeinschaft bei Hegel.* Band I: *Hegel im Spiegel der Interpretationen*, Berlin: W. de Gruyter, 1977.

Pareyson, Luigi, *L'estetica del idealismo tedesco* [1952], neue Ausgabe Milano: Murcia, 2003.

Philonenko, Alexis, *L'École de Marbourg: Cohen, Natorp, Cassirer*, Paris: Vrin, 1989.

Piccinini, Irene A., *Una guida fedele. L'influenza di Hermann Cohen sul pensiero di Leo Strauss*, Turin: Trauben, 2007.

Poirié, François, *Emmanuel Lévinas – Qui êtes-vous ?*, Lyon: La Manufacture, 1987.

Pollock, Benjamin, *Franz Rosenzweig and the Systematic Task of Philosophy*, Cambridge: CUP, 2009.

– *Franz Rosenzweig's Conversions: world denial and world redemption*, Bloomington: Indiana U.P., 2014.

– »Not Just the God of Revelation«: Rosenzweig's Leipziger Nachtgespräch and the Star of Redemption«, in: RJ 8/9 (2014), 69–86.

Poma, Andrea, *Filosofi a critica di Hermann Cohen*, Milano: Murcia, 1988.

Popper, Karl, *The Poverty of Historicism* [1944], deutsche Übersetzung *Das Elend des Historizismus*, Tübingen: Mohr, 1965, heute in: *Gesammelte Werke.* Band 4, Tübingen: Mohr-Siebeck, 7. Auflage, 2003.

Porges, Nathan, Das Wort Pharisäer bei Spinoza, *Monatsschrift für Geschichte und Wissenschaft des Judentums* 61 (1917), 150–165.
Ricoeur, Paul, *La mémoire, l'histoire, l'oubli*, Paris: Seuil [2000]; Aus dem Franz. von Hans-Dieter Gondek *Gedächtnis, Geschichte, Vergessen*, Paderborn: Fink, 2004.
– La mémoire heureuse, in: *Notre histoire*. 180 (2000), 6–1 2.
Rivelaygue, Jacques, *Leçons de métaphysique allemande*, t. I, Paris: Grasset, 1990.
Schmid, Peter A., Deutschtum und Judentum bei Hermann Cohen und Heinrich Heine, in: J. A. Kruse, B. Witte, K. Füllner (Hg.), *Aufklärung und Skepsis*, Internationaler Heine-Kongress 1997, Stuttgart/Weimar: Metzler, 1999, 265–302.
Schmied-Kowarzik, Wolfdietrich, Hg., *Der Philosoph Franz Rosenzweig (1886–1929)*, Internationaler Kongress Kassel 1986, 2 Bde, Freiburg: Alber, 1988.
– *Franz Rosenzweig. Existentielles Denken und gelebte Bewährung*, Freiburg: Alber, 1991.
– *Hg., Vergegenwärtigungen des zerstörten jüdischen Erbes*, Franz-Rosenzweig-Gastvorlesungen Kassel 1987–1998, Kassel: U.P., 1997.
– Hans Ehrenbergs Einfluss auf die Entstehung des *Stern der Erlösung*, in: M. Brasser (2004), 71–118.
– Hg., *Franz Rosenzweigs »neues Denken«*, Internationaler Kongress Kassel 2004, 2 Bde, Freiburg: Alber, 2006.
– *Rosenzweig im Gespräch mit Ehrenberg, Cohen und Buber*, Freiburg: Alber, 2006.
Schnabel, Franz, Friedrich Meinecke und die deutsche Geschichtsschreibung, in: *Hochland*. 34.2 (1937), 157–162.
Schoeps, Julius H., Die mißglückte Emanzipation. Zur Tragödie des deutschjüdischen Verhältnisses, in: R. Schörken, D. J. Löwitsch (Hg.), *Das doppelte Antlitz. Zur Wirkungsgeschichte deutsch-jüdischer Künstler und Gelehrter*, Paderborn: Schöningh, 1990.
Scholem, Gershom, Wider den Mythos vom deutsch-jüdischen Gespräch. Offener Brief an Manfred Schlösser, den Herausgeber von »Auf gespaltenem Pfad. Zum neunzigsten Geburtstag von Margarete Susman« [1962], Neudruck in: *Judaica*, Bd. 2, Frankfurt: Suhrkamp, 1970.
– *Judaica*, Bd. 1, Frankfurt: Suhrkamp, 1963.
– *Das jüdisch-christliche Religionsgespräch*. Mit Heinz Kremers hg., Stuttgart: Bonn. Burg Verlag, 1988.
Schulte, Christoph, *Deutschtum und Judentum*, Stuttgart: Reclam, 1993.
– F. W. J. Schellings Ausleihe von Hand- und Druckschriften aus der Königlichen Hof- und Staatsbibliothek in München, in: *Zeitschrift für Religions- und Geistesgeschichte* 45 (1993), 267–277.
– Hg., *Hebräische Poesie und jüdischer Volksgeist. Die Wirkungsgeschichte von Johann Gottfried Herder im Judentum Mittel- und Osteuropas*, Hildesheim: Olms, 2003.
Schwarzschild, Steven S., Franz Rosenzweig's Anecdotes about Hermann Cohen, in: *Gegenwart im Rückblick: Festgabe für die jüdische Gemeinde zu*

Berlin 25 Jahre nach dem Neubeginn, hg. von H. A. Strauss und K. Grossmann, Heidelberg: L. Stiehm, 1970, 209–218.
– Germanism and Judaism – Hermann Cohen's Normative Paradigm of German-Jewish Symbiosis, in: D. Bronsen (1979), 129–172.
– Jewish eschatology [1986], Neudruck in: M. Bienenstock, hg., *Der Geschichtsbegriff* (2007), 12–41.
Seeskin, Kenneth, Hermann Cohen on Idol Worship, in: H. Holzhey et al. (2000), 107–116.
Shedletzky, Itta, Zwischen Stolz und Abneigung. Die Heine-Rezeption der jüdischen Kritik in Deutschland 1840 bis 1918, in: H. O. Horch & H. Denkler (Hg.), *Conditio Judaica: Judentum, Antisemitismus und deutschsprachige Literatur.* Teil 1: *Vom 18. Jahrhundert bis zum Ersten Weltkrieg*, Berlin: De Gruyter, 1988.
Sieg, Ulrich, *Aufstieg und Niedergang des Marburger Neukantianismus*, Würzburg: Königshausen & Neumann, 1994.
Siep, Ludwig, *Aktualität und Grenzen der praktischen Philosophie Hegels.* Aufsätze 1997–2009. München: Fink, 2010.
– *Handbuch Anerkennung*. Hg. zus. Mit Heikki Ikäheimo & Michael Quante, Dordrecht: Springer, 2018.
Simon, Ernst A., *Ranke und Hegel*, Munich: R. Oldenburg, 1928.
– Zu Hermann Cohens Spinoza Auffassung, in: *Monatsschrift für Geschichte und Wissenschaft des Judentums.* 79 (1935), 181–194.
Stahmer, Harold, »Speech-Letters« and »Speech-Thinking«. Franz Rosenzweig and Eugen Rosenstock-Huessy, in: *Modern Judaism.* 4.1 (1984), 57–82.
– The Letters of Franz Rosenzweig to Margrit Rosenstock-Huessy: »Franz«, »Gritli«, »Eugen« and »The Star of Redemption«, in: W. Schmied-Kowarzik (1988), 273–285.
Sternberger, Günter, *Einleitung in Talmud und Midrash*, München: Beck, 2011[9].
Strauss, Leo, Cohens Analyse der Bibelwissenschaft Spinozas [1924], in: *Gesammelte Schriften*, hg. von H. Meier, Bd. I, Stuttgart/Weimar: Metzler, 1997, 363–387.
– *Natural Right and* History, Chicago: U.P., 1953. Deutsche Übersetzung von Horst Boog: *Naturrecht und Geschichte*, Stuttgart: Koehler, 1956.
Strodtmann, Adolf, *Heinrich Heine's Leben und Werke*, 2 Bände, 1867–1869, 2. erweiterte Auflage, Berlin: Duncker, 1873.
Tal, Uriel, *Christians and Jews in Germany. Religion, Politics and Ideology in the Second Reich, 1870–1914*, New York: Ithaca, 1975.
Tewes, Jacob, *Zum Existenzbegriff F. Rosenzweigs*, Meisenheim am Glan: A. Hain, 1970.
Tilliette, Xavier, *La mythologie comprise. L'interprétation schellingienne du paganisme*, Napoli, Bibliopolis, 1984.
Trautmann-Waller, Céline, *Aux origines d'une science allemande de la culture. Linguistique et psychologie des peuples chez Heymann Steinthal*, Paris: CNRS Editions, 2006.
Traverso, Enzo, *Les juifs et l'Allemagne. De la »symbiose judéo-allemande« à la mémoire d'Auschwitz*, Paris: La découverte, 1992.

Ucko, Siegfried, *Der Gottesbegriff in der Philosophie Hermann Cohens,* Berlin: S. Scholem, 1929.

Waszek, Norbert, L'excursion panthéiste dans l'*Histoire de la religion et de la philosophie en Allemagne* (1834/35) de Heinrich Heine, in: C. Bouton (Hg.), *Dieu et la nature. La question du panthéisme dans l'idéalisme allemand,* Hildesheim: Olms, 2005, 159–178.

– Die Hegelforschung mit Wilhelm Dilthey beginnen?, in: *Anfänge bei Hegel.* Hg. von Wolfdietrich Schmied-Kowarzik und Heinz Eidam, Kassel: Kassel UP, 2009, 13–30.

– Un sujet de dissension entre Cohen et Rosenzweig: Heinrich Heine, in: *Revue de Métaphysique et de Morale* (2011–1), 47–60.

– Goethe, Johann Wolfgang von. – In *Dictionnaire Rosenzweig,* hg. von Shlomo Malka, Paris: Ed. du Cerf, 2016, 151–156.

Weil, Éric, *Logique de la philosophie,* Paris: Vrin, 1974.

Wiedebach, Hartwig, *Die Bedeutung der Nationalität für Hermann Cohen,* Hildesheim: Olms, 1997.

– Hermann Cohens Auseinandersetzung mit dem Zionismus. Briefe von Hermann Cohen und Hermann Badt an Martin Buber, in: *Jewish Studies Quarterly.* 6 (1999), 373–388.

– Das Problem eines einheitlichen Kulturbewußtseins. Zur Person des jüdisch-deutschen Philosophen Hermann Cohen, in: *Aschkenas. Zeitschrift für Geschichte und Kultur der Juden.* 10 (2000), 417–442.

Winter, Eggert, *Ethik und Rechtswissenschaft. Eine historisch-systematische Untersuchung zur Ethik-Konzeption des Marburger Neukantianismus im Werke Hermann Cohens,* Berlin: Duncker & Humblot, 1980.

Yerushalmi, Yosef H., *Zakhor. Jewish History and Jewish Memory,* Washington: U.P., 1982. Aus dem Amerikanischen von Wolfgang Heuss übersetzt: *Zachor: Erinnere Dich! Jüdische Geschichte und jüdisches Gedächtnis,* Berlin: Klaus Wagenbach, 1988.

– et al., *Usages de l'oubli,* contributions au colloque de Royaumont (1987), Paris: Seuil, 1988.

Zac, Sylvain, *Spinoza et l'interprétation de l'Écriture,* Paris: PUF, 1965.

– *La philosophie religieuse de Hermann Cohen,* Paris: Vrin, 1984.

Zank, Michael, *The Idea of Atonement in the Philosophy of Hermann Cohen,* Providence/RI: Brown Judaic Studies, 2000.

– The Rosenzweig-Rosenstock triangle, or, what can we learn from Letters to Gritli? A review essay, in: *Modern Judaism.* 23 (2003), 74–98.

– Vom Innersten, Äußersten und Anderen: Annäherungen an Baeck, Harnack und die Frage nach dem Wesen. In: Yossef Schwartz und Volkhard Krech (Hg.), *Religious Apologetics – Philosophical Argumentation,* Tübingen: Mohr Siebeck, 2004, 25–45.